香蕉的报复

洪都拉斯的环境代价，
美国的消费增长

Banana
Cultures

Agriculture, Consumption,
and Environmental Change in Honduras
and the United States

John Soluri

[美] 约翰·索鲁里 著

余晓娜 译

中国科学技术出版社
·北 京·

The simplified Chinese translation rights arranged through Rightol Media（本书中文简体版权经由锐拓传媒取得 Email:copyright@rightol.com）
The simplified Chinese translation copyright by China Science and Technology Press Co., Ltd.
北京市版权局著作权合同登记 图字：01-2023-2026

图书在版编目（CIP）数据

香蕉的报复：洪都拉斯的环境代价，美国的消费增长 /（美）约翰·索鲁里（John Soluri）著；余晓娜译 . — 北京：中国科学技术出版社，2024.8
书名原文：Banana Cultures: Agriculture, Consumption, and Environmental Change in Honduras and the United States
ISBN 978-7-5236-0680-3

Ⅰ . ①香… Ⅱ . ①约… ②余… Ⅲ . ①消费市场—研究—美国 Ⅳ . ① F737.123.8

中国版本图书馆 CIP 数据核字（2024）第 103218 号

策划编辑	申永刚　陆存月	
责任编辑	刘　畅	
版式设计	蚂蚁设计	
封面设计	周伟伟	
责任校对	焦　宁	
责任印制	李晓霖	

出　　版	中国科学技术出版社	
发　　行	中国科学技术出版社有限公司	
地　　址	北京市海淀区中关村南大街 16 号	
邮　　编	100081	
发行电话	010-62173865	
传　　真	010-62173081	
网　　址	http://www.cspbooks.com.cn	

开　　本	880mm×1230mm　1/16	
字　　数	343 千字	
印　　张	26	
版　　次	2024 年 8 月第 1 版	
印　　次	2024 年 8 月第 1 次印刷	
印　　刷	北京盛通印刷股份有限公司	
书　　号	ISBN 978-7-5236-0680-3/F·1262	
定　　价	89.00 元	

致

阿玛莉亚

（Amalia）

第二版序　正说香蕉

任何一本书的再版都要感谢第一版的读者。我非常感谢那些抽出时间阅读本书的研究人员、教师，特别是学生。我还想感谢一些机构和组织，有了他们，本书才得以出版。

我在卡内基梅隆大学历史系工作了20多年，这是我的"第一份工作"。我对在这样一个机构工作感到非常矛盾，该校学生平均每年的学杂费相当于美国家庭收入的中位数，且在其教职工中白人男性比例过高。但同时，该系为我提供了人性化的教学任务，允许我开设非常规课程，并为我在千里之外参加会议、开展研究提供了资金支持。该系拥有一群优秀的学者与教师，他们激励着我，有时还同我一道畅饮啤酒。

对于本书的出版，我非常感谢得克萨斯大学出版社，这是一家由州政府出资的出版社，长期以来一直致力于帮助读者了解拉丁美洲。我很高兴，本书的积极反响证实了编辑出版此书的决定是正确的。我还要感谢该出版社让我保留翻译权。2009年，尽管曼努埃尔·塞拉亚（Manuel Zelaya）政府被推翻，我在洪都拉斯出版本书西班牙语版的努力（以及许多更为重要的倡议）付之一炬，但多亏哥伦比亚的朋友和相关机构，包括人类世纪出版社（Siglo del Hombre Press）和哥伦比亚国立大学，本书首版（2013）最终得以出版。

美国环境史学会（ASEH）、拉丁美洲历史会议学会（CLAH）以及拉丁美洲和加勒比环境史学会（SOLCHA）都为此组织了相关会议，举办了研讨会，提供了网络服务，大大丰富了我的学术生涯。特别感谢拉丁美洲和加勒比环境史学会的努力，这是一个使用多种语言、跨越多个学科、极为专业的国际性学会，其领导层成功地组织了会议，举办了研究生研讨会，并出版了在线索引期刊《哈拉克》（*HALAC*）。

在第二版中，我抵制住了"重写历史"和修改原文的诱惑。幸运的是，在过去的 15 年里，学者们出版和发表了许多关于香蕉和（或）洪都拉斯历史的书和文章，而我却忽略了这些。相反，我写了两篇短文，希望能加深读者对"香蕉文化"这一主题的理解。在这简短的序言中，我回答了从美国读者那里听到的几个问题，如"为什么是香蕉"以及"为什么是洪都拉斯"。在附言中，我提到了书中的一些主题，我希望，当读者准备与那些想了解洪都拉斯或香蕉业情况的人探讨该书时，可以省去一些深夜上网搜索的时间。

事实上，撰写该序言时，我时常想起书中主题的现实意义：人、植物，没错，还有病原体的跨国传播。过去几周，我一直在与几十亿人"保持社交距离"——齐心协力，"打败"新型冠状病毒。[1] 除此之外，新冠疫情还揭示了香蕉"食物链"中的工人——种植者、收获者、加工者、销售者、烹饪者、服务者及食物清理者——所面临的困境。这样的人不在少数。在美洲，不断下降的农民数量被不断增加的食品加工者、准备者和服务人员所抵消。这部分劳动力绝大多数是有色人种，他们共同面临着工作不稳定、薪资低和劳动法不完善等问题。所有这些问题都与种族主义和其他压迫形式有关，这些压迫影响着劳动人民的生活，并极大地影响了受过教育的精英对这些问题的理解和反应。新型冠状病毒也许是"众矢之的"，但它却是一个从人员、商品和资本的不平等和快速流动中汲取力量的对手，而这样的流动则会将一个区域性事件演变成全球大流行病。

本书虽与新冠疫情无关，但与主要由资本主义推动的经济全球

---

[1] 原书第二版出版于 2021 年。——编者注

化如何创造与人类、植物和病原体流动相关的新机遇、新风险息息相关。虽然本书颇为幸运地引起了学者对跨文化史和食品历史的兴趣，但我写本书的初衷是研究环境和社会变化之间的关系。受研究环境史、种植园劳工和农业生态学学者的启发，我打算将劳动人民写进环境变迁的历史，并将环境背景融入农民的历史。这主意相当不错，但这并不能解释为什么我会选择写一整本书，只为讲述一种大多数美国人并不完全认真对待的水果，并将故事的背景放在洪都拉斯，一个很少有人能在地图上找到，甚至更少有人希望去游览的国家。

我对洪都拉斯的兴趣源于我的大学时期，也源于我在"里根革命"时期——罗纳德·里根的两届总统任期（1980—1988）——的美国式成长经历。由于里根的外交政策旨在击败苏联，里根政府介入了萨尔瓦多和危地马拉的武装冲突，同时企图破坏1979年在尼加拉瓜掌权的桑地诺（Sandinista）政府。美国对中美洲的干预在美国国内引发了强烈反对，我不得不了解笼罩该地区的复杂的政治冲突，这种政治冲突与冷战时期的论战截然不同。为挑战这些观点（包括我自己的一些观点），我来到了洪都拉斯，一个经常被外人忽视甚至蔑视的国家，美国人对其嗤之以鼻，戏谑其为"香蕉共和国"，并因其人民组织革命运动的能力不及其中美洲邻国而扼腕叹息。里根政府、中央情报局和美国军方实际上占据了洪都拉斯，并将其作为一个集结地，以对抗其邻国萨尔瓦多和尼加拉瓜的反对者。本书是我挑战"香蕉共和国"这一贬义标签的产物，它揭示了洪都拉斯历史的复杂性，包括与美国农业的纠葛及其大众消费经济。书名所指的"文化"既包括洪都拉斯的出口农业，亦包括美国的消费文化。在一个多世纪的历程中，这两种文化相互融合，相互转化。

除了20世纪80年代席卷中美洲的内战，聚焦热带森林砍伐（特别是亚马孙地区的森林砍伐）的国际运动也引起了我的注意。1992

年，联合国环境与发展会议在巴西里约热内卢召开。此后，"可持续发展"成为冷战后的一个热门词语。我并未参加"地球峰会"，但在哥斯达黎加开设的一个农业生态学夏季实地考察课程让我有机会近距离目睹了一个以生物多样性天堂而闻名的国家因香蕉产业向森林地区扩张而引发的紧张局势。随后，在密歇根大学读研究生时，我有幸向那些对昔日奴隶、种植园工人和"农民"的生活颇感兴趣的学者们学习，并与参与环境正义运动的同学结为好友，这一运动当时在美国颇为时兴。

考虑到以上这些，香蕉——或者更准确地说是香蕉出口贸易——成了一个将社会和环境视角结合起来研究热带森林历史的理想话题。当我开始阅读有关香蕉出口贸易的报道时，我对 20 世纪上半叶该行业的地理变迁感到困惑。当我了解到与巴拿马病有关的问题时，我对固定种植园的印象荡然无存。巴拿马病是一种真菌病原体，感染了出口区，只留下当代观察家查尔斯·凯普纳（Charles Kepner）口中所说的"香蕉填埋场"。由于无法控制真菌，美国的水果公司放弃了受感染的土壤，清理了森林，以便将生产转移到新的地区。然而，一些研究人员认为，水果公司实则从巴拿马病中受益匪浅，因为巴拿马病减少了竞争。这一说法与联合果品公司（United Fruit Company）为控制疾病（包括努力寻找适合出口市场的抗病香蕉品种）所投入的资金不完全相符。因此，这种席卷全球的真菌出人意料地成了分析中美洲和加勒比地区社会和环境变化之间联系的切入点。

为了理解这些生态社会的纠葛，我分别在洪都拉斯和美国进行了研究。在美国，我查阅了美国国家档案馆保存的美国国务院的资料。通过翻阅最广泛查阅的国务院文件——这些文件本身非常有价值——我发现了大量的文字和图表资料，这些资料从经济和地理层面揭示了香蕉的生产。例如，事实证明，鲜为人知的"海外农业局"

的记录颇为有用，美国国会图书馆保存的非常详细的地图亦是如此。任何怀疑美国在拉丁美洲帝国主义性质的人，都应该参观一下这些国家档案库，一睹美国政府似乎无限的影响力。

我的书目中明显缺少一组文献，那就是联合果品公司（如今的金吉达品牌）的档案。该公司一再拒绝研究人员的访问，事实上他们也从未证实过公司档案的存在。联合果品公司的一些未发表的资料可供研究人员使用，其中包括由哈佛大学收藏的大量照片。位于新奥尔良的杜兰大学（Tulane University）收藏了标准果品公司（Standard Fruit Company）和蒸汽船公司（Steamship）的一些文件——这是一笔宝贵的收藏，但令人沮丧的是，这些文件几乎没有提供有关行业秘密的见解。倘若没有这些文件，学者们就不得不依赖在中美洲偶然发现的资料。关键在于，对于那些想要讲述其中故事的人，商业公司有限制他们的言论的手腕。

塞翁失马，焉知非福，为了更好地了解小规模香蕉种植者，我需要揭开水果公司的神秘面纱。我也需要一些运气。在洪都拉斯国家档案馆花了几周时间整理文件后，我得到了一位值得信赖的青少年助手的帮助，发现了一份未编目的文件。这是一份不完整的手稿，其中几页分类账上列出了1899年（联合果品公司成立的那一年）洪都拉斯北海岸一千多名香蕉种植者的名字。这份文件以及我在市政资料中发现的其他证据表明，在洪都拉斯开始做出口贸易之初，主导香蕉生产的是中小规模的农民，而非大型公司。

了解出口贸易的崛起很重要，原因有二，这两个原因超出了洪都拉斯的历史。

第一，小规模蕉农的长期存在瓦解了人们对颇为熟知的资本主义起源故事的设想，在这些故事中，富有进取心的——往往是冷酷无情的——欧美人会白手起家，创建一家强大的公司。这样的故事在图书馆的书架上随处可见，政治信仰各异的作家往往寄予太多希望于这种自私自利的故事，因为资本家早在使用推特（Twitter）之前就已经十分擅长自我推销了。反过来说，联合果品公司之所以成立，是因为成千上万的农民——包括居住在海湾群岛的非裔加勒比人——已经向托运人（而非托运人向他们）出售了数千万根香蕉。

第二，洪都拉斯和其他国家小规模香蕉种植者的历史也对香蕉的未来产生了影响。科学家、政策制定者和活动人士对如何使农业变得更为可持续、如何减少剥削和对资源的过度开发颇感兴趣，他们通常认为，建立规模较大的农场是养活数十亿人的唯一途径。但令人惊讶的是，鲜有历史证据支持这种普遍假设。

小规模生产商从未完全从出口香蕉的供应链中消失，但美国各水果公司，特别是联合果品公司，在20世纪早期就通过采用当时流行的商业模式——合并和垂直整合——巩固了对生产的控制。联合果品公司通过政府特许和私人销售获得了土地，建立了大型农场，由此形成了一个由农场、铁路网和港口设施组成的综合体系。其中，港口设施由大量劳动力（主要是外来劳动力）维护和运营。所有这些农场都有一个共同之处，那就是他们种植的那种香蕉——大米歇尔香蕉（Gros Michel）是一种通过克隆进行自我繁殖的无籽品种，因此几乎不具备遗传多样性。这是资本主义农业的特殊形式，与植物病害大流行密切相关。经济一体化不仅为香蕉出口贸易带来了惊人的效益，同时也导致了病原体的传播。这些病原体在密集种植的单一作物中繁殖，而后随着人口与牲畜的流动、火车和轮船的移动得以广泛传播。简而言之，这为本书故事的展开搭建了农业生态学的舞台。

为了解出口香蕉单一栽培对工人生活的影响，我记录了20世纪中后期在香蕉农场工作的人们向我讲述的口述史。这项工作非常耗时。为了能轻松自如地进行采访，我花了六个月的时间来学习洪都拉斯当地的西班牙语。随后，我花了很长时间，乘坐大型巴士和小型公交只身前往这些工人家里。在此之前，我从哈佛大学的一系列藏品中找到了一张张联合果品公司在中美洲运作时的黑白照片，采访时我随身携带着这些照片的复印件。对于我采访的大多数人来说，这些照片唤起了他们深深的记忆，勾起了历历往事，让我更好地了解当时的人和物（包括骡子！）。我录下了大部分采访，随后花了许多时间转录这些磁带。

现在回想起来，花在收集口述历史资料上的时间颇为值得，这不仅因为口述历史能使出口香蕉生产的历史变得"有人情味儿"，还因为口述历史揭示了工作实践和意义，而这些实践和意义并未在文献证据中体现出来。对于我能采访到的男性和为数不多的女性来说都是如此。用历史学家的话来说，口述采访揭示了那些在贫困、专制政府和水果公司苛刻的工作制度下工作并时而反抗这些限制之人的能动性。就像对待任何一种历史证据一样，我在研究口述历史时，既对其表示尊重，又对其抱有合理的怀疑态度。我在两个不同的香蕉产区采访了众多相关人士，直至我的问题开始出现一系列类似答案。也就是说，本书所收录的口述历史对传达受访者生活的许多方面而言，只是开了个头而已。

"洪都拉斯人"是一个多元化群体。近几十年来，洪都拉斯的原住民群体，包括加利弗那人（Garífuna）、伦卡人（Lenca）和米斯基托人（Miskito），已成为政治角色，但他们争取土地和人权的斗争尚未得到充分认可，与此同时，又遭到政治精英和经济精英的双重暴力镇压。本书最大的局限在于，它没有捕捉到洪都拉斯文化的多样性，也没有解释种族构成的重要性、种族构成与权力的关系，以及当代洪都拉斯原住民和黑人斗争的历史根源。事实上，我对香蕉消费的看法一直深受种族主义对世界观、日常生活和美国外交政策塑造方式的影响，过去是如此，现在依然如此。热带地区与黑人和（或）原住民"原始性"的联系影响了美国人——主要是（但不完全是）白人——对香蕉及其种植园的看法。

在 19 世纪和 20 世纪早期，在许多美国旅行者眼中，热带地区是"落后不堪"的，其安全和生产需要借助美国的医疗科技来加以保障。这种热带民族和地区观念背后的种族主义在美国官员的隔离主义政策中体现得淋漓尽致，这些官员不仅指挥了诸如古巴和海地的军事占领，还指挥了巴拿马运河的建设。美国的水果公司纷纷效仿，在整个中美洲建立种族隔离的城镇，而备受欢迎的白人作家则开始散布诋毁"香蕉共和国"的故事。种族主义还慢慢形成了一种坚如磐石的信念，即现代化（铁路）道路的两旁是劳工种植的单一作物。中美洲及美国的投资者和政治精英们很少承认这种种植园模式与殖民主义和奴隶制的关系，也不承认黑人种植者在 19 世纪末香蕉贸易中所起的先锋作用。

2020 年，在洪都拉斯人和其他中美洲人试图逃离贫困和暴力时，我们仍能感受到"香蕉共和国"等非人道标签遗留的影响，当时美国边境大搞军事化行动，针对移民的大规模拘留、驱逐出境和反移民言论亦相当猖獗。美国的移民政策引发了强烈反对；美国各地和其他地方的人们动员起来保护移民，扩大无证移民的权利，赋予了"庇护"这一概念新的含义。勇敢的洪都拉斯移民的逃离之路可谓代价高昂、危险重重、举步维艰。这与我的"能力"形成了鲜明的对比，我仅凭美国护照就可以轻松往返洪都拉斯。正因为这种理所当然的特权，本书才得以问世。

最后，我要感谢那些并无义务帮我的人，他们是：得克萨斯大学出版社的高级策划编辑克里·韦伯（Kerry Webb）、高级手稿编辑林恩·弗格森（Lynne Ferguson）、印制协调员丹·彼得森（Dan Pederson），以及文本设计师卡桑德拉·西斯内罗斯（Cassandra Cisneros）。我很荣幸能遇到洪都拉斯裔美国历史学家达里奥·欧拉克（Darío Euraque）这样的朋友兼导师。他为推动洪都拉斯的历史学术研究和人权保护所做的不懈努力，一直鼓舞着人们。他的慷慨和洞察力在很多方面充实了本书。在与从事洪都拉斯研究的年轻一代历史学家的交流中，我还从他们身上获得了深刻见解，其中包括凯文·科尔曼（Kevin Coleman）、耶塞妮娅·马丁内斯·加西亚（Yesenia Martínez Garcia）、苏雅帕·波蒂略·比列达（Suyapa Portillo Villeda）和马文·里瓦斯（Marvin Rivas）。

感谢我的妻子艾米·"阿玛莉亚"·克罗森（Amy "Amalia" Crosson），她不仅不介意往返于崎岖的山路，还十分乐意在清晨时分与我共进咖啡。我们很幸运，有照顾我们的长辈萨莉（Sally）、玛丽（Mary）和乔（Joe），兄弟姐妹巴尔布（Barb）、菲尔（Phil）、迪安娜（DeAnna）、罗伯（Rob）、朱莉（Julie）和杰克（Jack）。我们的女儿露西娅（Lucía）机智过人、喜欢歌唱、热爱家常菜，常常黏着我。因此，我谈不上是一个特别专注的学者，但作为父亲，我特别自豪。我希望她和她出色的堂表亲——乔纳森（Jonathan）、詹姆斯（James）、奥斯汀（Austin）、玛丽（Mari）和玛丽埃尔（Marielle）——能青出于蓝而胜于蓝。

初版序言

本书最初旨在研究洪都拉斯社会和环境变化之间的关系。多年过去了，该书已经演变成一项关于香蕉的大规模生产和消费的研究。本书副书名既指出了出口香蕉生长的热带地区，也指出了香蕉消费的文化空间。20 世纪 80 年代末，发生在洪都拉斯和中美洲的政治事件经常成为美国报纸的头条新闻，当时还是名本科生的我有史以来第一次对这个话题产生了兴趣。如今，为"建立民主"，美国政府的最新举措已经将公众的注意力转移到了其他地区和商品上。在洪都拉斯，服装的出口价值已经超过了香蕉的出口价值。然而，这并不应该阻止人们对有关香蕉的历史进行认真反思。香蕉是一种重要的国际贸易商品，此外，它促成了联合果品公司——20 世纪最早最强的跨国公司之一——的诞生。生活在一个许多人似乎无法想象的、世界不由企业和大众市场所支配的时代，我认为，有必要重新审视那些塑造了商品生产和消费的场所的历史进程。

如果说本书传达了一条极为重要的信息，那就是人们要认识到生产和消费之间、人类和非人类之间以及文化和经济之间的动态关系，并加以思考。归根结底，我认为，20 世纪许多开发与保护的模式和意识形态是有缺陷的，因为它们都存在一个潜在的（和未经检验的）假设，即自然和文化要么是静态的，要么在以可预测的方式变化着。然而，自然界没有什么是永恒的，无论是人类还是非人类。

从不那么崇高的层面上讲，这本书力图（彻底）回答一个朋友、家人和熟人经常会问的问题："你吃香蕉吗？"对我而言，简单的答案是"吃"（有机的，如果有的话）。但这个问题本身多少有些误导性。在当代美国，食物和饮食不仅让人们颇感焦虑，有时还让人们极为不满。其中一个结果是，人们倾向于将道德判断强加于某些特定的食物上，比如香蕉、小牛肉、葡萄，或者最近（席卷全球）的碳水化合物。另一种可能的说法是将这个问题重新表述为："吃香蕉意味着什么？"面对这个问题，我们不得不思考，为何美国人每天都在吃着价格低廉、外观相同、味道甜美的香蕉，却又象征性地将自己与"香蕉共和国"种植这些香蕉的劳动者保持距离？

致谢

任何一个历时十年的项目都会有一长串要感谢的人和机构。我的洪都拉斯热带低地之旅始于纽约的奥斯威戈（Oswego），一个因暴雪而非香蕉而闻名的地方。我有幸成为我们家庭的一员，这个家庭一直支持着我，鼓励着我追求知识，即使有时结果并不如人意。虽然从本书主题上看不太明显，但这本书确实受到了詹姆斯（James）和萨莉·索鲁里（Sally Soluri）的深远影响。

感谢密歇根大学的丽贝卡·斯科特（Rebecca Scott）、理查德·塔克（Richard Tucker）、艾维特·佩费克托（Ivette Perfecto）、约翰·范德米尔（John Vandermeer）、弗雷德里克·库珀（Frederick Cooper）和苏安·考尔菲尔德（Sueann Caulfield）。对我而言，他们的创造性和严谨的学术研究既是一种激励，也是一种挑战。我同样感谢密歇根大学研究生院，其在我的研究生生涯中，为我提供了大量的资金支持，包括一笔赠款（由安德鲁·梅隆基金会资助），用于论文研究。这本书的大部分内容都来自我的论文研究。特别感谢达里奥·欧拉克，他除了阅读该项目的多个版本（英语版和西班牙语版），还充当了"外国佬"和"洪都拉斯通"这两个截然不同的世界之间的宝贵桥梁。

我首先要感谢洪都拉斯的所有人，是他们让本书的问世成为可能。在特古西加尔巴（Tegucigalpa），洪都拉斯国立自治大学的马里奥·阿桂塔（Mario Argueta）和洪都拉斯国家档案馆现任馆长卡洛斯·马尔多纳多（Carlos Maldonado）虽在颇具挑战的环境下工作，却树立了很高的专业标准。感谢洪都拉斯国家档案馆的工作人员和前馆长弗雷迪·弗洛雷斯（Fredy Flores）。1995 年，我的研究助理兼朋友列宁·巴伦苏埃拉（Lenin Valenzuela）冒着牺牲健康的危险帮我清理、整理和抄写文件，时间长达数周。在北海岸，埃尔普罗格雷索（El Progreso）、拉塞瓦（La Ceiba）、奥兰奇托（Olanchito）、索纳格拉（Sonaguera）和特拉（Tela）等市政秘书的工作人员在我翻阅相关档案时表现出了极大的耐心和幽默感。我花了很多时间查阅图书馆里的资料，咨询位于拉利马（La Lima）的洪都拉斯农业研究基金会（Fundación Hondureña de Investigación Agrícola，FHIA）的专业人士。衷心感谢该基金会的主任阿道夫·马丁内斯博士（Dr. Adolfo Martínez）和聪慧热情的艾米丽·德·阿尔瓦拉多（Emily de Alvarado）律师。

已故的罗伯特·斯托弗博士（Dr. Robert Stover）是香蕉病原体方面的世界级专家，他与我分享了他整理的未曾发表的研究报告，他的长期助手豪尔赫·罗梅洛（Jorge Romero）为我解读了这些报告。我永远感激他们二人。我还要感谢尤金·奥斯马克博士（Dr. Eugene Ostmark）和 J. P. 桑切兹（J. P. Sánchez），他们为我提供了有关水果公司研究部门历史的未发表的手稿。深切感谢那些花时间和我分享他们在北海岸的回忆和印象的人们。好几次，我都是在没有事先通知的情况下前去打扰，但我经常受到的是大多数美国人只对他们最亲密的朋友才会有的热情款待。如果我能够传达出一丝他们所处世界的复杂感——一个无法用"欠发达"一词来描述的现实世界——我就心满意足了。

在美国，位于马里兰州大学公园市的国家档案馆新馆和国会图书馆的工作人员帮助我浏览了大量的原始资料。同样，我也要感谢哈佛大学贝克图书馆的工作人员。我特别感谢劳拉·利纳德（Laura Linard）多年来的支持。也要感谢杜兰大学霍华德 – 蒂尔顿图书馆的工作人员，以及马萨诸塞州巴恩斯特布尔科德角社区学院 W. B. 尼克森研究室的档案管理员玛丽·西基奥（Mary Sicchio）。

自 1999 年以来，我一直供职于卡内基梅隆大学历史系。几乎没有哪里的环境比这儿更有利于初级教师的了。卡内基梅隆大学不仅为我前往洪都拉斯和华盛顿特区的后续研究提供了资金，而且那里的不少同事还抽出时间对本书的部分内容进行了评论。感谢保罗·埃斯（Paul Eiss）、卡罗琳·阿克（Caroline Acker）、斯科特·桑代奇（Scott Sandage）、大卫·米勒（David Miller）、玛丽·林德曼（Mary Lindemann）、凯特·林奇（Kate Lynch）和爱德华·康斯坦（Edward Constant）。

此外，史蒂夫·斯特里夫勒（Steve Striffler）、斯图尔特·麦库克（Stuart McCook）和乔治·里德·安德鲁斯（George Reid Andrews）对整个手稿发表了评论。这三人都值得特别感谢，因为他们为自己的工作设定了高标准，并促使我在本书的早期版本中澄清了我的论点。克里斯蒂安·布兰斯特罗姆（Christian Brannstrom）、雷纳尔多·富尼斯（Reinaldo Funes）、斯蒂芬尼娅·加里尼（Stefania Gallini）、洛厄尔·古德蒙森（Lowell Gudmundson）、乔治·洛弗尔（George Lovell）、迈克尔·米勒（Michael Miller）、劳拉·帕特南（Lara Putnam）、亚当·罗姆（Adam Rome）、道格·萨克曼（Doug Sackman）、苏珊·斯特拉瑟（Susan Strasser）、艾伦·韦尔斯（Allen Wells）和罗尼·维亚莱斯（Ronny Viales）对书稿的部分内容提出了反馈意见。此外，学者兼活动家史蒂夫·马夸特（Steve Marquardt）的出色研究让我确信，真菌确实很重要。地理学家迈克尔·佩希（Michael Pacey）制作了优秀的"空间模型"（即地图）。最后，我感谢下列帮助我找到资料来源的人员：卡内基自然历史博物馆的贝尔纳黛特·卡勒里（Bernadette Callery）、莱蒙特图书馆的约翰·A. 柯林斯（John A. Collins）、哈佛植物学图书馆的安杰拉·克鲁克（Angela Krulc），还有吉姆·朗赫斯特（Jim

Longhurst）以及玛妮·汉普顿（Marnie Hampton）。

得克萨斯大学出版社策划编辑威廉·比谢尔（William Bishel）愿意冒险出版一本关于洪都拉斯的书。我要感谢比谢尔及其在得克萨斯大学出版社的同事们，包括林恩·弗格森和特丽·斯佩里（Teri Sperry），他们为这个有时很复杂的项目贡献了他们的才华、耐心和热情。

自从这个项目启动以来，艾米·克罗森一直是我最忠实的伙伴。她在档案馆工作过，进行过采访，编排过书目，在洪都拉斯的高速公路上驰骋过。与此同时，她也对人权、儿童早期教育和学术研究颇感兴趣。毫无疑问，她对我来说是重量级人物。

目 录

引言

产销连接之地

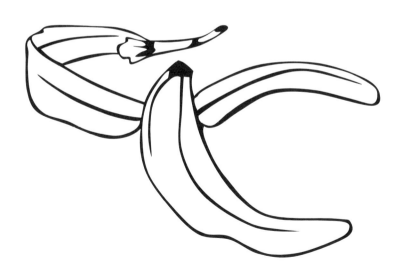

英国工人喝到第一杯加糖热茶，可谓是一个重要的历史事件，因为这预示着整个社会的变革，预示着经济基础和社会基础的全面重塑。我们必须为透彻地理解上述这些变化的结果以及与之密切相关的一系列事件而努力，因为在它们之上建立起来的，是全然不同的观念——关于生产者与消费者、工作的意义、人对自身的界定以及事物的本质。

——**西敏司**（Sidney Mintz），1985 年

一旦落入联合果品公司之手，热带沼泽和丛林很快就会变成一片片绿油油的香蕉树，一排排地生长在排水良好、肥料充足、灌溉良好的土壤里。以前不曾听过的先进农业实践，通过应对泥沙淤积、洪水泛滥，以及在与植物病害无休止的斗争中进行的农药喷洒，带来了数以百万计的金黄色果实，以供出口。

——**史黛西·梅**（Stacy May）与

加洛·普拉萨（Galo Plaza），1958 年

大多数阅读本书的美国读者很可能最近吃过香蕉。同样很有可能的是，他们不记得这段经历，因为在美国吃香蕉已变得相当稀松平常。但情况并非总是如此。在 19 世纪中叶以前，美国几乎没有居民尝过香蕉，更不用说经常吃香蕉了。然而，在 19 世纪的最后 25 年里，美国的香蕉消费量急剧增长，各阶层、各种族、各地区的男女老少都吃上了香甜可口的香蕉。20 世纪 20 年代，苹果是美国人唯一大量食用的新鲜水果。但彼时，香蕉也被赋予了重要的象征意义，并逐渐融入英语国家的街头俚语、流行音乐、喜剧、文学和诗歌之中。越来越多的热带商品开始塑造美国的日常消费文化，细长的黄色水果——香蕉——便是其中一种。

如果说香蕉在 20 世纪早期已失去了大部分的异国情调，那么对其热带原产地就不能这么说了。美国作家、商人、外交官和漫画家往往将热带地区视为异界，那里充满了黑暗、感性和懒惰之人，而他们之所以幸存下来，很大程度上是因为他们居住的地方阳光充足、雨水充沛。"香蕉共和国"（banana republic）一词便很好地概括了这种对热带土地和人民的看法。该词出自美国作家欧·亨利（O. Henry[①]）于 1904 年发表的一部小说。这一极为有力的比喻既是对 20 世纪中美洲历史中心的政治冲突、贫困和美国干预的解释，也是美国人为这些问题寻找的正当理由。颇为矛盾的是，许多美国人把香蕉——一个多世纪以来将美洪两国联系在一起的商品——作为"腐

[①] 原名威廉·西德尼·波特（William Sydney Porter）。

败"、"落后"和"不发达"社会的象征，从而疏远了中美洲。

洪都拉斯是 19 世纪 70 年代至 20 世纪 70 年代世界上最大的香蕉出口国之一，许多美国观察家称其为最好的"香蕉共和国"。平心而论，在过去的一个世纪里，洪都拉斯人经历了太多的政治动荡、贫困潦倒和来自美国的高压政策。然而，他们对香蕉有自己的一套理解。与美国相比，香蕉和大蕉已经成为洪都拉斯人的主食。大多数洪都拉斯家庭菜园——无论是由莫斯基蒂亚（Mosquitia）的佩赫印第安人，还是特古西加尔巴的城市专业人士种植的——都至少包括几个品种的香蕉和大蕉。19 世纪后期出口生产的扩大使香蕉从一种普通的主食摇身一变，成了"绿色黄金"（*oro verde*）。这种水果象征着物质财富，满足了洪都拉斯和中美洲其他地方许多劳动人民的愿望。香蕉的出口带动了洪都拉斯北海岸的发展，这个地区充满了美式现代化奇观：医院、电力、制冰厂、铁路、飞机、收音机以及进口食品、服装和音乐。该地区充满活力的经济吸引了形形色色的移民群体，他们在 20 世纪推动了强大的社会和政治运动。许多洪都拉斯作家将香蕉工人描绘成反抗美国霸权和资本主义剥削的象征。因此，在洪都拉斯，香蕉是一个矛盾的象征，其复杂性与其在美国流行文化中微不足道的地位形成了鲜明对比。

19 世纪末，香蕉从一种外来的新奇事物摇身一变，成了美国大众消费的商品，这一转变为香蕉带来的不仅仅是新的象征意义。香蕉产量的大幅增加改变了从墨西哥到厄瓜多尔的低地热带景观和生计。在一个世纪的时间里，工人们砍伐森林、排干湿地；种植、栽培、收获香蕉；修建铁路和城镇；做饭、洗衣、抚养孩子。这并非人类第一次主动改变这些地区，但资源利用的速度和规模却是史无前例的。这些环境变化反过来又有助于将低投入的生产过程转变为资本和劳动密集型的生产过程，过去是如此，现在依然如此。

这本书追溯了从 1870 年到 1975 年，洪都拉斯北海岸发生的错综复杂的环境和社会变革。故事主要发生在那里的香蕉农场及其周边地区，但背景会时不时地转移到美国，那里数百万人切实地却又象征性地享用着香蕉。从农场到市场，本书一路跟随着香蕉的踪迹，以探索大规模生产和大规模消费之间的动态关系，这种关系直接或间接地推动了北海岸的环境和社会变化。这种跨国视角还揭示了，水果公司的经济实力既来自其在中美洲的铁路和土地垄断，还来自其对美国大众市场的控制。"香蕉共和国"这个比喻很容易让人忽视美国垄断资本主义对 20 世纪香蕉贸易史的影响。在跟随香蕉踪迹的跨国之旅中，我跨越了若干学术领域的边界，撰写了一部史书，该书既融合了文化学家、环境学家和社会历史学家的观点，又融合了生物学家和地理学家观点。这项研究整合了大量的原始资料，包括洪都拉斯的人口普查数据手稿，水果公司记录，业已发表的科学论文，洪都拉斯和美国政府的通信，口头证词和美国昙花一现的大众文化（如歌词、食谱和广告）。最近一些关于香蕉的研究涉及其中的部分资料，但鲜有人尝试将全部资料整合起来。[1]

多年来，拉丁美洲和加勒比地区的"香蕉之乡"或"飞地"既引起了记者、旅行者和学者的关注，也引起了英语作家和西班牙语作家的关注，其中包括诺贝尔奖得主米格尔·安赫尔·阿斯图里亚斯（Miguel Ángel Asturias）、加夫列尔·加西亚·马尔克斯（Gabriel García Márquez）和巴勃罗·聂鲁达（Pablo Neruda）。在拉丁美洲经营的跨国公司中，很少有像主导 20 世纪香蕉贸易的美国公司那样引发如此多的争议。这些公司的维护者将其视为现代性和繁荣的支柱，指出这些公司创造了数以万计的就业机会，建设了交通基础设施，并为热带农业和医药引入了科学方法。[2] 批评者反驳说，这些公司对土地和运输的垄断、对劳工运动的镇压以及税收补贴都证明了这些公司的利润来自对拉丁美洲人民的剥削。在 20 世纪 60 年代和 70 年代，水果公司经常是现代化主义者和依赖学派批评家之间辩论的焦点，前者认为资本和技术的注入是帮助拉丁美洲人摆脱"传统"谋生和思维方式的必要条件，后者则声称外国资本"制约"了拉丁美洲的发展。[3]

激烈的争论往往掩盖了一个事实，即对立双方有着一些共同的核心假设。正如历史学家凯瑟琳·勒格朗（Catherine LeGrand）所指出的，"从现代化和依赖学派视角出发的学者们倾向于认为外国公司掌握着权力，为所欲为，而当地人则受前者支配，只能被动行事。"[4]勒格朗和其他一些学者展示了哥伦比亚的国营香蕉园种植者、洪都拉斯的商人、危地马拉的工会活动家、哥斯达黎加的西印度群岛移民、厄瓜多尔的民工是如何挑战，甚至改变政府当局和果品公司经理所推行的政策的。通过上述方法，他们成功地挑战了无所不能的美国众多水果公司操纵"买办"精英和不幸农民的形象。[5]这项研究确定了各种参与者的作用，同时为长期以来由僵化的类型学（如"飞地"、"无产阶级"和"繁荣与萧条"经济）主导的话题提供了历史资料。

近日，关于香蕉出口的学术研究很少关注现代化主义者和依赖学派对低地热带景观的共同设想。几乎没有例外，这两个理论阵营的支持者都坚信，科学技术可有效利用自然资源。从 20 世纪早期的西班牙语和英语资料中，可经常看到对外国资本和技术的溢美之词，称其将贫瘠的"荒野之地"变成了硕果累累的果园。现代化主义者和依赖学派认为，对热带景观的改造是朝着不同的目标前进的（前者的目标是打造稳固的中产阶级，后者的目标则是培养无产阶级革命者）。另外，两大阵营一致认为，热带景观同其居民一样，本质上是被动的，是被操纵的。

接下来的故事对这一假设提出了挑战，探讨了不同的（往往是意见不同的）人、种类不多的香蕉作物，以及一直存在却不可预测的病原体之间的相互作用。这些病原体形成并改变了香蕉出口区的热带景观和人们的谋生方式。换言之，我试图将农业重新纳入香蕉种植历史，以便剖析热带景观的科学理念和日常种植实践，因为这些实践花费了劳动人民大量的时间和精力。我对论证文化历程或生物进程的孰前孰后并无太大兴趣，真正让我感兴趣的是证明二者之间的历史纠葛。为了做到这一点，我借用了农业生态学的概念，这是一个新兴的研究领域，着重研究种植系统与周围环境之间的相互作用。农业生态系统的形成、改变过程是不稳定的，它随时空的变化而变化，因此其过去并非一成不变，其未来亦因植根于充满可能性的生态社会领域，故而是不确定的。在强调偶然性的作用或农业生态系统的历史性时，我并不是说人与植物之间的相互作用发生在一个"无所不能"、无所限制的世界里。香蕉种植园和低地热带森林之间的本质差异是不可否认的。事实上，二者迥然不同的特质正是本书的核心论点。然而，试图在自然空间和文化场所之间划出明确的边界，有可能会忽视田野、森林和水道之间，以及栽培生物、野生生物和杂交生物之间的相互作用。[6]

像大多数农作物一样，香蕉既是生物有机体，也是文化产物——是进化的偶然性和人类作用的产物。早在几千年前，东南亚的早期种植者就开始栽培香蕉。随后，几十个品种在南亚、太平洋和非洲传播开来。香蕉品种如何以及何时到达美洲尚有争议，但其在北半球的广泛种植，至少已有400年历史。[7] 1500年至1850年，香蕉的消费主要集中在热带地区。在巴西和加勒比海的甘蔗种植区，奴隶们经常在备用地种植香蕉和大蕉。这种自繁殖的高产草本植物非常适合奴隶的需要，因为种植起来不会费太多力气，食用起来也相当方便。此外，这些生长迅速、高大多叶的植物可以为地面作物遮阴。[8] 加勒比黑奴解放运动后的变革动力为该地区出口香蕉的种植创造了条件。19世纪中叶，奴隶的后代们为了寻找体面的生计而奋斗。于是，他们成了第一批向巡回的北美船队的船长们出售香蕉的人。

香蕉出口贸易是围绕一个单一品种形成的：大米歇尔香蕉。很明显，这一品种直到 19 世纪初才到达美洲。1837 年，牙买加咖啡种植园主让·普亚特 (Jean Pouyat) 引进了他在马提尼克岛获得的一种大米歇尔香蕉根茎。这一品种很快在牙买加流行起来，后来传遍了整个中美洲。尽管这个"创世故事"可能是杜撰的，但它表明该品种的基因基础极其狭窄，这一条件将在关键方面影响出口生产。随着小型和大型的大米歇尔香蕉种植园取代了低地森林和湿地，一种性质上不同的农业生态系统形成了，这一系统"通过提供基因一致的高密度寄主，引发了疾病流行的发展。"[9] 此外，连接生产区的铁路和运输网促进了病原体在各地区之间的传播。

在加勒比海和拉丁美洲出口香蕉种植的历史上，两种植物病害——通常被称为巴拿马病（一种通过土壤传播的病害）和叶斑病——发挥了主导作用。这两种疾病的显著性随时空的变化而变化。在 20 世纪早期，水果公司为了应对巴拿马病，采取了我称为"种植迁移"的做法，放弃受感染的土壤，并拆除基础设施，以便在没有病害的地区重新利用。当叶斑病出现于 20 世纪 30 年代时，香蕉生产者来不及摆脱空气传播的真菌病原体。联合果品公司在洪都拉斯的科学家们发明了劳动密集型、由资本控制的系统，该系统采用大量波尔多液（硫酸铜和石灰）喷雾，其高昂的成本迫使许多小规模种植者放弃了这一行当。对于农场工人和其他北海岸居民来说，水果公司控制这两种植物病害的努力深深地影响了他们的生计。尽管疟疾等人类疾病得到了更多的学术关注，但可以说，入侵大米歇尔香蕉种植园的真菌病原体，深深地影响了北海岸香蕉区人民的日常生活，即便影响是间接的。

巴拿马病和叶斑病的历史意义不能完全从区域农业生态的角度来解释。病原体、植物寄主和农业生态系统之间复杂的相互作用决定了流行病的发生，但文化、经济和社会进程也决定了美国香蕉市场的大规模兴起。在过去的150年里，经济历史学家对过去150年中拉丁美洲出口生产的"繁荣与萧条"周期进行了大量的研究，但他们很少关注大众市场是如何影响出口经济所依赖的农业生态资源的。[10] 我从社会经济和文化两方面描述了美国大众香蕉市场的形成和演变，以阐明谁买得起香蕉，以及人们最初为什么选择吃香蕉。换句话说，这本书研究了香蕉这一热带植物转化为食品商品的过程。研究香蕉是一件令人愉快的事情，有时还会让人觉得有趣，但我对大众市场和消费文化给予高度关注，主要是为了解释热带地区出口香蕉农业的转型。[11]

如果这项研究试图在跨国层面上运作，那么它也在试图揭示一个特殊地区——洪都拉斯北海岸的历史。19世纪时，一名旅行者从加勒比海来到这里，首先遇到的是绵延数英里①长的沙滩、红树林沼泽和椰子树，这些椰子树主要是由加利弗那人种植的，他们从18世纪晚期就开始居住在这段海岸线上。沿海地带的另一边是一片狭窄的平原，穿过平原，地形很快就变成了山麓和山脉，最高峰超过海拔2500米。希卡克人（Xicaque）和混血牧民居住在人口稀少的低地。无数的河流从高原上流下，蜿蜒流入大海。由其中最大的两条河流——阿关河和乌卢阿河——侵蚀而成的冲积山谷，是前哥伦布时代村落的遗址。该地区似乎是玛雅和希卡克原住民群体的分界线。重要的作物包括可可、木薯和其他块茎作物，以及玉米和豆类等种子作物。在不断与欧洲人和非洲人接触后，原住民人口急剧减少，导致低地地区森林覆盖率扩大。到19世纪末，在该地区前哥伦布时代的殖民地上，只剩下出口香蕉种植者在种植香蕉时经常掘出的陶瓷器物。[12]

---

① 英制单位。1英里约合1.6千米。

遗憾的是，关于这一地区的学术史很少是用英文出版的。除达里奥·欧拉克这一特例外，美国的历史学家都把注意力集中在了中美洲其他地方的香蕉飞地上，尤其是哥斯达黎加和危地马拉。[13]洪都拉斯的研究人员对财政和档案资源的利用通常是有限的，因此，尽管他们已完成一些颇有价值的研究，但这些研究尚未被广泛传播。[14]尽管对该地区了解有限，但学者们还是对该地区的香蕉出口贸易进行了学术分析，因为在 1870 年至 1950 年，该地区的香蕉出口可能比世界上其他任何地方都多。1929 年，洪都拉斯的香蕉出口量远远超过了哥斯达黎加、危地马拉、尼加拉瓜和巴拿马的香蕉出口总量。直到 1970 年，洪都拉斯一直是中美洲主要的香蕉出口国。[15]

但洪都拉斯北海岸的重要性不仅在于其香蕉出口数量，该地区的历史还揭示了一些对理解香蕉贸易轨迹至关重要的问题。例如，许多关于出口香蕉生产的研究倾向于将 1899 年联合果品公司的成立与"现代"出口香蕉生产的开始联系起来。这种划分忽视了这样一个事实，那就是在洪都拉斯的沿加勒比海地区以及中美洲和加勒比其他地方，其他种植者最迟在 19 世纪 70 年代初就开始销售香蕉以供出口。大约在联合果品公司成立 25 年前，这些鲜为人知的种植者就开始了出口贸易。事实上，直到 1913 年，即大约是在洪都拉斯人开始为美国市场种植香蕉的 40 年后，联合果品公司才在洪都拉斯第一次获得铁路的特许经营权。对 19 世纪后期香蕉贸易的粗略描述通常将这一时期描述为种植者的"黄金时代"或以简单的生产和运输实践为特征的"混乱"时期。这两种观点都过度简化了种植者、托运人和洪都拉斯政府之间的复杂动态。他们还淡化了 19 世纪和 20 世纪贸易的连续性。尽管 20 世纪初生产规模急剧扩大，但 20 世纪的前半个世纪，香蕉贸易中的种植方式相对来说没有变化。

学者们还低估了在美国众多水果公司开始垂直整合的那几年里，

洪都拉斯个体种植者的锲而不舍。对于那些把水果公司描绘成将先进技术引入农业、医药、教育和经济组织的学者而言，小规模种植者及其低投入的农业耕种方法往往象征着非现代的"他者"，与水果公司现代化工程的特征形成了鲜明对比。[16] 此外，许多马克思主义批评家试图将香蕉业的历史纳入无产阶级化的线性模型，重点关注有阶级意识的无产阶级的出现，后者往往会组织罢工、工会和共产主义运动。[17] 这两种方法都没有考虑到小规模种植者的动态存在，他们的积极主动、锲而不舍和不可预测性破坏了自由主义和马克思主义的现代化愿景。

事实上，在某些情况下，公司铁路的延伸为种植者提供了通往海港的重要通道，进而刺激了小规模生产。20 世纪 30 年代，个体种植者依然种植、销售大量香蕉。在北海岸，这些种植者的生产范围和持续存在，都使人们对洪都拉斯与哥伦比亚、哥斯达黎加和牙买加的香蕉出口区之间的区别产生了质疑，在这些地区，个体种植者的存在已得到广泛认可。例如，在 1900 年前后，洪都拉斯和哥斯达黎加的香蕉出口量不相上下。20 世纪 30 年代，哥斯达黎加的个体种植者生产的香蕉的出口量在该国香蕉出口量的占比（75%）远高于洪都拉斯（30%），但后者的个体种植者的香蕉销售量超过了前者。这并不是要贬低哥斯达黎加个体种植者的重要性，而是要表明，在国家框架内工作的学者会通过假设某个地方（洪都拉斯通常就是那个地方）存在一个由公司控制的种植园和无产阶级组成的原型飞地，来为"例外论"辩护。

事实上，1900 年到 1930 年，美国在洪都拉斯经营着三家主要的水果公司，即联合果品公司、标准果品公司和古亚美果品公司（Cuyamel Fruit Company），而非一家。一方面，这一事实可以用来支持该国作为终极香蕉共和国的地位。另一方面，这表明联合果品公司无法像 20 世纪上半叶他们在危地马拉和哥斯达黎加那样，在洪都拉斯建立绝对垄断地位。事实上，有证据表明，北海岸的精英们有能力通过让水果公司相互竞争来利用权力。在 1929 年联合果品公司收购塞缪尔·泽默里（Samuel Zemurray）的古亚美果品公司后，这种能力大为减弱。然而，泽默里在 1933 年夺取了联合果品公司的控制权，利用他持有的大量股票来迫使董事会承认他是首席执行官这一事实。在 1957 年辞去董事会职务之前，他一直是公司的重要人物。如果说哥斯达黎加的"香蕉人"米诺·基思（Minor Keith）和牙买加的"香蕉人"洛伦佐·道贝克（Lorenzo Dow Baker）在创建联合果品公司的过程中发挥了主导作用，那么主要在洪都拉斯起家的泽默里则在 20 世纪 30 年代初的危机之后，接管该公司，挑起了恢复其经济实力的重担。[18]

在洪都拉斯经营的三家美国果品公司都在生产和营销过程中进行了重要的创新，从而改变了整个香蕉出口行业。1930 年至 1984 年，洪都拉斯是联合果品公司热带研究部门的所在地，该部门与英国在牙买加和特立尼达岛的研究部门一起，为 20 世纪大部分时间的香蕉研究制定了议程。联合果品公司的科学家们最重要的创新之一是其于 1935 年设计的波尔多液喷雾系统，用以控制叶斑病。该系统迅速遍及加勒比海和拉丁美洲的香蕉出口区，为在热带农业中大规模使用化学杀菌剂开创了重要先例。尽管总部位于新奥尔良的标准果品公司直到 20 世纪 50 年代初才在洪都拉斯建立研究部门，但该公司在 1957 年开始用纸箱运输抗巴拿马病的卡文迪什（Cavendish）香蕉，开创了 20 世纪最重要的贸易变革之一。十年之内，几乎所有运往美国的香蕉都用纸箱运输，这一创新改变了水果的生产和销售。

在洪都拉斯北海岸，水果公司面临着诸多挑战。居住在香蕉种植区的人们通过组建种植者协会，挑战水果公司对该地区资源的所有权；当种植园的工作条件变得无法忍受时，人们还通过"用脚投票"来努力维持生计。20 世纪 20 年代，香蕉出口贸易急剧增长，与此同时，劳工斗争也在加剧：一系列的问题——包括工资问题和公司对加勒比劳工的使用问题——引起了数十起罢工。1932 年，水果公司的工人因减薪而罢工。在特鲁希略铁路公司（Truxillo Railroad Company，联合果品公司的子公司）的案件中，一场牵涉约 3000 名工人的罢工长达两个月，直至政府和公司合作逮捕并暂时罢免罢工运动的领导人才结束。[19] 同年，洪都拉斯国民党候选人蒂武西奥·卡里亚斯·安迪诺（Tiburcio Carías Andino）当选总统，开始了长达 16 年的专制统治。1948 年，卡里亚斯终于下台，劳工组织者立刻推动改革。1954 年，联合果品公司工人集体罢工。这起罢工迅速蔓延到标准果品公司，并最终蔓延到其他部门。1954 年的大罢工引发了大规模的工会和农民运动，工人、农民与北海岸的自由主义商人联合，成功改革了洪都拉斯的劳工法、农业法、社会福利和税收结构。[20] 果品公司通过裁员来应对洪都拉斯工人的崛起。他们关闭农场，用机械来控制叶斑病，并通过"联合种植者计划"将劳动密集型生产过程外包出去。这些变化加速了整个产业对农用化学品和订单农业的严重依赖。[21] 总之，发生在洪都拉斯北海岸的诸多环境和社会变革影响了 20 世纪整个香蕉出口贸易的发展轨迹。

最后，北海岸之所以重要，不仅是因为它与洪都拉斯其他地区的关系，还因为它与美国有着密切的历史联系。尽管人们更为关注的是美国在中美洲其他地方发挥的作用，但在 20 世纪初，北海岸至少发生了 7 次军事干预。[22]1928 年，当时的美国候任总统赫伯特·胡佛（Herbert Hoover）访问了洪都拉斯的阿马帕拉（Amapala），并在那里发表演讲，呼吁西半球各国之间加强合作与理解。第二次世界大战期间，富兰克林·德拉诺·罗斯福（Franklin Delano Roosevelt）领导的美国政府大力支持洪都拉斯总统蒂武西奥·卡里亚斯·安迪诺，与其说此举是出于他对民主的承诺，不如说是因为他有能力在对抗纳粹德国期间，建立一个半球"好邻居"联盟来稳定局势。

1945 年后，法西斯国家的失败，加之美国对共产主义传播的日益担忧，使美国在加勒比和中美洲地区开始更主动地作为。美国在洪都拉斯北海岸采取了多种措施，从为工会领导人举办的关于如何建立反共劳工运动的研讨会，到包括"成功行动"计划——美国中央情报局推翻以洪都拉斯为据点的危地马拉阿本兹（Arbenz）政府的计划——在内的秘密活动。最近，美国国务院向洪都拉斯领导人施压，要求他们为其针对尼加拉瓜的桑地诺民族解放阵线和萨尔瓦多的马蒂民族解放阵线游击队的秘密行动提供援助。[23]

但美国与洪都拉斯北海岸之间的互动并不局限于外交官和军事人员。本书揭示了洪都拉斯和美国人民之间的一些"日常"接触，而这些接触是由一种农产品的大规模生产和大规模消费造成的。这些日常的——甚至是普通的——交流很少像中央情报局策划的政变那样引人注目，但它们还是永远地改变了香蕉出口区人们的生活。

在概述本书的结构之前，我有必要向读者阐述本书的视角。在历史舞台上，政治领袖通常是主角，但在这里，他们被香蕉、病原体和劳动人民抢占了风头。我决定把政治移出舞台中央，并不是要否定其对香蕉生产与出口的重要性。正如许多学者所证明的那样，在洪都拉斯经营的美国果品公司的利润，主要源于他们争取大量优渥特许权的能力，这些特许权使其在区域运输网络上获得了垄断特权，也获得了廉价的土壤和水资源以及工人。然而，"香蕉人"与腐败政客进行幕后交易的现象掩盖了这样一个事实：香蕉生长在土壤中，而非纸上。这些特许权为水果公司提供了相对于潜在竞争对手的关键优势，但它们并没有使香蕉生产成为既成事实。种植香蕉所需的生物物理资源不是无限可塑的"原材料"，而是动态农业生态系统的组成部分。最终，果品公司操纵政客要比控制人、植物和病原体容易得多，而这些人、植物和病原体之间的相互作用深深地影响了洪都拉斯北海岸的景观和生计。

几千年来，栽培和加工植物的工作一直是人类社会的核心工作，甚至是决定性行为。即使在今天，在世界上大多数人从事非农业的生计时，操纵植物——无论是在细胞层面还是在景观层面——仍然在日常生活的物质和象征领域中占据着核心地位。本书呼吁人们持续关注农业在后现代社会的重要性。我的目的在于呼吁恢复农业的活力，恢复香蕉出口区的工人与种植者的生计，而不是把他们日常的艰辛和不稳定的工作浪漫化，过度简化他们的生活，并把政治倾向强加给他们。最后，我力求找出共同形成大众市场"结构"的代理人，这些"结构"在塑造生产中起着核心作用。这些任务并不总是轻而易举就能实现，但对于历史学家等人来说却举足轻重，他们对将进步等同于消费率上升和技术创新的发展论述颇有微词，而对那些最先承受着景观和生计变化风险的人却漠不关心。

我用一种非常传统的方式介绍了这段非传统的历史：各章节大致按照时间顺序展开，从19世纪始，至20世纪末止。这样做，不仅为了吸引读者，还为了强调历史叙事的解释力。简而言之，我希望能从一个新的角度来看待香蕉出口区的长期变化。近年来，历史学领域与人类学、文学研究和文化地理学等领域进行了重要交流，凸显了历史记忆和历史意义的复杂性和争议性，尽管如此，本书无意让时光倒流。我试图构思一个故事，在这个故事中，无论是解释和意义都具有创造性张力。

第一章旨在为1875年前后的洪都拉斯北海岸建立一个农业生态基准，并以此来描绘生产过程中的变化。在"联合果品"时代到来之前，香蕉种植者、出口商、消费者和政府之间的相互作用——其中最重要的是人们对大米歇尔香蕉的偏爱——深深地影响了香蕉贸易的轨迹。不断扩大的市场为各种各样的种植者提供了积累资本的机会，但是种植者和出口商在装运安排、购买价格和质量好坏方面无休止的斗争破坏了那个时代作为"黄金时代"的形象。该章还认为，出口香蕉产量的扩大不能完全归因于市场力量。洪都拉斯急于控制北海岸的人口和资源，制定了宽松的土地和税收政策，以刺激农业产品的出口。自相矛盾的是，这个资源匮乏的国家竟寻求通过向非国民提供特许权来实现霸权（和经济扩张），而这些非国民的项目更符合自由主义的发展愿景，而非众多北海岸居民的生计。美国的水果公司并没有决定性地推动洪都拉斯的现代化，洪都拉斯的现代化——一套关于农业、经济贸易和民族主义的思想——在美国人到来之前就已经开始了。

第二章研究了 1910 年至 1940 年发生的深刻的农业生态转变，在这一时期，人类、大米歇尔香蕉和真菌病原体"入侵"了洪都拉斯北海岸。与此同时，大米歇尔香蕉以前所未有的规模"入侵"美国，引发了国会关于税收的辩论，激起了舞蹈狂潮（dance crazes），喂养了千千万万的人。我将这些同时发生的"入侵"联系起来，研究了早期为寻找抗巴拿马病出口香蕉所做的努力，这一目标将反复考验与挫败一代香蕉育种者，他们面临着香蕉的生物学、生产组织以及大众市场的结构和美学的限制。由于不愿意出口与大米歇尔香蕉不太相似的香蕉，水果公司放弃了被巴拿马病入侵的农场，迁移到了无病原体之地。为维持这种"种植迁移"的战略，这些公司必须确保获得大量土地，而这一需求将会使他们陷入冲突，因为这意味着他们要竞相从洪都拉斯政府那里赢得更多的特许权。

第三章从个体种植者和当地社区的角度探讨了与香蕉生产扩张相关的农业生态变化的影响和意义。在记录了 20 世纪 20 年代和 30 年代早期香蕉种植者的锲而不舍，及其在出售香蕉时面临的不断变化的环境之后，我描述了发生在北海岸四个地方的资源争夺：科尔特斯省的古亚美（Cuyamel），阿特兰蒂达省的梅萨帕（Mezapa），科隆省的索纳格拉（Sonaguera）以及科隆省的拉巴斯（La Paz）。这四个地方不能代表整个地区，但其相互关联的历史揭示了果品公司种植迁移战略的交叉效应。这种做法对当地经济造成了毁灭性的影响。但是，这对其他社区却是好事。铁路延伸到了以前没有到过的地方，为新的生计创造了机会。[24] 人们千方百计地抗议果品公司对当地资源的控制权。在一些地方，人们举行了公开抗议。在更多情况下，个人和小团体发起挑战，他们起草了请愿书，并建立了棚户区。劳动人民经常以民族主义和社会正义的名义明确表达他们对资源的要求，他们的言论引发了一种种族主义的公民资格观，即禁止西印度群岛移民和其他移民拥有洪都拉斯北海岸的资源。

第四章重点介绍了 1935 年苏拉谷香蕉叶斑病的出现和传播后，香蕉叶斑病的科学控制之道。在叶斑病最初暴发后不到一年，联合果品公司的科学家维宁·邓拉普（Vining Dunlap）发明了一种通过使用波尔多液喷雾（硫酸铜和石灰）来控制该病的方法。人们认为，邓拉普的创新拯救了中美洲的香蕉出口业，但对于大多数个体种植者来说，资本和劳动密集型的控制系统并不是一个可行的选择，他们的生产在 20 世纪 30 年代末轰然倒塌。那些继续种植和出口香蕉的种植者几乎将所有的自主权拱手让给了果品公司，以换取贷款和技术援助。对叶斑病的控制也改变了农场工人的日常工作，创造了数百个薪资相对较高的工作岗位，而这些高薪岗位离不开硫酸铜和石灰水溶液。间接证据有力证明了长期接触波尔多液喷雾会导致呼吸系统问题。因此，叶斑病防治预测了 20 世纪农业的一个趋势，即更多地依赖化合物来控制农业生态过程，随之而来的是优质出口水果的产量降低。

第五章回顾了洪都拉斯作家拉蒙·阿马亚·阿马多尔（Ramón Amaya Amador）的小说《绿色监狱》（*Prisión verde*）中所描绘的种植园。这部小说首次出版于 1950 年，描绘了蒂武西奥·卡里亚斯·安迪诺执政期间（1932—1948 年）洪都拉斯北海岸工人阶级的生活，在这一时期，反对派政党和劳工组织者受到了残酷的镇压。[25]

事实上，洪都拉斯的劳工史往往是指从 1932 年大规模的劳动力市场动荡开始，到 1954 年的大罢工结束的这段历史，因为在卡里亚斯执政时期，正式的工人组织几乎并不存在。

有时，前水果公司的雇员向我讲述的口述历史与阿马多尔描述的种植园生活产生了如此强烈的共鸣，以至于我不禁猜想，小说中的人物和事件在多大程度上渗透了个人和集体对过去的记忆。但在诸多重要方面，前农场工人的回忆却与阿马多尔的描述大为不同。工人通过利用分散的管理结构和偏僻的工作场所来调节、削弱其老板的权力，找到了在生活条件恶劣的种植园中的生存之道。然而，这一章并没有列出"弱者的武器"，而是试着将工人的生计描绘成对限制工人自由的不平等结构不断发出的挑战。我还着重描述了他们日常与植物、土壤和骡子打交道的情况，这些工作耗费了他们太多的精力和时间。本章包含了少数妇女的声音，以阐明妇女的工作经验。证据表明，女厨师、女洗衣工、女商贩和妓女的生计为她们及其家庭带来了巨大的收入，就"微观"而言，这在种植园经济中建立了后向关联。[26]

第六章探讨了金吉达小姐（Miss Chiquita）的一生及其所处的时代，她是 20 世纪美国最知名的消费品偶像之一。金吉达小姐"诞生"于 1944 年，在 20 世纪 50 年代逐渐淡出公众视野，但在 60 年代作为联合果品公司盒装卡文迪什香蕉的品牌名重新出现在了大众面前。金吉达小姐初次登场和复兴之间的这段时间，见证了香蕉生产和销售的重要转变。在洪都拉斯，巴拿马病的迅速蔓延、1954 年的罢工和政治变革迫使果品公司用抗病品种取代大米歇尔香蕉。这项由标准果品公司发起的变革，终结了种植迁移的时代，也终结了出口未经加工的香蕉的做法。这些公司建立了包装工厂，将卡文迪什果实从茎部切下，清洗、挑选，并在运输前装入纸板箱。包装香蕉的决定源于保护卡文迪什品种娇嫩果皮的需要，但这也反映了第二次世界大战后美国自助超市的兴起。水果公司通过从产区的"消费型"品牌单位购入香蕉，赶上了 20 世纪的市场趋势。在洪都拉斯，金吉达小姐这一品牌的复兴，为包装工厂创造了数百个就业机会，切实改变了女性的生活。

卡文迪什香蕉有助于稳定香蕉生产，但并没有消除植物病原体的问题。第七章追溯了 1945 年至 1975 年生产过程的变化及其对工人的影响，在这一时期，水果公司越来越多地使用农用化学品，以降低劳动成本，控制被认为会降低优质水果产量的病虫害。对于农场工人而言，日常的种植工作使他们接触到各种农药，而这些农药会引起急性和慢性健康问题。二溴氯丙烷（DBCP）是一种杀虫剂，其历史清楚地揭示了使用杀虫剂的前景和危险。这种杀虫剂虽然极大地提高了洪都拉斯的水果产量，但是使数以百计的男女出现了生殖健康问题。我将二溴氯丙烷和其他农用化学品的使用置于生产 – 消费的动态背景下，揭示了不断塑造农场工人日常工作环境的实践史和农业生态根源。

最后一章借鉴了关于咖啡、落叶水果和糖等其他农产品出口的研究成果，从比较的角度阐述了洪都拉斯和美国之间的香蕉贸易历史。通过比较，我们看到了食用农产品的大规模生产和大规模消费所产生的历史经验的多样性，以及在变化中存在的一些共性。直面一个"全球化"的世界中区域差异的悖论，对于制定新的解释模型至关重要，这种解释模型可为有关农业、食品和环境变化的讨论提供信息——在这些讨论中，我认为历史学家必须努力让人们听到他们的声音。

第一章

香蕉热

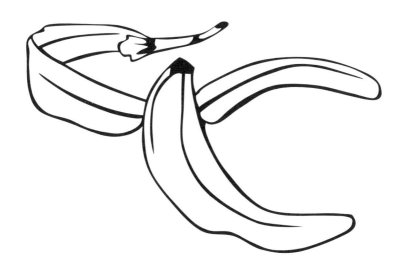

由于与一些黑人就一些次品水果的付款问题发生了争执，美国大通银行的出纳员乔治·布什（George Bush）被一名担任司令的军官逮捕。为了让布什出狱，领事缴纳了争议金额。

——美国领事威廉·伯查德（William Burchard），

1881 年 7 月 15 日，罗阿坦岛

　　19 世纪 40 年代中期，英国中美洲土地公司副总监托马斯·杨（Thomas Young）沿着众多流经洪都拉斯加勒比海沿岸狭窄沿海平原河流中的一条——内格罗河（Río Negro，意为"黑河"）旅行。杨和一群米斯基托印第安人一起划船逆流而上，他观察到河流两侧"自发生长着成千上万棵香蕉树，其果实颇受当地人欢迎，他们千里迢迢来到这条'黑河'，采摘香蕉"。他指出这种植物很容易栽培，并补充道："成熟的香蕉备受推崇，尽管欧洲人不喜欢在饮酒前后食用香蕉。西班牙人则将不太熟的香蕉切成薄片，放在阳光下暴晒，而后将其揉搓成粉，他们对这种香蕉粉喜爱有加。"[1]

　　托马斯·杨游览内格罗河一带时，香蕉在欧洲和美国还是一种新奇的事物，而那时洪都拉斯的沿加勒比海低地也几乎没有一种出口导向型农作物。19 世纪，该地区的大部分出口产品，包括红木、褐木（一种染料木）、鹿皮、洋菝葜和橡胶，均来自植被茂盛的生态系统和湿地。直至 1859 年，一位乘坐独木舟从奥莫阿（Omoa）前往科尔特斯港的旅行者称，有一片森林从山边一直绵延至海岸狭窄的沙滩边。科尔特斯港附近的一个大潟湖有着数量"惊人"的海刺水母和"巨大鱼群"。[2]该地区的大多数原住民以从事林业、渔业和畜牧业为主，以从事小规模的玉米、豆类和木薯生产为辅。[3]可以说该地区的农业融小规模的单一作物和多作物种植为一体。鲜少有香蕉、芭蕉、甘蔗和牧草的大面积种植，且其地理位置颇为分散。

　　19 世纪 70 年代，这种情况发生了改变，当时从美国港口前来购买香蕉和椰子的纵帆船来得愈发频繁。大约在同一时间，洪都拉

斯政府开始采用出口导向型经济发展模式。19 世纪自由主义的制度
化发生在马可·奥雷利奥·索托（Marco Aurelio Soto）担任总统期
间（1876—1883 年）。索托总统设想了一幅国家景象，在这一景象
中，富有生产力的公民将化热带自然资源为财富："我们要充分利
用大自然赋予我们的一切。我们要努力让文明之光照进最为偏远的
森林，我们要努力，让土地变得富饶，让所有洪都拉斯人都能享受
到普遍进步带来的好处。"[4] 索托政府通过 1877 年颁布的《土地法》
（Agrarian Law）将这一设想转化为国家政策，这项立法为种植者提
供了税收和其他财政激励措施，鼓励他们为国际市场种植农作物。
令人惊讶的是，这项立法并未具体提及香蕉生产——一项由海湾群
岛（洪都拉斯加勒比海岸线以北的一个小群岛）的小规模种植者发
起的活动。

　　牙买加和英属加勒比海其他地区奴隶制的废除，促使曾经的奴
隶主和奴隶都迁移到了海湾群岛。1861 年，英国将这些岛屿的主权
移交给了洪都拉斯。此后不久，来自新奥尔良的双桅船开始抵达罗
阿坦岛和乌蒂拉岛，在这两个主要岛屿上，小规模种植者种植香蕉
和椰子。[5] 在约 6000 名罗阿坦岛居民中，"绝大多数"是以英语为母
语的"克里奥尔人"（Creoles），且多数商业交易与其他社会活动均
用英语进行。岛上居民几乎所有的粮食、建筑材料和日用品均从美
国进口而来。[6] 群岛与西班牙大陆则几乎毫无联系。1879 年，洪都拉
斯政府宣布，罗阿坦岛是洪都拉斯唯一的官方入境口岸，这一举措
引起了乌蒂拉岛和瓜纳哈岛上居民的不满，他们向英国政府提出上
诉。为满足前殖民地臣民的愿望，英国派遣了一艘军舰前往罗阿坦
岛，以便与当地洪都拉斯官员"商讨"此事。[7] 三年后，在一项主要
针对海湾群岛上以英语为母语的人口的措施中，洪都拉斯国会宣布
西班牙语为该国的官方语言。但直至 1902 年，海湾群岛的岛民仍在
挑战这些英语母语者的洪都拉斯公民身份。[8] 由于旧帝国（英国）和

新帝国（美国）的同时存在，以及海湾群岛居民与盎格鲁－加勒比
文化的历史渊源，有关香蕉出口贸易的政治很早就获得了国际社会
的关注。

到 19 世纪 70 年代中期，海湾群岛的水果贸易非常活跃，并且呈
增长趋势。[9] 1877 年，奥特里兄弟公司（Oteri and Brothers Company）
在其新奥尔良总部和海湾群岛之间开通了轮船通航服务。两年后，又
有 5 艘美国蒸汽船定期将香蕉从这些岛屿运往美国的各个港口。[10] 1880
年 11 月，三艘纵帆船和两艘蒸汽船载着香蕉和椰子离开罗阿坦岛。[11]
1881 年，洪都拉斯政府免除了蒸汽船的入港费，以促进蒸汽船的运
输，这一政策令没有享受同样豁免的纵帆船船长们感到愤怒。[12] 一位
当地官员认为，这一政策是合理的，因为蒸汽船比纵帆船更大、更
快，能够比风力驱动的纵帆船运送更多的水果。海湾群岛的水果很快
就开始供不应求，这导致果品价格上涨，刺激了生产。罗阿坦岛的一
位洪都拉斯政府官员抑制不住自己的满意之情，对蓬勃发展的经济大
加赞扬："这不再是一个梦想……多亏了秘鲁索尔和墨西哥比索的大量
存在，这里的人们天一亮就起床了，随后便拿起砍刀，开始了一天的
劳作。"[13] 驻扎在海湾群岛上的美国领事代理人的报告也表明，在 19
世纪 80 年代，对于资本和劳动力资源有限的小规模种植者来说，香
蕉种植可能是相当有利可图的。根据威廉·伯查德的说法，1880 年，
一个占地 4 公顷的香蕉种植园（3000 株）的成本约为 250 美元，"收
成好的话"，第一年的收入为 1500 美元，随后几年的收入可达 3000 美
元至 5000 美元。他将香蕉种植与另一种重要的出口作物——椰子种植
进行了比较，指出椰子需要的初始投资要比香蕉大得多，而且需要更
多的时间才能产生收益。[14]

19 世纪末，种植出口香蕉不需要投入大量的劳动力。在旱季（1
月至 4 月），可通过焚烧灌木丛来完成土地清理工作。此后，随着 5
月的第一场雨的到来，人们便开始用削尖的木棍种植香蕉。种植者

将幼苗隔开 3~4 米的距离。在种植和收获之间的 10 个月到 12 个月里，他们唯一的任务便是用砍刀除草。种植者会在香蕉皮青绿时收割香蕉。收割者用大砍刀砍断植株的高茎，这样，沉重的果实就会慢慢掉落到地上。收获的果实重 40 磅① 到 80 磅不等，由动物驮着运到海岸线上，再由小船将果实运送到更大的远洋船只上。收割之后，较高的茎秆在靠近根部的地方被切断，以便为长枝或嫩枝腾出空间，进而实现香蕉的循环生产。[15]

在美国领事伯查德看来，海湾群岛岛民的种植技术"相当粗鲁和原始"。[16] 他指出，在淡季的几个月里，大量的香蕉会烂在茎上，"北方农民会利用这些烂掉的水果饲养生猪，供给古巴市场，这可以成为一项有利可图的生意"。如果你向克里奥尔人提出这个想法，他们就会耸耸肩，告诉你这太费劲了："我不想和猪打交道。"伯查德认为加勒比海地区使用的工具及其工作技术含量很低，这并不足为奇。颇具讽刺意味的是，相对简单的种植方式和最少的劳动力投入，恰恰是出口香蕉种植业成为一种颇具吸引力的生计的原因。简单的焚烧和木质种植棒既减少了劳动力需求，也减少了对进口锻造工具的需求。除草措施——在每一个生长周期中，只修剪一次草的顶部——进一步表明香蕉种植对小规模种植者的劳动要求相对较低，而无籽香蕉的自我繁殖或"克隆"能力意味着种植者无须每年重新种植。因此，香蕉的生物学特性有可能——但并不保证——让资本和劳动力投资快速获得相对稳定的回报。当然，这种生物学特性也带来了一些挑战：这种树状巨型草本植物非常容易受到风的破坏，特别是当其结出累累硕果时。

---

① 英制单位。1 磅约合 0.45 千克。

大陆种植者

截至 1874 年，通过奥莫阿港出口的主要货物是森林资源的提取物，包括热带木材在内。[17] 然而，在 1877 年《土地法》通过后，索托总统通过扩大大陆出口香蕉生产，使洪都拉斯人努力将森林改造成农场的愿景变成了现实。到了 19 世纪 80 年代初，越来越多的蒸汽船前往海岸寻找香蕉，这种做法刺激了香蕉在狭长沿岸平原上的种植，该平原西至莫塔瓜河，东至内格罗河。[18] 例如，1881 年，当总部设在新奥尔良的"玛格丽特"号蒸汽船停靠于罗阿坦岛时，船长报告说，他想在岛上或在特鲁希略（Trujillo）和奥莫阿的大陆港口附近购买"绿色水果（香蕉）和椰子"。[19] 1884 年，特鲁希略的吉列尔莫·梅尔哈多（Guillermo Melhado）写道，种植出口香蕉的实验在这片海岸取得了"非常好的结果"，他预测香蕉将成为主要的出口产品。[20] 5 年后，为了促进香蕉出口，国家政府免除了服务于科尔特斯港的蒸汽船的港口税。[21] 到了 19 世纪 80 年代末，香蕉成了奥莫阿的主要出口商品，报告显示，拉塞瓦对水果的需求急剧上升。[22] 美国领事代理人威廉·伯查德显然因在大陆种植香蕉有利可图而动摇，于 1891 年在桑格里亚河（Sangrelaya River）河口附近成立了伯查德 – 洪都拉斯果品公司（Burchard–Honduras Fruit Company）。[23]

到了 1899 年，香蕉生产已颇具规模，这促使洪都拉斯政府授权对现有种植园进行调查，以便"让人们知道我们大西洋海岸的一大财富来源"。[24] 调查小组记录了 7 个城市的 1032 个香蕉种植园，占地约 10300 公顷。其中 5 个城市位于沿海地区，那里的种植者既可以获得肥沃的土壤，又可以接触到往来于沿海水域的托运人。另外两个城市圣佩德罗苏拉（San Pedro Sula）和维拉努埃瓦（Villanueva）

是这一模式的例外，它们位于从未完工的洋际铁路沿线，该铁路从科尔特斯港一直延伸至圣佩德罗苏拉以南几千米处。1899年记录的绝大多数出口香蕉种植园都很小，近70%的面积不足7公顷，85%的面积不超过14公顷。然而，各城市香蕉种植园的平均规模各不相同。例如，在圣路易斯，98%种植者的香蕉种植面积不足14公顷，其中最大的种植面积仅为21公顷。在科尔特斯港，近50%的香蕉种植园小于4公顷，只有11%的香蕉农场超过14公顷，最大的香蕉种植园约为40公顷。埃尔波韦尼尔（El Porvenir）、拉塞瓦和圣佩德罗苏拉的香蕉种植园则处于另一个极端：只有25%的位于拉塞瓦的种植者，33%的位于埃尔波韦尼尔和圣佩德罗苏拉的种植者的香蕉种植面积小于4公顷。最大的香蕉种植园（约70公顷及以上）集中在埃尔波韦尼尔和毗邻的拉塞瓦市。[25] 1899年调查中列出的28个最大的香蕉种植园——不到香蕉农场总数的3%——占据了近1700公顷（约28%）的香蕉种植面积。这些数据表明，19世纪末发生了相当程度的分层现象。此外，有证据表明，大规模农场并没有像在20世纪那样主导生产。

关于19世纪90年代香蕉的陆地种植方法的描述很少，但没有理由认为生产过程与海湾群岛的描述有显著差异。报告的平均种植密度从拉塞瓦的约380株每公顷到圣路易斯的近880株每公顷不等，其中许多人种植面积不足一公顷，但种植密度超过每公顷1200株。拉塞瓦和邻近的埃尔波韦尼尔的平均农场规模要大得多，这在一定程度上解释了这两地种植密度低的原因。月产量的波动也很大，从每月23串到每月74串不等。总体来说，这1000多个农场每月大约生产27.25万串，在1899年超过330万串，这一生产水平与哥斯达黎加的生产水平相当。[26] 很难精确算出种植者从香蕉销售中获得的利润数额。在以小农为主的圣路易斯，月销售额可能从10美元到450美元不等，平均约为70美元每月。在埃尔波韦尼尔，前五大种植园每月的水果销售收入可能超过 1000 美元，另外 15 个种植园每月则只能生产价值总量在 250 美元到 750 美元之间的香蕉。这些数字显示了香蕉种植区潜在流通资本的规模，但对种植者积累资本的能力没有多少说明。香蕉贸易被视为有利可图的最有说服力的间接证据是，直至 19 世纪末，香蕉的生产者数量仍在增加。

遗憾的是，1899 年的调查没有记录有关土地使用权的信息，但大多数种植园可能位于合作种植园——租给当地居民的市政土地。地方政府通过修订区划条例来限制破坏作物的自由放牧，从而促进香蕉种植。例如，特拉市于 1887 年下达了一项法令：设立了一个"农业区"，禁止牲畜在区内游荡。该规定为违规者设立了金钱赔偿标准，措辞强硬——"为了避免牲畜造成的损害，有必要采取严厉的措施和处罚，因为某些人既不尊重法律也不尊重财产，他们的经历和案例很难补救"。[27] 随后几年的市政法案几乎没有提供任何线索来说明这一分区法在特拉市的遵守和执行情况，但 1895 年的议会会议记录表明，当地的种植者继续争取并获得了更多的耕地。[28] 在埃尔普罗格雷索、特鲁希略和圣佩德罗苏拉，养牛业者也发现自己正在失去阵地。[29] 这些政策——我们可以认为是自由主义经济理论在当地的体现——有助于确保土地普遍可用于香蕉种植。

在 19 世纪末，劳动力可能比土地更难获得。美国领事兼投资者威廉·伯查德在 1882 年的一封信中描述了 4 种劳工群体，包括加利弗那人、洪都拉斯莫斯基蒂亚印第安人中的两个原住民群体，以及数量最多的劳工——内陆地区常见的"服务人员"或"农场工人"。伯查德指出，伐木工人利用各种形式的劳役抵债，结果喜忧参半。他还指出，在劳动力短缺时，还可以动用强制"流浪汉和游手好闲者"工作的有关流浪罪的法律。5 年后，伯查德报告说，"缺乏可靠的劳动力是农业发展的一个严重障碍"。遗憾的是，他的报告没有具体提到香蕉种植园。出口香蕉的生产是因为缺乏劳动力而受到抑制，抑或是由于为小规模种植者提供了有利可图的生计而导致了劳动力短缺，目前尚不清楚。[30] 此外，频繁的武装冲突导致男子逃离城镇和农场以逃避强制征兵，从而扰乱了劳动力供应。人们对洪都拉斯北海岸劳动力短缺的担忧断断续续，一直持续到 20 世纪初。例如，1902 年，一位名叫霍华德·里德（Howard Reed）的美国公民抱怨道，由于生活在高地的洪都拉斯人不愿意去海岸工作，导致劳动力短缺。洪都拉斯政府批准了他的请求，引进多达一千名"适合在热带地区从事农业工作的工人，但不包括中国人、黑人和苦力"。[31]

尽管在 20 世纪的洪都拉斯香蕉业中，男性主导着农活，但也有一些证据表明，女性很早就参与了这项贸易。1890 年，一位旅行者这样描述加利弗那的女性香蕉销售者：她们既能熟练驾驶小船，又能敏锐进行谈判。[32] 考虑到洪都拉斯加勒比海沿岸有着数量众多的加利弗那人居住点，而加利弗那女性的传统任务是照护种有木薯、山芋、大蕉和香蕉的家庭花园，因此她们参与售卖香蕉不足为奇。此外，少数讲西班牙语的女性是 19 世纪末一些种植协会的创始成员。这些妇女参与种植园日常工作的程度不得而知，但考虑到当时小规模种植园的数量众多，所需的劳动投入相对较少，我猜测劳动力往往包括多个家庭成员，甚至是儿童。[33]

19 世纪末，大陆香蕉的繁荣似乎是以牺牲海湾群岛的香蕉作物为代价的。早在 1890 年，一位洪都拉斯官员报告说："本岛（指罗阿坦岛）的香蕉似乎很少有人问津，买家几乎都喜欢大陆上种植的香蕉。"[34] 这位官员推测，岛上的土壤已经枯竭，未来要想成功种植香蕉，就要使用化学肥料。4 年后，罗阿坦岛的 200 多名居民要求国家政府宣布他们的岛屿为自由关税区，即免税区，以刺激奄奄一息的经济。提议者将岛上贸易的濒临死亡归因于他们无法与大陆的"肥沃土壤"竞争，并进一步指出，产量下降导致了海湾群岛水果贸易的消亡。[35] 1905 年，一位美国领事官员宣称，"对该岛繁荣的长期威胁是耕种了半个世纪的土壤的贫瘠化，这损害了香蕉和大蕉的质量并减少了产量"。[36]

有限的证据表明，到 1880 年，部分罗阿坦岛上"最大、最好"的土壤已被开垦。香蕉植株需要大量的氮肥才能结出累累硕果，但没有证据表明岛屿种植者使用了化肥或作物轮作方案。因此，海湾群岛香蕉的产量在经过 10 年、20 年甚至 30 年的连续种植后，很可能在 19 世纪 90 年代出现了下降。同时代的人一再将土壤肥力的评估与经济条件联系起来。几十年来，岛民在一个相对较小的区域反复种植同一种作物，耗尽了土壤养分，进而降低了果实的重量，这就促使托运人从大陆种植者那里购买水果，因为新开垦的大陆种植园产出的水果要比前者重。因此，尽管海湾群岛的农业生产并未因土壤养分的流失而终止，但随着大陆生产的扩大，香蕉种植的经济活力下降了。[37] 到了 19 世纪与 20 世纪之交，罗阿坦岛的香蕉出口几乎完全停止。1903 年，一位观察家注意到，"大蕉和香蕉种植园正逐渐屈服于灌木丛下的侵蚀"。[38] 在繁荣之后的区区 20 年里，海湾群岛的出口香蕉生产已然崩溃。

令人质疑的是，洪都拉斯大陆上的众多种植者是否会停下来思考海湾群岛衰落带来的潜在影响？1900 年后，香蕉贸易继续扩大。1901 年的一份报告预测称，新的香蕉种植园有望在苏拉河谷和莱昂河岸建立，因为那里"仍有大片适合种植香蕉的处女地"。[39] 第二年，近 17250 公顷的种植用地生产了约 320 万串香蕉。[40] 其中，大约 8600 公顷的种植用地来自科尔特斯。在当时刚成立的阿特兰蒂达省，香蕉种植面积达 5520 公顷。随着周围新种植园的"不断形成"，特拉市迅速成为该地区一大香蕉港市。1903 年，拉塞瓦的香蕉出口量超过了 200 万串。鉴于此，一名当地政府官员表示，香蕉是"主要的财富来源"。[41]1905 年，洪都拉斯的出口总量为 440 万串，这一数字在随后的几年里不断上升。[42] 到 1912 年（联合果品公司在洪都拉斯获得第一批特许权的那一年），科尔特斯的总督估计，仅在该省，香蕉的种植面积就超过了 2.4 万公顷。尽管该总督的估计可能有些夸大，但 1899 年至 1911 年，出口香蕉的生产显著扩大。[43]

　　在 19 世纪与 20 世纪之交，洪都拉斯北海岸人类活动的规模不应该被夸大。科尔特斯省和科隆省的人口总数约为 3 万人，外加"相当多的流动人口"。[44] 从科尔特斯港到波特雷里约斯（Potrerillos）的国家铁路是该地区唯一一条重要铁路，全长约 60 英里。香蕉种植者主要依靠河流运输网络将水果沿海岸运到岸上。由于道路维护不善，车辆经常无法在雨季通行。因此，生产区域集中在港口、内河通航水道和国家铁路附近。这些早期香蕉产区的出现，主要得益于资本资源有限的中小型种植者的努力。在洪都拉斯，联合果品公司之前的时代经常被称为"黄金时代"，在这个时代，香蕉种植园工人顶着装满钱的帽子走来走去。这种观点是有问题的，部分原因是它过于目的化，还委婉地将 19 世纪末与当时未知的 20 世纪的未来进行了对比。此外，尽管 19 世纪香蕉出口市场的扩大和托运人之间的竞争推动了香蕉进价的上涨，但实际上，从交易一开始，种植者和托运人之间的紧张关系就出现了。由于香蕉固有的易腐性，无论是在铁路旁还是码头旁，水果买卖双方都努力争取在交易中占得上风。商品链中这些"中间"空间的动态在塑造香蕉出口区的景观和生计方面发挥着至关重要的作用。

种植园和市场之间

　　1891 年 4 月 24 日晚，拉菲特果品公司（Laffite Fruit Company）在拉塞瓦的代理人——法国公民欧亨尼奥·穆尼尔（Eugenio Muenier），在登上一艘开往新奥尔良的轮船时，由于担心自己被袭击者追赶，拔出了左轮手枪，向黑暗中开了一枪。子弹射死了一位名叫胡安·埃斯科瓦尔（Juan Escobar）的士兵。事件发生后，穆尼尔在官员逮捕他之前逃离了洪都拉斯。次年 8 月，一群杰出的商人、银行家和托运人请求洪都拉斯总统路易斯·博格兰（Luis Bográn）赦免穆尼尔，以便他能回到洪都拉斯工作。书面上诉将这起枪击事件描述为"一场悲剧"，并指出拉菲特果品公司因其代理人的缺席而"遭受了巨大损失"，导致该公司暂停了在拉塞瓦的业务。[45] 两个月后，博格兰总统批准了赦免，理由是穆尼尔在枪击事件前的守法行为、他在拉塞瓦的良好声誉以及他为水果贸易提供的"重要服务"——他今后将继续提供这些服务。[46] 穆尼尔之所以被赦，是因为他与一个国际网络有着千丝万缕的联系，而这个国际网络由在商业和地方政府中担任要职的人组成。

向市场运输香蕉的过程始于托运人向果农发出通知。例如，1881 年 6 月 13 日分发的一份通告（用英语和西班牙语）宣布，一列为埃塔·E. 西尔维斯特（Etta E. Sylvester）号双桅船运送水果的火车将在四天后离开圣佩德罗苏拉。[47] 通知要求种植者在周四中午之前将水果沿着铁路摆放好。科尔特斯港的一家货运代理收到水果后将立即付款。船运代理人通常负责水果的计数和分级。香蕉销售地经常是香蕉种植者和托运人之间发生权力斗争的地方。当买家认为水果被碰伤、过熟或被晒伤而拒绝购买时，果农经常表示反对，这点不足为奇。[48] 确定水果的好坏是一种高度主观的判断，与市场需求波动有关，在美国市场，旺季被接受的水果在淡季可能会被拒绝。托运人通常在水果购买谈判中占据上风，因为种植者要在水果熟透之前将其出售，而香蕉成熟速度非常快，留给种植者的谈判时间有限。

在 1889 年，赫苏斯·奎霍斯（Jesús Quirós）在其发表于《宪报》（La Gaceta）上的一封信中指出，香蕉贸易本应为特拉港居民带来巨大的利益，但由于商船船长善用奸诈之道，经常利用种植者的弱点欺诈他们，香蕉贸易深受重创。[49] 来自特拉的市政法令表明，在 19

世纪 90 年代初，时好时坏的航线阻碍了当地的香蕉贸易。[50]1893 年，几十名特拉居民向洪都拉斯总统莱瓦（Leiva）将军呼吁"不仅要给予道义上的支持，而且要给予物质上的支持"，以解决这场影响该地的"可怕危机"。[51]具体要求包括协助规范蒸汽船班次表，并确保水果的销售，以消除"当前轮船航线的欺诈行径"，并敦促政府对水果销售进行直接赊购。

同年 10 月，香蕉种植者看到他们的许多要求变成了法律。在洪都拉斯通过的第一部规范香蕉产业的国家立法——洪都拉斯第 30 号法令中，建立了水果检查和税收制度。[52]该法令将水果销售地点限制在海岸线上的指定地点，任何在非指定地点销售水果的人都将面临高额罚款。该法令还要求政府水果检查员负责记录每笔水果的销售情况。水果检查员的工资由其所收税款和罚款来支付。一部分税收被指定用于补贴航运，以期规范蒸汽船班次。颇具意味的是，这项法令的实施在特拉引起了争议，许多果农拒绝支付出口税，声称检查员所数串数与实际串数不符。[53]市议会驳回了这些指控，并命令种植者遵守法律，按检查员所列串数支付出口税。第 30 号法令并没有立即成功吸引更多水果商前来特拉。1894 年 8 月，由于缺乏汽船运输，该港口持续处于"不稳定的状态"。[54]特拉市政府明确指出了可怕的经济后果：没有香蕉出口，就没有货币流通，便无法进口货物和食品。

香蕉种植者也怨声载道，不肯服从第 30 号法令。1896 年，圣佩德罗苏拉市政当局强烈要求经济发展部部长惩罚那些在蒸汽船上交付水果的人。[55]5 年后，经济发展部收到了奥莫阿市市长何塞·鲁伊兹（José Ruiz）的一封长信，鲁伊兹在信中抱怨"上级部门"定期暂停执行 1893 年的法令。[56]鲁伊兹称，一些水果商享有"授权许可证"，其水果居然可以在船上进行检查。他言辞颇为激烈，质疑该法令是否仍然有效，强调亟须执行规定，即水果检查必须在岸上进行。

市长的长信反映了，为反对美国航运公司日益增强的主导作用，香蕉种植区的洪都拉斯民族主义是如何被重塑的，即"倘若执法不力，迫使该地区的蕉农将水果运到船上，他们就会失去香蕉，因为美国雇员在其国旗的庇护下，自以为凌驾于法律之上"。[57]在美国对加勒比海和中美洲的军事及经济统治日益增强的背景下，国家主权之争可能取决于海滩和甲板之间的距离。

然而，民族认同、阶级和权力之间的关系是复杂的，不能简单地归结为傲慢的北美人和愤怒的洪都拉斯种植者的关系。弗朗西斯科·克鲁兹·卡塞雷斯（Francisco Cruz Cáceres）在其回忆录《在洪都拉斯的丛林中》（*En las selvas hondureñas*）中描述了新亚美尼亚（Nueva Armenia）的一家酒吧在周日午间时的情景。在 20 世纪初，新亚美尼亚是一个繁荣的香蕉小镇，酒吧里挤满了刚收到香蕉货款的商人，他们"大喊大叫、唱歌、争吵、恣意扔钱"。狂欢被一个称为"上校"的人的到来打断了。

> 他是一位殖民地原住民，身材矮小，肤色黝黑，头戴斯特森牛仔帽，帽子下露出了几绺头发。他在雨衣外面挂着一把手枪和一条子弹带……（他）一只手里的雪茄烟蒂还未丢，嘴里已然叼着一根未点着的全新哈瓦那雪茄。[58]

他命令所有的种植园工人离开，然后转身对留下来的十几名大种植园主讲话。他告诉大家，在最近的一次拉塞瓦之行中，有几位托运人找到了他，他们知道他与奥特里汽船公司的合同已经到期。

> ……"塞莫里"唐·维森特（"Cemori" don Vicente），卡梅洛·德安东尼（Carmelo D'Antoni，标准果品公司），裴萨蒂将军（Pizzati，奥特里），雷诺兹博士（Reinolds，联

合果品公司）——那个说话像机器一样的古巴小个子，以及
佩雷塔（Peralta）都在那里。除了雷诺兹之外，每个人都想
私下跟我谈，让我跟他们公司签合同……他们为我点了几杯
香槟、最好的白兰地、朗姆酒、西班牙葡萄酒和一杯又一
杯的烈酒，但他们不知道我已经答应雷诺兹，要和信托公
司签约。我怎么能拒绝那个美国佬的一切要求呢，他治好
了我老婆的伤寒，也治好了我蜈蚣一样的走姿（*andada de
ciempiés*）。[59]

这位上校还说，他已经安排了其他 4 名当地种植者，按照新合
同将香蕉高价卖给泽穆里和德安东尼。这些公司甚至从"可怜的小
规模种植户"那里购买了劣质水果。上校不无得意地指出，当种植
者给他们运送没有刮伤的、8 板一串的香蕉时，所有的托运人都支付
了很高的价格（当时，香蕉不是按重量出售的；一"串"由挂在香
蕉茎秆上的一把把或"一板板"香蕉组成）。

正如这则小故事所描述的那样，托运人和种植者之间并不完
全是一边倒的关系，也不是纯粹的商业关系。这位上校自称是新亚
美尼亚最大的种植者，而他与联合果品公司签约，不是因为没有其
他选择，而是因为他与该公司代表的私人关系。此外，上校与其他
精英承运人的友好关系促使他承诺将邻居的水果卖给联合果品公司
的竞争对手——这一做法凸显了他自以为在谈判中有利的地位。卡
塞雷斯对上校轻率的乐观主义和在酒吧虚张声势的描述夹杂着些
许讽刺意味。加拿大俱乐部的威士忌、西班牙葡萄酒、古巴雪茄和
美元是上校显赫的社会地位的象征——不是随便一个小商贩都能和
雷诺兹博士一起溜进酒吧的。然而，这些被大肆消费的物品提醒人
们，当地精英所享有的特权地位与他们几乎无法控制的更大规模的
经济转型有关。即使是上校对香蕉贸易的乐观评估也暗示了市场结

构——以水果质量来表达——可能会破坏种植者的生计，尤其是小农的生计。

并非所有的小规模种植者都能或愿意将自己的命运交到像卡塞雷斯上校这样的赞助人手中。1894 年，85 位果农成立了总部设在圣佩德罗苏拉的香蕉协会，其主要目标是"通过寻找方法清除目前香蕉产业发展所遇到的障碍，促进香蕉产业的发展"。[60] 要想加入该协会，会员需要拥有一片面积至少为 0.69 公顷的"生产情况良好"的香蕉种植园，这一适度要求表明，该协会有意吸纳小规模种植者。与 1899 年的调查相关的记录证实，该协会的创始成员中有相当一部分（50%）种植的香蕉不足 7 公顷。[61] 随后的一份报告显示，该香蕉协会试图支持"小农户"，他们在过去受到了"某些大规模公司恶行"的伤害。该协会试图改善其成员的谈判地位，其手段之一是禁止成员购买或出售其他种植者生产的香蕉。该协会维系了 5 年，直到 1899 年在试图协商购买合同时解散。当地政府的一位官员将该协会的解散归咎于某些"外国出口公司"的蓄意破坏，但并未提供具体细节。[62] 然而，一位名为卡塔里诺·里瓦斯·查孔（Catarino Rivas Chácon）的圣佩德罗苏拉种植园主在其撰写的回忆录中说，在香蕉价格高的时候，香蕉种植者和运输者都会参与投机倒把，还经常违约。这可能解释了圣佩德罗苏拉香蕉协会在市场扩张期间倒闭的原因。[63] 当然，市场结构并不是影响香蕉种植者行为的唯一因素。一份始于 1900 年的政府报告表达了对"小规模"种植者状况的担忧，在大多数情况下，这些种植者依赖于"利率非常高的"贷款。[64] 其收入"勉强"够支付利息和购买"必需品"。该报告的匿名作者敦促建立一个农业银行，向香蕉种植者提供贷款。[65]

1895 年，包括至少 17 名妇女在内的 150 多位果农创建了奥莫阿香蕉种植者协会，以"保护果农的利益"。[66] 为期 5 年的章程规定了与圣佩德罗苏拉香蕉协会类似的行政结构和会员要求。[67] 奥莫阿种植者协会的存在时间超过了其章程。1901 年 1 月 1 日的一份通知宣布，协会还没有签署本年度的购买合同，并敦促潜在买家派代表前去讨论条款。[68] 这份通知提供了 1900 年的月产量数据，并补充道，由于扩大种植，协会预计会有更大收成。[69] 该通告还赞扬了奥莫阿香蕉的质量："这些水果在国外市场上售得高价，今年也将在美国纽约州举行的布法罗泛美博览会上获得优异成绩，因为它们都是经过精心照料的高质量水果，完美无瑕，没有过度暴露在阳光下。我们的水果品质有保证。"[70] 该协会的宣传材料揭示了生产和销售之间的紧密联系：数量颇为重要，质量亦同样重要，而质量标准不仅取决于洪都拉斯海岸线上的码头，也取决于美国的展厅。仅仅是写于 1901 年这一事实，就赋予了奥莫阿香蕉种植者协会的这项通知一定的重要意义。该通知旨在吸引"感兴趣的各方"，呼吁潜在买家派代表前去谈购买合同。这种合同通常在日历年开始之前签订，并确定一年或几年的水果价格。奥莫阿的通告表明，自 1899 年联合果品公司成立以来，洪都拉斯的种植者一直受益于多家运输公司的存在。1902 年，阿特兰蒂达发展委员会呼吁停止航运补贴，理由是贸易活跃，航运补贴已无必要。其他资料表明，直到 1906 年，几条轮船航线还服务于主要港口，这一年，洪都拉斯种植者成功地为其水果争取到了更高的购买价格。[71]

但是，此刻洪都拉斯北海岸正在发生重要变化，并将对香蕉生产产生深远的影响。1902 年，美国公民威廉·施特雷希（William Streich）获得了在奥莫阿市修建和运营铁路的特许权。特许权的条款还授予施特雷希在铁路旁租赁房产的权利，以建立香蕉种植园。1905 年，特许权转给了塞缪尔·泽默里，他在联合果品公司的资金支持下，购买了施特雷希的古亚美果品公司。在泽默里抵达洪都拉斯的一年前，总部位于新奥尔良的瓦卡罗兄弟公司（Vaccaro Brothers and Company）获得了在新成立的阿特兰蒂达省修建铁路的特许权。[72] 同施特雷希一样，瓦卡罗家族也以运输香蕉为目的建立了自己的生产线。瓦卡罗家族分别于 1906 年和 1910 年获得了其他特许权，以扩建其铁路，并建造一个能够停靠大型轮船的码头。[73] 这些铁路项目开创了一种趋势，最终只剩下两家公司控制出口香蕉的生产、运输和分销。

然而，垂直整合的过程并不是一蹴而就的。直到 1910 年，洪都拉斯政府还在坚称，洪都拉斯仍然是美国航运公司未能建立垄断的唯一地方。

> 在水果买家的压力下，种植者早已不再执行法律（1893年颁布的第 30 号法令），他们通过在美国诋毁洪都拉斯的水果，以降低其对新经销商的吸引力，从而提升自身竞争力。在美国的港口，洪都拉斯的水果是根据质量来划分的。优质果以产自哥斯达黎加的利蒙（Limón）、牙买加或巴拿马的博卡斯德尔托罗（Bocas del Toro）的名义运往香蕉市场；剩下的被碰伤的、腐烂的香蕉则以洪都拉斯的名义出售。造成这种敌对的原因是洪都拉斯是唯一的自由香蕉市场，是唯一不受美国经销商铁腕控制的市场。[74]

目前尚不清楚洪都拉斯的香蕉销售是否受到了市场阴谋的影响，但政府报告显示，人们对远方市场的托运人、分销商和零售商制定的质量标准的重要性有了更高的认识。随着香蕉从一种外来的新奇事物，到与苹果、食用葡萄和柑橘一样，成为美国水果篮里的标准水果之一，质量的确定变得愈发重要。

消费者

　　早在香蕉成为美国人的常食水果之前，它们就已然成为热带自然和人类的标志，走进了流行文化。19世纪早期，亚历山大·冯·洪堡（Alexander von Humboldt）和埃梅·邦普朗（Aimé Bonpland）在旅行中首次对在美国广为传播的香蕉和大蕉作了一番描述。两人都对大蕉的产量印象深刻，估计1英亩①大蕉的产量几乎是同等面积小麦的20倍。在两位旅行者眼中，欧洲被谷物覆盖的"广阔空间"与"一小块耕地就足以满足几个家庭需求"的"热带"农业景观形成了鲜明对比。洪堡认为，不同的农业景观造就不同的社会："对热带地区农业的思考不断提醒我们，土地开垦的范围与社会进步之间存在着密切的联系。肥沃的（热带）土壤和有机体的勃勃生机，为人们带来了种种生计，阻碍了各民族的文化交流与文明进步。"[75] 换言之，热带土壤肥沃，使得居民能够依赖小块土地而生存，这种祸福参半之事助长了社会的孤立和文化的停滞。

　　洪堡和邦普朗二人的著作将芭蕉与香蕉区分开来，但流行的资料往往在强调香蕉与野蛮之间的联系时，模糊了这一区别。例如，1832年《便士杂志》（*The Penny Magazine*）上一篇题为《香蕉，还是大蕉》（*The Banana, or Plantain*）的文章转载了洪堡对大蕉产量及其社会学后果的估计："香蕉种植的便利无疑阻碍了热带地区的进步。"[76] 配图是一个皮肤黝黑的人，站在茅草屋旁，茅草屋位于一块被香蕉树和椰子树遮蔽的小片空地上，凸显了"可怜的印度人"的形象。此人满足于"在其弹丸之地上采摘香蕉"，其地位勉强高于"低等动物"。[77]

---

① 英制单位。1英亩约合0.4公顷。

在 19 世纪的北美幽默作品中，也可以看到关于种族、民族和文明的思想交织在一起。1875 年，阿尔弗雷德·塞奇威克（Alfred Sedgwick）发表了一部音乐喜剧小品《大香蕉》（The Big Banana）。在这部小品中，纽约市的德国移民汉斯（Hans）考虑去古巴挖掘金矿。然而，由于英语能力有限，汉斯唱出了一段蹩脚的歌曲："我要去大香蕉！我要去大香蕉！我将驶向大香蕉！我要像所有黑奴一样干活，等我的钱堆得越来越多，我要再挣点钱，赚大钱。"汉斯追求的女人安娜（Anna）纠正了他的用词，然后生气地回应了他想离家寻求财富的欲望："最好去吃个大香蕉，那更适合你。"[78] 她断然拒绝了汉斯要去哈瓦那的提议，"那里的人恣意屠杀美国人，而又不会遭受法律的制裁"，因此她宁愿留在美国"为生活而工作"。故事的结局不出所料，汉斯决定和安娜在一起。贫穷移民在美国的生活颇为艰难，但肯定比无法无天的拉丁美洲热带地区要好。塞奇威克对"哈瓦那"和"香蕉"的双关语让人想起了位于热带的古巴，古巴是首批向美国出口香蕉的地方之一。 在他眼中，这个岛是一个"美国人"被屠杀、像"黑鬼"一样工作的地方，他把香蕉与劣等的拉丁美洲和黑人文化联系在一起。题材也很重要，如塞奇威克早期的小品后来就演变成了围绕香蕉展开的一长串喜剧。

在北美，将香蕉与懒惰、落后的人联系在一起的不仅是普通大众。哈佛大学考古学家乔治·拜伦·戈登（George Byron Gordon）在描述 1897 年洪都拉斯研究之旅的结果时，毫不掩饰自己对居住在乌卢阿河沿岸的"加勒比人、希卡克人和西班牙人"的蔑视：

> 从皮米恩塔到河口，有 20 个或 30 个这样的村庄，规模从 6 间到五六十间小屋不等，它们往往完全隐匿在树林中，很少有任何空地或耕地。居民们通常过着无所事事的生活。河里有大量鱼类，森林里也有很多野味，但他们很少花力气

去捕捉这些动物，而只喜欢吃绿色的大蕉过活。[79]

戈登的叙述自相矛盾，他用长篇大论描述了"印第安人如何用从当地植物中提取的毒药来捕鱼"，他误解了当地情形，因为他把"空地"和"耕地"混为一谈。[80] 在北美考古学家眼里，维持以大蕉等多年生草本植物和永久性树木作物（即水果）为基础的农业生态系统的工作并不算是像样的生计。

并非只有美国人将香蕉与文化劣根性联系起来。在牙买加，在扩大出口贸易之前，白人种植者将香蕉视为"黑鬼作物"。[81] 中美洲的自由派精英们也往往以矛盾的态度看待香蕉和大蕉的生产力。胡安·纳瓦埃斯（Juan Narváez）在戈登访问苏拉谷地的同年经过莫斯基蒂亚，他告诉洪都拉斯经济发展部部长："在访问了这些村庄之后，我清楚地看到了米斯基托印第安人所处的真正落后的状态，可以用野蛮来形容。如果尊敬的部长来参观，就会相信 19 世纪的阳光并未照亮这些人生活的丛林，而这些丛林明天就可以为其所处的国家和人民带来好处。"[82] 他补充说，人们"不太愿意"工作，在旱季，他们靠鱼类、野味和一种由香蕉制成的饮料来维持生计，这种香蕉"实际上是野生的"，生长在该地区河流两岸的平地上。一百年后，有文化的热带游客仍然将香蕉和大蕉与懒惰和落后联系在一起。这种对香蕉及其文化景观的看法，将被洪都拉斯的自由派人士和美国企业家所采纳，他们急于证明，他们需要美国人的聪明才智（和资本）来开发热带地区的潜力。颇具讽刺意味的是，19 世纪的作家所表达的矛盾心理正是植根于香蕉种植的一个方面——低劳动投入下的高回报——这使得拥有很少资本或没有资本的小规模种植者可以将其作为一种可行的出口作物。

如果说香蕉的象征意义在 19 世纪变化不大，那么其经济重要性就不可同日而语了。据记载，第一批到达纽约的香蕉是在 1804 年由一艘纵帆船从古巴运来的。[83]19 世纪上半叶，数量极少的香蕉（主要是一种被称为古巴红的香蕉品种）在春季抵达美国东海岸的港口城市。[84]直至 19 世纪 40 年代，一根古巴红香蕉的售价依然高达 25 美分，这表明香蕉此时依然是一种奢侈的外来品。到 1850 年，少数进口商定期将香蕉和其他热带水果从古巴运到北大西洋港口。当爱尔兰天主教主教詹姆斯·唐纳利（James Donnelly）于 1850 年到 1853 年在美国旅行时，他品尝了一根香蕉，这段值得一提的经历被他写进了日记。[85] 在 1876 年的费城百年纪念展览上，香蕉依然充满异国情调，声名远扬，吸引了大批观众。大众当时仍把这种高大的植物称为"树"，而且很少对甜点香蕉和大蕉加以区分。[86] 1880 年，纽约市德尔莫尼科餐厅（Delmonico's）的大厨为温菲尔德·斯科特·汉考克（Winfield Scott Hancock）将军准备了一款香蕉慕斯，作为豪华晚宴上的几种甜点之一，这表明香蕉还保留着几分异国情调。 4 年后，美国政府取消了香蕉进口关税，海关官员开始首次将"香蕉"分门别类。1892 年，超过 1200 万串香蕉通过美国港口（主要是新奥尔良和纽约）入关。两年后，一位同时代的观察者宣称，香蕉已同苹果一样，成为美国人饮食中的"水果主力军"。[87]

美国香蕉和其他新鲜水果消费量的增长，恰逢蒸汽船和火车的普及，它们能够以前所未有的速度将体积庞大、易腐烂的商品运到遥远的地方。铁路和温控货车的普及使水果可以在适宜的条件下到达遥远的市场。1893 年的一份资料指出，新奥尔良和芝加哥之间"组织良好"的铁路服务使得香蕉在风城芝加哥经常以低于其在纽约的价格出售。[88] 确切地说，香蕉从一种新奇事物转变成商品，是化石燃料时代的产物。不过，仅仅是运输技术的创新并不能解释美国香蕉进口大幅度增长的原因。

当香蕉开始出现在大西洋港口时，北美的水果消费模式明显是季节性的。苹果、桃子、草莓和甜瓜受到广泛欢迎，但在冬季和早春的几个月里，新鲜水果普遍稀缺。美国的香蕉消费也因季节而异，其需求在 3 月至 7 月达到顶峰，秋季和初冬月份则有所下降。这种模式既反映了美国国内水果的季节性规律——当新鲜桃子、甜瓜和苹果上市时，香蕉消费就会放缓——也反映了这一事实，即许多没有温控设施的小水果商在冬季停止运输香蕉。然而，由于全年均可收获香蕉，香蕉成了美国第一种可供大众消费的无季节性新鲜水果。

香蕉也很实惠。到 19 世纪 90 年代，众多热带地区扩大了香蕉生产，加之蒸汽船取代了纵帆船，贸易商得以降低批发和零售价格。1893 年的一份资料显示，矿区的"意大利人和其他外国人"严重依赖香蕉，因为香蕉"比面包便宜"。[89] 阿尔弗雷德·塞奇威克于 1875 年发表的喜剧小品也表明，香蕉对工人阶级移民来说并不陌生。颇具讽刺意味的是，得益于香蕉的易腐性，工人阶级得以买得起香蕉，这一特性为到达美国港口时已然熟透的水果催生了一个折扣市场。这些水果被称为"码头水果"，过熟或质量不好的水果会立即在码头卖给当地零售商，价格只是顶级水果的零头。

在烹饪书和家政书作者提倡消费新鲜水果的时代，香蕉也走进了不断扩大的中产阶级的饮食中。例如，玛丽亚·帕罗拉（Maria Parola）在 1882 年建议读者，新鲜水果"对保持健康非常必要"，她还推荐苹果、无花果、枣和香蕉。[90] 海斯特·M. 普尔（Hester M. Poole）在 1890 年出版的管家手册《水果及其使用方法》（*Fruits and How to Use Them*）中赞扬了水果所处的时代，当时的社会正受到"过度集中——无论是在社会生活、财富，还是在食物中"的威胁。[91] 普尔引用了与"食物价值"有关的科学数据，指出饮食水果和谷物要优于饮食动物蛋白和脂肪。她还批评用糖和奶油"闷"水果是不健康的，相反，她敦促人们欣赏"伟大的化学家在自然界自己的实验室里巧妙合成的天然味道"。

《水果及其使用方法》认为香蕉是"所有水果中最重要的"。普尔称赞了香蕉树的生产力、合理的零售价、易于种植，以及一年四季都能买到等特点，然后提供了十几道以香蕉为特色的食谱。大多数菜谱都把香蕉作为早餐或含糖的甜点，如炸香蕉饼、烤香蕉、香蕉布丁或香蕉派。尽管作者对"油腻食物"表示担忧，但大多数食谱还是要求食用脂肪含量高的乳制品，如奶油和黄油。在同一时期出版的其他食谱将香蕉与糖、鸡蛋和（或）乳制品结合起来。[92] 时任波士顿烹饪学校校长的玛丽·J. 林肯（Mary J. Lincoln）出版了香蕉冰激凌、香蕉水果沙拉、香蕉奶油布丁和"热带雪"(Tropical Snow）的食谱。"热带雪"是一种由橙子、椰子、雪利酒、柠檬汁、糖粉和红香蕉组成的甜点。

但香蕉最流行的吃法——生吃——鲜少出现在烹饪书中。事实上，19 世纪末的一些出版物警告人们，不要生吃香蕉：在香蕉原产地，只有精品香蕉才能生吃；运到我们市场的香蕉须煮熟才能安全食用。[93] 许多营养学家和保健专业人员特别关注给儿童喂食香蕉。一种说法是，为促进消化，应给儿童吃切开或捣碎的香蕉；有的说法则不建议将香蕉煮给儿童吃，除非香蕉已经熟透且表皮呈黑色。进入 20 世纪，对香蕉可消化性的担忧仍然颇为普遍，这便促使联合果品公司制作小册子，向消费者说明如何确定香蕉的成熟度。尽管营养学家常将香蕉与马铃薯的营养成分相提并论，但将绿香蕉和（或）大蕉作为淀粉类食物烹调和食用的观念在美国并不深入人心。与其在加勒比海许多美食中的地位相反，香蕉是作为一种微甜的"水果"进入美国人的饮食的。[94]

在美国人均香蕉消费量上升的同时，进口的香蕉种类却在减少。19 世纪 80 年代，至少有四个品种进入纽约和费城市场。1885年的一本烹饪杂志向其读者解释说，许多顶级的香蕉品种没有到达纽约，因为"生活在香蕉种植地的懒惰无知之人不愿花任何精力去培育最好的品种，使它们的运输成为一种生意"。[95] 1889 年阿巴克公司（Arbuckles）的广告说："有两种（香蕉），即黄色香蕉和红色香蕉。后者被认为是最好的，其生长季节是从 3 月到 9 月，黄色香蕉的生长季节则一直持续到 10 月中旬。"[96] 波士顿烹饪学校的"热带雪"甜点要求使用红色香蕉，这表明红色香蕉不仅购买方便，还颇受美食家推崇。缅因州波特兰市的一个批发商定期运送红香蕉，并以黄香蕉两倍的价格出售至 1905 年。[97]

　　然而，到 19 世纪 90 年代，到达美国港口的绝大多数香蕉都是"黄色品种"，也就是大米歇尔香蕉。[98] 吃香蕉的人喜欢大米歇尔香蕉的风味、香气和果皮颜色，但从烹饪书和杂志上发现的其他品种来看，审美价值并不能解释大米歇尔香蕉在出口市场的受欢迎程度。托运人和水果经销商的利益和愿望在决定大米歇尔香蕉的突出地位方面发挥了重要作用。托运人称赞大米歇尔香蕉的果皮相对较厚，抗挫伤能力强，而且其对称、紧密的香蕉串便于在船舱中进行包装（在 20 世纪 50 年代末之前，几乎所有出口到美国的香蕉都是带着完整的茎运输，填充物很少）。大米歇尔香蕉还具有很长的成熟期，这便增加了香蕉以适销状态（即熟透前）到达目的地的机会。托运人也看重大串的香蕉：一串香蕉的"板数"越多，其等级就越高，因此其市场价格也越高。直到 19 世纪 80 年代，一串有 7 板及以上的香蕉可成为一等品；有 6 板及以下的香蕉则是二等或三等品。到了 19 世纪 90 年代，包括波士顿果品公司（Boston Fruit Company）在内的重要航运公司将标准的"板数"提高到 8 板和 9 板，这一举措对大米歇尔等大串品种往往颇为有利。

　　19 世纪 90 年代，波士顿果品公司的高管安德鲁·普雷斯顿（Andrew Preston）给牙买加采购商的信件表明，他们对制定水果质量相关标准愈发感兴趣。在 1891 年的一封信中，身处波士顿的普雷斯顿一再强调水果质量："进口商靠质量不高的普通水果赚取利润的时代已经过去……我相信我们的牙买加人民会永远铭记这一点。"[99]

一年后，普雷斯顿承认，他对质量的强调造成了公司内部的紧张气氛，但他拒绝降低自己的标准：

> 我猜，你们（牙买加人）会认为，我们倾向于批评你们的选择，但迫于竞争压力，我们不得不这么做——我们的重要客户想要最好的水果，这是再自然不过的了。我敢保证，用质量差于竞争对手的水果，根本吸引不来他们。我很清楚，未来成功的公司一定是有能力控制自己的水果种植质量的公司。[100]

普雷斯顿认为，通过整合生产、运输和营销，公司可以更好地控制进入美国市场的水果数量和质量，从而在进行极易腐烂的农产品贸易时降低金融风险。1899 年，普雷斯顿在帮助成立联合果品公司的过程中起到了核心作用，并将他的愿景变成了现实。在接下来的 60 年里，联合果品公司的命运将与大米歇尔香蕉交织在一起——19 世纪晚期，消费市场围绕大米歇尔香蕉形成了自己的"香蕉观"。

第二章

空间入侵者

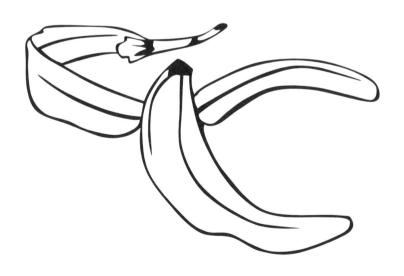

但有一天，由于土壤枯竭或其他原因，一种疾病侵袭了农场，它几乎使农场毁于一旦，给小生产者带来了灾难，把许多社区变成了鬼城，居民们逐渐离开。

——时任阿特兰蒂达省省长，写于 1929 年

对，我们没有香蕉！

我们今天没有香蕉，

我们有菜豆和洋葱，卷心菜和大葱，

还有各种水果，

我们有传统的番茄，长岛土豆，

但是我们没有香蕉，

我们今天没有香蕉。

——弗兰克·西尔弗（Frank Silver）和欧文·科恩（Irving Cohn），1923 年

1910 年 12 月，在新奥尔良一个寒冷夜晚，被罢免的洪都拉斯总统曼努埃尔·博尼利亚（Manuel Bonilla）悄悄登上了"香蕉人"泽默里停泊在庞恰特雷恩湖上的私人游艇。这艘游艇载着这位前总统穿过湖面，进入密西西比湾，在那里与博尼利亚的另一艘船会合，而购置这艘船的资金是从泽默里那里借来的。在一群武装雇佣军的陪同下，其中包括李·克里斯莫斯（Lee Christmas）将军和"机关枪"盖伊·马洛尼（Guy "Machine Gun" Maloney），博尼利亚向洪都拉斯的北海岸进发。几周后，博尼利亚的小部队在罗阿坦岛登陆。他们从那里向特鲁希略发起进攻，不费吹灰之力控制了该港口。此后不久，博尼利亚的支持者占领了拉塞瓦港。入侵发生在洪都拉斯政局动荡的时期：就在三年前，尼加拉瓜军队入侵特古西加尔巴并将博尼利亚赶下了台。之后，米格尔·达维拉（Miguel Dávila）担任总统，但其政府与美国签署了一项条约，赋予美国监督洪都拉斯海关税款的权力，这令他失去了大部分政治支持。[1]泽默里对这项条款持反对意见，因为他担心这将终结其果品公司所享有的慷慨的免税待遇。达维拉政府将国家铁路（香蕉出口商的一条重要运输干线）出租给了泽默里的竞争对手——一位美国投资者，这进一步激怒了泽默里。相比之下，博尼利亚以前曾授予泽默里重要的土地和铁路特许权。因此，泽默里愿意为博尼利亚的"入侵"提供财政支持也就不足为奇了。[2]

随着版军占领了拉塞瓦、罗阿坦岛和特鲁希略，达维拉请求美国予以支持。一艘美国军舰进入洪都拉斯水域，阻碍了博尼利亚部队的前进，同时也使政府军受到牵制。达维拉随后表示，只要美国同意通过仲裁解决相互竞争的政治派别之间的矛盾，他就可以下台。谈判在"塔科马号"（Tacoma）上进行，并最终以任命弗朗西斯科·伯特兰（Francisco Bertrand）为临时总统而告终。伯特兰的任命是达维拉对手的胜利，并为博尼利亚在 1911 年 11 月举行的总统选举中获胜奠定了基础。[3]

同年，联合果品公司出售了其在古亚美果品公司的权益，泽默里随后成立了自己的公司，初始资本为 500 万美元。这些在洪都拉斯和美国所采取的法律手段，为博尼利亚在执政第一年就批准大量的特许经营权埋下了伏笔。同年 3 月，泽默里获得了两项特许权，其中包括 1 万公顷土地的租赁权和在奥莫阿开发港口设施的权利。1912 年 4 月，博尼利亚以古亚美果品公司高管希利耶尔·V. 罗尔斯顿（Hillyer V. Rolston）的名义批准了铁路特许权。两个月后，罗尔斯顿将特许权转让给泽默里，泽默里则于 1913 年将特许权转让给了联合果品公司的子公司特拉铁路公司（Tela Railroad Company）。此次转让是泽默里对自己在初入洪都拉斯时，联合果品公司为其提供财政支持的某种回报。联合果品公司于 1913 年通过 J. B. 卡莫尔（J. B. Camors）获得了又一主要的铁路特许权，卡莫尔在一年前接管了最初授予费尔班克斯财团（Fairbanks Syndicate）的特许权，该财团是由美国前副总统查尔斯·W. 费尔班克斯（Charles W. Fairbanks）的兄弟领导的投资集团。在十多年来未能在洪都拉斯站稳脚跟的情况下，联合果品公司主要通过曼努埃尔·博尼利亚和塞缪尔·泽默里的政治手腕，获得了两项关键的特许权。[4]

铁路特许权为美国的果品公司们控制大量资源提供了法律手段。20 世纪初洪都拉斯政府授予的大部分特许权虽然不尽相同，但都遵循类似的模式：作为建造并经营码头、铁路和电报线路的回报，特许权持有人除了获得税收和关税豁免，还获得了土壤、木材、水和矿物资源。[5] 例如，特拉铁路公司每完成 12 千米的铁路建设，就获得 6000 公顷的国家土地开发权（包括木材权）。[6] 为了防止该公司垄断土地，特许权规定，土地的出让应沿铁路交替进行，这样国家政府就可以保留其余所有地块的所有权，但这被证明是徒劳的。该特许权还通过禁止建设竞争线路，使特拉铁路公司获得了地区运输垄断权。除了可在进口建筑材料和设备方面豁免税收外，该公司还享有雇用外国劳工的权利。作为回报，该公司须建造并运营一条从特拉港通往位于约罗省的埃尔普罗格雷索的铁路。政府职员可在铁路上免费通行，邮件运输亦为免费。合同为无限期合同，但政府保留60 年后可以购买基础设施的权利。[7]

如果说博尼利亚批准 1912 年的特许权是为了报答泽默里及其朋友，那么这也反映了洪都拉斯政府长久以来都在践行着 19 世纪末形成的自由主义经济政策，凭借大量特许权吸引了国际投资者。对于许多洪都拉斯的精英来说，铁路是连接民族与国家的纽带，既能连接北岸和高原，又能为其他国家建设项目创造收入。瓦卡罗兄弟公司 1910 年获得的特许权规定，要建造一条从拉塞瓦到约罗市的铁路；特鲁希略铁路公司（联合果品公司在洪都拉斯的第二大子公司）1912 年获得的特许权规定，该公司须修建并运营一条从特鲁希略港到奥兰乔省胡蒂卡尔帕（Juticalpa）的铁路。政府希望从那里将线路延伸到特古西加尔巴。洪都拉斯国民议会在解释其对 1912 年特许权修正案的支持时宣称，"铁路越多，我们的种植和出口就越多，就会产生良性竞争……"。[8]

并非人人都对铁路特许权感到兴奋。国家、水果公司、土地投机者和小规模种植者之间出现了产权冲突，其中许多人对自己的农场没有合法所有权。1905 年 2 月，古亚美果品公司的负责人威廉·施特雷希向特古西加尔巴的政府官员抱怨称，他在按照特许条款选择和测量土地方面遇到了"大麻烦"。他补充说，"我不能再等私人所有权的调整，而是必须立即开始种植和铁路建设工作，以安抚同事们的不耐烦情绪"。[9] 目前尚不清楚冲突各方是否解决及如何解决产权冲突。1912 年，特拉铁路公司获得了特许权，这也引发了类似的冲突。在合同文本公开后不到三周，洪都拉斯农业部部长就给拉塞瓦的官员赫克托·梅迪纳（Héctor Medina）发了一封电报，要求他暂停处理 14 份待处理的土地所有权申请。其中 8 份产权是关于特拉市的土地，显然特拉铁路公司也想拿下这些土地。梅迪纳的回应表达了他对政府未能充分调查该地区的土地所有权的担忧。[10] 他特别担心"贫穷的农民"会被赶出其土地，便敦促政府派遣一名测量员前来测量，并向那些无力聘请私人测量员的人授予适当的所有权。梅迪纳承认有必要确定铁路建设者所申请的土地位置，但他委婉地提醒他的上司，这些有争议的土地已被提前割让。因此，他敦促继续执行产权授予程序。

1918 年，尤利西斯·梅扎·卡利克斯（Ulises Meza Calix）重申了梅迪纳对贫困农民获得土地所有权能力的怀疑。在发给经济部的一份电报中，卡利克斯解释称，经常有小规模种植者联系他，他们急于对自己长期持有的土地进行产权登记，但由于费用问题，他们一直未能如愿以偿（产权登记手续必须在遥远的特古西加尔巴进行）。[11] 卡利克斯建议中央政府允许地区办事处对不超过 25 公顷的房产进行产权登记。同年，发给经济部的一份电报证实了卡利克斯的担忧。赫苏斯·A. 巴列斯特罗萨（Jesús A. Ballestrosa）从位于阿特兰蒂达省的圣弗朗西斯科（San Francisco）写信解释说，他的信代表了大约 70 个家庭，这些家庭 8 年来一直占用着国家的土地。他们种植了 400 多公顷的香蕉和其他作物，包括玉米、豆类和大米。然而，标准果品公司正试图将他们从这些土地上驱逐出去，巴列斯特罗萨认为这一行动"适得其反且不公平，因为标准果品公司并不拥有这片土地的所有权，而且，我们在占用这些土地期间一直在支付租金"。[12] 电报没有明确说明土地的法律地位，但作者的措辞（占用）强烈表明，这些家庭并不拥有书面的租约或所有权。

关于土地所有权的冲突和混乱一直持续到 20 世纪。1923 年，洪都拉斯国会通过了一项临时措施，禁止将国家土地转让给第三方。根据美国领事罗伯特·L.凯泽（Robert L. Keiser）的说法，国会之所以通过该项法案，是为了回应民众对将土地转让给"外国利益集团"的抗议。他补充道，该项法案将立竿见影地终结"执政党的各种颇具影响力的人士带来的诸多不良活动，他们常借身份之便获得特许权，并立即以高价格将其出售给外国利益集团"。[13] 两年后，立法要求拨出国有土地，用作家庭用地，此举引发了寮屋区居民的投诉。1925 年 9 月 10 日，驻拉塞瓦的洪都拉斯政府官员梅雷西奥·塞拉亚（Melecio Zelaya）抱怨说，"外国公司"不让"洪都拉斯工人"进入他们自己的住所，导致投诉不断，自此"……人人都声称拥有土地的所有权"。[14] 他呼吁成立一个由政府任命的委员会，由一名"值得信赖的工程师"领导，开展土地调查，"彻底"调查清楚哪些土地属于国家，"最重要的是"查明哪些土地为"外国公司"合法拥有。同月，塞拉亚收到了特拉铁路公司的投诉，说"许多人"占领了特拉附近的土地。[15] 在约罗省，据说，古亚美果品公司的一名代理人禁止居民在拉古内塔（Laguneta）种植玉米。[16] 埃尔内格里托市（El Negrito）市长维森特·诺拉斯科（Vicente Nolasco）说拉古内塔的农民已经拥有这块土地 20 多年了，要求国家政府帮助收回"我们的权利"。由于当地记录在一场火灾中丢失了，在这种情况下，核实房屋权界线就变得颇为复杂。[17]

1930 年，拉斐尔·巴拉奥纳（Rafael Barahona）在洪都拉斯北海岸旅行了 6 个月后，得出结论称，需要对该地区的国有土地进行调查，这是一个"极其重要的问题"。[18] 他建议，"所有的水果公司"都必须在 100 米外设置稳定的界标，以示其地产范围。然后，应该成立一个"受人尊敬而又能力过关的委员会"来核实这些公司的标记。巴拉奥纳补充说，这项措施不仅有利于小规模种植者，还将有利于国家财政，因为它将为确定财产税和租赁费提供明确的依据。

因此，铁路特许权在小规模种植者和水果公司之间引发了大量冲突。国家政府没有能力和（或）不愿意进行土地调查，这只会加剧紧张局势，使地方和区域政府官员处于尴尬的境地，他们不得不暂停审批水果公司根据特许权条款提出的土地所有权申请。当然，这些公司在特古西加尔巴聘请律师以维护他们的利益，这确保了他们在与北岸农民的大多数土地纠纷中占据上风。也就是说，土地纠纷的产生，部分原因是铁路将潜在的香蕉生产区与大众市场连接起来，为所经之地带来了价值。一边是政府特许权的优厚条件，一边是追求利益的土地投机者，水果公司可能没有必要采取强硬手段来确保扩大生产所需的土壤资源。

在获得铁路特许权的一年内，特拉铁路公司召集了 500 名工人，向特拉港进口建筑材料。[19] 到 1915 年，该公司的工人已经铺设了超过 75 千米的干线和支线，种植了 725 公顷的香蕉。[20] 同年，伐木工人砍伐了沿途大约 20 千米的森林。当工人们将主线向西南方向延伸至乌卢阿河时，他们遇到了一片森林［包括阔叶树、马纳卡棕榈（manaca palm）和竹子］、湿地和非公司性质的香蕉种植园。[21] 一条支线从特拉向东延伸至莱安河谷，工人们在那里的土地上建造种植园，公司测量人员称这些土地为"茂密的"森林、"原始林地"和"高大的树林竹丛"。[22]

从森林到香蕉种植园的转变始于调查小组对种植区域的选择和测绘。合同工用砍刀砍掉灌木和小树苗，其他工人则挖排水沟。排水良好的土壤被认为是出口香蕉生产的必要条件，特别是在北海岸常见的重质黏土。到 20 世纪 20 年代末，联合果品公司使用蒸汽驱动的索铲来开凿主要的运河通道，但贯穿种植园的灌溉系统和

哥斯达黎加加勒比地区的土地清理活动（20世纪20年代）。联合果品公司
摄影集。现藏于哈佛商学院贝克图书馆。

排水沟是由挖沟人手工挖掘的。接着，工人将3磅至4磅重的"根
茎段"——从其他农场生长旺盛的大米歇尔香蕉中挑选出来的根茎
段——种进土壤。这些根茎段之间的距离为18英尺至24英尺[1]不等。
随后，一队队挥舞着斧头和锯子的工人便开始了危险的工作：砍伐
那些尚未倒下的大树。工人们站在树墩上，在常见的热带阔叶树宽
阔的板状基根上方某一点劈开树干。伐木工人不停地砍树，直到树
开始倒下，他们才从树墩上跳下来，以躲避倒下的树干。[23]当树干
倒在地上时，它会猛拉缠在森林树冠上的无处不在的藤蔓（藤本植
物）。这些藤蔓通常会拉下更多的树枝，甚至是整棵树，还可能袭击
毫无防备之人。这些原木通常留在农场中间，在潮湿、温暖的环境

---

① 英制单位。1英尺约合0.3米。

中快速被腐蚀。有时，水果公司会挑选出一些有价值的木材（如桃花心木）运往美国；当地人将象耳豆树的树干视为珍宝，用其来制作独木舟。[24]

特拉铁路公司在扩建铁路时，该地区的香蕉产量也在增加：1915 年至 1920 年，特拉的香蕉出口量几乎翻了两番，从 120 万串增加到了 460 万串。[25] 到 1921 年，该公司经营着 5 个种植园（约 18600 公顷香蕉），连通着 300 多千米的铁路。那一年，一位美国领事官员称特拉港是"洪都拉斯最大的香蕉出口地，也是世界上最大的香蕉出口地之一"[26]。到 20 世纪 20 年代末，特拉铁路公司的主要线路沿乌卢阿河东岸延伸了 64 千米。[27] 在埃尔普罗格雷索附近，曾经覆盖着"大量树林和野生甘蔗"的土地变成了数千公顷的香蕉种植园和牧场。[28] 此外，人们还挖了约 27000 米长的排水渠，修建了 13000 多米长的堤坝，以保护农场免受季节性洪水的影响。1928 年，仅埃尔普罗格雷索地区就生产了 850 万串香蕉。[29]

1927 年 11 月至 1928 年 3 月，美国植物学家保罗·斯坦德利（Paul Standley）访问了特拉地区，他描述了一个被香蕉生产彻底改造的景观：

> 实际上，这片区域内所有适合种植香蕉的土地都被香蕉树覆盖着，不管这些植物单独生长时或适量种植时是多么美丽，但当它们聚集在绵延数英里的种植园里时，就会显得非常单调。[30]

他还观察到几个大牧场，牛、马和骡子在那里吃着牧草，还有许多灌木丛，废弃的农田让位于新的森林物种："沿着特拉铁路的整个线路，除了经过沼泽或非常潮湿的树林，几乎到处都看不到其他东西，只有次生植物和香蕉种植园。"[31] 斯坦德利将在联合果品公司的兰斯提拉（Lancetilla）实验园的坡地上发现的丰富的生物多样性与香蕉种植园中的情况作了对比："在种植香蕉的地方，没有植物学家感兴趣的其他植物。"

在植物学家看来，最具吸引力的植物群落恰恰出现在不种植出口香蕉的地方：

> 然而，在香蕉种植园之间有大片不适合种植香蕉的地方，包括靠近海岸的大片湿地和树木茂密的沼泽地，这些地方的水不能或至少没有被排干。在这些未被利用的地区中，最为壮观的是巨大的托洛阿沼泽，铁路从特拉通往乌卢阿河时穿过了这片沼泽。它与中美洲的许多其他沼泽一样，是一个浅水湖，有大量的水生植物，以及只有在热带地区才能看到的大量水鸟。[32]

苏拉河谷的一个年轻的大米歇尔香蕉种植园（20世纪20年代）。联合果品公司摄影集。现藏于哈佛商学院贝克图书馆。

斯坦德利的这席话如果从一个对热带植物着迷的田野生物学家口中说出来，并不完全令人惊讶，但他对热带地区的看法与那些通俗作家、公共卫生专家和水果公司高管的看法截然不同，后者强调低地热带环境本身就有损健康。在斯坦德利看来，沼泽地是各种生命形式的丰富宝库，而不是需要排干水的"有害沼泽"。

几个月后，当芝加哥大学的鸟类学家詹姆斯·彼得斯（James Peters）访问同一地区时，特拉铁路公司的工人已经开始开凿一条运河，以便将令斯坦德利着迷的托洛阿沼泽的大部分水排出去。[33] 彼得斯描述了他在该地区观察到的短期生态变化：

> 大部分植被已经死亡，洪水令大量的泥沙沉积，形成了一片广阔的泥沼，其中夹杂着一摊摊死水。在这种情况下，各种各样的水禽比比皆是。在我的记忆中，我从未见过如此多的苍鹭或朱鹭在那里觅食。但这只能持续很短的时间，因为最终这些沼泽地将被完全排干，用以种植香蕉。[34]

具有讽刺意味的是，排水作业为水禽提供了暂时的栖息地，但改造的最终产物——香蕉种植园——却没有为鸟类提供多少栖息地。[35] 这位鸟类学家还参观了托洛阿潟湖，在那里他看到了沼泽草和开阔水域之间的蜗鸢。随着时间的推移，这一地区的大部分水也将随着另一条运河的建设而被排干。[36] 香蕉种植园的扩张改变了植物群落（如森林）和当地的水文系统。

发生在乌卢阿河河谷的环境变化绝非独一无二。1915年，联合果品公司在科隆省启动了第二次大型铁路建设行动。与沿加勒比海低地的其他地区相比，科隆并非洪都拉斯19世纪出口香蕉的生产中心。20世纪之前的农业活动包括椰子、橡胶、大蕉、木薯以及其他块茎植物和谷物的小规模生产。在特鲁希略附近，少数富裕的农场主拥有数百公顷的牧场。尽管在联合果品公司到来之前，红木砍伐者已经在该地区经营了一个多世纪，但伐木通常只限于阿关河岸。1911年，政府对河谷进行了一番调查后，将其描述为"大片森林"，其中充满了"珍贵的木材和药用植物"。[37] 另一份政府资料称其为"颇为丰饶"的森林，其中的河流和溪水"清澈见底"，适合饮用。[38] 联合果品公司调查员的第一份评估报告预测，该地区大片的"处女地"每年可能生产2000万串香蕉。[39]

到1920年，铁路工人们已经完成了86千米的主线延伸，这条主线从靠近特鲁希略的卡斯蒂利亚港延伸至位于阿关河谷下游的一个小型工作营。[40] 公司的香蕉种植园占地2000多公顷。8年后，大米歇尔香蕉的单一种植面积扩大到近1.3万公顷，新增牧场3500公顷。[41] 1927年，一位记者将从公司火车上看到的景色描述为"一个巨大的种植园"。[42] 灌溉系统从阿关河、博尼图河（Bonito）、库阿卡河（Cuaca）、马梅河（Mamé）和圣佩德罗河（San Pedro Rivers）中抽取水源，为大约1/3的种植园提供水源。[43] 1922年至1928年，香蕉出口量从110万串上升至760万串。在这个扩张阶段，特鲁希略铁路公司砍伐了大量的木材，这足以让一些员工猜测，阿关河谷的大面积森林砍伐是导致该地区发生一系列严重干旱的原因。[44] 1927年，该公司还将业务扩展到内格罗河流域，在那里，约1万公顷的"处女地"被规划为耕地。[45] 到20世纪30年代初，该公司在内格罗河沿岸拥有23个种植园，还在阿关河的东南岸拥有40处地产，绵延数十千米。[46] 总体来说，特鲁西略铁路公司在科隆操纵着近7万公顷的土地。[47]

联合果品公司在洪都拉斯的两个主要竞争对手的活动造成了类似的环境变化。古亚美果品公司的铁路所经过的景观与特拉周围的地貌相似。从奥莫阿港出发，古亚美果品公司的铁路穿过许多湿地和红树林，在那里，野生甘蔗、竹子和车前草与多种沼泽植物杂生。[48] 在排水较好的冲积土壤中，除了"许多茂密的竹林"，还生长着许多"大树"。[49] 1913 年，该公司修建了 27 千米长的铁路，另有 23 千米在建。[50] 到 1920 年，奥莫阿的香蕉种植面积约达 6900 公顷。一名洪都拉斯官员报告说，为建立种植园，水果公司和非公司种植者都清除了"大片"森林。[51]

大约在同一时间，泽默里获得了一项极具争议的特许权，管理从科尔特斯港到圣佩德罗苏拉以南的国家铁路。[52] 此后不久，他指导修建了分支铁路，为苏拉山谷的几个香蕉出口区提供服务。[53] 1920 年至 1925 年，科尔特斯港的香蕉出口量从 230 万串稳步增长到 510 万串。[54] 一位观察家将这一趋势归因于"开垦处女地进行种植"以及将原有的耕地转化为香蕉种植园。[55] 1927 年，古亚美果品公司获得了建造灌溉系统的权利，条件是这些系统不得干扰河流运输，并且水道要恢复到"自然河道"的水平。到 1930 年，该公司及其子公司拥有的灌溉土地近 6300 公顷。泽默里的公司还建造了泄洪道和运河，以"鼓励洪水溢出"流入湿地，从而形成淤泥层，随着时间的推移，这些淤泥层会形成潜在的可用耕地。[56]

在阿特兰蒂达省，瓦卡罗兄弟公司在 1910 年至 1915 年监督修建了 155 千米长的铁路。[57] 该公司的主线从拉塞瓦向西，穿过狭窄的沿海平原，进入莱安河谷。一位观察家将铁路所经过的地貌描述为"茂盛的森林，非常适宜种植香蕉和其他作物"。[58] 铁路的扩建带来了出口的增长，当地的香蕉出口量从 1913 年的 270 万串增长到 1919 年的 550 万串。[59] 到 20 世纪 20 年代末，标准果品公司的子公司操纵了阿特兰蒂达大约 23000 公顷的土地。[60] 除了香蕉，该公司还种植饲料、柑橘类水果、椰子和甘蔗。

到 20 世纪 20 年代末，出口香蕉产业主导了北海岸的主要河谷。1929 年，洪都拉斯的香蕉出口创下了 2900 万串的新纪录，这一数量超过了哥伦比亚、哥斯达黎加、危地马拉和巴拿马的出口总量。[61] 长约 1500 千米的铁路，从危地马拉边境延伸到内格罗河，将香蕉种植园与该地区的主要港口相连，其中包括科尔特斯港、特拉港、拉塞瓦港和卡斯蒂利亚港。联合果品公司的子公司拥有超过 16 万公顷的土地，其中包括大约 3 万公顷的香蕉种植园和 6000 公顷的牧场。古亚美果品公司拥有 5.5 万公顷的土地，其中 2.2 万公顷的土地用以种植香蕉、糖类作物和椰子。标准果品公司的洪都拉斯子公司在阿特兰蒂达拥有或租赁的土地高达 2.3 万公顷。另外，标准果品公司还在科隆拥有几千公顷的土地。[62] 以非公司形式存在的香蕉种植园还占有 1 万至 1.2 万公顷的土地。

1912 年至 1930 年，出口香蕉产量的快速增长改变了洪都拉斯北海岸的面貌。大片的森林低地让位于铁路、香蕉种植园、牧场和人类居住点（1910 年至 1935 年，该地区的人口从 65048 人增至 198836 人，增长了两倍之多）。[63] 大量的灌溉沟渠、排水沟、溢洪道、堤坝和运河系统重塑了该地区的水文状况。出口香蕉产业对空间的入侵无疑减少了生物多样性。然而，"香蕉之海"的形象不应该被过分夸大。许多生态区，包括沼泽、红树林、山坡和山区，都不利于出口香蕉的生产。大量的土地被椰子林、牧场、甘蔗、玉米、豆类和其他农作物所占据，以维持生计和满足当地市场需求。进入 20 世纪 30 年代，洪都拉斯北海岸的主要冲积山谷上种满了大米歇尔香蕉这一单一作物，面积多达几千公顷，在这些大米歇尔香蕉之间偶尔会夹杂一片生物种类更为多样的景观。

在这个快速变化的时期，人类并不是唯一被吸引到洪都拉斯北海岸的生物。在 1910 年到 1915 年的某个时候，香蕉种植者开始注意到，一些大米歇尔香蕉植株上出现了枯萎的黄色叶子。在用砍刀砍下这些植物的茎后，种植者发现了紫褐色的维管束组织，它散发出强烈的气味。最重要的是，病株即使能结出果实，其果实质量也很差。[64]1916 年，联合果品公司的土壤调查员在特拉分部至少两个种植园发现了这种疾病。[65] 3 年后，美国驻拉塞瓦的一名官员报告称，"出现了一种类似枯萎病的植物病害，这种病害已经侵袭了一些极好的种植园"。[66]1922 年，特鲁希略铁路公司的员工在科隆发现了这种植物病害。[67] 那时，消息肯定已经在洪都拉斯北海岸一带迅速传播开来：巴拿马病正在入侵出口香蕉种植园。

特拉附近的联合果品公司牧场（1920 年）。联合果品公司摄影集。现藏于哈佛商学院贝克图书馆。

这种植物病害得名于其首次广泛传播之地。早在 19 世纪 90 年代，巴拿马大西洋沿岸的香蕉种植者就报告了作物类似枯萎病的症状。[68] 在不到十年的时间里，这种植物病害已在哥斯达黎加的大西洋沿岸造成了严重的问题。[69] 当种植者在洪都拉斯首次注意到巴拿马病时，这一植物病害已经在苏里南（1906 年）、古巴（1908 年）、特立尼达岛（1909 年）、波多黎各（1910 年）和牙买加（1911 年）大规模暴发。[70] 1910 年，美国研究人员欧文·F. 史密斯（Erwin F. Smith）从古巴患病的香蕉组织上分离出一种真菌，他将其命名为镰刀菌（Fusarium）。[71] 不过，同年，美国农业部驻巴拿马的一位科学家提出，这种病原体是一种细菌。[72] 科学家对病原体的身份一直存在分歧，直到 1919 年，E.W. 布兰德斯（E. W. Brandes）证明了尖孢镰刀菌（Fusarium oxysporum）可以在受控条件下产生该病的所有特征症状。两年后，联合果品公司在巴拿马的研究人员用大米歇尔香蕉成功地复制了布兰德斯的实验。[73]

尖孢镰刀菌的地理起源尚不确定，但毫无疑问，人类活动在该病原体的传播中起了主要作用。[74] 该真菌可能在香蕉出口热潮之前就被引入加勒比和中美洲的土壤。古巴和苏里南的观察家报告说，1750年之前引入西印度群岛的苹果和香蕉品种在大米歇尔香蕉单一栽培扩大之前，就出现了类似巴拿马病的症状。[75] 这种植物病害还影响了非香蕉出口品种，而巴拿马的种植者历来将其作为食品和遮阳作物种植。[76] 除香蕉外，一些本地植物，包括蝎尾蕉属（Heliconia）植物，在森林环境中都可能是尖孢镰刀菌的寄主。[77] 然而，在香蕉出口贸易兴起之前，这种流行病鲜有发生，因为"香蕉种植园规模较小且较为分散"。[78] 一块块小型种植园和无香蕉地块抑制了土传病原体的移动，因此，受感染的种群仍然处于被隔离状态。[79] 此外，对于主要将香蕉作为遮阳作物和（或）家用作物种植的种植者来说，几株枯萎的香蕉不会引起太大关注，因为农民的生计与最大限度地提高单一香蕉品种的产量无关。但是，当成千上万的人砍伐森林，种植大米歇尔香蕉植物用于出口时，植物和病原体的重要性相应地发生了变化。

香蕉种植园的扩张使植物多样性丰富、单个物种种群密度较低的生态系统，转变为由多样性极为有限的单一作物组成的农业生态系统。在各香蕉种植园内，无性繁殖大米歇尔香蕉的密集种植有利于巴拿马病在植物间的传播。[80] 在区域层面上，大片低地森林的砍伐、排水渠和灌溉渠的修建，以及运送田间工人、工具、动物和种植材料的铁路建设，几乎注定了病原体在种植园之间的传播。最后，加勒比地区港口之间轮船运输的增加，促进了病原体跨越地缘政治界限的传播。总而言之，如果说巴拿马病的暴发是一种入侵，那么它也是继扩大大米歇尔香蕉生产之后的二级入侵。

种植者和政府机构最初通过建立隔离区和销毁患病植物来应对这一流行病。[81] 在洪都拉斯，联合果品公司的子公司要求他们的田间工人在鞋子和工具上涂消毒剂。[82] 颇具讽刺意味的是，种植者面临的一大问题是如何有效地销毁受感染的香蕉植株。这就需要人们挖出根茎，将植株切成小块，然后用大量燃料将其烧毁，这一过程可谓耗时耗力。[83] 尽管采取了这些措施，公司还是很难确保工人在不知情的情况下不会将受感染的种植材料引入新种植园。在雨季，几乎没有办法可以防止洪水将病原体传播到更远更广的地方。

1916 年，联合果品公司聘请麻省理工学院的研究员塞缪尔·普雷斯科特（Samuel Prescott）前去指导公司在哥伦比亚、哥斯达黎加、危地马拉、洪都拉斯和牙买加的种植园进行土壤调查，以确定植物病害发生率与土壤条件之间的关系。两年后，普雷斯科特报告说，其研究并未发现土壤的化学性质与病原体的传播之间有任何"明显的关联"。[84] 普雷斯科特和联合果品公司的其他员工测试了一系列的化学物质和土壤处理方法（包括覆土和施肥），以确定它们对土壤的"消毒"能力，但所有这些努力最终都付诸东流。[85] 1923 年，联合果品公司的科学家约翰·约翰斯顿（John Johnston）指出，用近 20 年"控制实践中使用的所有惯用方法"来进行研究和治疗，都未能解决巴拿马病的问题。[86] 联合果品公司和英国殖民政府在最初努力消除和（或）防止病原体传播时，都遇到了阻碍。为克服巴拿马病，他们制订了正式的研究计划。

早在 1910 年——远在科学界一致认为尖孢镰刀菌是病原体之前——美国农业部的一位研究人员就认为，要想长久解决巴拿马病，

病的侵袭，人们很难找到健康的大米歇尔香蕉进行育种。因此，早期的香蕉育种工作十分烦琐，充满了不确定性，还带来了一些物流问题。

联合果品公司的研发主任奥托·A.赖因金博士（Dr. Otto A. Reinking）认为，成功的育种需要广泛的种质资源（即遗传多样性），因此他收集了来自亚洲地区、古巴和中美洲地区的大约150份芭蕉品种。[92]1925年至1928年，联合果品公司的科学家在巴拿马的钱吉诺拉（Changuinola）对染色体数目各不相同的品种进行了杂交，他们认为其中一些杂交后的品种将拥有与商业栽培品种相同的染色体数。试验产生了14个不育杂交品种，其果肉可食用、无籽，但联合果品公司的 J. H. 佩尔玛（J. H. Permar）指出，这些品种并无什么经济价值，因为"无论如何，其质量都无法与公认的'香蕉'的质量相提

"中国香蕉"（即卡文迪什香蕉品种）在联合果品公司的实验园（20世纪20年代）。联合果品公司摄影集。现藏于哈佛商学院贝克图书馆。

并论"。[93]

1930 年，联合果品公司终止了在巴拿马的香蕉育种试验。工人将 130 多个品种转移到了该公司位于特拉郊区的兰斯提拉实验园，在接下来的 25 年里，这些品种几乎处于被人遗忘的状态。[94] 最初开发商业杂交品种的失败不能完全归咎于香蕉的生物学特性。为了取得商业上的成功，杂交品种必须既具有抗尖孢镰刀菌特性，又与大米歇尔香蕉非常相似——美国大众市场正是围绕这一品种形成的。

大众市场、消费文化和极品香蕉

在大米歇尔香蕉这一单一作物在加勒比海和中美洲扩张的同时，香蕉也悄悄地进入了美国人的日常生活中。到 20 世纪 20 年代，香蕉的象征性消费已颇具规模。自 19 世纪中叶以来，香蕉一直是滑稽幽默的象征，而且越来越带有性暗示意味。1923 年，纽约市的一对年轻音乐家说服斯基德莫尔音乐公司（Skidmore Music Company）发行他们的流行歌曲《是的，我们没有香蕉！》（Yes, We Have No Bananas!）。据报道，歌名和歌词的灵感来自一个英语水平有限的移民水果小贩——这是塞奇威克 1875 年有关香蕉的喜剧小品的奇怪延续。这首歌一夜成名，其乐谱卖出了成千上万份，美国和欧洲各地的舞厅乐队都在演奏这首曲子。这首歌的其中一位作曲家弗兰克·西尔弗（Frank Silver）组织了一个由 10 人组成的"香蕉乐队"，在美国进行巡回演出，演出背景是一串串香蕉和一个香蕉种植园。[95] 大约在同一时间，乔治·格什温（George Gershwin）的热门歌曲《让我们叫停整件事情》（Let's Call the Whole Thing Off）和《但不是为我》（But Not for Me），通过玩弄"香蕉"一词的发音让人发笑。无声电影和一些早期的有声电影中都有香蕉皮引起的摔跤事件。城市卫生斗士将香蕉皮融入儿歌中，以传达反对乱扔垃圾之意。最后，"香蕉"

（banana）一词通过一些俚语进入流行词领域，包括"top banana"（意为重要人物）、"banana oil"（意为花言巧语）、"to go bananas"（意为发疯抓狂），当然还有经久不衰的"香蕉共和国"（Banana Republic）品牌。[96]

并非所有北美人都会以轻松愉快的态度面对香蕉消费。1904 年，伊迪丝·华顿（Edith Wharton）在与亨利·詹姆斯（Henry James）一起游览马萨诸塞州西部时，由于汽车故障，她不得不在彼得舍姆（Petersham）的一个避暑胜地过夜。在写给朋友的信中，华顿对美国的资产阶级生活进行了尖锐的批评。"我在美国的'夏日旅馆'度过了第一个夜晚，我对这里感到绝望！如此沉闷，如此牢骚满腹的蜡黄女人，这里毫无便利设施，食物如此粗糙，人们举止如此粗鲁，风景不堪入目！要知道，这是一家崭新的时尚酒店。这个国家毫无美感，把香蕉当早餐，这太恐怖了！"[97]华顿自述她对香蕉消费的"恐惧"源于这样一个事实：香蕉的吃法丝毫不像其他热带商品（如茶、咖啡和巧克力）一样，秉承（欧洲）贵族传统。[98]相反，香蕉与美国"粗俗"的流行文化联系在一起，这种文化由大众消费主义和民主理想塑造而成。华顿曾称自己和詹姆斯是"欧洲玻璃暖房里产下的可怜的外来物种"，而事实上，让华顿感到困扰的似乎是，一种大众消费品可能会登上大雅之堂。

在华顿写下这封信二十多年后，诗人华莱士·史蒂文斯（Wallace Stevens）证实，不那么高贵的香蕉并不适合英美上流社会。在《香蕉的花饰》（*Floral Decoration for Bananas*，1927 年）中，史蒂文斯将精致菜肴中李子的极尽优雅与"堆在木板上"的（出口）香蕉的生涩进行了一番对比：

> 今晚，你本该准备李子，
> 盛在 18 世纪的盘子里，

那诱人的蓓蕾，

为头戴樱草花和流苏的女人，

梳起体面的卷发，

天哪，一道稀世之光！

砍下的香蕉堆起，

布置桌子的食人魔，

紧盯着室外的幽暗，

那个黏稠的瘴疠之地。

把香蕉堆在木板上吧！

女人，有裸露的小腿，

镯子和眯成细条的眼睛。

用从加勒比树林摘下的叶子，

装饰香蕉吧！

那纤维强韧的家伙层层悬垂，

紫色的食管里，

渗出吵闹不休的树脂，

紫色的萌芽里，

吐出一根根酸涩的舌头。[99]

　　史蒂文斯通过一个原始主义的镜头来折射香蕉，以创造出性感的形象，既呼应了 19 世纪关于热带野蛮的论述，又预示着后来香蕉与"性感"的热带女性的联系，包括卡门·米兰达（Carmen Miranda）和金吉达小姐。这首诗可能受到了非裔美籍爵士舞者约瑟芬·贝克（Josephine Baker）的进一步启发，她早期在巴黎的表演迎合了欧洲人对深色皮肤热带人的"原始"性欲的迷恋。1925 年，19

岁的贝克登台演出《黑人歌舞团》（*La Revue Negre*），其保留曲目为
《野性之舞》（*Danse Sauvage*），这是一段以非洲丛林为背景的舞蹈。
次年，在女神游乐厅（Folies Bergére）的一场演出中，她穿着饰有
香蕉图案的丁字裤跳了查尔斯顿舞。贝克一直在努力突破欧洲和美
国白人制作人通常分配给黑人女演员的角色，在此后的很长时间里，
人们依然能认出这套服装。[100]

其他 20 世纪早期的作家用香蕉作为美国社会变革的象征。1929
年，威廉·福克纳（William Faulkner）发表了《我弥留之际》（*As I
Lay Dying*）一书，这部小说围绕着本德伦（Bundren）一家从美国南
方农村老家到福克纳虚构的南方城市杰斐逊的悲伤之旅展开，已故
的本德伦夫人将在那里下葬。小说的结尾场景描述了本德伦家的孩
子们一边吃香蕉，一边在家里的骡车中等待父亲的情景。当家庭中

亚拉巴马州摆放香蕉的路边食品摊（20 世纪 30 年代）。现藏于美国国会图
书馆。

最小的成员瓦达曼（Vardaman）试图带着姐姐经过一家有电动火车模型的店面时，她说道："你不是更想吃香蕉吗？"[101] 福克纳在小说结尾猝不及防地提及了香蕉，这既反映了香蕉在 20 世纪 20 年代的普遍存在，也反映了作者对美国新南方发生的社会和经济变化的矛盾心理。参观这座城市，让本德伦的孩子们见识了大众消费社会的奇妙之处：电动玩具火车、留声机，还有香蕉。如果男孩瓦达曼只能幻想拥有一辆电动火车，那么他可以偶尔品尝一下热带地区的味道，这种味道正像苹果或桃子派一样，迅速变得"美国化"。因此，福克纳对香蕉的象征性运用，与其说是源于他对精英文化的侵蚀的担忧，不如说是源于他对大众消费的不安，因为大众消费可以弥补个人、家庭和社会深刻转型带来的痛苦和流离失所。[102]

并非只有诗人、小说家和音乐家在尝试使用香蕉的象征意义；水果公司也通过开展大规模营销活动构建了香蕉和热带地区的形象。还有通常面向儿童的大量图文并茂的小册子，它们展示了香蕉生产和销售的过程，强调了香蕉贸易给北美消费者和拉丁美洲生产者带来的好处。[103] 此外，在 20 世纪初，与联合果品公司关系密切的作家发表了许多文章，出版了诸多书，在这些文章和书中，现代化通过联合果品公司的大白舰队（Great White Fleet）进入了"丛林"。1932年，《经济地理学》（*Economic Geography*）杂志上的一篇文章将 19世纪的加勒比海地区的景观描述为"黑暗的沼泽低地、错综复杂的森林"，其中栖息着"毒蛇、凶猛的动物、无数的昆虫和可怕的疾病"。随后，作者戏剧性地指出，情况发生了变化：

> 在 20 世纪到来的前夕，波士顿成立了现代香蕉工业，它已成为世界上最重要的产业之一。如今，坚定的新英格兰人正将他们的资金投入香蕉生产和销售这一成熟的行业之中。美国工程师也正在用蒸汽铲入侵丛林。沼泽地被抽干，

林地里响起了阵阵斧头声。硕果累累的香蕉种植园就像被施了魔法一样出现了。[104]

这段文字的作者是联合果品公司律师布拉德利·帕尔默（Bradley Palmer）的儿子，他强调了美国投资者和工程师所发挥的变革作用，而在很大程度上忽视了小农过去的努力，以及当代劳动者在表演"魔法"时作出的贡献。帕尔默绝非个例，在这一时期，通俗作家和学者型作家一直强调需要"开垦"热带景观，并启迪人类居民。在这些现代化的故事中，出口香蕉象征着热带自然界在美国资本和技术的引导下，转向了生产性农用空间。[105]

在美国，人们赋予了香蕉各种各样的含义，但无论这些含义是通俗的还是高雅的，往往都再现了针对热带地区及其居民的民族中心主义观点。华顿和史蒂文斯等作家对吃香蕉的蔑视，以及将香蕉与幽默和性联系在一起的普遍看法，都源于人们早期对热带地区的看法，即黑暗、富饶、危险，与英美文化截然不同。与此同时，一些作家还将香蕉出口贸易与进步联系起来，塑造了健康、勤劳的热带居民享受国际贸易和应用科学知识带来的文明成果的形象。这些"发展主义者"的言论，加上蓬勃发展的消费文化和长久以来形成的热带地区不健康的观念，除了保罗·斯坦德利和詹姆斯·彼得斯等自然主义者的孤立声音之外，并未给公众留下多少讨论环境的空间，这些自然主义者对他们在洪都拉斯北海岸目睹的变化表达了相当矛盾的态度。

水果公司并没有通过香蕉的象征意义赚钱，大多数消费者也并非因为香蕉的象征性价值而被吸引过来。香蕉首先是一种食品。到了20世纪初，香蕉对大多数美国消费者来说已经不再是一种新鲜事物。1910年，4000多万串香蕉进入美国港口，4年后，美国香蕉进口量接近5000万串大关，人均消费量约为22串。[106] 第一次世界大战期间，联合果品公司将其大部分航运船队借给了美国政府及其盟友，导致 1914 年至 1918 年香蕉进口下滑。20 世纪 20 年代，洪都拉斯香蕉以前所未有的数量进入美国，香蕉消费率出现了回升。[107] 尽管与咖啡相比，美国进口香蕉的美元价值相形见绌，但香蕉无疑已成为美洲最重要的农产品之一。1929 年，香蕉进口占美国进口总量的 3.3%，占美国从中美洲进口量的 50% 以上。[108] 同年，联合果品公司的市场调查发现，在接受调查的 8500 个家庭中，50% 以上的家庭"经常"购买香蕉。在有孩子的家庭中，这一比例甚至更高。只有 9% 的受访者表示他们"从未"买过香蕉。[109]

香蕉通过一条包括运输商、经纪人、批发商和零售商在内的商品链到达 20 世纪早期的消费者手中。1900 年，联合果品公司的高管们成立了果品配送公司（Fruit Dispatch Company），这是一家负责在美国和加拿大分销香蕉的子公司。果品配送公司在波士顿、芝加哥、堪萨斯城、新奥尔良、纽约、匹兹堡和里士满等主要港口和铁路中心均设有办事处。到 1925 年，该公司已在北美 50 多个城市设有代表处。果品配送公司的员工用铁路运输香蕉，一方面是为了确保适当的储存条件，另一方面是为了把没有预售的香蕉销售给沿途的中间商和批发商。该公司还向零售商发放了大量小册子，指导他们如何处理和展示香蕉。到 20 世纪 20 年代末，果品配送公司处理了美国香蕉贸易总额的近 53%，远远超过其主要竞争对手标准果品公司和古亚美果品公司的子公司香蕉销售公司（Banana Sales）。这三家公司加起来约占香蕉贸易总额的 81%。在区域层面上，单个公司往往拥有实际垄断权。例如，果品配送公司是唯一服务于波士顿地区（联合果品公司总部）的进口商，据报道，该公司控制了利润丰厚的东部市场（包括纽约市）80% 的份额。[110]

1925 年，果品配送公司在芝加哥召开了一次会议，来自各个生产和营销部门的员工参加了此次会议，其中包括联合果品公司中美洲分部的一些经理。会议的主要议题是如何在供应量不断上升的情况下销售香蕉，以满足第一次世界大战后不断增长的香蕉需求。[111] 会议内容包括公司高管发言和地区水果商评估竞争水平和市场扩张能力的报告。联合果品公司的高管们借此机会宣布成立一个"宣传部"，负责让香蕉变得"比过去更受欢迎"。[112] 该公司发起了一场多媒体广告活动，其中包括宣传香蕉营养价值和食谱的小册子、一本名为《联合果品》（*Unifruitco*）的杂志以及全国性的广告牌展示。该部门的领导承诺与零售商合作，为香蕉找到新的销路，以便在商店展示中突出香蕉的"特色"。

会议强调为香蕉寻找新的出路，这反映了热带地区农业生态过程与大众市场动态之间的脱节：由于香蕉生产的地域范围不断扩大，很难在市场上看出巴拿马病的区域影响。当联合果品公司副总裁乔治·奇滕登（George Chittenden）谈到巴拿马加勒比海沿岸产量下降的问题时，他并未提及巴拿马病，但他提出的两个选择——放弃该地区或"种植其他香蕉品种"——表明他在谈论这一植物病害。为了挽回公司在该地区 600 万美元的投资，这位高管亲自做了一番推销：

> 我们都知道卡文迪什香蕉（生长在加那利群岛和夏威夷）。这种香蕉不是很成功……不过，有一种叫拉卡坦蕉（Lacatan）的香蕉可以骗过大多数人……我们可以把拉卡坦蕉和大米歇尔香蕉放在一起，人们十有八九看不出来。

> 拉卡坦蕉的香蕉串并不算太大，较为常见的是 9 板一串。其颜色介于绿和枯黄之间，不是那种漂亮的绿色，而是一种相当暗的灰绿色。不管你是多厉害的香蕉专家，也不管你的味觉发育得有多好，吃这些香蕉时，你根本吃不出来它们与大米歇尔香蕉的区别。我们可以在单位面积上种植更多的拉卡坦蕉，比现在的商业香蕉还要多。如果我们每英亩能

多种植 1/3 的香蕉，我们会给您一个利润空间，您可以轻而
易举地卖掉拉卡坦蕉。我们希望您能仔细考虑一下。[113]

奇滕登的话揭示了经销商和批发商的审美品位在多大程度上影
响了水果公司为寻找大米歇尔香蕉的抗病替代品而做出的努力。会
议听众对奇滕登的提议作何反应我们不得而知，但在三年后，当联
合果品公司试图出口拉卡坦蕉时，鲜有批发商上当。

1928 年 9 月，果品配送公司的南方分部（位于新奥尔良）报告
称，他们收到了迄今为止最大的一批拉卡坦蕉——1.5 万串（该分部
每周例行处理 25 万串大米歇尔香蕉）。此后不久，该部门经理甚至
开始质疑这批数量不多的拉卡坦蕉的价值：

> 即便是那些非常熟悉拉卡坦蕉处理方式和成熟情况的工
> 厂也不喜欢这个品种。归根结底，消费者才是对他们想要的
> 水果有发言权的人，因为拉卡坦蕉的果肉虽然是黄色的，但
> 并不真正成熟，也不像大米歇尔香蕉那样容易消化，除非前
> 者的表皮几乎变成黑色；而一旦表皮变成黑色，这种香蕉
> 则美观尽失，很难销售。有一个问题是，我们试图将它们
> 强行推向市场时，是否在正确地服务于该行业？本周我们
> 将有大约 2960 株拉卡坦蕉，我打算将未售出的果实留在这
> 里，并让罗先生（Mr. Rowe）的手下拜访那些以离岸价购
> 买拉卡坦蕉的批发商，以教会他们如何处理和催熟这些果
> 实，竭尽全力为他们提供帮助。[114]

《每周市场报告》（*The Weekly Market Report*）对拉卡坦蕉的描
述与奇滕登对该品种热情洋溢的描述大相径庭。拉卡坦蕉的味道和
成熟度与大米歇尔香蕉大不相同。"强迫"在市场上出售拉卡坦蕉品

种的说法表明，当购买者可以用差不多的价格买到大米歇尔香蕉时，他们相当不愿意购买拉卡坦蕉。

20世纪20年代，古亚美果品公司和标准果品公司也曾尝试销售拉卡坦蕉。买家们纷纷抱怨，香蕉熟得不尽如人意。此外，该品种容易受到真菌腐烂的影响，真菌腐烂会损坏香蕉的茎，批发商和零售商通常会将香蕉悬挂起来以促进成熟并展示。尽管实验表明，将拉卡坦蕉暴露于乙烯气体后，会加速其成熟，但批发商拒绝购买这一需要对其常规催熟程序进行重大改变的品种。两家公司都报告说，当大米歇尔香蕉上市时，拉卡坦蕉的销售额便会下降。[115]

1929年联合果品公司委托进行的一项市场调查的结果，进一步揭示了市场结构和审美取向如何阻碍新品种的引入。该调查以女性为对象，假设家庭主妇是主导家庭购买和服务习惯的权威。[116]受访妇女通常无法解释是什么"冲动"导致她们购买香蕉：大约1/3的人说是"习惯问题"，大约1/6的人认为"看上去很诱人"。向消费者提出的关于水果质量的问题仅限于大小和成熟度；无人询问水果的味道、质地或首选的食用方式。50%以上的受访者喜欢购买"黄熟"的香蕉；大约40%的人喜欢"熟透"的香蕉；只有6%的人选择"绿头"香蕉。相当多的人（75%）喜欢"大"果，而非"中"果和"小"果，但这种偏好因地区和收入而异。研究发现，60%的消费者并未意识到香蕉的季节性，一年四季都在购买香蕉。最后，75%的受访者"从未"遇到过找不到质量合格的香蕉的问题。因此，作者得出结论，消费者"不像那些了解香蕉质量的人（即水果商）那样苛刻"。[117]

事实上，几乎所有接受采访的职业水果经销商都详细谈论了水果质量。优质香蕉个头大、表皮无疤痕且果实成熟度均匀。例如，马萨诸塞州的伍斯特（Worcester）县有一位经销商尼克（Nick），人称"香蕉大王"，他解释说："如果香蕉的外表看起来很'靓'，表皮特别干净清爽，个头又大，那零售价肯定会更高。"许多职业经销商都赞同这样的观点。[118] 他们会用"表皮有疤"和"细溜个儿"等行话来形容那些质量不好的香蕉。与消费者一样，职业经销商在描述水果质量时并不太看重味道、甜度或质地。相反，他们经常根据香蕉的外观来辨别其质量，在一定程度上甚至可以识别出香蕉的原产地。

9 板一串的香蕉反映了 19 世纪后期新兴的一种趋势，其售价在 20 世纪 20 年代达到历史最高。举例而言，尼克在伍斯特县的竞争对手——特苏那兄弟（Tsones Brothers），则只卖这种香蕉。另外，他们还开始收购"热带地区的精选袋装水果"，他们承认这种袋装水果价格更高，到货时"质优且干净"的香蕉的卖相要比未经包装的香蕉好得多。[119] 在马萨诸塞州的劳伦斯（Lawrence）也有许多职业经销商在求购 9 板一串的香蕉，其客户多为连锁店，客源充足，这些顾客对"大个头"香蕉青睐有加。[120] 相比之下，有些经销商则更为喜欢"小个头"香蕉，他们多为以工人阶级客户为主的商店提供服务。例如，在马萨诸塞州的洛厄尔（Lowell），经销商约瑟夫·菲尔丁（Joseph Fielding）长期主营香蕉生意，他表示在这个苦苦挣扎的磨坊小镇，"每个人"都买 7 板一串的香蕉，因此卖更多板一串的香蕉他也没办法多赚一分钱。[121] 另一位来自劳伦斯的香蕉经销商乔治·兰普罗斯（George Lampros）同意菲尔丁的观点，即零售店卖香蕉时以磅为单位，7 板一串和 8 板一串的香蕉价格相同，不过兰普罗斯主要购买 8 板一串的香蕉，因为它们"卖相更好"，而且"当地人不买 7 板一串的香蕉"。在佐治亚州的亚特兰大，用一位批发商的话来说，这里是"香蕉聚集地"——零售商会寻找廉价的小个头香蕉，然后批量出售。因此，水果公司经常会把体积较小的香蕉（5 板一串、6 板一串和 7 板一串的香蕉），还有那些 8 板或 9 板一串的细长条香蕉发到亚特兰大市场。因此，尽管 9 板一串的香蕉果串在美国市场上确立了质量标准，它们"果实饱满、外形粗壮"，但不同阶级和不同地区的顾客需求也各不相同。[122]

市场调查显示，这些水果经销商自认为处于一个竞争激烈的行业。1929 年几乎所有接受采访的经销商都抱怨说，小规模经销商和季节性经销商都压低了售价，他们购买那些"过熟"水果（即成熟过度的水果）和其他低档水果，以便在市场需求旺盛时迅速卖给零售商。这类经销商很少投资整年的仓储设施，在市场需求放缓时往往会淡出交易。"香蕉大王"尼克表示，他从联合果品公司购买的香蕉大多是"9 板一串"的，尼克对那种低价买入"质量较差"的香蕉并压价卖给他的"小伙伴们"感到非常失望。特苏那兄弟指出，联合果品公司以较低价格出售熟透的水果的做法，使得经销商们可以互相压价，他们指出尼克就是个活生生的例子。"他的货有熟透的香蕉、牙买加来的香蕉，还有一些 7 板一串的香蕉。他从来不买质量最好的香蕉。"[123] 至于所谓的"小伙伴们"是谁，就要看谁在从事低价销售活动了。

尽管伍斯特地区的水果经销商发表了自己的观点，但 1929 年的市场调查表明，和流行歌曲《是的，我们没有香蕉！》中描绘的经典小贩形象类似的小型水果供应商，并不是批发商生计的主要威胁所在。相反，像大西洋和太平洋食品公司（A&P）和克罗格（Krogers）这类连锁店的激增，反映了食品零售市场日益整合的趋势，或许会削弱水果经销商的地位。连锁零售店和大型农业综合企业都把盈利的实现押注于高销量和低利润率，这是一种相辅相成的经营战略。20 世纪 20 年代末，总部位于美国中西部的克罗格连锁店开始直接从进口公司购买香蕉。大西洋和太平洋食品公司则报告称，其旗下的商店经常把香蕉作为"热销"产品，以成本价出售来吸引竞争对手的顾客。不过，在 1929 年，这些连锁店并未完全确立其主导地位。大约 40% 的受访消费者表示他们"通常"从连锁店购买香蕉，但超过 50% 的消费者仍从个体零售商处购买香蕉，包括街头小贩，这些小商贩在贫民区和移民聚集区仍十分活跃。[124] 在 20 世纪上半叶，批发商和零售商仍然在香蕉商品链中起着关键作用。

如果说大多数香蕉零售是通过"家庭主妇"之手进行交易的，那么水果质量标准则主要是由穿行于生产和消费之间的水果经销商（大多数是男性）制定的。质量标准和加工技术（即储存和处理）都是围绕大米歇尔香蕉发展起来的。1929 年的市场调查未能引发关于其他香蕉品种的讨论，这有力地表明，在大多数消费者心中，在热带地区种植的多种香蕉并不存在——至少不是作为商品存在。因此，引进拉卡坦蕉这样的"新"品种面临一场艰苦卓绝的战斗，绝大多数水果批发商对这种香蕉兴趣不大，因为它很少以 9 板一串的形象出现，而且水果经销商需要改造当前的仓储设备才能为其催熟，这种香蕉还可能会被顾客扔在商店的地上。即使水果公司在批发市场上以低价出售拉卡坦蕉，该品种的香蕉也会面临与打折的大米歇尔香蕉竞争的情况。

在香蕉催熟室工作的水果工人（大约摄于 1930 年）。联合果品公司拍摄。

事实上，仅仅三家公司便控制了全美 75% 的市场，这使得水果批发商在购买香蕉时并无太多选择的余地。据推测，如果水果公司强迫批发商购买拉卡坦蕉（或其他抗病品种），批发商也会把相应品种的香蕉强卖给零售商。不过，水果公司在 20 世纪 20 年代获得的丰厚利润已经让大多数投资者感到心满意足。1899 年，联合果品公司的现金储备为 1120 万美元，到 1918 年增加到 5000 万美元以上。1920 年，公司净利润飙升至 3300 多万美元，是 1913 年总收入的 6 倍。[125]

1926 年至 1928 年，联合果品公司的年平均投资回报率达到 10%，这个数字非常令人震惊。与此同时，在 20 世纪 20 年代，联合果品公司和古亚美果品公司之间展开了激烈的竞争。前者在市场中占有主导地位，但 1929 年接受采访的水果经销商纷纷表示后者生产的香蕉质量最高。同时，果品配送公司职工对古亚美果品公司的低价售卖行为表示担忧，据说古亚美果品公司曾向新奥尔良市场倾销了大量 9 板一串的香蕉。[126] 在这样的市场条件下，美国市场推出新品种香蕉的动力必然不足。相反，联合果品公司依靠其经济和政治力量，确保继续以补贴价获得土壤资源和灌溉水资源，以维系 9 板一串的大米歇尔香蕉的生产——这是美国市场上的"极品香蕉"。

种植迁移

由于无法找到适销、对路的抗病香蕉品种，这些公司采取了种植迁移的战略：他们放弃了现有农场，这些农场里满是遭受严重病害的水果。他们将铁路改道，并在森林和湿地附近开辟了新的种植园。这种做法使得公司得以继续维持甚至提高自己的生产水平，但正如一位住在拉塞瓦市的当代观察者所说的那样，这种做法对阻止香蕉巴拿马病的传播毫无帮助："这种病害仍在蔓延，在那些较为古老的种植园更为严重，只有开发新的种植园才能维持或提高该地区的香蕉产量。"[127] 当然，这取决于水果公司能否持续获得政府补贴的土壤资源和灌溉水资源。为了确保种植迁移的可行性，这些公司就铁路特许权条款与当地政府进行了重新谈判，甚至违反了先前的个别合同条款。

例如，在 20 世纪第 1 个 10 年里，标准果品公司的铁路建设遵照该公司于 1910 年获得的特许权规定，从拉塞瓦向西南方向的莱安河谷延伸。1919 年，标准果品公司与当地政府重新就特许权条款进行谈判，以获得从拉塞瓦以东通往科隆省的铁路修建许可权。截至 20 世纪 20 年代末，该公司在胡蒂亚帕拥有的种植园和牧场面积多达 6500 公顷，此外还在科隆省的索纳格拉镇拥有 20 多个种植园。[128] 拉塞瓦的香蕉出口量反映了向新种植地转移的趋势：1922 年至 1926 年，香蕉出口量从 430 万串降至 190 万串；1931 年，标准果品公司的香蕉出口量则回升至 650 万串。[129]

彼时，该公司几乎已经完全弃置了拉塞瓦以西的种植园。[130] 在 1932 年共计三个月的旺季内，标准果品公司出口的香蕉（150 万串）中只有 13% 来自阿特兰蒂达省的种植园。[131] 三年后，该省省长报告称，标准果品公司没有在其种植园实际控制范围内开展任何新业务，并将这种不作为归咎于"不可能"攻克巴拿马病。[132] 大约在同一时间，该公司同意将阿特兰蒂达省约 25000 公顷的闲置土地移交给当地政府。[133]

洪都拉斯北海岸的其他地方也出现了类似过程。到 1930 年，至少有 14 个隶属特拉铁路公司的种植园已经或即将被废置。两年后，该公司也停止了在莱安河谷的生产活动。[134] 在 20 世纪 20 年代，特鲁希略铁路公司在科隆省闲置了将近 10000 公顷的土地面积。[135] 1928 年，洪都拉斯的一位政府官员报告称，巴拿马病正在侵袭"大多数种植园，但主要是那些位于莫斯基蒂亚沿线的种植园。"[136] 1937 年，在内格罗河谷地开展香蕉种植活动仅 10 年后，洪都拉斯国会注意到"某些疾病具有极强传播性，导致特鲁希略铁路公司生产的香蕉完全损坏"，基于此国会批准了一项法令，准许特鲁希略铁路公司放弃该地区的商业活动。[137] 而双方也达成协议，该公司将至少 17000 公顷的土地归还给政府。到了 1940 年，特鲁希略铁路公司在科隆省的生产活动几乎停止了。观察家们注意到，不同品种的耐晒植物很快便占领了曾被香蕉占据的空间。[138] 最后，在科尔特斯港，1927 年的一份美国领事报告指出，"香蕉病"继续侵袭着新种植的大米歇尔香蕉，使得古亚美果品公司旗下农场的香蕉产量减少到"几乎可以忽略不计"。[139] 在 1931 年对奥莫阿和古亚美地区进行考察后，洪都拉斯政府官员阿隆索·巴伦苏埃拉（Alonzo Valenzuela）将记忆中的画面与现今的景象进行了对比，以前山谷遍地都是香蕉树，而现在却已是杂草丛生，很难找到一棵香蕉树了。[140] 截至 1930 年，泽默里的子公司闲置的土地面积多达 10000 公顷。[141] 随着香蕉出口热潮的退却，大米歇尔香蕉的"墓地"从危地马拉边境一直延续到莫斯基蒂亚的北海岸。

出口香蕉的生产活动在地域上具有不稳定性，但这不能完全归咎于巴拿马病的传播。当代观察家们倾向于将土地废置归因于多种原因，包括土壤肥力下降。一位名叫克劳德·沃德洛（Claude Wardlaw）的英国研究员曾在 1927 年对中美洲香蕉出口区进行考察，他批判地说，自己在这些地区观察到的种植实践不过是"利用最少的精细处理开发原始土壤的天然肥力"。[142] 沃德洛认为，缺乏前期的土壤调查导致人们在贫瘠的土地上建立香蕉农场，而这些农场很快被废弃，造成"大片香蕉林"遭到砍伐的后果。沃德洛指出，人们通常认为冲积平原地形条件最适宜种植香蕉，但土壤的质地和肥力也不尽相同："从农业角度分析，那些有助于树木生长的土壤往往肥力较差，尤其是从物理和化学专业知识来看，这些土壤中养分的有效性非常低。"[143] 恶劣的土壤条件往往会减缓香蕉树的生长，这反过来又为生长迅速的植物物种（如草类）提供了机会，它们会努力扎根，快速生长并与香蕉树争夺养分。由此造成劳动力投入（主要是除草）的增加，提高了生产成本，再加上香蕉产量低、生长速度慢，降低了利润率，导致人们最终将这些土地废置。[144]

沃德洛并没有把放弃香蕉种植园的决定完全归咎于"土壤肥力不足"，而是同时指出"没有能够维持运营的生产力标准"。也就是说，尽管种植园有能力平均每英亩生产"相当数量的香蕉果串"，但还是可能会停止生产。[145] 来自标准果品公司的证据表明，做出放弃种植园的决定并非草率行事。例如，在 1924 年的一次周会上，一位员工建议放弃大约 1000 公顷的"非生产性土地"，因为这些土地每年的产值下降，以曼札纳（1 曼札纳约为 0.69 公顷）为单位计量，每曼札纳的果实价值不足"60 单合格品"（即达到出口品质的香蕉果串），公司无法收回除草成本。[146] 然而，在会议记录的空白处写下的评论透露出更多"细节"：种植园不会被废弃，因为公司经理认为"我们可能需要这种水果"。这段叙述表明，在权衡放弃种植园这个决定时，不仅要考虑农场的成本效益，其他变量，包括市场对水果的预期需求和公司农场满足这种需求的集体能力，也会影响决策过程。

因此，导致水果公司做出种植迁移行为的原因较多，如受香蕉生物学特性驱动的生产消费动态、相互关联的单一品种农业生态系统扩张以及围绕大米歇尔香蕉发展起来的大众市场结构，种植迁移还抵制了一些抗巴拿马病香蕉品种的引进。当然，如果水果公司无法继续从中美洲政府获得特许权，得以继续低价使用它们赖以生存的土壤、森林和水资源，那么种植迁移的战略就会失去可行性。

1928 年 5 月，新奥尔良港口的官员收缴了价值 50000 美元的武器，当时这些武器正被装载到古亚美果品公司的一艘蒸汽船上，该船目的地为洪都拉斯。大约 20 年前，塞缪尔·泽默里曾为曼努埃尔·博尼利亚的叛乱提供后勤支持，如今泽默里再次陷入政治丑闻之中。这批以失败告终的武器运输事件发生在洪都拉斯的选举年。虽然无法证明古亚美果品公司与军火贸易有勾结，但是派驻在洪都拉斯的美国政府官员怀疑，该公司在为选举后的起义活动做准备，向自由党支持者提供武器支持。泽默里担心，如果联合果品公司支持的国民党候选人蒂武西奥·卡里亚斯·安迪诺赢得选举，他游说国家政府的能力将受到限制。泽默里特别关注洪都拉斯和危地马拉共享的有争议边界沿线生产区的权限问题。

对该地区的统治之争始于 1915 年，当时古亚美果品公司（根据洪都拉斯政府授予的特许权）将其铁路支线向莫塔瓜河一带延伸。近期联合果品公司在莫塔瓜河靠近危地马拉的一侧建立了种植园。由于担心古亚美果品公司的铁路支线会打破其在该地区的运输垄断，联合果品公司成功游说危地马拉政府，抗议古亚美果品公司在有争议领土上开展活动。1918 年，美国政府介入调解争端，两国同意在边界会议完成之前建立一个"中立区"。水果公司之间显然达成了一项协议，之后的 6 年，泽默里停止了其在有争议领土上的全部业务。然而，到了 20 世纪 20 年代中期，巴拿马病和土壤肥力的下降迫使泽默里获取更多的土地。1927 年，危地马拉的查孔政府对授予联合果品公司的特许权进行了修正，赋予该公司在争议领土上开展经营的合法权利。泽默里对此做出了回应，他重启了公司未完工的铁路工程，从而引发了两国之间新的紧张关系。[147]

随着部队在有争议的领土边界两侧集结，美国外交官再次进行了干预。此时，泽默里开始支持自由党总统候选人维森特·梅希亚·科林德雷斯（Vicente Mejía Colindres）。自由党赢得了 1928 年的总统选举，但反对党仍然控制着洪都拉斯国民议会。面对几乎没有其他选择的窘境，并在美国国务院要求与对手休战的压力下，泽默里于 1929 年前往波士顿，希望通过谈判达成和解。最终，联合果品公司同意以该公司 30 万股的股价收购古亚美果品公司的资产。联合果品公司获得了近 22000 公顷种植香蕉、甘蔗和椰子的土地，23000 公顷的森林和湿地，13 艘蒸汽船，以及古亚美果品公司之前拥有的 13% 的美国市场的控制权。[148] 泽默里现在持有价值 3200 万美元的联合果品公司股票，退休后他回到了位于新奥尔良附近的家族庄园。[149]

　　洪都拉斯和危地马拉之间的边界争端，以及联合果品公司和古亚美果品公司之间的竞争，都先于巴拿马病在洪都拉斯的出现。然而，水果公司对这一流行病的反应——种植迁移——导致了人类、植物和病原体入侵的重复循环，进而凸显出洪都拉斯北海岸地区土壤资源和水资源的重要性。事实上，这些水果公司在控制该地区的资源方面一再面临挑战，这些挑战来自擅自占地者、工人和当地政府官员，这些人希望在不断变化的环境中努力维持（和重塑）生计。

第三章

景观与生计之变

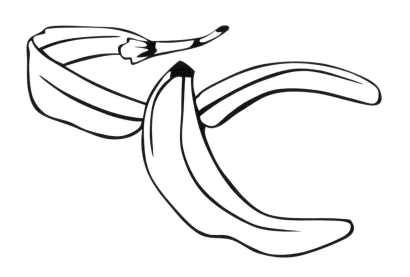

特鲁希略的最后一班火车于 1942 年 4 月 5 日运营，最后一次水果收购是在那年 3 月份。自此以后，该地区的小农户便再无其他出路。

——罗伯特·韦德比（Robert Whedbee），

1942 年 4 月 18 日

　　1932 年 10 月 8 日，屡屡受挫的维克多·梅迪纳·罗梅洛（Víctor Medina Romero）在给洪都拉斯经济发展部部长的一封信中这样写道："尊敬的部长，我认为，当我们想在自己的土地上耕作时，洪都拉斯的'真正之子'不应受到重重阻碍。"[1]梅迪纳是土生土长的洪都拉斯内陆高原人，后于 20 世纪 20 年代率先移居洪都拉斯北海岸，在那里的水果公司做零工。后来，他离开了北海岸，直到 1932 年才回来，他想在阿特兰蒂达省的科拉利托斯（Corralitos）村附近建一个农场。梅迪纳在信中解释说，由于该地区没有林地，他曾向相关部门申请，允许自己开垦标准果品公司的一片弃耕林。但当该公司的一位员工通知他，这块土地将在来年通过租赁方式供他使用时，梅迪纳大失所望，他向洪都拉斯政府寻求帮助，要求获得这块土地："我急需这块土地来维持生活。标准果品公司只想要为其卖命的奴隶，工人们的工资在购买生活必需品后就一无所有了。"梅迪纳在这封信的结尾提醒部长个人占地的症结所在："如果未经这些公司的同意就运营其废置的农场，它们会拒绝收购任何个体果农收获的果实！"

　　梅迪纳写给部长的信虽然简短，却也发人深省。这封信揭示了景观和生计之间的动态交集。20 世纪初，许多人冒险前往北海岸，希望能乘势利用该地区的"绿色黄金"。梅迪纳自称是洪都拉斯"真正之子"，不过，这一表述或会掩盖女性也迁居到香蕉出口区的事实。举例而言，在 1927 年的某个时候，安杰拉·科托－莫雷诺（Ángela Coto-Moreno）的母亲决定离开其位于洪都拉斯南部的家，动身前往北海岸投靠自己的孩子。同她前去的是年仅 7 岁的小女儿安杰拉，她们艰难地穿越了洪都拉斯的中部山区，然后到达苏拉河谷，在那里她找到了自己的另外两个孩子，并在流动工人营地内寻得一份厨师的工作。后来，安杰拉结了婚，离开了这片种植香蕉的营地，同丈夫一起建了一个小型种植园。[2]

　　梅迪纳和安杰拉的经历并非个例：在 20 世纪上半叶，洪都拉斯举国上下有成千上万的男男女女迁居北海岸。除此之外，还有一些国外移民，他们来自萨尔瓦多、牙买加、危地马拉、尼加拉瓜、伯利兹和墨西哥等国。香蕉出口区的移民生活充满变数：人们从一个种植园搬到另一个种植园，从一份工作换到另一份工作，已分不清他们到底是农民还是工人。数以百计的小规模种植户或培育专供出口的大米歇尔香蕉，或种植运往当地市场的各类谷物、水果和蔬菜。尽管农业为曾经的种植园工人带来了久违的自由，但该行业同样也面临诸多风险，如天气因素、市场的动荡以及水果公司对铁路和航运的垄断等。巴拿马病给人们的日常生活带来了又一不稳定因素：水果公司将生产转移到了别处，这一做法使得原本从事香蕉出口相关产业的人们被抛弃，面对大环境发生改变这一处境，这些人不得不费尽心思寻找新的谋生手段。对于那些擅自占地者而言，本已岌岌可危的处境又因遭受被驱逐的威胁而变得愈发复杂，正如梅迪纳在信的末尾所言，他们无法自我推销，囤积的果品卖不出去。

　　在资源控制权之争中，劳动人民经常对自己所处的环境加以修饰和限定，将有关国家建设的精英论述挪作己用。工人阶级对北海岸的看法，与洪都拉斯政府试图将该地区居民并入想象中的混血民族的过程一样自相矛盾。像维克多·梅迪纳·罗梅洛和安杰拉·科托－莫雷诺一样讲西班牙语的移民，为了反对美国水果公司的霸权，以及"黑人"和"外国"劳工的存在，伪造了集体身份。北海岸是一个极富争议的地区，在香蕉种植园阴影笼罩之外的地方，出现了反移民运动和乌托邦式的土地殖民方案。

种植园阴影之下

可惜事与愿违，美国的水果公司们在洪都拉斯的扩张和垂直整合，并未导致小规模香蕉种植户的数量迅速减少。许多 19 世纪后期成立的中小型香蕉加工生产中心，包括那些位于苏拉河谷和阿特兰蒂达沿海平原的小作坊，直至 20 世纪 30 年代仍在运营。如果水果公司职员提供给美国领事馆官员的数据无误，1921 年至 1935 年，特拉铁路公司每年采购的水果量占其从洪都拉斯出口的产品总量的 24% 至 41%。[3]1922 年，该公司采购了 210 万串香蕉，到 1928 年，这一数字攀升至 490 万串。而 1929 年至 1933 年，香蕉采购量下降了 30%，从 430 万串减至 300 万串（参见表 3.1）。[4]然而，这种采购量下降是在 20 世纪 20 年代末个体种植户出口量急剧增加之后出现的。实际上特拉铁路公司在 20 世纪 30 年代初采购的香蕉总量比 20 年代初更多。此外，1935 年，个体种植户生产的香蕉销售量出现回弹，增至 370 万串。联合果品公司在洪都拉斯还有一个子公司，即特鲁希略铁路公司，其提供的数据并不完整，但能看出此时小规模种植户对香蕉总出口量的贡献量远低于他们先前在苏拉河谷经营农场时的贡献量。[5]标准果品公司的相关文件显示，20 世纪 20 年代初，阿关谷公司（Aguan Valley Company）购买了标准果品公司出口的大部分水果，1920 年这一占比竟高达 76%（340 万串香蕉），如此高的占比令人震惊。在随后的 5 年时间里，在标准果品公司的出口产品中，由个体种植户提供的果品比例稳步下降，到 1930 年达到最低点，仅为 13%（50 万串香蕉）。[6]1932 年 3 月至 5 月，正值水果旺季，标准果品公司从拉塞瓦市运来的商品中，个体种植户生产的香蕉占比不足 5%。[7]然而，在 20 世纪 30 年代初，尽管标准果品公司自身的产量急剧下降，其水果采购量却显著增加；1934 年，个体种植户提供的果品数量占该公司出口水果总量的 33%（参见表 3.2）。[8]

洪都拉斯政府提供了一份报告，1914 年，北海岸共运营着 955 家香蕉种植园。大约有 61% 的种植园的香蕉种植面积不足 14 公顷；10% 的种植园的香蕉种植面积达 70 公顷及以上。[9] 截至 1926 年，在科尔特斯省的出口香蕉种植者中，绝大多数为小规模个体种植户。[10] 根据 1926 年的一项不完全统计，在 179 名参与调查的种植者中，只有大概 90 人种植的香蕉面积为 5 公顷及以下，而 75% 以上的种植者坐拥 10 公顷及以下的香蕉田。圣佩德罗苏拉市的种植者在某种程度上却违背了这一趋势：大多数人的香蕉种植面积超过 20 公顷，甚至有些农户的香蕉种植面积超过了 50 公顷。该市的两位种植园主，多明戈·加尔万（Domingo Galván）和亨利·F. 潘廷（Henry F. Panting）经营大型水果农场，他们的农场面积分别为 350 公顷和 180 公顷。

表 3.1　特拉铁路公司香蕉出口情况（1921—1935 年）

年份	水果出口总量 / 百万串	水果采购量 / 百万串	采购量占出口总量比例 /%
1921	6.7	2.4	35
1922	8.1	2.1	25
1923	7.0	2.2	32
1924	8.5	2.2	26
1925	10.4	2.7	26
1926	8.2	2.7	33
1927	13.3	3.6	27
1928	15.5	4.9	31
1929	17.1	4.3	25

续表

年份	水果出口总量 / 百万串	水果采购量 / 百万串	采购量占出口总量比例 /%
1930	15.9	4.3	27
1931	16.1	3.9	24
1932	13.2	3.3	25
1933	12.3	3.0	24
1934	12.9	3.6	28
1935	9.0	3.7	41

资料来源：罗伯特·E. 韦德比（Robert E. Whedbee）：《香蕉产业基本简报》（"A Brief, Basic Banana Industry Report"），1941 年，美国。现藏于美国外交驻地档案（U.S. Diplomatic Post Records），1930—1945 年，洪都拉斯，第 28 卷。

在 1926 年的调查中，一些种植者仅种植香蕉一种作物，但更多人在种植香蕉的同时还会种一种或多种其他作物，包括牧草、大蕉、甘蔗、玉米和椰子。拥有 1 公顷至 3 公顷土地的小型种植户往往仅种植香蕉，而那些拥有更多土地的农民，则往往会选择种植多种作物。例如，塞西利奥·马查多（Cecilio Machado）在科尔特斯港坐拥 7 公顷耕地，他种植了香蕉、玉米、水稻和甘蔗 4 种作物；其邻居佩特罗尼洛·阿吉雷（Petronilo Aguirre）在自家的 7 公顷土地上种植了香蕉、玉米和其他作物。奥莫阿的伊内斯·加西亚（Inés García）在自有的 5 公顷土地上种植香蕉、大蕉和牧草。在圣佩德罗苏拉，大多数富裕的个体经营农户除种植香蕉外，还种植了大面积的牧草和甘蔗。在香蕉种植户数量最多的三个省——科尔特斯、奥莫阿和埃尔帕拉伊索（El Paraíso），共有 150 位种植者记录在册，其中有 98 人还会再种植一种或多种作物。因此，"香蕉种植者"一词在使用时必须加以限定，因为有许多农户种植多种作物。在科隆省，这一现象也十分普遍，除了种植香蕉以外，农户还会至少再种植两种到三种经济作物。[11]

表 3.2　阿关谷公司香蕉出口情况（1920—1934 年）

年份	水果出口总量 / 百万串	水果采购量 / 百万串	采购量占出口总量比例 /%
1920	4.5	3.4	76
1921	4.3	3.1	72
1922	4.3	2.9	67
1923	3.2	2.0	63
1924	2.7	1.5	56
1925	2.7	1.2	44
1926	1.9	0.7	37
1927	1.9	0.5	26
1928	3.3	0.6	18
1929	3.4	0.5	15
1930	4.0	0.5	13
1931	6.5	0.8	12
1932	5.2	1.0	19
1933	3.8	0.9	24
1934	3.3	1.1	33

资料来源：阿关谷公司，《历年水果运输详情（从 1920 年到 1930 年）》，1941 年 3 月 5 日，标准果品公司和蒸汽船公司（Steamship Company）文件，第 8 盒；第 12 个文件夹。

一方面，此处提供的证据反映了洪都拉斯北海岸生产组织的变化程度：在 1910 年之前，小规模种植者生产的香蕉占洪都拉斯港香蕉出口总量的绝大部分；而到了 20 世纪 30 年代，他们供应的香蕉则不超过总出口量的 30%。另一方面，截至 1934 年，数以百计的个体种植者卖出的香蕉总数大约为 470 万串，这一数字表明一些历史叙述应当加以修改，因为那些论断强调洪都拉斯的香蕉销售市场在联合果品公司成立前和成立后出现了断层现象。[12] 科尔特斯省和阿特兰蒂达省是 19 世纪末洪都拉斯出口商品的主要产地，直到 20 世纪仍然是洪都拉斯个人经营的香蕉种植园的主要聚集地：1914 年，北海岸共有 955 个香蕉种植园，其中 90% 的种植园位于科尔特斯省和阿特兰蒂达省。此外，联合果品公司在洪都拉斯拥有两家子公司，这两家子公司在采购水果的比例上存在显著差异，这与 19 世纪这两家子公司分别在苏拉河谷和阿关河谷运营的历史有关。这一现象提示我们，区域地理环境对塑造水果公司的生产实践具有重要意义。

但是，如果小规模的香蕉种植户在 20 世纪继续留在洪都拉斯北海岸，那么农民和托运人之间的关系也会愈发紧张。水果公司对铁路和蒸汽船的控制权使种植者处于岌岌可危的境地。1929 年，联合果品公司收购了古亚美果品公司，这种兼并进一步削弱了苏拉河谷存在的各项竞争，而大多数个体种植户都生活在那里。1931 年 2 月，北海岸的一家报纸发表了一篇文章，指责特拉铁路公司的水果检查员拒收了"几乎所有"由"本土种植者"割下的香蕉。[13] 一年后，另一地区的报纸刊登了一篇社论，详细阐述了水果被拒收是如何导致种植者收入减少的。文章以苏拉河谷个体种植者路易斯·卡瓦列罗（Luis Caballero）为对象，他种植香蕉的面积约为 35 公顷。[14] 1925 年与 1929 年，卡瓦列罗并没有遇到过水果被多次拒收的情况，这两年他卖出的水果总价值分别为 4667 美元和 4978 美元。然而，在 1930 年短短 9 个月时间里，卡瓦列罗共有 807 串香蕉遭到拒收；同年，水果公司降低了向个体种植户支付的香蕉串的收购价，这些香蕉串板数各异。[15]1931 年，水果公司在短短 8 个月时间内拒收了 2285 串香蕉。在香蕉拒收数量增加的同时，卡瓦列罗卖给公司 6 板一串的香蕉数目也急剧减少。1925 年，特拉铁路公司收购了将近 2400 串（6 板为一串）香蕉（从卡瓦列罗处收购的香蕉串数超过 18%）。但到了 1929 年，该公司仅收购了 379 串香蕉；两年后几乎停止了以 6 板为一串的香蕉收购活动。路易斯·卡瓦列罗的故事说明了市场需求和不断变化的质量标准之间的联系：像 1925 年这种市场"蓬勃"发展的年份，水果公司的质量检查员不会过分挑剔香蕉的质量；而在经济"萧条"的年代（如 20 世纪 30 年代初），质检员对于待收购香蕉的质量要求更为严格。

苏拉河谷的许多个体香蕉种植者与特拉铁路公司就 1931 年的水果收购合同条款产生冲突，焦点在于拒收问题。[16]合同前三项条款规定了香蕉品种、果皮状况和果串大小方面的质量标准。种植户收获的果实必须是"新鲜、干净、完美无瑕"的大米歇尔香蕉。该公司拒收"受到磕碰、表皮受损或果皮肮脏的果实，也不要被晒伤的果实"，未达到成熟阶段要求的果串或长度过短的香蕉果串也一律拒收。最后，公司有权只接受一串 7 板及更多板数的香蕉果串。合同还规定，该水果公司可以在任何日期向果农签发告示，"没有例外"。合同种植户须保证至少有 12 小时的时间采摘并分割香蕉，将其运往指定的装载点。[17]签署该合同的个体种植户须同意在自家种植园精心除草、定期修剪，并按照公司种植园的专用方式治疗植物病害。他们还同意将自家水果专供给特拉铁路公司。作为回报，该公司同意每周至少从合同种植户处收购一次大米歇尔香蕉，9 板一串的香蕉价格为每磅 50 美分、8 板一串的香蕉为每磅 37.5 美分、7 板一串的香蕉为每磅 25 美分。[18]在香蕉交付后，这些个体种植户会得到一张支票或收据，他们可以在公司办公室兑换现金。合同还规定了申诉程序，包括一个仲裁小组，其成员由公司和合同种植户共同指定，但与"水果品种、分类、成熟度和质量"相关的分歧将由公司解决，其他个体种植户"不得上诉"。

许多果农认为该合同存在霸王条款，无法接受。一个直言不讳批判该合同的人预测，合同的签订将导致比过去更多的水果遭到拒收。[19]北海岸的一家报纸公开了合同内容，一周后经济发展部部长在圣佩德罗苏拉会见了一群香蕉种植户。在与部长会面期间，种植户们选举了一个委员会，以起草一份反制提案。[20]然而，一年过去了，依然有大约800名种植者拒绝签署合同。[21]科尔特斯种植者联盟（Unión Frutera de Cortés）主席弗朗西斯科·博格兰（Francisco Bográn）在一封为其香蕉种植同胞辩护的公开信中表示，该联盟将用尽一切"和平文明的手段"来解决个体种植户与特拉铁路公司的分歧。此后不久，另一位种植户这样解释自己拒绝签订合同的原因，因为"个体种植户要把对自家土地的主权和选择水果检查员的权利紧紧攥在自己手中"。[22]至少有些个体种植户认为，对质量标准进行一定控制是至关重要的。

1932年1月初，特拉铁路公司将9板一串的香蕉收购价压低至每磅30美分。许多个体种植户得知消息后的反应是拒绝割下自家的香蕉。[23]科尔特斯种植者联盟的发言人爱德华多·达科斯塔·戈麦斯（Eduardo Da Costa Gómez）语气咄咄逼人，字里行间透露出谴责之意，进一步凸显出特拉铁路公司与签订合同的种植户之间高度紧张的关系："昨晚，我们联盟的支持者破坏了该公司早已备好（运输）的水果。我们准备好迎接圣诞礼物了。"[24]几乎与此同时，特拉铁路公司的码头工人和铁路工人举行了罢工，以抗议公司裁员和大幅削减工资的行为。科林德雷斯政府通过发布戒严令，并派遣军队迫使罢工者重返工作岗位，从而结束了这场罢工。本次罢工持续不到一周便结束了，当时该公司同意为被解雇的工人提供食物和住房。[25]但是，该公司并未撤销削减工资的决定。许多合同种植户都是总统维森特·梅希亚·科林德雷斯所在自由党的重要成员，他们的情况要好一些。1 月中旬，《人民报》（El Pueblo）报道称，博格兰和达科斯塔·戈麦斯在拉利马会见了特拉铁路公司的负责人。[26] 个体种植户要求公司在 60 日内恢复先前的收购价，但负责人表示市场经济低迷，不可能恢复之前的收购价。不过，公司负责人同意，一旦经济形势好转，便会"立即"提高收购价，并配备水果质检员以"提供给种植户公道合理的收购价"。许多个体种植户对公司的这些空头支票并不买账，他们推选代表前往首都特古西加尔巴，与政府官员会面。此后不久，政府同意降低国家铁路的运费，但条件是特拉铁路公司（根据合同条款负责承担运费）须按比例提高支付给个体种植户所产水果的收购价。

在苏拉河谷的个体香蕉种植户与政府和联合果品公司达成协议后不久，科尔特斯种植者联盟报告称，该联盟已经与来自美国亚拉巴马州莫比尔市（Mobile）的罗素·英格利希（Russell English）进行了谈判。[27] 根据拟定的条款，个体种植户将把其自产的全部高品质大米歇尔香蕉出售给英格利希的公司。[28] 拟定的采购价（9 板一串的香蕉为每磅 35 美分，8 板一串的香蕉为每磅 25 美分，7 板一串的香蕉为每磅 15 美分）远低于特拉铁路公司在合同中提出的价格，但高于该公司在 1932 年提出的收购价（每磅 30 美分）。[29] 个体种植户向英格利希的公司提出了反制提案，要求在香蕉市场价达到每磅 25 美分时，公司将收购价提升 50%；或者当农户的果品平均重量较高时（拟定标准：9 板一串的香蕉质量超过 60 磅，8 板一串的香蕉质量超过 50 磅，7 板一串的香蕉质量超过 30 磅），公司也需要将收购价相应提价 50%。[30] 为核实市场价格，个体种植户要求有权派代表前往美国考察市场，费用由公司承担。种植户还提出一项建议，要求公司每 8 天发布一次全新价格公告，且公告中的采购价须在 36 小时内保持不变。对于种植户而言，他们同意将自家收获的香蕉运往科尔特斯港；政府同意，在合同有效期内不提高国家铁路的运费。

英格利希与个体香蕉种植户之间的谈判一直持续到 4 月。[31] 5 月初，《人民报》上发表了一封信，信中指出，英格利希草拟的合同给种植户带来了"天大的好处"，还提供了 2.5 万美元的保证金。[32] 但是，一部分种植户坚持要求英格利希先支付 10 万美元的押金，显然双方未能达成协议。然而，英格利希与种植者联盟之间的谈判揭示了许多香蕉种植户的担忧，其中包括怎样确保香蕉采购价反映其在美国市场的真实价值，以及如何建立起核实价格变动的机制。此外，拟定的定价机制还反映出种植户的心愿，他们希望收获的香蕉果串因"大个头"使得收购价得以增加；还希望在水果公司通知的收获时间与交货期限之间能有更多机动时间。不过，在种植户的建议中并未提及水果质检员的相关内容，鉴于这一问题的历史重要性，遗漏与之相关的提议确实有些令人困惑。最后，草拟合同限制了对大米歇尔香蕉的出口。这个规定提醒我们，新运输线路的开通并不一定会为大米歇尔香蕉以外的香蕉品种提供出口机会。

位于苏拉河谷的种植户正在寻求一种手段以弱化联合果品公司对运输的控制权，与此同时，他们也卷入了一场关于灌溉用水的纷争。1932 年 2 月，洪都拉斯国会的一名议员提议将香蕉种植园的灌溉水税从每公顷 10 美元减少到每公顷 3 美元。在国会探讨这项措施可行性的时候，有个体种植户表示反对这项税费改革。一位匿名种植户这样写道："如果政府给了他们灌溉用水的特许权，就会彻底毁了我们。我们洪都拉斯人不需要什么灌溉用水。"[33] 达科斯塔·戈麦斯表示，灌溉水税收优惠将导致国内的种植户"永久"被取代：

我们提供的水果将永远无法与公司生产的水果相媲美，因此公司不收购我们的产品，就变得理所当然。这样一来，公司的生产活动足以摧毁我们自家的产业，还会买下我们的土地。由于高昂的劳动力成本，我们无法再继续从事农场生产。[34]

科尔特斯港的一位种植户补充说，灌溉税改革的措施将"损害本国种植户的利益，他们种植的香蕉质量无法与那些受到充足灌溉的香蕉相提并论。因此，更多个体种植户自产的香蕉将会被公司拒收"。[35]

那些自认为是"本土"种植户的人们对灌溉税的忧虑植根于他们的理念，他们认为降低税收会使水果公司增加灌溉水的使用，从而生产出更多"大个头"水果。[36]个体种植户对此非常担心，害怕廉价的灌溉水价格会导致更高的水果拒收率。不过证据表明，最令种植户害怕的这种担忧并未立即成真。在减税后的三年时间里，从种植户处收购的香蕉数占总出口量的比重似乎有所增加。此外，国会对减税相关修正案的探讨表明，尽管这些水果公司自1923年以来就开展了灌溉工程，但规定每公顷10美元的灌溉税的法律并未真正得到执行。达科斯塔·戈麦斯报告称，特拉铁路公司至少有5个种植园的水泵在运行，《人民报》发布了位于乌卢阿的一个泵站的照片。[37]事实上，根据美国国务院的机密信函报告，在这场灌溉用水纷争发生时，特拉铁路公司的灌溉面积超过1万公顷！[38]换句话说，这一证据有力地表明，个体种植户自产的水果已经与受到充足灌溉的水果竞争了近10年，在此期间国家可能并未征收灌溉水税。[39]然而，签订了合同的个体种植户担心他们无法采用资本密集型（和资源消耗型）生产方式，这种担心并非空穴来风，因为公司规定生产者要在经营种植园时使用公司统一的栽培技术。由于处于热带地区的水果公司的经营者采用新技术提高了优质香蕉的产量，美国市场的人均消费水平也随之提升，小规模种植户发现自己需要不断努力，才能满足日益变化的生产标准。

撇开水果拒收和价格变动不谈，在 20 世纪的前 30 年里，美国的水果公司从合同种植户处采购了数千万串香蕉。对于少数种植户而言，香蕉贸易促进了大量资本的积累。像路易斯·卡瓦列罗这样拥有中等规模土地的种植户每年都会出售价值达数千美元的水果。而对于没有签订收购合同的小种植户来说，收入可能微不足道。[40] 1931 年的合同冲突表明，联合果品公司对运输的垄断，及制定质量标准的能力，使得该公司能够对小规模种植户和所谓的个体种植户施加相当大的控制。香蕉种植户在 1931 年至 1932 年发起了大规模抗议活动，成功获得了政府的临时补贴，但抗议活动对加强合同种植户在美国水果公司面前的地位没有任何实质性帮助。

种植迁移的跨领域影响

听起来十分荒谬，但当水果公司选择抛弃这些个体香蕉种植户时，他们敏锐地感受到了公司治理的局限性。1931 年 5 月，有传言称，联合果品公司将暂停其在奥莫阿的全部业务，市长塞缪尔·加西亚（Samuel García）向该公司发了一封电报，希望了解真相。随后，市长收到了联合果品公司一位高管的简短答复："特此通知您，我收到了公司关于无限期暂停收购和生产水果的通知。"加西亚市长还收到了该公司一位名为威廉·特恩布尔（William Turnbull）的管理人员发来的电报，他解释称："数年来，我们承受了巨大损失，而目前的经营状况不允许我们在古亚美继续承受损失。我们之所以沦落到如此境地，是因为本公司业务在贵地未受到足够重视。"加西亚市长对这一令人不快的消息做出了回应，他召开了一次公开会议。来自奥莫阿和周边地区的约 90 名居民在会上签署了一份请愿书，希望将请愿书递交给总统梅希亚·科林德雷斯。字里行间表达了他们对联合果品公司做出停业决定的愤怒：

> 500 多名劳动者正在失去自己的日常工作，随之而来的
> 便是丧失养家糊口的能力。多年的辛勤奋斗、耐心的劳作、
> 坚忍不拔的精神、与公司多年的合作，仅仅因为一个决定便
> 化为乌有，仿佛整个地区的百姓付出的劳动对公司决策者来
> 说都不值一提。[41]

他们呼吁总统出面干预，以防止"为居民提供唯一生计的活动
的消亡"。加西亚指出，暂停香蕉种植活动可能会终止当地的铁路运
输服务，使整个地区处于封闭状态。请愿人承认，该地区无法再生
产出"像过去一样高品质的香蕉"，但他们也为自种的香蕉辩护，认
为他们的产品像科尔特斯省其他地方种植的香蕉一样好。[42]

一年后，当特拉铁路公司开始拆除古亚美和奥莫阿之间的铁路
支线时，加西亚市长的担忧成为现实。[43]香蕉种植者呼吁公众帮助
他们找到运输产品的方式。[44]在 1932 年写给经济发展部部长的信中，
奥雷利亚诺·罗德里格斯（Orellano Rodríguez）解释说，他与其他25
个种植者将失去在古亚美铁路沿线的新香蕉种植园的投资本金。[45]而
部长的回复并无半点宽慰，他告诉罗德里格斯，该公司"有权拆除
铁路的支线部分；政府已经与公司代表就维系铁路运输功能进行了
谈判，但政府没有权利强迫公司"。[46]当改造后的资源不再满足水果
公司的需求时，曾让公司获得该地区资源的特许权使得它们得以自
由拆除基建设施——包括铁路支线。

1933 年，洪都拉斯的一位官员阿隆索·巴伦苏埃拉视察了奥莫
阿和古亚美铁路沿线地区。视察完毕，他描述了过去的经济繁盛景
象与当前经济崩溃境地之间的鲜明对比："对比 1916 年和现在，想想
真是令人遗憾。当时香蕉种植园遍布山谷，商业发展水平令人惊讶；
反观今天，一副荒凉景象，这里死气沉沉的。山谷到处是杂草，很
难找到一棵香蕉树。"[47]巴伦苏埃拉指出，仍然有"大半"居民选择

留在古亚美地区。一些居民从事着拆除水果公司的铁路支线和附属建筑的工作，对他们而言这份工作苦乐参半。其他人则选择种植谷物，或是饲养动物，如养猪、养鸡或放牛。在靠近海洋的一段铁路沿线地区，少数种植者继续种植专供出口的香蕉，他们用小船和独木舟将香蕉运到汽船上。然而，到了 20 世纪 30 年代中期，奥莫阿和古亚美附近地区的香蕉出口活动几乎完全陷入停顿。

等到巴伦苏埃拉和同行的巡视员帕斯夸尔·托雷斯（Pascual Torres）抵达奥莫阿时，水果公司的铁路已经因为停运而变得破败不堪。巴伦苏埃拉和托雷斯称，维修铁路需要国家政府的巨额投资。巡视员表示，更大的问题是，缺乏潜在铁路运输货源，因此无法产生满足铁路运营费用所需的收入。当地人表示，他们主要的运输工具是独木舟和骡子，因为它们比水果公司的火车（几年来运送水果的火车班次一直在减少）更为方便、更为便宜。事实上，一些居民表示，他们从未将水果公司的桥梁和铁路看作一种必需品，从未"达到今天所推崇的那种程度"。[48]托雷斯在报告中写道，由于桥梁专为铁路车辆服务，因此拆除古亚美河上的一座铁桥并不会破坏当地民众的生计。在他看来，古亚美地区的居民将会非常满意，政府提供的卡车能够帮助他们在旱季越过河流，而在雨季则有一座木桥方便人们过河。这两位巡视官员对铁路的重要性轻描淡写，只因他们想找到一个理由，以说服政府放弃巨额的铁路支线维修方案，选择成本较低的其他替代方案。[49]此外，他们撰写的报告也旨在反映古亚美果品公司的铁路为出口香蕉种植户带来的利益。

如果说奥莫阿和古亚美地区的居民对铁路的前途感到喜忧参半，当提及水果公司废弃的土地和住房基础设施时，他们已不知该作何反应了。在某些情况下，公司在宣布即将搬离该地的通知时，当地人已经在之前的香蕉种植园中定居了。在一个名为"古亚美"的种植园里，几个家庭除了种植香蕉、大蕉、波萝和甘蔗以外，还培育了许多一年生作物。大概从 20 世纪 20 年代起，这些农户开始从古亚美果品公司处租赁土地。1929 年联合果品公司收购了该片土地，该公司仍将这片土地出租给上述几个家庭。[50] 这些租户还顺带居住在公司建造的房屋中。[51]1933 年，当国家政府打算收回这些地产的消息流传开来时，古亚美地区发展委员会向时任总统蒂武西奥·卡里亚斯请愿，希望政府承认"多年来"占据这片土地的租户的存在。[52] 一年后，国家政府批准了发展委员会的申请条例，并赋予该机构管理地产的权力。[53]

然而，发展委员会很快就成了众矢之的。1937 年，科尔特斯省省长卡斯塔内达（Castañeda）罗列了他收到的描述委员会效率低下和贪污腐败的例子："之前古亚美果品公司的建筑都破败不堪，仅有一小部分还是完好的；原本用于运输的卡车轮胎缺失；委员会原本承诺对这片地产进行投资重建，但并没有兑现诺言；隶属于原公司的土地和房屋已沦为委员会的战利品。"[54] 他还指控该委员会涉嫌逃税和欺诈。此外，当地的警察报告称，一群居住在古亚美地区的居民正在拆除原水果公司建造的房屋，还对外出售木材和家具，但他们并非洪都拉斯人。[55] 在省长卡斯塔内达看来，古亚美地区发展委员会未能阻止这些非法行为，进一步证明了委员会没有能力管理古亚美地区的财产，他敦促上级解散该委员会。

在奥莫阿和古亚美地区，水果公司的撤离使得当地人难以维持生计，致使数百名劳工失业，几十位个体香蕉种植户无法将货物运送至出口市场。在 20 世纪，洪都拉斯北海岸的铁路运输和香蕉出口贸易齐头并进；失去一个产业，往往意味着另一个产业随之停摆。然而，虽然联合果品公司可以拆除铁轨和桥梁，但它不可能将土地拖走。在某些情况下，之前公司的工人获得了废弃的农场和住房，这使得他们可以种植其他农作物，在当地集市和区域市场上销售。然而，种植其他作物产生的收入与培育出口香蕉景气时产生的收入相去甚远，因此，许多人选择移居至香蕉生产的活跃地区。最后，对于一些居民来说，香蕉出口贸易的结束间接催生了一些不良后果。个别行政机构表面上声称要增强对废弃资源和基础设施的控制权，实则为短期倒买倒卖行为和官员收受贿赂的行为创造了机会。

奥莫阿不能作为水果公司弃置行为的"典型"案例，在出口香蕉生产活动停止后，洪都拉斯北海岸的许多社区都出现了类似模式。1931年8月，在特拉市的一个小村镇梅萨帕，居民开始为试图拆除隶属于特拉铁路公司的铁路支线的工人"制造麻烦"。[56] 此后不久，特拉市市长科罗内尔·莫德斯托·奥雷利亚诺（Coronel Modesto Orellano）和阿特兰蒂达省省长阿道夫·米拉尔达（Adolfo Miralda）前往该村，与近80名村民会面，寻找问题的解决之道。米拉尔达省长宣读了内政部的一份官方声明，重申了特拉铁路公司有权拆除其铁路支线，并再次表明了政府"捍卫该公司权利"的决心。[57] 而后，他承认铁路对当地社区具有重要意义，但同时依然解释称，政府无权强迫公司保持该线路的完整性。

村民们对公司拆除铁轨的权利没有异议。不过，他们要求保留纳兰霍河上的桥梁和周边的几条小溪，以便人类和动物在雨季期间能够自由活动。他们还要求重建纳兰霍河上的一座大桥，这座桥很容易被洪水冲毁。梅萨帕的村民表示，在特拉铁路公司铺设铁路前，纳兰霍河"常年干涸""过河非常容易"。但是，特拉铁路公司对这条河进行了改道，还新建了一个排水网，将其他几条小溪的水流汇入纳兰霍河。因此，当地人在1913年时对这条河的描述为"水很深，而且很危险"，特别是在雨季，湍急的水流将树木残枝和其他碎屑冲到下游地区。此外，村民们注意到特拉铁路公司通过管道将梅萨帕河的饮用水运送到附近劳工营的行为，他们要求"公平对待"，呼吁新增4个饮水点供附近居民使用。第二天，奥雷利亚诺市长报告称，此事已得到解决，各方都对结果表示满意。[58] 梅萨帕的村民同意公司拆除铁路，条件是省长承诺保持纳兰霍河上桥梁的完整性。省长和市长还承诺将与特拉铁路公司的管理人员讨论饮水点和纳兰霍河大桥等问题。

然而，会面结束后不到一周，梅萨帕的镇长助理奇里亚科·托雷斯（Ciriaco Torres）就通知米拉尔达省长，他已下令让工人停止拆除铁轨的工作，因为特拉铁路公司未能完成"建造横跨纳兰霍河的大桥"的承诺。省长明确回复托雷斯：梅萨帕村的村民不能坚持要求该公司建一座新桥，因为目前已经有一座桥了。但是在米拉尔达写给内政部的报告中，相关内容和他使用的语气却大相径庭。[59] 米拉尔达解释说，梅萨帕村的 400 名居民中，有许多人通过向附近的埃尔普罗格雷索的种植园工人出售食品和其他商品谋生。在梅萨帕村和这些种植园之间有诸多河流，包括纳兰霍河和许多小溪，在雨季村民只能通过大桥过河。鉴于公司运营造成的环境变化，以及梅萨帕村民进一步采取抵抗行动的可能性，米拉尔达敦促其驻扎在特古西加尔巴的上司向特拉铁路公司继续施压，要求公司重建大桥：

> 在此重申，村民其实是有理的，因为问题是由于特拉铁路公司在该地区进行的（水路）疏导工程造成的。而且我认为，若满足梅萨帕村民的合理公道的愿望，获益最大的反而是公司。政府可以采取宽慰村民的行动，但无法阻止他们对公司采取报复措施。[60]

遗憾的是，并没有相关历史记录表明这座桥是否被重建，或者当地村民是否曾寻求某些"报复"手段。尽管如此，发生在梅萨帕的事件揭示了自然景观改变与人类生计转变之间的历史关联。特拉铁路公司的到来为当地人创造了全新的谋生方式，同时也改变了原本的自然景观。而当巴拿马病蔓延到梅萨帕地区，导致当地种植香蕉的赢利能力下降时，该公司选择撤离，并拆除了曾在当地建造的基础设施。然而，纳兰霍河和该地区的河水流域已然发生了重大改变，致使村民们阻止铁路基建的拆除工作，以确保铁路公司维持几座（经过了两次改造）桥梁的完整性，这些大桥对当地经济有至关重要的作用。

因此，横跨纳兰霍河的这座桥可以看作联合果品公司杰出工程的象征，它给梅萨帕村民带来了切实利益。但是，该公司的生产实践，以两种截然不同却存在历史关联的方式改变了该地区的水资源和土壤资源：纳兰霍河的季节性洪水泛滥和巴拿马病导致了果实产量的下降。这些新变化反过来又引发了一系列相互关联的社会进程，包括水果公司搬离该地区。梅萨帕村民努力维持生计，以及维护原来公司建造的基础设施带来了新的历史意义。从这个角度来看，这座桥在被树干撞击时经常摇摇晃晃，代表着复杂农业生态系统的不稳定性，这是由地方情况和国际环境两个层面的变化过程导致的。

在梅萨帕村民开展抗议活动两年后，拉塞瓦市以西的一个村镇——圣弗朗西斯科的村民开始对标准水果公司拆除一条铁路支线的行为表示抗议。圣弗朗西斯科的镇长塞巴斯蒂安·菲格罗亚（Sebastían Figueroa）回应了梅萨帕同僚提出的合理关切，他表示拆除这条铁轨会对该镇带来"致命打击"，因为圣弗朗西斯科地处沼泽地区，这条铁路支线是穿越沼泽唯一可能的运输方式。菲格罗亚补充说，这条支线还跨越了至少 26 座桥梁。经济发展部和内政部都与标准果品公司取得了联系，要求其在各方探讨此事之前暂停铁路拆除工作。标准果品公司的总经理 A. J. 丘特（A. J. Chute）在谈及此事时解释道，这条颇具争议的支线是为 1929 年前因巴拿马病而停产的种植园提供服务，而公司的其他列车早已停止为该支线服务。不过，他相信只需稍加修缮，铁路路基就可以改造成适合行人和马匹同行的道路。丘特补充说，应一些"圣弗朗西斯科当地员工和村民"的要求，该公司决定保留两座桥梁。[61]

丘特的回复表明，在拆除这条铁路支线之前，圣弗朗西斯科已经经历了较长时间的相对封闭期。此外，在抗议事件发生的 4 年前，一份政府报告将圣弗朗西斯科及其邻近村庄描述为"从前的财富王国，如今不复存在"。[62] 这表明，对圣弗朗西斯科的村民来说，铁路支线的拆除与其说是突然转型的开始，不如说是当地经济活动持续下降，最终跌入谷底的映射。目前尚不清楚镇长菲格罗亚是否对标准果品公司保留两座桥的承诺感到满意，但他对阻止拆除该公司运输基础设施可用部分的行为饶有兴致，这与洪都拉斯北海岸其他地方对该公司废置基础设施的反应是一致的。

地方和区域政府官员并非唯一与水果公司就资源问题进行谈判的人：许多先前的种植园工人采取直接行动，在公司的土地上蹲守，试图创造新的生计方式。1927 年，占据标准果品公司在拉马西卡（La Masica）镇附近弃置农场的 100 多人向洪都拉斯总统米格尔·帕斯·巴拉奥纳（Miguel Paz Barahona）请愿，要求获得"独立"耕种 7 公顷土地的权利。当标准果品公司反对擅自占地者的请求时，雅哥布·P. 蒙吉阿（Jacobo P. Munguía）为他们的行为进行辩护，解释说擅自占地的人是为了种植少量的拉卡坦蕉，"他们不想看到这些土地荒废着，而是想种植这种抗病品种，如果水果公司能为该香蕉品种找到市场，他们会很乐意将香蕉卖给公司"。[63] 他承认这些土地属于标准果品公司，但强调该公司应意识到这些占地者并非对手，而是十分默契的合作伙伴。然而，在 20 世纪 20 年代，拉卡坦蕉并未打开出口市场，这对那些想种植该品种香蕉的人而言非常遗憾。巴拿马病的暴发暴露出个体种植户的局限性，无论他们的规模是大是小。即使是那些愿意冒险尝试种植拉卡坦蕉的人最终也被迫放弃交易，与香蕉运输和销售网络隔绝开来。[64]

同年，洪都拉斯铁路工人联盟（Honduran Railroad Workers Union）的成员和一群农民开始在标准果品公司"废弃营地周围的土地"上工作，这块土地位于索纳格拉西部。[65] 劳工领袖佐罗阿斯特罗·蒙特斯·德奥卡（Zoroastro Montes de Oca）寻求政府的帮助，以确保水果公司不会像对待该地区其他地方的工人那样，试图将工人赶出土地。德奥卡以铁路工人路易斯·加西亚（Luis García）的活动为例来说明这些"占地者"的勤劳能干：在大约 7 公顷的土地上，加西亚种植了玉米、少量的甘蔗、大蕉、香蕉（用于制作动物饲料）以及根茎类蔬菜和咖啡树。据蒙特斯·德奥卡说，加西亚在不知不觉中找到了"通往完全自由之门的钥匙"，这将驱使他辞去公司铁路上的工作，转而从事农业生产。德奥卡进一步承诺，如果得到政府的支持，工人们将很快在这片土地上创造出"巨额财富"或形成"伟大的合作社"。

1931 年，一个位于拉塞瓦的工人组织要求国家政府准许他们免费使用"洪都拉斯北海岸水果公司废弃的大片土地，以满足失业者的使用需求"。[66] 请愿书附有 200 多个签名，该工人组织声称至少有 5000 名工人失业，而且由于"在最靠近消费市场的土地上成立了不同的水果公司，它们又各自修建了铁路"，可用的土地非常稀缺。第二年，阿特兰蒂达省省长注意到"不断"有种植户要求政府保护他们对合作农场土地（由州政府控制管理）的权利，或对遭水果公司弃置土地的权利，便授权警察局长协助没有产权的种植户进行土地边界确权。[67] 解决土地纠纷的工作往往进展缓慢，部分原因是州政府无力支付与确权程序相关的费用，一位当地官员称这一过程"旷日持久且成本高昂"。[68]

由于在香蕉出口区获得土地困难重重，洪都拉斯的一些工人组织感到非常挫败，他们将目光转向了莫斯基蒂亚——位于科隆省和尼加拉瓜边境之间的大片地区，居住在这里的是长期以来被讲西班牙语的高原精英视为原始人的原住民。1911 年，洪都拉斯劳工组织领袖首次提出对莫斯基蒂亚进行殖民统治。[69] 在 20 世纪 20 年代，北海岸工人组织再次表现出了对该地区的管理兴趣。1926 年 7 月，工人斗争团体（Sociedad Lucha Obrera）写信给经济发展部部长，表示该团体希望在莫斯基蒂亚地区获得一块土地的特许权，"这是一片被外国分子觊觎的土地，也是北海岸唯一可供我们使用的土地"。[70] 几个月后，拉塞瓦工匠公会寄给了政府一封信，敦促政府批准其在莫斯基蒂亚的帕图卡河附近对 50000 公顷"适合发展农业"的土地的特许权。[71]1927 年全年，该公会成员都会在周日进行义务劳动，建造帆船，以便对莫斯基蒂亚地区进行初步考察。该组织还赞助了文艺活动，包括戏剧表演和节日庆典，以便为后期的项目考察筹集资金。[72]

1927 年，洪都拉斯铁路工人联盟的领袖德奥卡在拉塞瓦发表讲话，用阶级和民族主义的表达方式劝说他的同僚们支持莫斯基蒂亚的项目："如果没有国家的帮助，我们能带多少亲人到莫斯基蒂亚去？共和国的每一个工人组织，为了共和国的共同利益和健康发展而控制莫斯基蒂亚全域土地的理想，都应该扪心自问这个问题。正如我们这些工人的理解，这些土地属于国家。"[73] 在德奥卡看来，工人对莫斯基蒂亚资源的主张是建立在社会正义和自由公民的权利和责任的理念之上的。如果忠于洪都拉斯民族和国家的工人不采取行动，莫斯基蒂亚地区很容易落入外国利益集团的控制之下，可能是邻国尼加拉瓜或是来自美国的公司。

1928 年 8 月，一群由 16 人组成的工人队伍从拉塞瓦向东航行到帕图卡河。他们乘独木舟逆流而上，打算建一个伐木营地。然而，据报道，截至 11 月初，由于物料供应不足和成群的蚊子使人难以入睡，一半以上的工人已经离开。其余的队伍成员在 12 月离开了营地，心有不甘地返回下游地区，而且没有多少桃花心木可供展现他们几个月的努力。[74] 三个月后，洪都拉斯工人联合会（Federación de

Obreros Honduneños）与内政部达成协议，将帕图卡河沿线的 40000 公顷土地的殖民权让给该联合会。[75] 至少有一家奥兰乔省的报纸对该项目表达了赞赏之情，在一篇题为《洪都拉斯人对莫斯基蒂亚的殖民化是一项尚未满足的需求》(The Colonization of Mosquitia by, and for Hondurans is an unfulfilled need）的社论中表露出对该殖民活动的热切期盼。该报的编辑将该地区描述为"拥有强大土壤肥力的壮丽平原和繁茂且人迹罕至的森林，尚未受到人类的打扰"，该报编辑宣称，"只要有贫穷的当地人，缺乏资源和维持生计的手段，就迫切需要进行耕种活动，仁慈的大自然在乡村地区播撒了丰厚的恩赐"。[76]

但并非每个人都持这种乐观态度。1929 年 1 月，自称是工人事业支持者的伐木工人 J. 阿马多·弗洛雷斯（J. Amado Flores）给洪都拉斯工人联合会写了一封长信，他在信中赞扬了该组织"将祖国领地从贪婪的外国人手中解放出来"所做的努力，但警告他们不要"盲目地追求乌托邦"。[77] 阿马多认为，殖民项目的提出是由于对该地区资源缺乏了解。他解释说，桃花心木生长在非常狭小、非常分散的集群中，这意味着其采伐作业的劳动强度颇大。就耕种条件而言，帕图卡河下游部分的土壤瘠薄且易遭水灾。劳动力工资过高和市场距离遥远使得当地农业生产局限于高附加值的经济作物。[78] 他估计，由于密密麻麻的蚊子和恶劣的气候，帕图卡河沿岸的当地人口不超过 60 人。尽管叙述了这么多令人沮丧的事实，阿马多依旧强调，鉴于尼加拉瓜对莫斯基蒂亚的"入侵"，洪都拉斯需要在该地区站稳脚跟。他敦促洪都拉斯工人联合会在大幅缩减规模的基础上继续开展该殖民项目，并表示愿意提供个人帮助："身为洪都拉斯人，我很自豪。我会努力为这片广阔地区寻找主人，他们能够让这片土地维系健康状态，不断自我更新，使得土壤极具生产力。"

工人组织似乎已经放弃了莫斯基蒂亚殖民项目，转而在水果公司废弃的土地上定居。然而，尽管这一解决方案失败了，但也代表了工匠和工人组织为创造独立于香蕉产业的生计而进行的一次雄心勃勃的协作尝试。该项目还揭示了至少一些劳工领袖对于洪都拉斯北海岸资源的深远意义。德奥卡传达的信息很明确：强大的外国公司已经控制了北海岸最好的土地；忠诚的工人需要确保莫斯基蒂亚地区仍在洪都拉斯的主权之下。他和其他劳工领袖要求在一片未曾谋面的领土上占有一席之地，因为他们有祖国"真正之子"的身份。为了实现这一点，他们挪用了精英们关于组建一个完全由印第安人和西班牙人后裔组成的混血民族的设想，试图消除在该国边界内发现的文化异质性，特别是在北海岸，洪都拉斯裔男女与加利弗人、牙买加人、巴勒斯坦人和美国人混居在一起。[79] 莫斯基蒂亚变成了一片没有人烟的荒野——一个创造出由以男性为首的农户组成的混血社会的地方，不存在北海岸的社会不平等和文化多样性。

莫斯基蒂亚殖民项目所依据的乌托邦式愿景对工人种植者群体而言，更像是一个例外，而非一项规则。他们中的大部分人依靠在香蕉出口区以及周围地区迁居来谋生。随着水果公司将其铁路改道至没有巴拿马病害的地区，许多社区面临经济危机，同时，该项目通过注入资本以及提供与区域和国际市场连通的交通运输方式，刺激了其他地方的经济活动。科隆省索纳格拉镇的历史说明了种植迁移的跨领域影响。由于被农布雷 – 德迪奥斯（Nombre de Diós）山脉与加勒比海隔开，索纳格拉镇没有参与 19 世纪末发生在加勒比海港口城镇及其周围的香蕉热潮。在 20 世纪的头 20 年里，该镇在很大程度上与香蕉贸易脱节，1907 年，一位美国投资者提议修建一条从特鲁希略到索纳格拉的铁路，社区领导人对此热烈响应，反映了这种情况："（铁路）是我们唯一的救命稻草，因为它既能让人重新迁居到阿关河绿洲，那里幅员辽阔，且土地未经开垦；还能结束我们子孙后代不断移居北海岸的情况。"[80]

拉塞瓦的标准果品公司列车上的桃花心木原木。该照片目前由本书作者私藏。

20 世纪初，索纳格拉镇居民主要从事小规模放牧。1918 年，66 名居民报告说他们拥有 1 头至 40 头牛。[81]1920 年，当地政府批准了路易斯·马斯纳达（Luís Masnada）的木材特许权申请，他是来自拉塞瓦的商人，与标准果品公司有业务往来。本次特许权有限期为 5 年，政府同意向马斯纳达出售"5000 棵平均直径为 8 英尺的桃花心木和雪松木"。[82]木材销售的收入用于资助各种公共工程项目，包括建造一个新的镇政厅和几所学校。这笔交易明确表明，该镇至少有部分地区拥有广阔的森林，而且现有的牧场和农业经营并没有产生太多收入。一年后，索纳格拉镇的镇长召开了一次特别会议，讨论如下问题：由于"某些居民"为开垦牧草地而砍伐树木，导致公用土地的森林资源"几近枯竭"。当地官员担心这种做法会威胁到"贫农"建立小种植园的能力，他们同意将公用土地划分为两个区域，一半为畜牧区，另一半为农业区。[83]这种最初为限制牧场扩张的做法可谓未雨绸缪，不过该地区转型为农业基地的进程才刚刚开始。直到 1923 年，牛、马和其他动物仍然可以在该镇的土地上自由活动，而为了保护农作物免遭动物破坏，架设栅栏的经济负担完全落在了农民的肩上。[84]

当水果公司的两条（而非一条）铁路支线从相反方向伸向该市时，索纳格拉的生活开始迅速发生改变。1924 年，以伊内斯·兰萨（Inés Lanza）为首的 100 位居民向政府提交了一份请愿书，要求将索纳格拉镇的公用土地重新划为农业用地，以迎接"外国公司"的到来。[85] 请愿者们抱怨说，"各类"牲畜到处乱走，严重阻碍了农业发展。政府当局或许不想就一个有争议的话题做出决定，官员们一致赞成向上级部门寻求建议。次年，镇长马丁内斯（Martínez）报告说，他收到了来自标准果品公司的多项投诉，称其新建的种植园多次受到牛的破坏。[86] 这一次，政府采取了行动，围绕着本镇的公用土地，在"本辖区拥有的土地"上建立了一个农业区。[87] 牧场主有三个月的时间来圈养所有牲畜，在这期间，可将它们转移到允许自由放牧的公用土地上。

对解决牧场主和种植户之间的冲突，这一措施显然收效甚微。1926 年 3 月，尼古拉斯·罗伯斯（Nicolas Robles）、阿道夫·萨雷斯（Adolfo Sarres）、罗萨里奥·埃斯科瓦尔（Rosalio Escobar）、恩里克·B. 奥坎波（Enrique B. Ocampo）和其他 40 名索纳格拉镇的牧场主向镇政府提出申请，要求政府允许他们自费修建一道带刺的铁丝网，以避免其饲养牲畜破坏"外国公司"坐落在牧场周围的种植园。[88] 当地政府批准了这一请求，但牧场主的权力——他们现在要承担防止农田遭受破坏的责任——正在减弱。不到一年时间，罗伯斯、佩特罗娜·奥坎波（Petrona Ocampo）、托马萨·拉莫斯（Tomasa Ramos）和其他大约 20 名索纳格拉居民致信经济发展部部长，他们在信中抱怨称，他们因其饲养的牛踏入了特鲁希略铁路公司和标准果品公司的香蕉种植园，而受到了"高额罚款"。[89] 写信者自称"小规模种植户和牧场主"，声称他们缺乏足够的资金在牧场外设置栅栏，并呼吁政府责成这些公司在种植园外架设围栏。部长的答复模棱两可，可能没给他们带来什么满足感：他敦促请愿者尊重现行规定，即"牧牛和农田的所有者"都有义务为自己的田地设置围栏，但没有特别提及水果公司。[90]

到 20 世纪 20 年代末，索纳格拉镇的出口香蕉产量急剧增加。其中大部分产自标准果品公司和联合果品公司的种植园，但小规模种植户也作出了贡献。从 1925 年开始，越来越多的人向政府申请土地从事农业活动。1928 年，在众多申请分拨土地发展农业的人中有波菲里奥·格雷罗（Porfirio Guerrero）和埃拉迪奥·塞拉亚（Eladio Zelaya），他们各自申请了 35 公顷土地来种植出口香蕉。同年，阿尔韦托·奥蒂斯（Alberto Ortíz）、埃斯特班·巴达莱斯（Esteban Bardales）、奥克塔维奥·罗伯斯（Octavio Robles）、胡安·巴达莱斯·奥蒂斯（Juan Bardales Ortíz）和欧亨尼奥·奥雷利亚诺（Eugenio Orellano）各自申请了 7 公顷的"林地"，他们也打算在这些土地上种植香蕉。[91]1930 年 2 月，一些居民要求，将原用于牧业的公用土地重新划分为农业用途。[92]他们承认过去放牧业的重要性，但指出，近年来居民们越来越多地转向在牧地的"肥沃土壤"上种植香蕉，牧牛的数量已经大大减少。政府同意将牧业公用土地重新指定为农业用地，并下令在 6 周内，现有牧场周围必须全部设置围栏。一个月后，科隆省省长批准了这项措施。

约有 80 位索纳格拉镇的牧场主在政府当局面前捍卫自己的谋生手段，他们对当地的自然景观持相反看法："在这个镇子里，大家都知道，大部分公用土地……都不适合发展农业。"[93]他们批判了香蕉种植园的不断扩张，从牧场主的角度来看，这种生计"没有前途"，因为在第二次香蕉收获后，土壤就会"完全枯竭"，果品的产量无法与投入的生产成本相提并论。此外，自"远古时代"以来，畜牧业一直是该地区的支柱性产业。请愿者恳请政府当局不要"为了一个未知的财富来源，而剥夺一项已被论证的财富来源"。但牧场主们的论点——鉴于其他地方的香蕉农场正在被弃置，这绝非毫无道理——不太可能说服当地官员；到 1930 年，索纳格拉镇是标准果品公司最重要的香蕉生产中心，前所未有的大笔收入正流入政府的金库。[94] 不出所料，政府当即驳回了这些牧场主的请求，并命令他们遵守新条例。

在恢复牧场主在公用土地上放牧的权利后不到 10 年，索纳格拉镇政府就推翻了其土地使用政策，这既反映了当地经济的变化，也反映了香蕉种植者政治权力的强化。小规模种植户在挑战牧场主的特权方面鲜有成效，直到不听话的牛群开始踏入美国水果公司新建种植园的领地。因此，这些公司的到来为小规模种植户提供了经济机会和必要的政治筹码，以争取对当地资源的更大控制权。回顾过去，这似乎是美国企业统治方式的一个直观实例，但对亲身经历过的人来说，这段历史似乎变得更加模糊了。

索纳格拉镇之所以加入出口香蕉的贸易中，是因为在短时间内有两家主要的水果公司在其境内经营，这是一种不太常见的情形。至少在一个方面，一群小规模种植户能够利用这些公司重叠的贸易辐射区。1929 年 7 月，有 45 人写信给洪都拉斯经济发展部部长萨尔瓦多·科尔莱托（Salvador Corleto），要求获得他们在"19 号地块"耕种的种植园的所有权，这片种植园位于索纳格拉镇东部地区。[95]这些种植者声称自己已在这片土地上耕种 10 年之久，而且他们近期还签署了一份为期 5 年的合同，将收获的香蕉出售给标准果品公司。然而，特鲁希略铁路公司命令这些种植户停止在该地区的生产活动，宣称公司几年前从当地一位土地所有者处买下了这块地产。这些小农户援引了标准果品公司包含 19 号地块在内的地图，声称他们占用的是国家的土地，并要求政府按照 1925 年土地法的规定，将该土地的家庭地契颁发给他们。两周后，该农户团体的代表科洛内尔·赫苏斯·J.塞拉亚（Colonel Jesús J. Zelaya）又给科尔莱托部长写了一封信，他在信中写道，小型种植户们拒绝了特鲁希略铁路公司提出的收购要约，因为"我们想扩大农场范围，而不是将其对外出售"。[96]

1929年11月，科尔莱托部长办公室告知争议地区的一位农民罗穆阿尔多·洛佩斯（Romualdo López），19号地块归特鲁希略铁路公司所有。[97] 然而，这一"事实"并没有让这场纷争就此结束。1930年1月，一项行政命令将19号地块的2500公顷土地割让给种植户，并为他们颁发地契，以示这些土地归这些家庭所有。[98] 当特鲁希略铁路公司总经理E.E.托马斯（E.E.Thomas）收到暂停公司在争议地区的全部生产活动的命令时，他向科隆省省长发来一封冗长的抗议信，托马斯在信中宣称，在1928年之前没有人居住在该地区的林地之中，而当地农户声称当时"构想中的"拉巴斯（La Paz）村已经成立。[99] 根据托马斯的说法，一群被标准果品公司解雇的工人认为19号地块隶属于国家，他们开始砍伐林木并种植农作物后拉巴斯村才设立。[100] 此后不久，特鲁希略铁路公司的护林员赶赴现场，阻止了这群工人进一步清理木材的行为。

一段时间后，托马斯在信中解释说，"来自巴尔法特镇的富有土地主"赫苏斯·塞拉亚说服工人们，要不顾水果公司的抗议，重新开展木材清理活动。塞拉亚本人在当地建立了一个"小型种植园"，然后前往特古西加尔巴——利用先前水果公司工人提供的资金——在特古西加尔巴发布了拉巴斯村成立的通知，并安排政府将土地分配给每户家庭。[101] 根据托马斯的说法，塞拉亚甚至知晓该公司对土地的所有权，并"接受"该公司对争议土地拥有"不可否认的权利"。在信的末尾，这位水果公司的总经理要求总统办公室撤销将土地分配给个体种植户的决定，解除停止该公司在有争议地区运营的行政命令，并保护公司地产免受进一步的侵犯。[102]

这封语气恭敬又十分坚定的信，附带了几份支持公司立场的文件。这封信可能说服了国家政府，但并没有制止拉巴斯村民的行动。1931 年，索纳格拉镇镇长向市议会报告称，拉巴斯是一个 "先进的村庄，其村民大规模从事香蕉种植活动"。[103] 他敦促政府当局支持在拉巴斯村建一所学校的建议，该提议引发了特鲁希略铁路公司的正式抗议。拉巴斯村民对这片土地勉强维持了三年的控制权。事实上，尽管法律纠纷一直存在，国际市场上香蕉的价格依然低迷，但该村似乎仍在发展壮大。1934 年，拉巴斯村拥有 172 栋房屋、431 个家庭及一所学校，该校招收了 53 名学生。村民们种植了大约 1200 公顷的香蕉，此外还种植了少量的野蕉、牧草、玉米和豆类作物。[104] 一年前，大约有 150 名村民参加了在索纳格拉镇举行的专项会议，以争取政府支持他们敦促标准果品公司建造一条通往拉巴斯村的铁路支线，镇政府最后同意就该线路向标准果品公司提出正式要求。[105] 在本次会议上，镇政府还批准了该村建造公墓的请求。拉巴斯可能始于人们的幻想，但它很快就变成了一个现实存在。

1934 年 3 月，一个由科隆省省长罗梅洛（Romero）、萨纳布里亚（Sanabria）将军和特鲁希略铁路公司的一名负责人组成的政府委员会前往拉巴斯村，探讨如何 "体面地进行香蕉交易"。[106] 该公司提交给科隆省省长一份声明，重申了总经理托马斯 1930 年所写信件中的许多观点，同时也包含了公司立场的一些重要变化。[107] 特鲁希略铁路公司的负责人对这些个体种植户并未表示任何同情，将他们描述为 "具有不同背景的人，他们非常暴力而且不尊重私有财产"，在一个名为 "拉巴斯" 的地方定居并开始种植香蕉。1930 年公司总经理托马斯在信中称该占地事件极为复杂，且有失道德。而到了 1934 年，公司更改了说辞，将个体种植户的活动描述为有预谋的犯罪行为，取代了托马斯先前的表述。此外，这封信将争议地区称为 "拉伊斯莱塔"（La Isleta），并未承认 "拉巴斯" 的存在。

在宣布对该地产拥有不可让与的权利后，该公司正式提出达成协议的条件："该公司可以同意占地者的存在，但前提是他们仍然仅限于在目前居住的区域内活动，并且严格按照与其他个体种植户在自家土地上种植香蕉一样的条件向该公司出售香蕉"。[108] 为了方便运输拉巴斯村民种植的香蕉，特鲁希略铁路公司新建了一条铁路支线，先将香蕉运到阿关河岸边，然后通过空中缆车把它们运过河，装载至公司的铁路主干线上。该公司强调，任何不接受这些条款的种植户都将被公司收购。

但是，个体种植户们不愿放弃他们拥有的土地。1934 年 4 月 2 日，他们向镇政府提交了一份由大约 100 人签名的文件，要求镇政府将他们定居地的法律地位从村庄（hamlet）更改为村落（village）。[109] 在审议这一请求时，政府承认特鲁希略铁路公司对该土地拥有所有权，但指出土地上存在一所拥有 53 名在校生的学校，这是该社区得到法律承认的一大证据（很轻易地忘记了学校的建立是由于政府授权）。政府官员们一致同意指定拉巴斯是一个面积为一平方千米的村落。该规定的措辞体现出政府坚定的支持态度："如果在任何时候，特鲁希略铁路公司或任何其他实体提出法律要求，无论用何种由头提出，政府将根据《土地法》第 27 条，以公共利益的名义要求征用土地。"十天后，索纳格拉镇的镇长蒙铁尔（Montiel）给内政部长发电报，呼吁内政部阻止对 129 名个体种植户和 19 号地块上约 500 名农场工人的驱赶行为。"如果这一切真的发生了，一千多名洪都拉斯工人就会失去工作和住房，这该如何是好？"[110]

4 月 23 日，罗梅洛省长回到了这片有争议的土地，与个体种植户们再次会面。此次会议签署了一项法案，为拉巴斯的未来制定了两种选择：要么在此定居的村民以"公平合理的评估价"将他们的种植园出售给水果公司，要么公司以最初支付的购地价将土地出售给定居者。[111] 5 月 3 日，政府的测量人员卡米洛·戈麦斯（Camilo

Gómez）报告称，拉巴斯村坐落在特鲁希略铁路公司拥有的土地上。[112] 他补充说，该公司仍在扩大其收购种植户香蕉的范围，并修建了将水果运送到其铁路支线上所需的基础设施。然而，麦斯称，个体种植户们在任何条件下都拒绝将自家产的香蕉卖给该公司，他们宁愿出售或购买土地。

在五月初与政府和公司代表的会谈中，拉巴斯的村民继续提供证据以支持他们对土地的占有权。[113] 随后在 1934 年 6 月 1 日，在罗梅洛省长所描述的"激烈讨论"之后，双方达成了一项协议，种植户同意将他们的种植园卖给公司。[114] 该协议给予了个体种植户四个月的搬迁期，并且在特鲁希略铁路公司的全新运输系统完工之前，允许这些种植户继续向标准果品公司出售香蕉。尚不清楚拉巴斯村民的搬迁方式和迁居地点。但到了 1935 年 11 月，观察员已将该地区称为"特鲁希略铁路公司的拉巴斯农场"，这表明该公司已经按照协议对这片土地享有控制权。[115]

为获得 19 号地块的土地资源控制权而进行长期斗争的故事，并不完全符合无所不能的水果公司侵占弱小无助小农户土地的形象。这些个体种植户顽固的蹲守和高明的结盟，成功地牵制了特鲁希略铁路公司至少五年之久。尽管有证据表明该地产已被转让给水果公司，但拉巴斯村的种植户仍然获得了当地和区域当局的支持。1934年，索纳格拉镇政府发表了强烈支持种植户行为的声明，这表明，如果说一些当地精英最初支持个体种植户只是出于机会主义的动机，那么对拉巴斯村民的支持则演变成了洪都拉斯民族主义的一种表达。当地人并不质疑私有财产的神圣性，但他们相信"洪都拉斯人"有权获得创造有尊严的生活方式所需的必要资源。值得注意的是，在卡里亚斯总统 16 年政治生涯的最初几年里，拉巴斯居民一直获得当地的政治支持。在洪都拉斯的政治历史上，这一时期因其独裁主义和联合果品公司的深远影响而闻名。

当然，拉巴斯村民在整场争端中的"沉默伙伴"是标准果品公司，该公司愿意购买这些个体种植户的水果，为后者提供了进入出口市场的机会。标准果品公司并未建造一条专门服务于拉巴斯村的铁路支线，这一事实可能反映出该公司不愿意公开对抗其强大的竞争对手。另外，通过与这些个体种植户做生意，他们破坏了特鲁希略铁路公司驱逐种植户的计划。尽管特鲁希略铁路公司最终收回了这片土地，但其将种植户视为罪犯的打击行动基本都以失败告终。拉巴斯村的延续性在很大程度上可以归功于它的地理位置：与阿特兰蒂达沿岸占地者所占据的废弃农场相比，拉巴斯村民的定居点横跨两家水果公司的活跃生产区。然而，这种状况远非永久性的。巴拿马病的迅速蔓延迫使特鲁希略铁路公司抛弃了阿关河谷下游的几十个农场。1942年，该公司在永久停止铁路服务之前进行了最后一次水果收购。

本章对洪都拉斯北海岸居民和社区的零星描述，揭示了水果公司种植园农业的转移行为所带来的跨领域影响。由于大规模裁员、外迁、政府税收枯竭和商业活动放缓，当地经济几近崩溃。而这些水果公司经常开展铁路支线的拆除工作，对当地经济来说更是雪上加霜。在梅萨帕和圣弗朗西斯科等地，居民集体通过直接抗议拆除交通基础设施的行为，向水果公司的权力发起挑战。但并非每个人都在种植迁移的循环中迷失了方向。随着加勒比海沿岸的城镇进入严重的经济危机和外迁时期，位于该地区主要河谷的内陆社区经历了农业生产的扩张和移民数量的增加。水果公司对巴拿马病的反应导致了北海岸的"不平衡发展"，这并没有导致个体香蕉种植户的消失，但却暴露了他们治理的局限性。当第二种致使香蕉患病的真菌病原体毫无征兆地出现在北海岸时，水果公司对个体种植户的影响将变得更为明显。

第四章

科学控制叶斑病

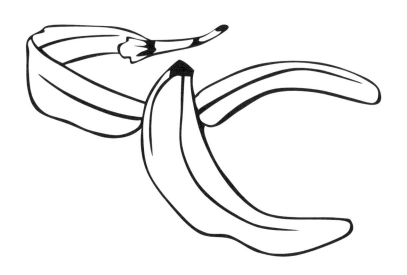

需要工作认真细致的植物病理学专家采取措施，以寻求防治叶斑病的科学方法。

——《商业日报》（*Diario Comercial*），

1938 年，圣佩德罗苏拉

随着更为科学的香蕉种植方法（包括病害防治方法）的普及，小规模种植者被置于愈发不利的地位。由于个体种植户缺乏大量财力，采用灌溉、喷粉和其他现代香蕉种植方法是不可能的。

——安东尼奥·塞托西莫（Antonio Certosimo），

1941 年，特古西加尔巴

喷雾对人类的影响让我感到恐惧。我不喜欢喷雾。这是最难的工作。

——费利西亚诺·努涅斯（Feliciano Núñez），

1995 年，埃尔普罗格雷

1935 年 10 月底，一场强劲的风暴袭击了苏拉河谷。经过连续三天的强风和暴雨，乌卢阿河和查梅莱孔河泛滥成灾，摧毁了农作物，淹死了牲畜，冲毁了村庄、流动工人营地和桥梁。一时间，圣佩德罗苏拉和埃尔普罗格雷索等城市地区的水和电被切断。一名来自特拉铁路公司农场的目击者称，洪水如点着了"火柴盒"般，冲走了工人的营房，导致 150 多个家庭一无所有、流离失所。为了救援，特拉铁路公司将工人从被水淹没的营地撤离，建立了救援厨房，并为因风暴而无家可归的人提供了饮用水。一位长期居住在埃尔普罗格雷索的居民称，这场风暴令人终生难忘，因为它带来的不仅仅是洪水和流离失所："1935 年的这场大洪水之后，香蕉种植园出现了病害。叶斑病出现了。"[1] 因此，该地居民，一想起这场风暴，就会一如既往地联想到叶斑病，也就不足为奇了。叶斑病就像飓风一样，其影响巨大而深远。[2]

早在此次洪灾的几个月前，特拉铁路公司的员工就发现了零星的叶斑病病例。[3] 不过，在此次风暴之后，这种疾病才大规模暴发。截至 1935 年 12 月初，超过 4400 公顷的公司种植园出现了"某种程度的感染"。六个月后，这个数字翻了一番，达到 8900 公顷，其中约 1340 公顷的种植园出现了水果产量下降。[4] 1936 年下半年，疫情加剧，公司负责人报告说，超过 2800 公顷的种植园业已停产。1936 年至 1937 年，特拉铁路公司的香蕉产量从 580 万串下降至 370 万串。[5] 一名外交官这样描述其 1937 年 5 月的洪都拉斯北海岸之旅："联合果品公司的种植园内叶斑病肆虐，相关人员处于一种近乎恐慌的状态，叶斑病及其防治之道几乎成了公司负责人谈论的唯一话题。"[6]

　　叶斑病并未放过该地区的个体种植者。1936 年 10 月，著名的圣佩德罗苏拉独立大种植园主罗伯托·法斯盖尔（Roberto Fasquelle）提醒科尔特斯省省长安东尼奥·米拉（Antonio Milla），如果政府当局不能就控制叶斑病的方法达成共识，个体香蕉种植者将会"消失"。[7]他对位于国家铁路沿线的香蕉种植区的情况进行了一项发人深思的评估。在波特雷里约斯，每周的香蕉产量从 40 节车厢左右下降至仅仅 4 节车厢。在邻近的皮米恩塔，香蕉的出口量下降了 2/3。查梅莱孔地区的情况则更为糟糕，那里 1000 多公顷的香蕉树中"无一"不患叶斑病，生产"被迫停止"。[8]法斯盖尔说，相比之下，乔洛马（Choloma）和圣佩德罗苏拉地区受影响程度较低，但包括他自己的种植园在内的几个种植园都出现了病原体。最后，位于科尔特斯港以南的铁路沿线的种植园没有感染叶斑病，但"严重感染"了巴拿马病。特拉铁路公司的相关负责人证实了法斯盖尔的评估，他们报告称，他们拒绝了几乎所有个体种植者出售的水果。[9]到了 1936 年年底，在科尔特斯省 11 座城市中，仅有 4 座还在出口香蕉。[10] 1935年至 1937 年，苏拉河谷的个体香蕉出口从 360 万串降至 170 万串。

　　在收到法斯盖尔的来信几个月后，米拉省长忧心忡忡地警告特古西加尔巴的官员说："没有香蕉，北海岸就没钱进口货物，海关会因此失去收入，严重依赖香蕉税的当局政府也将失去收入。"[11]他还说，国家铁路将失去其主要的运输收入来源。最后，省长指出，叶斑病威胁到大蕉的生产，而大蕉是"穷人的面包"。1937 年年初，美国驻科尔特斯港领事报告称，公司雇员和个体劳工人数的减少，导致"流通货币减少"。[12]因此，这场流行病对香蕉生产和洪都拉斯北海岸经济的影响颇为迅猛。然而，由于特古西加尔巴的政治领导人对这一危机反应迟缓，水果公司、个体种植者和地区政府官员不得不采取控制措施。

当叶斑病袭击苏拉河谷时，特拉铁路公司的研究部门在塞缪尔·泽默里接管公司业务后被削减到仅剩三名科学家。[13] 泽默里显然对专业科学家不屑一顾，公司的一些科学家认为，这是因为泽默里相信，只要公司能继续进行"种植迁移"，巴拿马病就能使联合果品公司比其较小的竞争对手更具优势。[14] 但叶斑病减产的速度如此迅猛，水果公司终究无法"逃避"这一问题。迫于这种压力，维宁·邓拉普博士不得不带领一群老派研究员来探索叶斑病的控制之道。对邓拉普及其同事而言，幸运的是，在 1935 年之前，已有科学论文对叶斑病做了一番论述。1902 年，爪哇岛首次记录了这一疾病。十年后，在斐济维提岛的辛加东加（Sigatoka）地区暴发了一场大范围的疫情，这一疾病正是得名于此。后来，叶斑病的蔓延给澳大利亚（1924 年）和锡兰（1928 年）的香蕉种植园造成了重大损失。1933 年，美洲最初的叶斑病报告来自苏里南和特立尼达岛。1934 年至 1938 年，叶斑病引起了哥伦比亚、哥斯达黎加、古巴、瓜德罗普岛、危地马拉、牙买加、墨西哥、巴拿马和向风群岛等地观察者的注意。[15]

人们至少提出了两种理论来解释叶斑病的洲际传播。1962 年，罗伯特·斯托弗推测，气流能够将与叶斑病有关的真菌孢子传播到很远的地方。第二种（也是更有可能的）解释是，叶斑病是通过芭蕉的传播物质和蕉叶（通常用作包装材料）的移动而传遍全球的。英国政府和联合果品公司在 20 世纪 20 年代启动的香蕉育种计划，接受了来自亚洲和太平洋的植物品种。我们也可以认为，其他芭蕉品种是通过非专业的运输到达美洲的。除香蕉船外，通过巴拿马运河的商船也在不断增加，这就增加了人们有意或无意间引进的香蕉植株数量。[16]

与香蕉叶斑病有关的病原体黄条叶斑病菌（*Mycosphaerella musicola*），是一种通过空气传播的真菌，会感染香蕉植株的嫩叶。[17]

受感染的叶片组织会出现黄色斑纹，随后这些黄色斑纹会逐渐变成黑色斑点。严重感染的叶片最终停止生长，逐渐枯萎。患病植株所结果实很轻。[18] 中度感染的植株往往会结果，乍一看其果实与健康植株的果实并无区别。然而，收割后，这些香蕉很快就变软变黄，无法出口。这种水果被称为"船熟果""叶斑熟果"或"尾孢果"（Cercospora fruit）。

植物病理学家认为黄条叶斑病菌是一种温和的病原体，受温度和湿度等环境条件的影响很大。在洪都拉斯，一些观察人士最初希望温度和（或）大气压的季节性变化能够遏制病原体的传播。[19] 联合果品公司单一栽培的香蕉面积很大，维宁·邓拉普不相信仅凭天气变化就能控制叶斑病，于是，叶斑病没暴发几周，他便开始试验各种杀菌剂。早在 1914 年，斐济的研究人员就建议使用波尔多液（硫酸铜和石灰）来控制香蕉种植园的黄条叶斑病菌。[20] 诺曼·西蒙兹（Norman Simmonds）在澳大利亚的香蕉种植园试验了多种控制技术，包括铜石灰粉尘。[21] 因此，早在 1935 年，人们就知晓了铜石灰和硫石灰化合物一般能防治这种真菌，但在中美洲香蕉种植园的环境条件下，其效果仍不确定。到 1936 年年底，邓拉普报告说，特别是在许多其他杀菌剂失效的雨季，按 7 天或 14 天的周期施用波尔多液（硫酸铜、石灰和水），可有效控制叶斑病菌。[22]

接下来，他转向开发一种成本效益好的方法，以便大规模使用这种杀菌剂。邓拉普试验了各种技术，包括背负式喷雾器、高空灌溉设备和飞机，最后决定仿照美国果园，采用固定式地面喷洒系统。该系统由一个中央泵站组成，这个泵站又由诸多容量为 2000 加仑①的储罐组成，储罐里装着由硫酸铜、石灰和水构成的混合液。柴油驱动的水泵通过铺设在农场的管道网络输送这种溶液。工人们两

①　美制单位。1 加仑约合 3.78 升。——编者注

人一组，将软管连接到管道的阀门上。他们从一个工厂走到另一个工厂，用高压喷嘴往香蕉植株上喷洒一层薄薄的波尔多液。两排香蕉植株喷洒完毕后，软管将被连接到更远的阀门上，然后重复这一过程。尽管地面喷洒系统的安装费用很高（是飞机喷洒系统的两倍多），而且劳动强度大，但邓拉普认为，地面喷洒系统控制叶斑病效果突出，这就弥补了其成本高的弱点。[23]

经过两年时间和耗费 100 万美元的密集测试，联合果品公司的经理们决定投资大规模地面喷洒系统。1937 年，喷洒系统的服务面积从不足 500 公顷增至 8900 公顷。[24] 两年后，联合果品公司在洪都拉斯的 14500 公顷土地上安装了地面喷洒设备，喷洒波尔多液成了"农场惯常活动"。[25] 联合果品公司在整个中美洲的分公司，包括其在哥斯达黎加太平洋海岸的新分部，均引入了这一喷洒系统。[26] 为大规模实施该系统，该公司从德国和美国进口了管道、高压泵、储罐、化学品和其他设备。该公司的硫酸铜消耗量（每年数千吨）很快就超过了国际市场的供应量。于是，联合果品公司的管理层便派遣采矿工程师前往洪都拉斯，以期能在当地找到原材料来源。[27] 喷洒后需清理香蕉串上的大量残留物，这增加了材料和人工成本。清理时，需将收获的香蕉反复浸入酸性溶液中，然后用水冲洗。总之，对叶斑病的控制使得香蕉的生产成本增加了约 40%。[28]

在叶斑病袭击苏拉河谷不到五年的时间里，波尔多液便使洪都拉斯的香蕉出口恢复到了 1935 年以前的水平。英国研究员克劳德·沃德洛过去一直对中美洲的香蕉文化颇有微词，此时也将邓拉普控制系统的开发和快速部署视为植物病理学历史上最伟大的成就之一。[29] 但这一丰功伟绩对安杰拉·科托-莫雷诺兄弟这样的小规模种植者而言并无多大意义。由于买不起控制香蕉叶斑病所需的"进口药物"，他便不再种植香蕉，转而种植当地市场的粮食作物。[30] 究竟有多少小规模种植者经历了诸如此类的转变，很难确定，但这个数字可能达数百，因为喷药的相关费用远远超出了该地区大多数个体种植者的经济能力。1937 年，美国外交官约翰·欧文（John Erwin）在参观了乌卢阿河沿岸的香蕉种植园后报告称，"沿路有一些地方，个体种植园主并未采取任何措施来防治枯萎病，这一点非常明显，在相当长的距离内，种植园几乎全被毁掉。"[31] 出口数据证实了这种病原体对个体种植户的毁灭性影响：1937 年至 1939 年，其香蕉出口量从 170 万串骤然降至 12.2 万串。[32]

据说，特拉铁路公司的管理层建议种植者等待杀菌剂试验的结果，以避免将资金投于未经检验的控制技术。一些种植者，包括罗伯托·法斯盖尔按兵不动。不过，并非每个人都愿意在种植园坐以待毙，被叶斑病牵着鼻子走。[33] 由于缺乏资金进口化学防治设备，乔洛马的种植者修剪受感染的叶片，并小心翼翼地将它们倒置在地上，以防止孢子飘到其他植物上。据报道，这一"权宜之计"减缓了真菌的移动，提高了香蕉收成。[34]1937 年，坐拥 900 公顷土地的乔洛马种植园主威廉·T. 科尔曼（William T. Coleman）组装了一台由卡车牵引的杀菌剂喷雾器，这台杀菌剂喷雾器无论在何种天气下都能有效发挥作用。[35] 米拉省长称，其杀菌"非常彻底"，他报告说，这种处理方法杀死了"各种昆虫和包括松鼠在内的危害农作物的动物。"[36]然而，即使像科尔曼这样能够负担得起工业投入的种植者，也不能保证他们能够控制自家香蕉种植园里的叶斑病，因为香蕉种植园里未经处理的孢子会使一千米或更远距离内的植株二次感染叶斑病。[37]换言之，个体种植户不仅要和自家土地上的受感染植株作斗争，还要和邻近香蕉种植园中的植株作斗争，因为病原体不分地界。

早在 1936 年，科尔特斯省省长米拉就敦促卡里亚斯政府购买一架飞机和制造波尔多液喷雾剂所需的原料来帮助"国家生产者"，并指出特拉铁路公司可以享受豁免进口关税的优惠。[38] 一开始，卡里亚斯政府并不认为叶斑病的威胁已严重到需要国家干预。1938 年，米

拉的继任者古斯塔沃·A. 卡斯塔内达（Gustavo A. Castañeda）继续
向特古西加尔巴施压，请求提供援助。卡斯塔内达代表几个著名的
种植者写信，请求免除硫酸铜、石灰、水泵和其他控制香蕉叶斑病
所需材料的进口关税。[39] 然而，卡里亚斯政府拒绝了卡斯塔内达的
请求，理由是该政府虽已愈发意识到叶斑病的严重性，但在政治上，
政府对援助北海岸的大种植园主并无什么兴趣，因为他们中的许多
人是反对党和（日益边缘化的）自由党的重要成员。[40]

　　1938 年 4 月，特拉铁路公司在其报纸《商业报》（El Comercio）
上公布了一项援助个体种植者的计划纲要。这篇文章分为两个部分，
首先描述了由香叶斑病引起的香蕉业的"崩溃"，指出国家铁路沿线
上"完全丧失生产能力"的香蕉种植园就是香蕉业衰落的有力证据。[41]
特拉铁路公司随后概述了安装波尔多液地面喷洒系统的提议，每公
顷成本为 870 美元。此外，公司将向拥有"良田"的种植者提供每
公顷 145 美元的贷款。该公司承诺，对于参与该项计划的种植者，
公司将以每磅 25 美分的价格收购这些种植者手中 9 板一串的香蕉。
按照这篇文章的说法，同意参与该项计划的种植者不仅会在经济上
受益，同时还有机会"学习现代种植方法，获得实用知识，如果认
真应用喷洒系统，其香蕉产量就会增加"。特拉铁路公司的管理人
员坚称，他们的行动完全出于善意，同时也指出，在其洪都拉斯等
地的种植园控制叶斑病的成本，要低于重振个体种植者生产的成本。
他们强调，该计划将通过创造就业机会、增加国家铁路和海关收入，
来提振奄奄一息的北海岸经济。总而言之，该公司承诺将香蕉贸易
恢复到"叶斑病暴发前的繁荣景象"。[42]

　　但这篇热情洋溢的文章表现出的自信满满的语气背后，掩盖了
这样一个事实，即作者并未披露贷款条款的细节，也没有说明谁有
资格获得贷款。根据美国领事欧利－杰克逊（Oury-Jackson）的说
法，这种不明确的做法是有意为之："本领事馆业已获悉，文中所概

述的计划……并不准确，所提供的信息含糊不清，这种做法是为确保小规模香蕉生产者的利益，并促使他们取得进展，提出意见，进而使修订计划生效。"[43] 在与特拉铁路公司一位高管交谈后，欧利－杰克逊概述了该公司的意图："该计划要求土地所有者对土地进行耕种，而灌溉和喷药除病的工作将由水果公司负责。后者将铺设所有管线，安装所有其他必要的灌溉和喷洒设备，并将实际进行这些操作，根据合同，所有设备均为特拉铁路公司财产。"[44] 正如欧利－杰克逊所描述的那样，该提议很难让香蕉生产回到叶斑病暴发之前的繁荣景象。仅与拥有"良田"的种植园主签订合同的决定，就排除了大量的种植户。对于那些签署了该计划的人来说，他们得到的报酬是每串 25 美分，还要再减去每串 5 美分以支付贷款，这与之前 9 板一串的香蕉每磅 45 美分的售价相比，少了很多（而且明显低于大萧条时期的售价）。[45] 最后，该公司对叶斑病控制和灌溉设备的所有权和经营权，有可能使个体种植者名存实亡。

由于别无选择，苏拉河谷的几位种植户接受了上述协议。1939 年，特拉铁路公司开始在个体种植园安装叶斑病控制设备。那一年，特拉铁路公司只购买了 12.2 万串香蕉；[46] 3 年后，该公司购买的香蕉数超过 100 万串。在苏拉山谷，非公司农场占地 1900 公顷。[47] 然而，一位美国领事官员指出，生产条件发生了变化：

> 在这些年里，无论是市场销路还是日益特定的设备供应，洪都拉斯种植者都越发依赖美国公司，依赖程度如此之深，以至于目前特拉铁路公司在所有的个体种植园上都安装了灌溉和喷雾系统，还监督他们的劳动和生产方式等。如今，所谓的"个体"种植者，实际上只是以每串香蕉 25 美分的价格收取土地租金。[48]

特拉铁路公司的叶斑病援助项目，主要是为了确保该公司能够继续使用该地区最好的香蕉种植土壤，而无须实际买入或租赁更多土地。通过控制市场准入、关键生产流程和融资，该公司以前所未有的程度主导了苏拉河谷的香蕉种植业。在叶斑病时代，越来越多的种植者，无论规模大小，均因其土地产量低难以获利，转而种植其他作物或经营起牧场来。

20世纪30年代中期，标准果品公司也启动了波尔多液喷洒业务。该公司驻拉塞瓦的雇员经常前往苏拉河谷，以观察特拉铁路公司采取的叶斑病控制流程。标准果品公司当时并未设置正式的研究部门，而是安装了类似其主要竞争对手开发的波尔多液地面喷雾设备。当叶斑病蔓延到其种植园时，该公司正在将其业务转移到约罗省的阿关河谷上游。该地区的降水量低于阿特兰蒂达沿海平原的降水量。相对干旱的气候有助于抑制叶斑病，但该公司不得不勤加灌溉，这需要大量的人力和资本投资。[49] 从1938年到1942年，标准果品公司工人喷洒的平均面积稳步增加，从730公顷增至3100多公顷。在此期间，该公司的硫酸铜年消耗量几乎翻了两番，从525吨增至近1900吨。[50]

标准果品公司采取了资本和劳动密集型的叶斑病控制法，将小规模香蕉种植者边缘化，但却没有剥夺他们的土地，这一过程与苏拉河谷发生的情况如出一辙。正如一位驻拉塞瓦的美国领事于1942年所言："该公司能够移动、灌溉、喷洒农药、搭建支撑物（以减少风力损害），但小规模种植者却不能。"他们坚持沿着铁路周边种植香蕉，那里的海岸雨水充沛，这一做法虽然解决了运输问题，但每英亩产量低得可怜。[51] 据报告估计，分散于标准果品公司铁路沿线的1000家小规模种植户每年向该公司销售的香蕉约为50万串。人均生产水平低，个体种植户生产的香蕉在公司总出口中的占比越来越小（1942年，仅占标准果品公司总出口的17%），反映了在叶斑病时代小规模种植户所扮演的边缘化角色。

根据美国领事温伯利·德尔·科尔（Wymberley Der Coerr）的说法，"某些（标准果品公司）管理人员"认为他们应该停止购买个体种植者的水果，因为这些水果经常在运输前、公司支付费用后被拒。[52] 因此，公司管理人员常说，小规模种植户种植的香蕉质量"不及"标准果品公司的种植园种植的香蕉。然而，"出于地方福利和长期政治考虑，一些标准果品公司的管理者主张，全部买进非公司种植户生产的水果"。40 年来，这家公司一直从个体种植者手中购买香蕉，毫无疑问，一些资深员工不愿意断绝长期以来的关系。此外，第二次世界大战的航运限制给个体种植者造成了严重的经济损失。[53] 正值美国政府在拉丁美洲推行"睦邻政策"之际，水果公司管理人员或许意识到有必要避免采取可能引发争议的政策。但德尔·科尔的报告认为，撇开政治上的顾虑不谈，小规模种植户生产的重要性正在下降，因为出口香蕉生产需要投入大量资本，以适应动态的农业生态系统和不断变化的质量标准。

科学控制叶斑病

虽然叶斑病在 1940 年得到了控制，但联合果品公司在洪都拉斯的科学家发现，"没有迹象表明"可以根除这种病原体。[54] 因此，他们把注意力转移到了提高喷洒杀菌剂的经济效益上。他们的努力初显成效：1937 年至 1939 年，喷洒作业的成本从每英亩 63 美元降至每英亩约 40 美元。成本的急剧下降源于喷洒频率的降低。[55] 但叶斑病控制成本的下降趋势是短暂的，部分原因在于气候的变化。在整个 20 世纪 40 年代，由于降水量大和气候凉爽，叶斑病呈季节性增长，促使该公司缩短了喷洒周期。1941 年至 1951 年，喷洒的平均成本从每英亩 2.51 美元增至每英亩 3.58 美元。[56] 到了 20 世纪 50 年代初期，联合果品公司的种植园每年接受 15 次至 17 次波尔多液处理，而单次大规模喷洒消耗的杀菌剂溶液每英亩高达 265 加仑。

联合果品公司几乎完全专注于香蕉叶斑病的化学控制，这与加勒比海地区的研究项目形成了鲜明对比。尽管牙买加部分地区的种植者使用波尔多液喷剂，但邓拉普的系统并不太适合沿加勒比海的香蕉产区，那里主要由小规模种植者构成，他们通常在灌溉条件有限的丘陵地带种植香蕉。此外，加勒比海地区的个体种植户面临着与中美洲种植户相似的资金和劳动力限制。由于加勒比地区农业生态条件颇为独特，研究人员不得不研究资本和劳动密集程度较低情况下的控制措施，包括使用遮阴作物和（或）抗病品种。1937 年，苏里南农业实验站的研究员杰洛德·斯塔赫尔（Gerold Stahel）观察到，当他将接种了叶斑病孢子的香蕉植株置于玻璃屋顶下时，即便屋顶外的植株布满斑点，屋顶下的植株也没有表现出症状。[57] 斯塔赫尔推测，只有当植物组织被一层水（即露水）覆盖时，真菌才会生长，这一假设后来被研究人员证实。[58] 斯塔赫尔的发现表明，可以利用遮阴作物来控制香蕉叶斑病。

三年后，牙买加的植物病理学家 R. 利奇（R. Leach）认为，遮阴可以防止植物叶子过热，减缓水蒸气的冷却速度，从而减少露水的形成。他补充道，"在牙买加的许多地区，遮阴可以……自然控制叶斑病"。[59] 利奇认为在某些环境条件下，遮阴是一种可行的香蕉叶斑病控制方法："虽然人们可能对香蕉进行遮阴这一做法存在偏见，但在那些一年四季露水并不太多的地区，使用控制得当的浅色遮阴物最终证明是最经济的控制方法。因而，不使用喷雾，并非不可能之事。"[60] 大约在利奇发表其发现的同一时间，植物病理学家 C. A. 索罗尔德（C. A. Thorold）报告说，当叶斑病袭击特立尼达岛时，单一栽培的大米歇尔植株受到的影响，要比与可可树和（或）刺桐树混合种植的大米歇尔植株受到的影响大得多。[61] 特立尼达岛农业部门随后进行了实验，以确定大米歇尔植株与可可或刺桐间作是否可以减少叶斑病的发病率。索罗尔德表示，研究结果"无疑证明，遮阴有效地抑制了叶斑病，使植株结出正常健康的果实"。[62] 他不否认喷洒波尔多液的效果，但他对喷洒波尔多液在特立尼达岛是否可行持怀疑态度，因为那里的香蕉种植园"小而分散"。

索罗尔德警告称，间作会增加香蕉皮划伤和瑕疵的频率，因为可可树和刺桐树都为栖息在树上的哺乳动物和蓟马提供了栖息地，它们会给香蕉皮造成瑕疵。这一警告暗指市场结构继续影响着科学研究，并阻碍小规模种植者与美国水果公司的高投入、大规模生产流程竞争。遮阴或许能够在小种植园控制叶斑病，成本也仅为喷洒波尔多液的一小部分，但在美国大众市场上，伤痕累累的水果可能表现不佳，因为美国市场更注重视觉美感。零星的研究——包括联合果品公司的维宁·邓拉普在 20 世纪 50 年代进行的一项研究——证实了遮阴能够抑制叶斑病的感染率，但没有证据表明联合果品公司对遮阴植物进行了实验。[63]

加勒比海地区的科学家也试图培育抗叶斑病的香蕉品种。在 1937 年，帝国热带农学院（Imperial College of Tropical Agriculture）的研究人员报告称，包括大米歇尔香蕉、"刚果香蕉"、超矮卡文迪什香蕉在内的几个商业品种都被证明"在种植条件下"对叶斑病高度敏感。该农学院收集的一项调查表明，八个品种对病原体具有相对抗性，但其中五个品种是烹饪香蕉（即大蕉），另外两个品种是不育的，几乎没有希望培育出具有商业价值的幼苗。[64] 根据巴拿马抗病育种的经验，调查者评论道："无论是培育抗枯萎病还是抗叶斑病的商用香蕉，其所需的许多其他品质都是相同的。越来越多的证据表明，将这些品质结合到一株植物中是香蕉育种的真正问题，而不仅仅是抗病性。"[65] 标准果品公司对 IC 2——帝国热带农学院研发的一个杂交品种——的试验再次证实了在美国大众市场推出新品种会遭遇重重困难。该公司于 1944 年开始商业运输 IC 2。该品种颇抗叶斑病，便于运输，结出的果实像大米歇尔香蕉般短小。1950 年，IC 2 出口高达 40 万串，但成功是短暂的。由于在大众市场上"短小冬季香蕉"的流行"不可接受"，标准果品公司于 1954 年停止了 IC 2 的运输。[66]

中美洲的出口香蕉生产者没有广泛采取生物或文化措施来控制叶斑病。不过，对联合果品公司的科学家和加勒比海地区的研究人员处理叶斑病的方法进行比较，可以看出有关叶斑病知识的形成与科学家工作环境之间的关系。联合果品公司最初转向使用速效化学杀菌剂来控制叶斑病，这无疑与快速移动的病原体带来的紧迫感有关，但该系统也反映了该公司雄厚的资金、苏拉河谷的平坦地势和良好的水土条件（回顾一下该公司的灌溉特许经营权），以及大规模的生产单位为此奠定的基础。此外，叶斑病就像巴拿马病一样，是由大规模生产与消费造成的。尽管不同水果公司对这两种病原体的反应截然不同，但它们同样受到了大众市场结构与农业生态结构的双重限制，前者阻碍了抗病品种的采用，后者与单一栽培有关。

自 20 世纪早期至 20 世纪 40 年代初，香蕉出口产业的流程和组织结构均发生了巨大变化。曾为香蕉贸易支柱的中小型种植者几乎消失殆尽。洪都拉斯个体种植者的衰落是当地和世界历史发展的结果。20 世纪 30 年代初严重的国际经济危机和 1935 年的水灾已冲击了个体种植者的经济状况，而叶斑病的蔓延更是给他们带来了一场危机。继续留在洪都拉斯北海岸的个体种植者数量本就在不断下降，而对叶斑病的控制需求更是大大削弱了他们本已有限的自治权。但是，现代疾病控制的发展方向绝不是一个由冷冰冰的科学证据提供信息的纯粹的"技术"过程。邓拉普的叶斑病控制系统有利于拥有资本储备和高产土壤的大规模生产者。该系统的逻辑是一种自我强化的逻辑，只有在由区域农业生态、大众市场和水果公司的庞大劳动力形成的特定环境下才有意义。

叶斑病的控制工作

1937 年 12 月，美国外交官约翰·欧文在参观特拉铁路公司的种植园时观察了叶斑病的控制情况：

在埃尔普罗格雷索附近，特拉铁路公司经理克洛沃德（Cloward）先生停下了车，让我们进入一个香蕉种植园的一

两位喷洒工在喷洒波尔多液（20 世纪 40 年代）。联合果品公司拍摄。现藏于哈佛商学院贝克图书馆。

角，观看喷洒过程。喷洒化学溶液前，需在香蕉种植园铺设一条条管道，间隔为两百英尺，随后当地工人用软管从植株的四周喷洒农药，以确保消灭所有的真菌。接着，从香蕉植株上剪下香蕉"茎"，将其带到铁路旁的一种化学溶液罐中浸泡，随后，香蕉"茎"被浸入铁路旁的另一罐化学溶液中，以消除第一种溶液的影响；然后进行最后的处理，在装运前将其浸泡在一个水箱中，以去除第一种溶液中的所有化学物质。显然，这一过程耗资巨大，因为每根香蕉的茎或秆必须在化学药物箱中浸泡八次，在水箱中浸泡四次，方可达到可以装运的状态。[67]

欧文描绘了满是残留物的香蕉串被反复浸泡在装有酸和水的大

"单一"的工作：在把香蕉装上火车之前联合水果公司的两名工人需清除香蕉上残留的波尔多液（1946 年）。联合果品公司拍摄。现藏于哈佛商学院贝克图书馆。

桶中的画面，这表明，叶斑病的控制需要的不仅仅是进口技术：地面喷洒系统需要"本地员工"来完成烦琐、肮脏和体力要求高的任务。特拉铁路公司的每个种植园平均每天使用 10 ~ 12 个喷雾器。20 世纪 30 年代和 40 年代，每个两人的"小组"通常每天喷洒大约 2 公顷的土地。在洪都拉斯，每天至少 1000 人在特拉铁路公司的种植园控制叶斑病。[68] 每一个种植园都有一名"喷洒工头"和一名到两名喷洒工，负责监测叶斑病发病率和工人的田间喷洒情况。

可想而知，联合果品公司的研究人员往往仅从控制和效率的角度来描述波尔多液喷洒的组织工作。例如，维宁·邓拉普在 1950 年撰写的一份研究公告中解释称，喷洒小组的两名成员有着相同的薪酬和地位，因为公司发现让一名薪酬较低的助理协助喷洒员是"不切实际的"，只因后者"几乎总是推卸责任，耽误喷洒员的时间，有时会让喷洒者自己拉水管"。[69] 关于为何喷洒小组成员应该在短时间内互换任务，邓拉普给出了三个理由："①每个人都愿意拉水管，因为另一个人会反过来帮他；②各司其职使每个人都得到休息，并提高工作效率；③在任何时候，都可以保证两个人有能力处理喷嘴。"[70] 公告的后续部分以精确、系统的术语描述了喷洒小组的工作。

不出所料，公司的经理和科学家们首先关心的是控制病原体和训练喷洒工人以使其高效工作。为降低劳动力成本和加强对杀菌剂应用的控制，公司研究人员在 20 世纪 40 年代开始试验高空喷洒系统。据称，这种高空喷洒系统的优势包括"在很大程度上消除了喷洒过程中的人为因素"。除此之外，还有其他潜在的优势：由于杀菌剂的高效使用和所需的劳动力数量的减少，成本得以降低。[71] 直至 1951 年，公司的研究人员还在进行高空喷洒试验。与早期报告相呼应的是，技术人员指出，该试验系统不仅降低了每英亩控制叶斑病的成本，还通过减少工人而间接节省了住房、教育和医疗设施的费用。[72] 一年后，研究部门报告称，使用高空喷洒器的现场工作人员的工作效率几乎是地面喷雾系统的三倍。不过，与软管喷洒相比，新系统需要更为严格的监督："应该通过选择认真负责的工头和喷药师来提高喷洒作业的监督质量。监督人员须密切关注所有细节，如压力、湿度、风、施用时间等。"[73] 根据当时的内部报告判断，联合果品公司的研究部门认为，现场工作人员只不过是若干拼图中的一块，需要与其他输入因素仔细地结合起来，以便对持续存在的病原体进行控制。

20 世纪 50 年代，水果公司的科学家们对叶斑病的防治手段进行了远程分析描述，这与拉蒙·阿马亚·阿马多尔 1950 年所著小说《绿色监狱》中描述的工人向香蕉树喷洒液体的形象形成了鲜明对比。阿马多尔是一位抨击美帝国主义的批判者，在他看来，喷洒波尔多液的行为不仅令人不快，而且十分危险——这是种植园不公平制度的缩影。用于描述工人施药活动的词语最能体现人们对叶斑病防治工作的争议点所在：水果公司的文件将喷洒波尔多液的施药工人称为"喷洒小组"，但阿马多尔和工人自己更倾向于用"施毒者"这一表述。

早在《绿色监狱》一书中，读者就了解到了马丁·萨马约亚（Martín Samayoa）的故事，他曾是一位个体种植户，在将自家土地卖给水果公司后便身无分文，没有了用以谋生的手段。当一位同情他遭遇的工人提出要帮他争取一个喷洒波尔多液的工作时，马丁犹豫了：

> 他想起了自己听闻的关于喷洒这种毒液的说法，喷洒出的液体飞沫会进入人的肺部和大脑，所有人最后染上了肺结核；在医院里，医生划开了几位"施毒者"（喷药工人）的腹腔，发现他们的肠子都是蓝绿色的。即使是身体最为健壮的人也会在几个月时间里迅速消瘦。[74]

但马丁最终抛开了恐惧，决定试一试。工作第一天，他被安排到唐·布劳利奥（Don Braulio）那组，"他（布劳利奥）是个瘦高个，皮肤苍白，脸色看起来像患了肺结核"。[75] 当两人将喷瓶软管展开时，唐·布劳利奥传授给马丁一点经验之谈："喷药工作开始后，我们一点液体都不能浪费，因为如果工头发现有浪费行为，他会当场解雇我们。"他补充说，"这项工作不像挖沟或除草那么难，你只管拖着管子就行了。我会帮助指导你。拿喷头的人更应该担心自己。你一次只能喷洒一株植物，确保所有的叶子上都喷洒了波尔多液。"[76] 在向马丁解释了叶斑病和巴拿马病的区别后，唐·布劳利奥一针见血地指出："我们在这儿都生病了，有些人染上了香蕉叶斑病菌，其他人则染上了巴拿马病菌、疟疾和肺结核。有些人如果及时离开这里，病就会好；但我们当中的一些人实际上已经死了，被埋葬了！你看到我了吗？我已经不是一个人了，我就是个行尸走肉，仅此而已。"

阿马多尔的小说中对喷洒波尔多液的叙述表明，接触杀菌剂对工人的身体产生了急性和慢性的影响：

> 唐·布劳利奥拿起喷头，开始向植物喷洒蓝色液体。喷雾在树叶顶端划出一道弧线，然后像雨滴一样落在树叶上，叶子表层密布灰蓝色的小水珠。马丁闻到一股腐蚀性的气味，让人想打喷嚏，还直犯恶心。
>
> "刚一开始，"手拿喷头的布劳利奥边咳嗽边解释说，"你会没有食欲，咳嗽得很厉害。但人类是种神奇的生物，适应力极强。一些身体很强壮的工人忍受了很多年，一直做这项工作。但其他人没待几星期就离开了，他们出现了吐血的症状。"[77]

然后他建议马丁用一块手帕围住嘴巴，但对唐·布劳利奥来说，这种保护措施是徒劳的。在小说后面的章节中，在一个异常寒冷的雨天，唐·布劳利奥死在了这片土地上。一位工友的话点明了这些倒下的喷药工人被压迫的象征意义："种植园把他吃掉了！他死的时候手里还拿着喷头，还在为他的外国主人努力工作。"[78]《绿色监狱》是一部文学作品，但具有一定政治意味，旨在揭露作者心中对香蕉种植园中不公平的社会现状的想法。"绿色监狱"是对出口农业系统的一个隐喻，它征服了劳动人民，却破坏了洪都拉斯的主权。因此，不应该从字面上解释一个手拿喷头、曝尸田野的人物形象。同时，阿马多尔对喷药工作的描述与邓拉普的研究公报中概述的步骤非常相似。考虑到作者曾在标准果品公司的香蕉种植园工作过一段时间，他在那里亲身体验了喷洒波尔多液的过程，描写出如此真实的场景并不令人惊讶。值得注意的是，《绿色监狱》（一半是小说，一半是劳工组织的入门读物）和邓拉普关于防治叶斑病的研究公报在很大程度上都是规定性的叙述：这两个文本都试图以明确的术语表达喷药工作的意义。

曾经的波尔多液喷洒工的回忆与关于叶斑病复杂防治工作的科学性和文学性描述如出一辙。20 世纪 40 年代，坎塔利西奥·安迪诺（Cantalisio Andino）在阿关河谷为标准果品公司工作——这里距离阿马多尔的出生地不远。坎塔利西奥最初受雇于工程部门，负责协助土地测量工作，后来为了赚取更高的工资，他转而从事波尔多液喷洒工作。[79]他回忆说，当时每天工作 8 小时能挣 3 伦皮拉（洪都拉斯货币），大约 1.5 美元，比他做土地测量员时赚的 2 伦皮拉还要多。每个喷洒小组被分配到不同的种植园区，每个种植园区有五个喷洒阀。工人们需从一个阀门走到另一个阀门，从指定的入口进入各条小路，以确保植物受到全面喷洒。坎塔利西奥指出，喷药工和软管搬运工之间需要紧密合作，熟练的软管搬运工可以准确判断管子的位置，从而使喷洒作业得以持续进行。他还强调，工头们会紧盯着喷洒小组，以确保他们使用的技术恰当。例如，手拿喷头的人必须在植物上方沿弧线喷洒，使喷雾像雨点一样落在叶子上："如果他们看到你直接往叶子上喷，工头会骂你。"工头还会监视工人们将沉重的软管完全拉到入口处，以保证喷洒工作的彻底性。[80] 如果工头对工人的工作不满意，他可能会从骡子上下来，对工人进行训话。根据坎塔利西奥的说法，工头们不大乐意帮喷药工人："工头最讨厌的就是帮助一个人使用喷洒器。因为它的液体四处乱喷，还会染色，让人的身上溅满蓝色液体。"坎塔利西奥学会了如何将工作中不愉快的一面转化为自己的优势："如果工头很烦，在周围闲逛，你就往他站的地方喷药。起初我并不知道该怎么做，但我的干爹教会我如何工作。"

坎塔利西奥坚持认为，熟练的喷药工可以避免被喷出的液体溅到，但他的故事细节与这种说法相矛盾。例如，他在嘴上围了一块手帕，还穿着两件衬衫。他还在自己身上套了一个麻袋来吸收喷出的液体："我有信心这能保护我，我不相信自己的身体还暴露在外。"然而，在他的妻子发现了一些异常情况后，他改变了想法：

> 我曾经睡在一张皮革制成的床上。有一天，我妻子对我说："我打扫卫生的时候发现你被子里面是蓝色的。"我告诉她："该死，我再也不干拿喷头那种活儿了。"我的身体——被子的上面什么都没有。只有被子里面是蓝色的。当我意识到这一点时，我告诉自己："这说明你中毒了。"我再也没有回去过……看到我的床这么蓝，我吓坏了。我记得自己在工作时先穿上衬衫，然后再在外面套上麻袋，但毒液仍然渗入我的皮肤。[81]

坎塔利西奥在叶斑病防治区工作了"两年到三年"。他没有抱怨过工作导致的任何急性或慢性健康问题，但他回忆起一位"不太注意防护"的同事，他没有采取任何保护措施，饱受慢性健康问题困扰。对坎塔利西奥来说，他认为喷药工作可能有危险，这与个人健康问题的出现无关，而是因为他意识到，尽管他使用了简易的防护装备，但波尔多液还是可以渗透到他的身体里。

其他之前负责喷洒波尔多液的工人也回忆起了类似的主题和画面。例如，内切·马丁内斯（Neche Martínez）记得他开工时穿着白衣服，收工时却变成了蓝绿色衣服。他回忆说，工作几周后，蓝色已经渗透到了他的皮肤表面。[82] 事实上，与我交谈过的前喷药工都回忆起衣服和皮肤上的蓝绿色污渍："当你出汗时，汗液都是蓝色的。"一个工人十分肯定地告诉我。[83] 布里西奥·法哈多（Bricio Fajardo）之前是标准果品公司的一位员工，他既做过喷药工，也当过软管搬运工。法哈多解释说："我们过去总是把它叫作'毒药'——因为它会把人变成蓝绿色。"他认为，喷出来的液体不仅会弄脏衣服，而且还能穿透人体皮肤毛孔："它（波尔多液）还能杀人，它杀死了很多人。"[84] 尽管法哈多对工人因工死亡的回忆与《绿色监狱》中唐·布劳利奥的命运产生了共鸣，但法哈多的回忆指出了导致工人生病的一系列复杂因素：

> 看啊，这些人，也许已经患上流感或是别的什么病……如果不去上班，他们就会解雇你。因此人们不得不去工作。以前没有医务室或类似的地方，许多独身的人去世是因为没有人照顾他们。[85]

这里我们看到的，与其说是喷药工人因接触有毒化学品而丧命的画面，不如说是因医疗服务不足、工作无保障和亲属关系疏远而表现出的更为普遍的匮乏状况。

布劳利奥并不是唯一一位将波尔多液视为职业健康危害品的前喷药工。何塞·阿尔门达雷斯·奥尔蒂斯（José Almendares Ortiz）之前是特拉铁路公司的一位田间工人，他对与喷洒波尔多液工作相关的健康风险进行了分析，将生物医学和社会学的解释结合起来：

> 身体虚弱的人受到了毒液的伤害。喷出来的液体毒害了他们，对他们的肺部造成了一定损害。哦对，还有大脑；他们给一个人进行了手术，发现他的大脑呈现蓝色。他头痛难忍，很快就死掉了。人体是一台机器，如果机器超负荷工作，它就会停止运转。[86]

在本例中，一名前喷药工将接触波尔多液与特定症状（包括头痛和肺部疾病）联系起来。阿尔门达雷斯只在一个喷药团队工作了一年时间，就因为担心自己的健康而换了工作。然而，他评论说，许多人"一直从事这项工作"，毁掉了自己的身体。据阿尔门达雷斯说，那些患病的工人经常回到他们在洪都拉斯高地内陆的出生地。费利西亚诺·努涅斯也将叶斑病的防治工作与呼吸道疾病联系在一起："这种喷剂是导致这么多结核病病例出现的原因。工人们没有任何保护措施，什么都没有。"[87]其他几位已经退休的特拉铁路工人也将叶斑病的防治工作与结核病的传播联系起来。然而，在接受采访的前喷药工人中，只有一个人回忆说自己曾患过与波尔多液有关的急性或慢性疾病。[88]

并非所有的前员工都认为喷洒波尔多液的工作很危险。维克多·雷耶斯（Víctor Reyes）在喷药团队工作了5年，他回忆起这项工作时很有好感（"一段美好时光"），并表示关于其危险性的说法被夸大了。他将喷药工作与工资较高、工作时间短这两个优点联系到一起。雷耶斯否认了接触波尔多液会危害健康的观点，但他的故事证实了喷药工全身沾满蓝绿色污渍并散发出硫酸铜气味的形象。他对喷药工作的回忆也将这份工作与呼吸道疾病联系起来。雷耶斯认为，喷药工生病是由于个人卫生习惯造成的，他们总在下班后马上去洗澡，当时还满身是汗、浑身发热："我有一个表弟，他就有一下班就去洗澡的习惯。我跟他说，'表弟你听我说，不要在你感觉特别热而且身上还有汗的时候洗澡，等会儿再洗。'但是他不听，他经常要去见女朋友，不想让女友看到身上喷洒的液体污渍。"[89]雷耶斯认为这种习惯很不健康，至少还有一位他之前的工友也这么认为。[90]

在成为圣佩德罗苏拉的政治和商业领袖之前，卡米洛·里维拉·吉隆（Camilo Rivera Girón）曾在特拉铁路公司担任过七年的喷药师。吉隆回忆说，他曾试图阻止工人不要把自己称为"施毒者"，但徒劳无功。然而，他对喷药工作带来的危害犹豫不决："即使他们生病了，也没有任何规律；没有人想过这事——不对，他们生病的事情不是真的，因为我并没有生病。我也在那儿"。[91]吉隆声称"我的肺部从未出现什么问题"，但他作为喷药师的工作并不需要他亲自去喷药，甚至不需要他直接监督杀菌剂的处理。此外，吉隆的职位为喷药师，这意味着他是公司的一位雇员，他的住房条件和医疗条件比绝大多数田间工人好得多。值得注意的是，吉隆对喷药工作的记忆是矛盾的，他否认了水果公司对造成危险的工作环境负有责任，又暗指喷洒波尔多液可能与呼吸道疾病有关。

在洪都拉斯，与喷洒波尔多液对健康造成影响有关的书面资料很少。然而，洪都拉斯国会委员会在1950年编写的一份报告中指出，该委员会花了一周时间调查北海岸人民的劳动条件，称"那些喷洒毒液的人的工作值得特别一提。虽然有些人认为喷洒的液体是无害的，但更多人认为它会产生破坏性影响"。[92]在哥斯达黎加，喷药工人因衣服和皮肤上留下了无法擦拭的蓝绿色而自称"鹦鹉"。文件资料显示，喷洒波尔多液的工作与呼吸道疾病密切相关。[93]

头痛、咳嗽和食欲不振是工人出现的与喷洒波尔多液相关的急性反应。长期接触这种液体会导致呼吸道问题、体重下降，在某些情况下甚至会导致死亡。许多观察员认为，喷药工作导致了结核病。当然，与喷洒工作相关的慢性症状——咳嗽、疲劳和体重减轻——与结核病相关的症状并无不同。在 20 世纪 20 年代，联合果品公司的员工中患有肺结核、支气管炎、肺炎以及其他肺部疾病的人并不少见。之前的香蕉种植园工人多次提到呼吸道疾病，考虑到他们在拥挤的环境中休息、吃饭和睡觉，这也就不足为奇了。工人在不同营地之间的频繁流动进一步加速了人类疾病的传播。卢尔德·梅希亚（Lourdes Mejía）之前是特拉铁路公司劳资关系部门的一位管理人员，在 20 世纪 40 年代末负责被诊断出患有肺结核的工人的善后问题。[94] 该公司为患病员工提供了 100 伦皮拉的补偿金，之后许多人"回到家乡等死"。虽然卢尔德不赞同阿马多尔的政治观点，但她认为阿马多尔在《绿色监狱》中对喷药工作的描述是十分准确的。

一般来说，种植园工人普遍患有呼吸道疾病，但这并不能解释为何"喷药工人"比其他工人更容易出现类似肺结核的衰竭症状。然而，从流行病学的角度来看，接触硫酸铜与肺结核发病率之间存在直接联系的可能性很小。[95] 尽管关于长期职业性接触硫酸铜造成身体损伤的相关信息很少，但葡萄牙和西班牙的葡萄种植区有少量研究已将接触硫酸铜与田间工人的呼吸道疾病联系起来。[96] 1969 年发表的一项研究报告称，葡萄牙有两例被研究人员称为"葡萄园喷药工肺病"的病例。[97] 两起病例的患者均为三十多岁的葡萄牙男性，他们在葡萄园内从事波尔多液喷洒工作。其中一个人在中等强度的运动过程中出现呼吸急促。另一人体重下降、全身无力，并伴有咳嗽症状。这两名工人以前曾接受过结核病抗生素治疗，尽管他们的细菌检测结果均未呈阳性。当他们的病情尚未完全好转时，医生划开了他们的胸部，发现"肺胸膜呈深蓝色，这无法用已知的病理状况来解释"。[98] 肺部存在矽肺样结节，其中有"富含铜的物质"。[99]
葡萄牙研究人员并未试图确定葡萄园喷药工人的发病率，但他们认
为只有"有限数量"的工人有肺部疤痕，因为除了"化学因素"外，
该疾病似乎还受到"患者（宿主）因素"的影响。该研究指出，如
果让受感染者不再接触喷药工作，病变可以部分清除。最后该研究
呼吁对葡萄园从事喷洒波尔多液工作的工人采取保护措施。

　　一项后续研究检查了 14 名男性和 1 名女性的临床记录，这些
人在葡萄牙被诊断为"葡萄园喷药工肺病"，时间跨度长达 5 年。[100]
所有人都有波尔多液接触史，他们在不同时间段吸入了波尔多液喷
雾。他们的症状通常包括体虚、食欲不振和明显的体重下降，随后
出现呼吸困难，通常还伴有咳嗽。对三名重症患者的活检显示，他
们的肺表面有蓝绿色斑块，镜下所见病变的铜检测呈阳性。该研究
强调，"常规实验室工作"和免疫学数据对"葡萄园喷药工肺病"的
诊断帮助不大，这种疾病"容易与肺炎、肺脓肿和肺结核混淆"。[101]
在六个病例中，该疾病一直处于休眠状态，直到后来出现一个额外
因素，如细菌或病毒感染，引发了疾病的迅速恶化。在其余病例中，
疾病长期处于病变的过程，在肺的上部区域形成"肿瘤样大块不透
明体"。接受检查的患者中有五人因各种形式的呼吸衰竭而死亡。好
的一面在于，当一些患者不再接触波尔多液时，他们的病情得到了
改善。

　　尽管关于"葡萄园喷药工肺病"的数据有限，但将 20 世纪 70 年
代在葡萄牙开展的研究与之前从事喷药工作的工人的口头证词合并到
一起，便为解释叶斑病防治工作的历史意义提供了新的途径。[102] "葡
萄园喷药工肺病"的症状与香蕉种植园工人描述的症状十分相似，即
嗜睡、食欲不振、体重减轻和咳嗽，这是值得注意的。这些症状也
与肺结核和肺炎相对应，此类疾病在香蕉种植园的生活中很常见。
通过临床诊断区分喷药工人所患肺病和肺结核的难度较大，使人们

有可能将与香蕉种植园工人肺部铜元素积累有关的呼吸道问题误诊为"肺结核"。当然，"葡萄园喷药工肺病"还没有进入医学讨论阶段，在20世纪50年代之前也没有治疗肺结核的抗生素（如链霉素）。因此，葡萄牙的调查结果与其说是证明了水果公司医务人员的疏忽大意，不如说是为大众的观点提供了一个合理的流行病学解释，即喷药工人患有呼吸系统疾病的比例较高。[103]

哥斯达黎加和洪都拉斯的证据表明，喷药工人没有定期佩戴口罩或呼吸器。相反，喷药小组的成员试图通过叠加衣服、用手帕捂住嘴，以及与懂得如何尽量减少接触波尔多液的有经验的喷药工合作来保护自己。这些努力在很大程度上是徒劳的。在一天的工作过程中，工人们时常接触到相当数量的波尔多液。液体通过皮肤进入身体，他们在呼吸时会直接吸入液体，有时还可能咽下波尔多液。[104] 避免接触波尔多液最有效的方法是另找一份工作。在洪都拉斯，田间工人大多在一两年后辞去喷洒波尔多液这种报酬相对较高的工作。在哥斯达黎加，田间工人同样不喜欢喷药工作，而且这种工作往往由急需短期现金收入的年轻移民工人所从事。[105]

叶斑病防治工作标志着一个时代的到来，即香蕉出口业开始依靠化学投入来克服与植物病虫害和土壤肥力下降有关的问题。在"滴滴涕"广泛用于农业的近十年前，数千名出口香蕉种植园的田间工人开始大量使用硫酸铜。喷洒波尔多液的工人往往穿着简易的、基本没有防护效果的衣服，每天吸入和吞食未知数量的铜，时间长达八小时。尽管对蓝绿色的大脑、床铺和汗水的记忆不能总是按字面意思理解，但洪都拉斯和哥斯达黎加之前从事喷药工作的工人的回忆，再加上地中海葡萄园喷药工人中与铜中毒有关的有限医学证据，都强烈地表明接触喷洒出来的波尔多液可能导致铜在肺部组织中的积累，并引发呼吸道疾病。重要的是，医学和民间对接触硫酸铜相关风险的理解都强调了喷药工作所处的环境和社会文化背景所发挥的作用。换句话说，接触硫酸铜本身并不被认为是造成工人生病和死亡的原因，但它导致田间工人生活和劳动环境处于危险之中——阿马多尔的"绿色监狱"。

第五章

重返绿色监狱

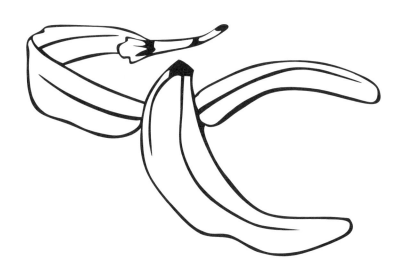

种植园工人整日干着枯燥的活，每日累得双腿发抖，黄昏时刻，他们离开了种植园的绿色监狱，前往空荡荡的营房这一简陋监狱。

——拉蒙·阿马亚·阿马多尔，《绿色监狱》，1950 年

工人们欺骗公司的方法是偷懒。公司要求他们做好工作，但他们却随心所欲。如果工头在工作单上签了字，那就等于工人完成了任务。一个团队可能在半天内完成一整天的工作，但却做得很差。

——何塞·马利亚·拉拉（José María Lara），1995 年

胡安·索塔诺（Juan Sotano）一觉醒来，从吊床上滚了下来，此时的第一缕曙光与其说是现实，不如说是他的想象。胡安弯腰穿上一双脏兮兮的鞋子，鞋面沾满了泥土。他觉得前额隐隐作痛，这让他想起了昨晚喝瓜罗酒（guaro）的情景。胡安将放在身边的砍刀入鞘，起身从那用泥巴和野草糊起来的棚子走出去。他向一群从奥兰乔省来的年轻人投去了怜悯的目光，他们是上周到达这里的，由于没有住所只能睡在外面。承包商马丁内斯（Martínez）曾承诺建造更多的棚子以供居住，但是该公司的工作日程安排得非常紧，除了清理土地以外，几乎没有时间从事其他活动。胡安和几位工友坐在一张大桌子旁。他的妻子埃琳娜（Elena）给他送来了早餐：一大块玉米饼、一些豆子、奶酪、一份燕麦片和一杯加糖的咖啡。她朝着丈夫微微一笑，然后便急忙去装另一个早餐盘。埃琳娜已经起床有一段时间了，她生了火，做了玉米饼，并从附近的小溪里打了水。承包商的妻子是埃琳娜的一位远亲，为她提供了一份厨师的工作。埃琳娜的工作时间很长，有时她赚的钱比丈夫还多，特别是在发薪日，工人们迫不及待购买她做的玉米饼和辣肉馅玉米卷。吃过早餐后，胡安带着他的伐木小队继续清理树木和灌木丛。在去工地的路上，他考虑是否应该跳槽到一个已投入运作的种植园，在那里他可以从事采摘收割的工作，或是做开沟挖渠等相关工作。前几天，他险些被一棵砍倒的树砸中。蚊子是这个临时营地的常客。蛇也常常光顾；他已经很久没有看到矛头蝮了，谁也不知道它们何时会突然出现——工头的喊声让胡安从沉思中回过神来。他拔出砍刀，叹了口气，开始砍伐森林中日益减少的灌木丛。

这个想象中的场景从未发生过，但在 20 世纪上半叶，洪都拉斯北海岸的香蕉种植园中几乎每天都会上演类似的情景。[1]北海岸景观的改变归因于成千上万人（主要是男性）的劳动，他们清理森林、挖掘排水沟、种植并照料田地、收获成熟的水果。数以千计的其他人（大部分是女性）在香蕉种植园内或周边工作：洗衣、做饭、打水、砍柴、抚养孩子。这一大批种植园工人都是移民，非常贫穷且基本目不识丁，他们为阿马多尔创作《绿色监狱》提供了灵感，这部小说围绕着一群种植园工人的生活展开。阿马多尔于 1916 年出生于约罗省的奥兰奇托，并在那里长大成人。成年后，他曾担任过教师、香蕉种植园工人和政党组织者，亲眼看见了特鲁希略铁路公司和标准果品公司入驻其家乡后，出口香蕉产业带来的社会和生态变革。阿马多尔还经历了卡里亚斯政权（1933—1948 年）的政治镇压，于 1947 年从北海岸逃往危地马拉，在那里他创作了一部描写洪都拉斯工人阶级生活的小说。[2]通过将香蕉种植园描绘成工人备受剥削和饱受苦难的场所，阿马多尔向水果公司和政府发起言论挑战，后者将北海岸描述成一座引领落后国家生产现代化的灯塔，而阿马多尔笔下的农场工人问题频发，他们酗酒、赌博，时常出现暴力行为，在小说里，作者塑造了这样一个世界：逐利的美国公司及其洪都拉斯亲信让工人陷入了极度贫困的恶性循环，无法逃脱。监狱这一隐喻表达了植根于社会和经济不平等的生产体系对工人身心的摧残。

1930 年至 1950 年，24 位在水果公司种植园工作的工人的生活史与阿马多尔描绘的场景产生了强烈的共鸣：苛刻的工作制度、恶劣的生活条件和贫乏的物质条件。然而，它们也揭示了作者两极化视野的局限性，即明确地将某个人物定位在"监狱"之内或"监狱"之外。与《绿色监狱》中描绘的香蕉种植园生活相比，昔日劳工的回忆则提供了一种更具动态的视角，在道德层面也更为错综复杂。

他们揭示了农场工人运用的一些生存策略，用于应对生活中遇到的难题和不确定性，这些人生活在一个公民自由度低、工作保障差的世界中，日常生活受到千里之外的市场结构和区域农业生态左右。这些生存策略的引入缓和了阿马多尔笔下描述的僵化的结构主义。对个人生活史的描述，也有助于将女性作为种植园经济的重要参与者纳入视野之中。在 20 世纪上半叶，女性很少（如果有的话）在美国水果公司经营的香蕉种植园工作。相反，她们在种植园周边地区谋生，这对维持生计十分重要，也是她们自己和家庭现金收入的重要来源。远离了国家政治的主要舞台，工人阶级的男男女女利用田野和棚屋的私密空间，就工作和生活条件进行了谈判，取得了不同程度的成功。

获得（和失去）一份种植园的工作

1928 年 3 月至 9 月间，特鲁希略铁路公司在《奥兰乔报》（ *El Olanchano* ）上刊登了一则公告，在科隆省内格罗河区招募 500 名工人从事"铁路建设、林木清理、挖沟清渠、种植作业"及其他工作。[3]《奥兰乔报》是奥兰乔省首府胡蒂卡尔帕市的本土报纸。《奥兰乔报》上还刊登了一则其他公司的广告，宣传这家公司在西科河谷为多达 1000 名工人提供了就业机会。潜在的工人被免费医疗服务和从奥兰乔出发的便捷铁路运输条件所吸引。1929 年，《奥兰乔报》的编辑将北海岸和奥兰乔之间不断往来的人口流动称为"地方热"。[4] 该报感叹道，工人们在返回高原地区时，除了疟疾，他们别无所获。在休养一段时间后，许多人表示"感到无聊，没有活干"，他们便回到北海岸"重蹈覆辙"。尽管这篇社论对香蕉种植园工人"不幸而徒劳"的生活描述并不全面，但它的确有效地捕捉到了人们前往北海岸的"驱动"因素：水果公司扩大业务范围所创造的临时就业机会，吸引

阿关河谷水灾后建造的联合果品公司工人住房（1924年）。联合果品公司
拍摄。现藏于哈佛商学院贝克图书馆。

位于苏拉河谷的一个"标准"六人间工人营地（1924年）。请注意图中种
类丰富的观赏植物。联合果品公司拍摄。现藏于哈佛商学院贝克图书馆。

了四面八方失业之人和无业之人。关于北海岸"重蹈覆辙"的说法
反映了这样一个批判性事实——该地区作为"绿色黄金"之地的形
象不仅归因于大批空缺的工作岗位，还归因于出口香蕉产区出现了

星星点点的现代化象征。水果公司的杂货店和其他商人开始出售各种食品、服装和制成品，这些商品来自美国等地。在公司所在的城镇，如拉塞瓦、特拉和科尔特斯港等地，铺设的道路两旁装有电灯，配备有医院、制冰厂和啤酒厂，而这只是其中的一些基础设施而已。新颖的消费技术，如手摇留声机和进口录音音乐都进入了工作营地，这些营地的空气中回响着来自阿根廷、墨西哥和美国的乐曲。

但是，如果说对现代化物质享受的愿景吸引着人们来到洪都拉斯北海岸，那么找到工作的能力则是让他们在那里长期生活的原因。大多数先前在北海岸工作的人都记得，在 20 世纪 30 年代和 40 年代，人们可以相对容易地在水果公司找到一份工作。在册员工人数统计数据证实了雇员数量的整体上升趋势。在 20 世纪 20 年代，香蕉出口业为 15000 人至 20000 人提供了就业机会（约占当时北海岸总人口的 10%）。[5]20 年后，特拉铁路公司（24000 人）和标准果品公司（6000 人）的雇员接近 30000 人。到 20 世纪 50 年代初，这两家公司的员工总计有 32000 人至 36000 人。[6]在这一时期，水果公司忙着在苏拉河谷和阿关河谷开辟新基地，同时对先前的荒地进行开垦，成本投入越来越高，同时也创造了许多就业机会。[7]除了开展防治叶斑病的多项任务外，由于灌溉设备、肥料及木桩的大规模投入使用，出现了新的工作岗位。不过，在此期间，并非所有的就业增长都发生在种植园中。1949 年，特拉铁路公司共有 11000 名种植园工人，仅占公司雇员总数的一半左右。该公司的工程建设部、机械部、建筑与场地部、商品部及医疗部均有大量员工。

在 20 世纪洪都拉斯的香蕉种植园及其周围，男性人数几乎总是超过女性，这种情况在整个中美洲香蕉种植区颇为普遍。[8]水果公司所雇男性的种族、国家和身份各不相同。例如，1929 年，特鲁希略铁路公司的雇员包括"洪都拉斯人"（59%）、"西印度群岛人"（11%）、"中美洲人"（10%）、"加利弗那人"（9%）、"北美洲人"
（3.9%）和"海湾岛民"（3.2%）。其余4%的雇员为"欧洲人""南
美洲人""墨西哥人"和"亚洲人"。[9]毫无疑问，北海岸是洪都拉
斯最国际化的地区。然而，工人组织在20世纪20年代和30年代初
发动的反黑人和反移民运动，以及限制非白人移民法案的通过，似
乎有效减缓了西印度群岛人移民到该地区的速度。[10]另一个导致黑
人工人数量下降的因素在于，特鲁希略铁路公司终止了在科隆的生
产活动，那里的黑人移民工人的比例似乎高于苏拉河谷，在科隆地
区，萨尔瓦多人构成了最大的移民群体。20世纪30年代，西印度群
岛人和加利弗那人继续为水果公司工作，担任装卸工人、铁路工人
和机械师，但他们在香蕉种植园工作的人数却大幅减少。1938年，
特拉铁路公司报告称，在公司的全部雇员中，大部分为洪都拉斯人
（8300人）和萨尔瓦多人（3665人）；而西印度群岛人和英属洪都拉
斯人占公司在册雇员数量的比例不足3%。[11]

　　许多人在青年时期就开始为水果公司工作。例如，帕斯托
尔·马丁内斯（Pastor Martínez）在13岁时就离开了自己在奥兰乔
的老家，前往标准果品公司的种植园。[12]布里西奥·法哈多同样是
从13岁就开始工作，那时他的父亲刚去世。曼努埃尔·卡纳莱斯
（Manuel Canales）是个地道的萨尔瓦多人，他在15岁时就开始为
一位劳务承包商碾磨玉米。16岁的弗朗西斯科·波蒂略（Francisco
Portillo）在一位监工家里担任园艺工。[13]厨房女工通常也是在青春期
前就开始工作的，她们通常与母亲一起工作，但并非总是如此。[14]
人口普查数据证实，20世纪上半叶，北海岸的人口整体偏年轻化。
1935年，科尔特斯38%的居民年龄在15岁以下；40岁以下人口占
该省总人口的84%（75000人中的63026人）。1940年，在邻近的阿
特兰蒂达省，15岁以下的青少年占总人口的39%；40岁以下人口占
总人口的82%（43862人中的35850人）[15]。

　　无论年纪大小，个人想在水果公司种植园找到一份工作，一般都得通过劳务承包商介绍。20 世纪上半叶，标准果品公司和联合果品公司都颇为依赖承包商雇用的种植园工人。[16] 到 20 世纪 40 年代中期，水果公司开始直接雇用种植园工人，但这一过程仍然是高度分散的：种植园的工头常根据自己的意愿决定雇用和解雇工人。直至 1950 年，特拉铁路公司依然集中统一保管人事档案，并继续以"半合同制"方式招聘劳工。[17] 根据工作任务的不同，承包商招募劳工的时间从几天到几周不等。20 世纪 30 年代初，劳工的工资从每天 1.5 美元到 2 美元不等。[18] 一些承包商通过提供衣服、鞋子和砍刀来吸引新人加入团队。[19] 他们还聘请厨师为工人准备饭菜，工人每天只需支付约 1 伦皮拉（0.5 美元）就可享用食物。由于香蕉农场往往远离商店和市场，因此提供所需膳食满足了工人们的实际需要，但这种做法可能包含胁迫的因素：许多之前的工人回忆说，承包商强迫他们只能在自己的厨房里吃饭，并威胁将开除那些在其他地方吃饭的人。然而，一些在营地厨房工作的妇女并不记得这种行为。从这一点来看，劳动合同或许各不相同，但毫无疑问，无论好坏，它们在种植园工人的生活中发挥着至关重要的作用。

　　出口香蕉产区的新移民同样依靠亲人、朋友和口碑来找工作。例如，在 1942 年父亲突然去世后，布里西奥·法哈多开始在标准果品公司的农场工作，他的亲人和朋友说服了"老板们"给了法哈多一份后勤支持员的工作。[20]1946 年，维克托·雷耶斯从圣克鲁斯德约霍阿（Santa Cruz de Yojoa）镇出发，前往埃尔普罗格雷索，在那里，他"通过朋友"在特拉铁路公司找到了一份工作。雷耶斯表示，当时在农场找到一份工作几乎没有什么正式程序：

　　　　如果我中午来到一个营地，你认识我，知道我是从另一个营地来，因为在那儿我挣的钱不多或者活儿不多，那你就会说，"去种植园的某某地方（工作）吧"。[21]

奥兰乔人胡安·加维兰（Juan Gavilán）的经历表明，私人关系对找工作很重要，但并非必不可少。加维兰找到了自己的第一份工作——在特拉铁路公司的种植园除草，他找到了一个并不相识的承包商。一段时间后，胡安又回到了阿关河谷，在那里为标准果品公司从事除草工作。然而，他认为这份工作"活太多"，但报酬太少。幸运的是，他的一位姐夫帮他在公司的灌溉部门找到了一份工作。在加维兰的案例中，一位家人帮助他离开了一个自己不喜欢的岗位，换了一份喜欢的工作。[22]

那些希望在营地厨房工作的单身女性往往依靠朋友和大家庭的关系网，她们找工作的方式与她们的男性同行大致相同。例如，格拉迪斯·尼维斯（Gladys Nieves）在一个香蕉种植园长大，她在母亲的厨房里帮忙，母亲除了照料女儿外，还单独"照顾"一些男工。[23]当尼维斯还是个孩子的时候，她就离开了营地，在科马亚瓜省重新定居，直到 18 岁时才回到北海岸。尼维斯的一位女性友人帮她找到了一份工作，同承包商的妻子一起帮大约 20 名男性做饭、洗衣服。后来，尼维斯嫁给了一位种植园工人，婚后她继续为工人们做饭。安杰拉·科托－莫雷诺在很小的时候就踏入了营地厨房。在安杰拉 7 岁时，她的单身母亲就把她带到了特拉铁路公司的一个营地，位于埃尔普罗格雷索附近。10 岁时，安杰拉就开始"努力工作"，帮母亲碾磨玉米、打水，她的母亲为三四十个男工料理生活。安杰拉在与一名男子结婚后便离开了营地厨房，她与丈夫一起在种植园外围经营了一个小农场。[24]嫁给劳务承包商的妇女通常会搭建厨房，为丈夫手下的劳工提供膳食。在某些情况下，承包商还会搭建一些"棚屋"，为 20 名至 30 名工人提供食物。伊莎贝尔·曼甘迪·德·杜阿尔特（Isabel Mangandí de Duarte）认为，为丈夫手下的工人做饭与其说是一种义务，不如说是一种需要，因为工作地点距离当地村庄相当远。伊莎贝尔回忆道，由于提供面包、燕麦片、鱼和鸡蛋等"附加"食物，成本增加，她和丈夫并没有从提供饭菜中获得多少利润，因此提供一顿令人满意的饭菜时，她会感到非常自豪。[25]何塞·马利亚·拉拉证实，当男性工人评估个体劳务承包商的优点时，所供食物的质量的确是一个考虑因素。

如果说找到一份种植园的工作并不特别困难，那么坚持做下去几乎是不可能的，因为大多数种植园工作都是在短期合同的基础上完成的。正如查尔斯·凯普纳在 1936 年所言，"香蕉产区的许多工作岗位是断断续续的。水果并非每天都会进行切割；只有船只进港时才需要码头工人；特定任务的工人只要项目持续下去就会一直很忙。"[26]14 年后，一位美国外交官的观察结果显示，在 20 世纪中叶，短期就业仍然是常态："（联合水果）公司在洪都拉斯共有 50 家种植园，每家种植园都时常根据需要雇用和解雇劳工。这往往意味着，被一家种植园解雇的工人，无论出于何种原因，都会去其他种植园找工作，如果那里有需要，他们就会被雇用。"[27]这种不稳定性主要是由年度生产和消费周期的季节性变化造成的。例如，当出口和美国市场需求均达到峰值时，就业水平往往在日历年的上半年达到最高点。通过将大部分劳务进行外包，水果公司从灵活机动的薪酬设计中获益。正如一位之前在标准果品公司工作的员工回忆的那样，一旦特定任务完成，"3/4 的员工"就会被解雇。[28]这些结构性裁员通常持续数周之久。另一位之前的员工回忆说，种植园的田间工人可以由他们的主管决定某人是否被解雇："如果他们（老板）看到你稍有懈怠，他们就会说，'明天不用来了'，第二天你就不用去了，因为他们不会给你派发工作。"[29]

在没有任何法律追索权的情况下，被解雇的工人被迫到另一个种植园寻找工作。农场之间的迁移也为劳工逃避与老板的冲突提供了途径。例如，当胡安·加维兰抱怨使用重型软管喷洒波尔多液的难度极大时，一位监工工头选择了无视，胡安和他的喷药搭档跺脚抗议，然后去往其他种植园找工作。再如，加维兰因在工作中喝酒而被解雇后，他也能在另一个种植园找到工作。[30] 有时，工人们会利用水果公司分散的雇佣系统，通过辞职或更换种植园来宣示个人的自主权。正如坎塔利西奥所解释的那样："如果你对自己的工作不满意，你可以通过另一个工头或队长找到其他工作。当时没有身份证号或类似的东西，所以一个人从一家种植园转到另一家种植园不会出现任何问题。"[31] 尽管坎塔利西奥对在新种植园找到理想岗位的容易程度可能有所夸大，但他与其他之前的种植园工人的经历都表明，田间工人的流动性很强。曼努埃尔·卡纳莱斯在二十年的时间里，在特拉铁路公司担任过除草工、修剪工、水果收割工和喷药工。他通常在一个特定的岗位上至少待一个月（工人的工资按月支付），这时如果他不满意，就会转移到另一个种植园。在重新安顿好之后，曼努埃尔有时不得不填补临时岗位，但他补充说，"随着时间的推移，工头们会逐渐了解你，他们会给你提供固定的工作。"[32]

帕斯托尔·马丁内斯还记得人们可以很轻松地更换工作："我曾做过水果收割工，制作过作物支架，干过拿喷管的活儿，喷过波尔多液，我也曾经在灌溉部门待过，我做过农场里99%的工作。"他补充道，找到一个只做过一份工作的人是"很不寻常的"。这种灵活性让马丁内斯摆脱了枯燥乏味的体力劳动："假设我做了六个月的水果搬运工作。然后，情况可能会发生变化，我会决定不想再从事这份工作了，于是我就去了灌溉部门工作。接着换成其他工作，比如除草。后来，当我又厌倦了这些工作，也许我会找一份修剪枝叶的活。"[33]

何塞·马利亚·拉拉的工作经历显示出一种类似的过渡模式，充满不稳定性。拉拉出生在奥科特佩克省（Ocotepeque），十几岁时就在危地马拉的联合果品公司工作。感染疟疾后，他回到老家奥科特佩克疗养。1937 年至 1940 年，他在特拉铁路公司的种植园里从事香蕉采摘工作，并负责安装浇灌系统。然后，他在从事掘沟修渠的工作前，做了一段时间的喷药工。拉拉曾在三个不同的农场负责挖掘沟渠的工作。20 世纪 40 年代初，该公司终结了与排水工程承包商的合作，开始直接与挖沟从业者个人签订合同。1944 年前后，拉拉去了危地马拉，加入了一个由洪都拉斯人组成的小型游击队组织，试图推翻卡里亚斯政府。拉拉将这次经历描述为"一场冒险"，在此之后他于 1950 年重新回到了苏拉河谷，此时距离卡里亚斯下台已有两年时间。拉拉通过一位负责叶斑病防治工作的工头在一个公司种植园找到了工作，这个工头是他侄女的丈夫。后来，拉拉又回到了挖沟的行列。[34]

很少有工人的活动轨迹像何塞·马利亚·拉拉一样。然而，他们还是会经常离开香蕉种植园，去寻求其他谋生方式。例如，坎塔利西奥在奥兰奇托郊外的一个小农庄长大。他从 20 世纪 40 年代开始为标准果品公司工作，当时该公司正在将其种植范围扩大到阿关河上游山谷地带。坎塔利西奥刚开始在工程部门工作，而后协助进行土地测量，之后转而从事波尔多液喷洒工作。他不止一次地辞职或被解雇。在这种情况下，坎塔利西奥回到了故乡，在那座小村庄"总能找到工作"，尽管报酬很低（不到香蕉种植园普遍薪资的一半）。20 世纪 50 年代初，他离开了公司，重新回到村里定居，在那里放牛、养猪，还种了一片玉米田。[35] 对那时的坎塔利西奥来说，种植园工作意味着他有机会在不切断与其出生的村庄联系的情况下获得更高的工资。在阿关河谷，跨越香蕉种植园和邻近村庄之间的生态社会边界并不罕见，标准果品公司的许多工人生活在干旱的山坡上，这些山坡位于该公司建立的香蕉种植园的肥沃低地之上。乡村生活并没有提供很多积累资本的机会，但它可以让人摆脱种植园艰苦、乏味的工作。

除了面临与生产相关的周期性裁员，由于国际经济衰退、战时航运限制和植物病原体的传播，工人们经常会遭遇集体失业。20 世纪 30 年代，国际市场萧条以及巴拿马病和叶斑病的蔓延造成了科隆的就业危机。1934 年，该省省长报告称，至少有 600 名失业工人在卡斯蒂利亚港闲坐着，而且每天都有更多人来到这里。[36] 联合果品公司决定撤出科隆省并解散特鲁希略铁路公司，这一决定在 20 世纪 30 年代末引发了一波外迁潮。离开的人里有费利西亚诺·努涅斯和玛格丽塔·冈萨雷斯（Margarita Gonzales）。费利西亚诺·努涅斯在 20 世纪 20 年代末首次移居北海岸，当时他在乌卢阿河谷为一名个体香蕉种植户做了一段时间的香蕉收割工作，然后他回到了自己的出生地，特古西加尔巴南部山区。[37]1931 年前后，费利西亚诺再次回到了北海岸（足足走了 10 天时间），并在标准果品公司和特鲁希略铁路公司打过几份短工。随后，他尝试着耕种一小块土地。这次冒险以失败告终，费利西亚诺又做起了收获和运送香蕉的老本行，这次他是为阿关河谷的个体种植户工作。1938 年 12 月，特鲁希略铁路公司的种植园即将关闭，铁路运输服务也随之骤降，这促使费利西亚诺和玛格丽塔带着两个孩子离开该地区。这家人乘坐水果公司的火车和汽船，与数百名失业者一起寻找新的谋生手段。

在科尔特斯港，费利西亚诺和玛格丽塔打算通过一位教母的关系找到工作，这位教母的丈夫是北美人，他是特拉铁路公司的一名经理。然而，工作机会少之又少，教母只能安排费利西亚诺每周在美国领事馆工作一天。在平安夜这天，一家人登上了特拉铁路公司开往埃尔普罗格雷索的火车。费利西亚诺回忆起那时农场的严峻形势："没有任何工作机会可言。什么都没有。种植园里的每个人都只是在园区里闲逛。一群人在打牌，还有一群人在抽陀螺，其他人在玩多米诺。他们拿啤酒和苏打水瓶盖做筹码。"[38] 这对夫妇的运气开始转好，他们遇到了一些朋友，这些朋友给玛格丽塔提供了一份在另一家种植园做厨师的工作。这份工作使得玛格丽塔能够养活她的两个女儿，但费利西亚诺却只得靠上天的施舍度日。他时不时会有工作，直到20世纪40年代初，他找到了一份安保副队长的工作（特拉铁路公司正式签约的保安岗位），负责维护公司种植园的和平稳定局面。费利西亚诺一直在该公司工作到1954年。在长达25年的时间里，费利西亚诺频繁换工作，尝试各种谋生方式。他靠着大家庭、朋友和妻子的支持，度过了这段长期失业且流离失所的时光。[39]

第二次世界大战期间，由于航运限制，美国香蕉的进口量急剧下降，水果公司解雇了数千名工人。例如，1942年4月至6月——从以往历史来看，应当是市场旺季——标准果品公司将其员工总数从大约7000人削减至4400人。[40]许多被解雇的工人选择回到老家定居；而那些自家没有土地的工人据说整日在公司的营地周围"闲逛"。标准果品公司允许一些失业者待在公司的住房里，但杂货店拒绝为其提供信贷。[41]侥幸保住工作的员工则承受了大幅减薪。[42]1943年，"大批"劳工迁移到洪都拉斯南部，在泛美公路上干活。一些人在当地的公共工程项目中找到了工作，还有一些人则种植农产品销往当地市场。[43]

20世纪上半叶，出口香蕉生产在时间和空间上的波动，迫使许多农场工人时常忍受失业之苦。他们经常通过在香蕉出口区来回迁移来应对这一情况。"种植园间跳槽"使得田间工人得以避开周期性的裁员问题、苛刻的老板或无聊乏味的工作，但在生产不断持续且速度普遍放缓的时期，这种策略不太可行。当然，地域流动不应与社会流动相提并论；缺乏稳定的就业，加上实际薪资增长停滞甚至下降，使得资本积累变得更加困难。在评估20世纪30年代和40年代初洪都拉斯北海岸"普通工人"的状况时，一位驻拉塞瓦的美国官员描绘了一幅复杂的画面："一般来说，他（普通工人）的现状

（1944 年）可以说与过去十年中的任何时候都相差不大，但也不至于到达令人羡慕的境界。"[44] 当然，仅从工资这一项来看，出口香蕉农场工人的工作履历几乎并未显现出来。在田间地头的日常工作中，他们要完成一些需要手巧、耐力和香蕉种植知识的任务。这也意味着他们工作和生活的环境会对身体健康造成短期和长期的危害。

工作环境

香蕉种植园营地的"工作时间"从半夜开始。据一位退休工人回忆："凌晨三点前后，他们就会对厨师大喊大叫，让厨师起床做早餐。"厨师们在黎明前开始工作，不仅睡眠受到了干扰，还会接触到出口香蕉产区对人类健康最为隐蔽的威胁之一：传播疟疾的疟蚊。

危地马拉加勒比地区的一个"典型厨房"（20 世纪 20 年代）。联合果品公司拍摄。现藏于哈佛商学院贝克图书馆。

安杰拉·科托－莫雷诺回忆起她小时候在露天厨房帮母亲准备食物时感染疟疾的场景："营地是蚊子的繁殖地，厨房里也没有阻挡蚊子入侵的金属遮蔽物。哎，疟疾！我小时候有一天发烧，突然感觉寒意袭来，浑身发抖！然后又开始浑身发烫，体温升高——高烧不止。有些人死于疟疾。"[45]

在 20 世纪 20 年代，水果公司的医院每年都会治疗数千例疟疾病例。1926 年，联合果品公司医院的疟疾患者入院率为 25.4%。换言之，每四个寻求治疗的员工中就有一个是疟疾患者。[46]1926 年，联合果品公司实施了一项多方面的疟疾防治计划，通过喷洒杀虫剂减少蚊子滋生地，并对患病员工进行强制治疗（使用奎宁和扑疟喹啉）。联合果品公司的医疗报告显示，到 1931 年为止，疟疾的死亡率和发病率都显著下降，而 1931 年是公开发布医疗报告的最后一年。[47]然而，在 20 世纪 30 年代，疟疾仍然是特拉铁路公司工人的"主要致病原因"。[48]1935 年，标准果品公司的员工中接受治疗的病例超过7000 例。[49]一年后，特鲁希略铁路公司的医疗部门处理了约 4600个疟疾病例。该公司的医疗部门实施了一项预防疟疾的计划，包括每周在全部营地以及河流、小溪和沼泽地带沿岸涂抹原油、喷洒杀虫剂。[50]此外，该公司还分发了数万份奎宁和扑疟喹啉药。

联合果品公司医疗部门发布的年度报告显示，20 世纪 20 年代最常感染疟疾的工作类型是土地清理，这种模式与林地"引发瘟疫"的性质关系不大，而与工人的"临时"住房有关。[51]在 1926 年发表的一篇文章中，受雇于联合果品公司的医生威廉·迪克斯（William Deeks）总结说，他在洪都拉斯的研究表明，"房屋是感染和传播疟疾的一个首要因素"。[52]这种意识对负责清理土地的外包工人来说作用不大，他们被迫睡在匆忙搭建的棕榈茅草顶的棚屋中。费利西亚诺·努涅斯回忆说，20 世纪 30 年代初，当他为一个承包商在阿关河谷清理森林时，成群的蚊子在他的吊床上方盘旋。不出意外，他得了疾疾。在整个20世纪40年代，清理土地的工作人员继续被安置在拥挤的建筑中，几乎没有应对蚊子的保护措施。[53] 即使水果公司启动了多管齐下的措施来控制疾疾的扩散，但他们为应对巴拿马病而搬迁生产地点的做法也将工人置于感染疾疾的高风险环境中。当时，种植迁移不仅取决于土地的可用性，而且还取决于人们是否愿意在疾疾感染概率倍增的地方工作。

在香蕉种植园，除了蚊子，也许没有其他生物能像矛头蝮那样引起田间工人如此强烈的恐惧感。矛头蝮是一种下巴呈鲜黄色的毒蛇，其好斗凶猛的习性在种植园工人团体内广为流传。人被矛头蝮咬到以后，可能会出现暂时性失明、出血、瘫痪等症状，如果不加以治疗，可能会死亡。20世纪20年代中期，对毒蛇咬人事件的担忧促使联合果品公司与美国抗蛇毒研究院和哈佛大学比较动物学博物馆展开合作，该公司鼎力支持对矛头蝮的相关研究。[54] 在该公司的帮助下，特拉市附近建立了一个蛇馆，研究员可以在那里研究蛇、饲养蛇，以提取生产抗蛇毒血清所需的毒液。种植园工人群体中被蛇咬伤是否具有普遍性尚不明晰；联合果品公司的医疗部门每年都会报告一些危及生命的病例，但该公司的医生指出，许多工人在被蛇咬伤后，会向当地医士寻求治疗。

1928年，蛇馆馆长道格拉斯·马奇（Douglas March）报告称，矛头蝮的攻击性"十分夸张"。[55] 马奇和纽约动物园园长雷蒙德·迪特马斯（Raymond Ditmars）都将种植园工人和矛头蝮的频繁接触归因于出口香蕉生产带来的相关生态变化：香蕉种植园为蛇的猎物提供了繁衍生息的栖息地，包括老鼠和负鼠。因此，在香蕉生产不断扩大的地区，大型矛头蝮往往会放弃林地的生活而选择栖居在种植园内。由于大多数种植园的工作是在白天进行的，因此蛇作为夜间猎手的这一事实可能降低了蛇咬人的频率。然而，田间工人却很少冒险，他们很快就能将砍刀所能触及的任何蛇类砍死，这让爬行动物学家感到非常震惊，他们鼓励农场的田间工人将工作时遇到的蛇捉住，而非直接将其杀死。从抗蛇毒研究院出版杂志上公布的数据来看，报告被蛇咬伤的人数很少，与感染疟疾的人数相比，无疑相形见绌。此外，联合果品公司投资成立蛇馆的行为，以及描述香蕉种植园生活的广为流传的故事中矛头蝮的突出地位都表明，当时人们对于碰到这种毒蛇司空见惯。

毒蛇和携带疟疾病菌的蚊子使农场种植园笼罩在极度的恐惧中，但出口香蕉农业生态系统的其他世俗因素，包括风、雨、土壤、杂草、骡子和香蕉这种植物本身，也影响了工人的日常生活和工资收入。小说《绿色监狱》中最令人沮丧的时刻之一是一个特别恶劣的雨季，它使得"数百名工人双臂交叉"。被解雇的工人无所事事、四处游荡，"眼睁睁地看着日子一天天过去，他们诅咒着暴风雨，忍受

一场"风灾"发生后不久，联合果品公司位于苏拉河谷的农场中闲散无事的工人（1925 年）。联合果品公司拍摄。现藏于哈佛商学院贝克图书馆。

着漫长而可怕的夜晚……在他们的房间里，除了自己身体产生的热量之外，没有其他热量了"。[56]以前的工人回忆说，在异常多雨的日子里，他们"几乎分文不赚"，因为许多工作都被叫停了，包括挖沟和喷洒波尔多液。[57]当地的风暴也促使水果公司裁员。例如，1949年3月至6月，标准果品公司的工人总数从13600人降至10800人，这"主要"是由于降水量不足和重大"风灾"造成香蕉产量下降。[58]20世纪上半叶，联合果品公司热带研究部的年度报告中经常提及风暴的发生，这也间接证明了体形高大的大米歇尔香蕉容易受到大风的影响，这对种植园工人的生计产生了重大影响。

土壤条件的变化也会影响外包工人的报酬。到20世纪20年代末，水果公司使用蒸汽驱动的拖曳线来挖掘主要的排水渠，但横向槽沟是靠人工挖掘的。挖沟的计酬标准是计件工资制。[59]土壤条件大大影响了工人的收入：松散的砂质土壤比致密的黏土更容易挖掘（因此速度可能会更快）。挖沟工人因移除树干和其他表层障碍物而获得额外报酬，但计件工资制并不因土壤条件而变化。根据阿尔门达雷斯的说法，那些抱怨还得挖黏土的人被告知"去高处工作"。[60]何塞·马利亚·拉拉回忆说，一位熟练的挖沟工人每天可以挣到6伦皮拉（3美元），远远超过从事除草和修剪等工作的薪资。[61]但这项艰巨的工作并不适合所有人：一位年轻的北美监督员曾尝试过这项工作，他报告称"我的背部肌肉不够发达，无法将一铲子湿土甩出沟渠，也达不到工程师要求的距离"。因此，一些挖沟工人用了一些法子以减少工作量，这并不奇怪。[62]例如，在没有工头监视的情况下，工人们用砍刀砍掉公司工程师为标明所需深度而放置的一小段桩子。这种伎俩让人觉得沟渠已经挖到了适当的深度，而实际上它比规定的深度要浅。一些工人在灌溉沟渠边修建堤坝和挡土墙时使用了另一种省力的方法，从之前的香蕉植株上切下茎秆，沿运河边界摆成一排，然后用铲子将泥土铲到茎秆顶部。这一招使挖沟工人得以移动更少数量的土壤，但香蕉秆制成的护堤往往会在水进入沟渠时出现漏水和坍塌。[63]

如果种植园的监管员无法测量每条沟渠的深度，他们也无法监测除草人员挥动砍刀的高度。除草是一项众所周知的低薪且乏味的工作：直到 1954 年，特拉铁路公司农场的除草员每英亩能赚 2 伦皮拉（1 美元），这么大面积的除草工作有时可以在一天内完成，但并非总能在一天内完成任务。[64]清理一英亩土地所需的时间长短既反映了杂草的密度，也反映了除草员工作的谨慎程度。一位之前从事除草工作的工人解释说，他会在人流量大的路线附近彻底清除杂草，而在工头们不太常走的地方，他就可以"非常规"除草，不必清理得那么干净。当然，工人并非唯一能够操纵计件工资制，使其对自身有利的人：联合果品公司的前雇员杰伊·索西尔（Jay Soothill）写道，公司的监管员可以通过延长除草周期来降低劳动成本。这样一来，他们就可以迫使除草员要么跳槽到另一个种植园，要么同意以较低的薪资开展工作。[65]

与除草和挖沟带来的孤独感和单调乏味相比，采摘、收割果串的工作节奏很快，且以团队合作为主，有关采摘工作的日子被誉为"香蕉种植园生活中最重要的一天"。[66]当种植园管理人员发布一则香蕉收割通知时，他们就掀起了一场活动狂潮，该活动风雨无阻，会持续 24 小时到 48 小时。收割队一般由九名成员组成，包括骡夫、收割工和后备队员。据一位长期担任种植园主管的人称，"收割工是指'具备大多数种植园作业技能的熟练工人'"，他有权在选择收获哪串香蕉方面做出关键性的决定。[67]在 20 世纪 40 年代，水果分级主要是靠肉眼完成的：主管向收割工展示了具有代表性的果串，以便让他们了解应该收获什么样的香蕉果串。这不是件小事，因为如果处于成熟过程中的香蕉体积过小或过大，会被水果检查员拒收。收割工还为种植园管理人员提供了可供未来采摘的香蕉产量的重要信息。

采摘、收割体形高大的大米歇尔香蕉植株产出的大果串需要工人之间的协作。收割工将一把刀片附在一根 8 英尺长的轻质杆末端，在香蕉茎上划了一个小口子，这样果串自身的重量（40 磅到 80 磅）就会使香蕉翻转过来，直到它落到等待的后备队员的软垫肩上。尽

收割工和后备队员在危地马拉加勒比地区收获的香蕉（1925 年）。注意大米歇尔香蕉的植株高度。联合果品公司拍摄。现藏于哈佛商学院贝克图书馆。

管有衬垫，但沉重的捆绳在接触到工人肩膀时往往会断裂，这表明工人的背部在收获数百捆果串的过程中承受了相当大的冲击力。然后，后备队员将香蕉运送给另一名工人，由他负责将水果装到骡子背上，随后这些水果将会被运送至铁路支线。[68]

在 20 世纪 50 年代中期拖拉机投入使用之前，骡子在运输水果方面发挥了关键作用。特拉铁路公司名下有 6300 多头骡子，需要"广阔牧场"和进口饲料。骡夫并不拿这些牲畜当回事。不合作的骡子可能会把货物甩飞，甚至把水果吃掉。新来的骡子经常给工人们带来麻烦，骡夫通常会在它们背上放置沉重的沙袋来帮助其适应。[69]在采摘日，骡夫会在清晨时分前往畜栏，仅凭灯笼或手电筒的光来寻觅小队的其他队员。迟到的骡夫或许会面临一定风险，他的工友可能会用一头叛逆的骡子"换走"一头可靠的骡子。为了避免在运输过程中水果表面出现磕碰，骡子背部和水果之间会铺一层帆布垫。然而，正如一位之前在标准果品公司工作的工人所指出的那样，瓢泼大雨加上还没铺好的路，导致几乎所有水果在运往铁路支线的途中都会受到碰撞、经历颠簸："到处都是泥。香蕉、工人都一样，颠簸得很严重。"[70]据布里西奥·法哈多说，骡夫通常在一天内拖运200 串至 300 串香蕉，持续 12 个小时或更长时间："我们早上两点起床准备去牵骡子，也许到晚上六七点我们才能把它们送回畜栏……太可怕了，我们身上到处都是泥巴。"[71]在雨水和泥浆中艰难跋涉，泥巴"快要没过膝盖"，这也是许多之前在特拉铁路公司工作的工人共有的记忆。[72]

收割工试图通过一些方法在计件工资制度下提高自己的收入，这毫不奇怪。一些承包商甚至取消了后备队员这一岗位。费利西亚诺·努涅斯回忆说，他所在的六人小组"疯狂工作"，他们可以在 18 小时内收割和运输 1000 多串香蕉。为了确保工人不为追求数量而牺牲质量，工头们时刻监督着收割工，指责他们装运水果时的不当行为，或是责骂骡子超载拉货的行为。当然，同样的一系列环境因素可能会使收割工的生活变得很悲惨，因此必须对其进行严密监督，这的确会让人感到不快。[73] 香蕉的切割和运输工作必须追求速度和细致，但雨水、泥巴和暗夜，再加上工人自己偷偷增加收入的小伎俩，降低了这两个目标得以持续实现的可能性。

　　挖沟、除草和收割果串这几项工作有一个共同特点，即采用计件工资制度，水果公司希望借此加快种植园工人的劳动速度，同时把处理微妙但重要的种植园生态变化的重任交给了工人。就像挖沟工人会遇到各种土壤条件一样，收割工也要面对状况不定的骡子、恶劣的天气和远近不同的运输距离。[74] 工人们还往往需要确保他们收获的水果符合出口市场的等级和质量标准。从计件工资制度中获取

工人们在监工的监视下用骡子拉香蕉（约1925年）。联合果品公司摄影集。现藏于哈佛商学院贝克图书馆。

额外收入需要具有相当大的创造力、运用各种诡计。一些人试图通过偷工减料赚取更多的报酬；另一些人则试图通过欺骗的手段减少工作。无论他们采取何种策略，工人们都必须小心，不能惹恼自己的工头，因为他们要依靠工头来保住自己的工作。工头在种植园等级制度中处于中间位置，负责将上层管理人员的命令下达给劳务承包商及他们手下的工人，一般都是直白地传达字面意思。因此，他们在确定种植园工人的工作经验方面发挥了关键作用。

工人和工头

可以说，《绿色监狱》中最卑鄙的人物是一位洪都拉斯籍工头，他被称为"贝尼特斯（Benítez）头头"。在整部小说中，他被描述为经常欺骗洪都拉斯工人以维护标准品公司的利益。在香蕉种植园里，他偷偷监视工人，"偷听他们的谈话，以防他们谈论自己或外国佬经理"。[75] 在一次罢工活动期间，他和其他工头向工人们分发朗姆酒，想套出罢工组织者的名字。在小说的结尾，贝尼特斯与他人合谋杀死了一位极受欢迎的工人。阿马亚·阿马多尔笔下的这个人物操着一口蹩脚的"西班牙语"，进一步象征了贝尼特斯对自身洪都拉斯血统的背叛。正如《绿色监狱》中的一个人物所解释的那样："在与外国佬打交道之前，他（贝尼特斯）会讲西班牙语；但他后来把自己弄得像一个外国人一样，现在他既不会说西班牙语也不会说英语了。"[76] 阿马亚·阿马多尔似乎在暗示，执行公司意志的屈辱感使工头们迷失了自己的身份。然而，贝尼特斯的个人形象因过度的功能主义而被削弱了。他那些毫不掩饰的卑鄙行为给读者的印象是，（受压迫的）工人和（压迫他们的）老板之间的界限是泾渭分明且不可逆转的。最后，贝尼特斯沦为一个几乎没有代理实权的棋子。因此，其形象中的"外国佬化"的讽刺意味在很大程度上消失了。

　　考虑到工头在种植园等级制度中占据着关键地位，阿马亚·阿马多尔决定在书中设置一位洪都拉斯籍的工头人物来体现"绿色监狱"中的不公正性。水果公司以高度分散的方式管理其日益扩张的业务。特拉铁路公司的每个种植园都设有一名主管负责管理，并由一名计时员（负责记录工资单）、一名喷药工（负责香蕉叶斑病防控工作）和几名工头协助管理。工头的职责除了监督工人，还包括雇用和召集劳工。他们还负责提交劳工名册和用于确定每月工资的统计表。正如一位之前的种植园负责人回忆的那样，工头"实际上经营着整座农场"。[77]

　　20 世纪的 10 年代到 20 年代，西印度群岛人经常和墨西哥人、尼加拉瓜人、洪都拉斯人和部分其他北美人一起担任种植园老板。到 20 世纪 30 年代中期，大多数种植园的工头都是讲西班牙语的本地人。[78]一些之前的田间工人回忆起那些洪都拉斯籍工头的存在时，有一种类似阿马亚·阿马多尔描写的苦涩之感，但他们也表示，了解香蕉种植业来龙去脉的工头赢得了他们的尊重。另外，在工人群体口口相传的故事里，缺乏实践经验的主管备受嘲笑。当时有这样一个工人们津津乐道的故事，描述了一位北美经理第一天来到香蕉种植园时的情景：当看到一个工人砍掉一棵果实已经收获的香蕉树茎时，这位新主管气冲冲地指责该工人破坏了公司财产。直到有人轻声向他解释，香蕉树只结一次果，这位主管才平静下来。尽管这些故事通常是在嘲笑外国经理人的无知，但种植园工人对洪都拉斯本地老板也表示出类似的蔑视，因为他们对香蕉种植的了解主要来自书本，而不是亲自拿着砍刀进行实践。[79]

　　对于少数先前在种植园工作的工人来说，晋升为工头是一个难得的社会流动机会。[80]在《绿色监狱》一书中，有一个新来的工人问一位有经验的工友如何成为工头，后者解释说有很多种途径，但最快的途径是有一位关系很好的教父。拉蒙·瓦莱切洛（Ramón

Vallecillo）可能就是这种情况，他带着一封推荐信来到阿关河谷的种植园，并将信交给了标准果品公司灌溉部门的主管。在接受波尔多液喷洒知识和灌溉知识的短期培训后，这位 22 岁的奥兰乔本地人被任命为波尔多液喷洒小队队长。他在这个岗位上只工作了几个月，公司就把他调到了另一个种植园，去填补灌溉工作的人手空缺。瓦莱切洛在标准果品公司的灌溉部门担任了 4 年的工头，每天工作 12 小时，轮流值班。每隔一周，他都要连值两班，一天工作 24 小时。他骑着骡子回来，确保工人们妥善管理高空灌溉系统。上夜班时，他和手下的工人在手提灯的灯光下工作。瓦莱切洛不记得自己在管理工人方面有什么困难，但他承认自己对他们缺乏信心："我总是要监督着他们。"[81] 尽管工作时间很长，但拉蒙认为自己非常幸运："他们经常给我一封晋升信，让我负责管理一个工人团队。我自己的工作非常少。大部分时间我只是冲着别人大喊大叫。"拉蒙把自己的好运归功于他是被教父推荐来的。[82]

何塞·马利亚·拉拉能有机会在种植园的社会阶梯中攀升，则是运气和天赋的结合。1952 年的一天，他第一次得到了这个机会，当时一位喝醉酒的工头未能把手下的工人派驻到某个工地。拉拉被上级安排负责管理 20 位男性工人，他们正在重新种植一片田地。后来，一位名为路易斯·法斯奎尔（Luís Fasquelle）的主管要求拉拉修复一条受损严重的灌溉管道。在圆满完成这项任务后的几天时间里，拉拉被晋升为工头。他的起薪是每月 60 美元（公司扣除 2% 的医疗费用）。公司还为他提供了一套小房子。拉拉并不认为起薪高是激励他的主要因素（"唯一改变的是工作内容"），但更高的声望、舒适的住房和从繁重的体力劳动中解放出来，这三者的组合一定是令人难以拒绝的。[83] 有趣的是，拉拉曾在休长假时在危地马拉担任了一段时间的游击队员，回归公司后他获得了晋升机会，拉拉的经历可能不是联合果品公司的北美经理们欣赏的那种休假。

正如拉蒙·瓦莱切洛的回忆所表明的那样，工头有责任斥责那些在工作中偷懒和（或）没有遵守公司程序的工人。许多先前的工人回忆说，他们因各种违规行为而被追究责任，如驮运货物的骡子超载、未采用适当措施保护水果或者随意喷洒波尔多液。何塞·马利亚·拉拉回忆道，盘问偷懒的工人可能是一个十分冒险的举动：

> 我曾经检查过（排水沟）周围的所有木桩，如果我发现它们的位置被挪动过，我就会把工人叫过来，质问他："为什么要把这个桩子的位置抬高？"这听起来很搞笑，但有时也很危险，因为许多工人会非常愤怒，想要打你一顿。但事情总是会自行解决的。[84]

拉拉描述的这种搞笑中夹杂着恐惧的气氛反映了和谐表面之下的紧张关系，这种紧张关系反映了农场工人与其直接上司之间的日常关系。这种紧张关系不仅源于像拉拉这样的工头所处的尴尬社会地位——他们有时发现自己会对前同事发号施令，同时也源于种植园的组织架构。对大型种植园而言，公司在维系对劳工团队的控制力方面有些心有余而力不足，因为在那些大型种植园里实现这种控制并非总是轻而易举的。[85] 北美的经理人、工头、承包商和许多工人都公然携带枪支。在公司的商店里可以买到小匕首，还有随处可见的砍刀。虽然没有证据表明劳工袭击工头的情况很普遍，但潜在的暴力行为可能促使工头们采取比阿马亚·阿马多尔笔下的贝尼特斯更为圆滑的行动。羞辱工人的主管也可能会给自己带来大麻烦。[86]

矛盾冲突只是工头和工人之间日常接触中的一种可能结果。虽然之前的田间工人抱怨说受到过工头的口头骚扰，威胁说要开除他们。但他们也曾回忆起与工头之间的友好关系，工头也为他们提供了一些帮助，例如发放医疗证，或给工人放风时间，让他们在农场里跑腿。据一名退休员工称，"许多"工头与工人勾结，向公司勒索钱财。[87] 负责向计时员提交每日工作表的工头，可以操纵工作小时数和（或）添加尚未完成的任务。另一个简单却难以察觉的骗局是在匆忙完成的工作上签字。例如，工头可以接受一条尚未挖到规定深度的沟渠，以换取负责完成该任务的挖沟工人支付的少量现金。这种形式的协议使工头们能够在缩短田间工人工作时长的同时，提高自己的工资收入。当然，工头可以解雇拒绝贪污公司财产的人，这意味着勾结和敲诈之间存在着微妙的界限。

种植园主管和工人们欺骗雇主的频率很难确定。1950 年，一位美国外交官在描述其与特拉铁路公司驻拉利马总经理威廉·特恩布尔（William Turnbull）的对话时得出结论，即中央管理层对种植园人员的管理权力是有限的：

> 不管联合果品公司在波士顿和拉利马总部制定的政策多么具有前瞻性和进步性，偏远地区的主管、计时员和其他小职员行事仍然十分武断，这一点是公认的，而且他们对一些工人不闻不问。[88]

这位领事官员（可能特恩布尔也这么想）将对工人的不公正待遇归因于"小喽啰"的"任意行为"，他试图将人们的注意力从公司中央管理层创设的生产流程和工资结构上转移开。从这个意义上来说，特恩布尔的声明可以被认为是声援阿马亚·阿马多尔书中对洪都拉斯籍老板为美国水果公司干脏活的描述。然而，从另一个角度来看，这句话指出了水果公司的管理人员在试图监督分散在各地的种植园经理的行为时所面临的困难。

如果说赋予主管和工头的自主权能够让首席执行官改变对公司政策的批判，那么这种自主权也给了种植园经理颠覆中央管理层规则的机会，因为中央管理层在很大程度上将自己与种植园的田间工人隔离开来。20 世纪 50 年代，特拉铁路公司每隔一两年就会对种植园经理进行轮换，以防止管理层自我庇护。[89] 工头享有多项权力，却很少从事体力劳动，他们还享有额外的福利，这些事实无疑使他们有别于其他的田间工人，但工头们并没有把自己标榜为"公司员工"。许多工头都是从水果公司的田间工人一步步晋升的，他们与受他们监督的那些工人有着共同的背景和相同的语言。之前的种植园工人的回忆表明，种植园的大环境为工人和工头提供了足够的空间，在这个空间中，对抗、勾结和不安等多种因素共存。

生活环境

诸如威廉·特恩布尔这样的水果公司高管居住的地方与工头和种植园工人住的地方之间的空间距离并非偶然存在的。来自美国的高管及其家人住在美洲人聚居区，该地通过围栏和门禁与其他社区进行了物理意义上的隔离。建筑和景观（包括高尔夫球场和游泳池）反映了美国白人居民的审美情趣和文化习俗。而农场的工头和劳工居住在一个截然不同的世界，他们在公司的营地里吃饭、休息、睡觉，这些营地一般都离种植园很近。

20 世纪上半叶，联合果品公司在洪都拉斯的子公司将工人们安置在木制营房里，6 人一间；卧室后面有一个独立厨房。这些房屋建筑并未配备室内管道和电力。1925 年，特鲁希略的一位政府官员报告称，他曾与特鲁希略铁路公司的高管会面，讨论工人的住房问题，那些住房"不符合必要的卫生标准……大多数工人都受到了可怕的蚊群攻击"。[90] 同年，联合果品公司医生威廉·迪克斯出版了一本关于防治疟疾传播的小册子，强调需要搭建"防蚊"住房，以预防该疾病扩散。但是，联合果品公司的医疗部门报告称，由于工人未能正确使用纱窗，所以防御措施并未起到应有的作用。一位之前在该公司工作的工人对这种说法表示赞同，纱窗的确减少了蚊子的进入，但并没有完全消除工人与蚊子的接触："因为一个房间里住着很多工人，其中相当一部分人每天都是醉醺醺的，所以门经常开着，蚊子也就跟进来了。"[91] 正如查尔斯·凯普纳在 1936 年的研究中指出的那样，即使纱窗安装得当且定期维护，由于这些棚屋的房顶没有天花板，而且墙壁和地板之间存在裂缝，蚊子也能很轻易地进入工人的棚屋。

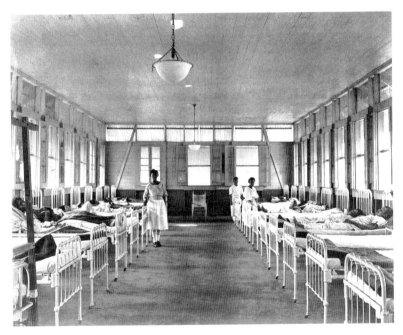

联合果品公司在特拉市的"二级"医院病房（1923 年）。联合果品公司摄影集。现藏于哈佛商学院贝克图书馆。

香蕉种植园中的工人营房拥挤不堪、通风不良，加上劳工不断辗转于农场之间，这些因素都导致了工人呼吸系统疾病的高发病率。事实上，1914 年至 1931 年，联合果品公司在中美洲的员工死于呼吸道疾病的人数远超死于疟疾的人数。1923 年至 1926 年，在洪都拉斯，肺炎造成的死亡人数（602 人）远远多于疟疾（234 人）导致的死亡病例。肺结核也是造成许多人死亡的原因。[92] 水果公司积极发动抗击疟疾的运动，但在改善劳工住房条件方面并没有什么作为，而现有的住房条件极差，导致了呼吸道疾病的高发病率。据一位美国大使馆官员称，1950 年前后，特拉铁路公司会给感染肺结核的工人发放 "100 伦皮拉的抚慰金，还有一张返回老家的火车票"。[93] 该公司劳动关系部的一名前雇员证实，许多被诊断患有肺结核的田间工人在返回家乡 "等死" 之前都会得到一笔小额补偿款。[94] 标准果品公司还试图催促那些感染肺结核的 "本地雇员" 离开种植园，尽快回到他们的老家。[95] 与中美洲香蕉出口产区的其他地方一样，水果公司对治疗感染肺结核的个别工人并不上心，他们更关注如何防止这种疾病传染给其他工人。更重要的是，这些公司很少承认生产过程和种植园组织结构在多大程度上助推了人类和植物病原体的传播。

田间工人的居住空间非常狭小，几乎没有隐私可言。一名工人回忆说，劳务承包商会睡在营地里的小包间里；而工人们则只能在一条长长的走廊上搭起吊床。[96] 弗朗西斯科·波蒂略对种植园的营地生活没有任何美好的回忆：

我们住的房间像养鸡场一样逼仄。从种植园回来的人甚至都懒得洗脚，直接躺在吊床上，他们的脚几乎伸到了隔壁床铺的鼻子底下！许多工人还有咀嚼烟草的习惯。他们会向墙上吐口水，吐得到处都是。在这里你就像个牲畜一样活着。[97]

其他工人也证实，许多工作营地的卫生条件堪忧。何塞·马利亚·拉拉回忆起营地没有厕所，也没有任何可以淋浴的地方。工人们常常跑到田地里去上厕所，有时他们会在穿过种植园的几条小沟里洗澡，但在 1936 年之后，这些沟渠中的水常常被波尔多液污染。更多的时候，工人们在附近的河流和潟湖中洗澡。许多营地都有水井，可以提供洗澡和做饭的水，但水井往往很浅，打上来的水也不一定总是可以饮用的。在标准果品公司的种植园营地里，卫生条件并没有显著提升。布里西奥·法哈多记得，在下大雨时，坑式厕所经常会发生粪水倒灌事件；总有些倒霉蛋在经过厕所旁边时没有注意脚下，他们的鞋子便会"粘上粪便"——布里西奥含蓄地解释道。[98]

第二次世界大战后，联合果品公司开始重新设计种植园的生活空间。1945 年，该公司的工程师设计了一个生活空间的雏形，在保持严格的社会隔离度的同时，改善了整体卫生条件。[99] 在营地的一端是主管的住所，这是一座平房式的大房子，周围有一个院子，包括仆人的住处、鸡舍和花园。一位昔日的种植园工人回忆说，主管的住所被栅栏围住，与其说是物理上实际存在的障碍，不如说是一种社会障碍："如果你需要与主管交谈，你只能走到栅栏门前，在那里向他解释你的需求。"[100] 与主管住所相邻的是计时员和喷药工的住处。房子内部的生活空间、院子和花园面积都比分配给主管的要小，他们还共用一个鸡舍和仆人住所。附近有一个马厩。三位经理的住处和工人营地之间有一片果园区，还有一个由工头和配药员共享的大花园。[101]

工头们住在简陋的独栋房子里，院子很小，他们的住宅实际上占据了管理层员工和劳工之间的中间地带：工头们住的房子与最近的一排工人住房之间只有大约五英尺的距离。公司为已有家庭的工人提供了一个 12 英尺 ×24 英尺的住所空间，分为两个约 12 英尺 ×12 英尺的公寓，不含家具，房屋高度大约高出地面 8 英尺。凸起结构下方的混凝土天井提供了额外的生活空间。每间房子后面都带有独立的封闭式厨房。营地里还有多个"单身宿舍"（72 英尺 ×18 英尺），

分为 6 个房间。工人的住房里未配备内部管道和电力；营地居民共
用饮用水龙头、厕所和淋浴间。这些住房围绕在足球场周围，这反
映出营地在很大程度上仍然是以男性为主的空间。该房屋设计方案
没有为工人们分配花园空间，因为根据美国官员的说法，这"将导
致对宝贵的土地资源的滥用"。[102] 工人住房附近有一个杂货店、一个
医务室和一个娱乐大厅。

　　像杂货店或公司商店这样的社交空间并不常见，它们在营地生
活中发挥着核心作用，并引发人们的争议。工人们可以在那里购买
各种各样的商品，包括干粮和罐头、男士工作服以及砍刀、斧头等
农具。杂货店还零售谷物、豆类和其他当地农民种植的农作物。除
了维持商店的正常运营外，特拉铁路公司还通过铁路将新鲜屠宰的
肉类和现挤鲜牛奶从阿图罗港牧场（靠近特拉市）运到位于苏拉河
谷的公司种植园。维克托·雷耶斯回忆说，小贩们会出售肉类和鞋

联合果品公司营地的妇女在打水（1946 年）。联合果品公司摄影集。现藏
于哈佛商学院贝克图书馆。

子等物品，但公司的商店以较低的价格提供"所有商品"，其他几位前种植园工人也普遍认同这种说法。[103]1947 年美国领事馆的一份报告也支持这一观点，指出特拉铁路公司以成本价或低于成本的价格向工人出售"日常必需食品"。而出售的"非必需品"弥补了公司的损失。[104] 公司负责人报告称，在 1946—1947 财政年度，杂货店销售了价值近 300 万美元的商品，净亏损为 10000 美元。然而，一位来自波士顿的联合果品公司高管托马斯·麦肯（Thomas McCann）断言，为掩盖杂货店在 20 世纪 50 年代初所获得的可观收益，公司的会计人员转移了经营成本。这位高管 1952 年就开始在公司担任办公室勤务员。[105] 无论利润水平如何，这些杂货店都使水果公司能够收回支付给种植园工人现金工资的很大一部分。一位前标准果品公司的员工回忆说，公司办公室会从杂货店收取现金收入，以满足每月的工资发放需求。[106]

与其他洪都拉斯北海岸的商行相比，公司的杂货店享有一些关键优势。这些公司的铁路特许权协议中的条款被宽泛化解释，使得它们能够免税进口许多消费品。此外，杂货店通常位于营地内或离营地很近。工人们可以步行到达这些杂货店，与之形成鲜明对比的是，许多商行位于城镇之中，距离种植园数英里远。虽然铁路将种植园与城镇连接起来，但由水果公司设置的火车时刻表并不总是能满足人们的购物需求。例如，从凯伊尔斯（Coyoles）附近的标准果品公司营地到奥兰奇托，是一段相对较短的距离。一个人必须坐上前往拉塞瓦的火车，而这趟火车直到第二天才返回凯伊尔斯。这意味着工人们必须在奥兰奇托找一个地方过夜，而且有可能会花掉一天的工资。尽管如此，营地居民偶尔会乘坐火车或步行前往较远的商业中心，包括位于埃尔普罗格雷索、拉利马和奥兰奇托等地的商行，以购买公司商店没有出售的物品（如妇女的衣服）。

当时工人们的生活空间在很大程度上是受水果公司控制的，它们通过管控人员、资金和消费品的流动实现对生活空间的控制。在工人的营地内，空间的组织结构对加强普遍存在的不平等现象起到了助推作用。通过用栅栏、果园和工头生活区将种植园经理的私人住宅与工人的住所分割开来，营地的设计在经理和农场工人之间创造了一种空间和社会的距离。足球场和娱乐厅为工人提供了在闲暇时间放松的场所，这也是公司管理层认为可以接受的日常活动。建筑规划中没有提到的是，该公司拥有整个建筑群，因此可以驱逐那些被解雇的工人，这充分说明了工作空间和生活空间层层套叠。当然，营地的蓝图代表了一种理想化的空间秩序；实际上，营地居民会定期出于自身目的而占用一定的社会空间。这一点在发薪日最为明显，当时工作营地变成了喧闹的（而且往往充斥着暴力）狂欢地点，工人们一整天（包括晚上）都会疯狂消费、尽情狂欢。

发薪日通常为每个月的最后一个星期六。[107] 一辆运钞车从一个种植园开到另一个种植园，向工人和劳务承包商发放工资款项。工人们排队兑现他们的计时票据，这一过程一直持续到晚上。在现金流的吸引下，小贩、妓女，甚至收税员纷纷来到了营地。小贩们兜售各种商品，从当地生产的工作鞋等实用物品，到古巴雪茄、白色丝绸衬衫和英国羊绒等奢华的进口商品，应有尽有。一些工人在瓜罗酒的酒精作用下弹起吉他，放声唱着民歌，而留声机则播放着墨西哥牧歌和阿根廷探戈舞曲。妓女们在营地里走走逛逛，搭建了临时的棕榈小屋，她们在那里进行性交易，价格为一伦皮拉。如果说发薪日为男人们提供了放纵娱乐和任意消费的机会，也为许多妇女提供了一个契机，营地里的女性会准备一些特制食品进行兜售，包括辣肉馅玉米卷、玉米卷饼、面包和三明治，还会出售各种饮料（包括一些非法饮料）来赚点外快，以补贴她们在厨房工作的收入。

几乎所有人都认为，在种植园营地中，男人们喝酒司空见惯，尤其是在发薪日和节假日。杂货店提供啤酒（瓶装和桶装）和威士忌，但他们并不出售瓜罗酒，这虽是营地里最受欢迎的酒品，但其销售受到严格禁止。早在 1930 年，洪都拉斯总统科林德雷斯就试图严禁香蕉种植园营地在发薪日出售酒水。当特鲁希略铁路公司因继续批发销售酒水而受到批评时，公司负责人坚称，他们曾试图禁止白酒和啤酒的销售，但由于"许多人经营酒类违禁品而未受到惩罚"，饮酒现象依然有增无减。[108] 安杰拉·科托－莫雷诺回忆起母亲是如何偷偷分装瓜罗酒的："她有一个矮矮小小的桶，把桶装满大概需要半升瓜罗酒。然后她就坐在桶上，营地里的男人都会知道她在卖东西。"对待警方当局的定期检查需要巧妙的斡旋手段。"警察局长有时会路过，对我妈妈说：'嘿，黑鬼（我妈妈的皮肤是黑色的），他们说你卖瓜罗酒。'我妈妈会回答说：'不，我不卖这些东西。我这儿有一点存货，但只是为了在我卖的潘趣酒里加几滴来调味。你要不要试试？'然后她会给警察盛一杯潘趣酒。我妈妈知道怎么保护好自己。"[109]

瓜罗酒和其他酒精饮料也可以在许多距离种植园不远的村庄买到，在阿关河谷附近尤其如此。标准果品公司在 20 世纪 30 年代末和 40 年代建造的许多种植园都借用了附近社区的名字。几位前种植园工人都记得发薪日是"人人都要去村里"的时候，有些人去"找姑娘，喝啤酒和朗姆酒"，还有一些人去赌博或者逛妓院。[110] 然而，对于一些工人而言，村庄不仅是周末社交的地方，还是自己的家。例如，内切·马丁内斯出生在种植园附近的一个小村子，标准果品公司在阿关河谷附近建造了很多种植园，马丁内斯在这个村子里长大。在他为公司工作的几年时间里，他一直住在村子里，有一次马丁内斯拒绝了一个升职机会，因为升职后他需要把妻子和孩子接到公司的营地。马丁内斯认为营地的生活不太健康，不适合举家居住："工作营地的生活与乡村生活截然不同……到处有人争吵打架……而且个体自由度很高，找姑娘什么之类的，我不想我的家人也变成这样。"[111] 十有八九，内切的情况和他拒绝晋升的决定都很不寻常，但他的案例表明指导个人道路的工人经验、观念和价值观极具多样性。

除了到当地村庄闲逛以外，一些工人还利用闲暇时间在附近的河流中捕鱼，或者在香蕉种植园周围破败的森林中打猎。胡安·加维兰曾经猎杀过小鹿，原来有许多鹿栖息在森林中，它们与标准果品公司在凯伊尔斯的办事处"距离很近"。加维兰将当地鹿群数量的减少归因于工人队伍内枪支的泛滥，这表明狩猎是一项很受欢迎的活动。在苏拉河谷，维克托·雷耶斯曾在埃尔普罗格雷索附近的森林地区猎杀鹿和野猪。营地其他居民更喜欢捕鱼。布里西奥·法哈多经常利用下午的闲暇时间在阿关河里钓鱼（dormilón tepemechín）。坎塔利西奥·安迪诺还回忆说，在旱季阿关河的水位变低时，他在河里捉到了一条"体形很大"的鱼（dormilón）。在苏拉河谷，何塞·马利亚·拉拉曾经在乌卢阿河上划独木舟，撒网捕鱼，他喜欢捕捉鲶鱼、鲈鱼和河里的其他生物。至少对于当时的一些人来说，并不能完全通过劳动过程来接触非人类世界。

拉蒙·阿马亚·阿马多尔希望提高洪都拉斯工人阶级的意识，他强调了资本主义生产体系和美帝国主义建立压迫性社会结构的方式，即将种植园居民囚禁在一个几乎不可能逃离的荒凉世界之中。然而，前种植园工人的叙述表明，他们的确受到了一定限制，但并没有因为处于种植园等级制度的底层而无法翻身、停滞不前。大多数工人都找到了解决方法，通过朋友、配偶、富有同情心的老板的帮助以及他们自己的聪明才智，来忍受种植园生活中出现的困难和不确定性。在某些情况下，个人通过追求与香蕉生产没有直接联系的谋生手段"逃离"公司种植园的限制。其他人则为公司工作了几十年，经常换工作，偶尔会被提升到级别较低的管理岗位。

如果种植园的田间工人在香蕉产区找到了忍受甚至享受当下生活的方法，那么很少会有人能够完成资本的大量积累。平均工资

（1930 年至 1950 年，每天 2 ~ 3 美元）中 25% ~ 50% 的部分用于支付厨师已备好的餐食。工作服（含衬衫、裤子和鞋子）的价格相当于几天的工资。一些工人在计件工资制度下找到了提高收入的方法，但个人能够积累的储蓄在定期停工期间可能会迅速耗尽。最后，与北美的经理人相比，大多数工人并不倾向于禁欲主义：年轻男女沉溺于各种"恶习"，包括品尝各式食物、饮料，沉迷于性，购买时髦的鞋子等。

　　第二次世界大战及其后果给洪都拉斯和美国带来了一系列变化，包括经济、政治、社会和技术多种层面，这些变化影响了洪都拉斯北海岸地区的自然景观和该地区人们的生计。1954 年，水果公司的员工组织了一次大规模罢工，在洪都拉斯掀起了社会改革的浪潮，而这场改革受到多方密切关注：担心利润下降的水果公司管理层和专注于遏制拉丁美洲共产主义"威胁"的美国国务院官员等，他们在煽动变革方面发挥了重要作用。与此同时，在美国，第二次世界大战为消费者群体引入了另一个诱人形象，她充满了热带地区的异国情调。

第六章

金吉达小姐辉煌的一生

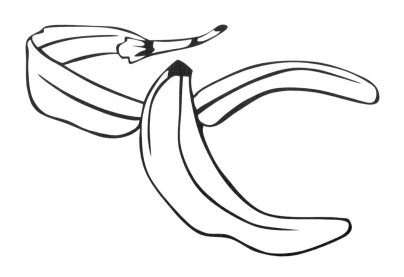

因为巴拿马病或其他害虫入侵古老的种植园，香蕉产业不再是一个可以转移到新土地的吉卜赛产业。我们现在必须坚守阵地，为此，要大力投资淹水休耕、香蕉叶斑病控制和害虫控制等方面，使这片土地得到恢复并保持最大产量。

——联合果品公司研发副总裁

L. G. 考克斯（L. G. Cox），1954 年

金吉达香蕉，向您进言，

香蕉成熟，有其特点。

色泛金黄，略带棕斑，

味道最赞，请君品尝。

……

香蕉极喜热带气候，

冰箱冷藏实属大忌。

——《金吉达香蕉之歌》（*Chiquita Banana Song*），

1944 年

1944 年，金吉达小姐在广播电台诞生。同年，联合果品公司在全国发起广播活动，宣传帕蒂·克莱顿（Patty Clayton）演唱的《金吉达香蕉之歌》。这首卡利普索乐曲红极一时，登上了电台音乐主持人、自动唱碟机和波士顿流行乐的播放列表。[1]歌词和媒介都反映了美国消费文化正在发生的变化。这首短歌由纽约市一家广告公司创作，经常被引用的两段"香蕉极喜热带气候 / 冰箱冷藏实属大忌"，让人联想到配备冰箱、收音机等电器的中产家庭。这种家庭生活的景象与 1923 年流行歌曲《是的，我们没有香蕉！》中城市街头小贩兜售农产品的场景形成了鲜明对比。第二次世界大战后，美国消费模式发生了重大变化，但"穷人的奢侈品"仍然是日益郊区化的中产阶级家庭中厨房里的固定用品。

第二次世界大战的航运限制使美国的香蕉进口急剧减少，人均香蕉消费量在 1943 年降至 8.2 磅，但消费量在战争结束后迅速反弹，在 1948 年达到峰值，估计为人均 22 磅。在接下来的十年中，人均消费量下降到 17~19 磅。[2]这一趋势与水果消费普遍下降相一致，而水果消费下降也与加工食品的激增相吻合。香蕉仍是最受欢迎的水果之一，但除了婴儿食品对香蕉泥的少量需求外，香蕉没有像苹果和橙子那样的大型加工产品市场。《金吉达香蕉之歌》的歌词在当时既反映了香蕉的持续流行，也反映了美国饮食方式的变化，这一变化限制了香蕉市场的扩张。

广播作为金吉达小姐接触观众的媒介，进一步反映了广告和大众传媒发生的变化。20 世纪 40 年代之前，联合果品公司的广告主要包括信息小册子、广告牌展示和旗下《联合果品》杂志。20世纪30年代，联合果品公司的宣传材料开始使用昙花一现的大众文化来替代文本过多的小册子，这些昙花一现之物以精心设计的艺术图片和摄影布局为特点。这一时期的食谱书中有一个男性卡通香蕉形象，指导消费者评估水果成熟度。在《金吉达香蕉之歌》播出后，该公司平面广告卡通形象从男性香蕉变成了金吉达小姐。她皮肤光滑无瑕，穿着长裙，脚踩高跟鞋，戴着一顶饰有热带水果的超大帽子，给人留下了深刻印象。考虑到20世纪40年代另一位经常与香蕉联系在一起的女性——卡门·米兰达的超高人气，联合果品公司决定将自己的标志"变性"，也就不足为奇了。

米兰达出生在葡萄牙，在第二次世界大战期间风靡百老汇和好莱坞，被美国媒体称为"巴西炸弹"。[3] 香蕉经常占据她音乐专辑的主导地位，在视觉上将其"火辣"的节奏与性感（但无法定位）的热带地区联系在一起。1943年上映的巴斯比·伯克利（Busby Berkeley）的好莱坞音乐剧电影《高朋满座》（The Gang's All Here）最为直观地表达出了这一点，在这部音乐剧电影中，卡门·米兰达演唱了《戴着水果帽子的女人》（The Lady in the Tutti-Frutti Hat），同时一群女性拿着超大号的草莓和香蕉表演。米兰达在表演中增添了幽默感，由此削弱了表演中产生的性张力，确保自己和香蕉都不会违背那个时代的道德标准。通过服装（包括大致基于巴伊亚风格的标志性头饰）、音乐（巴西音乐家表演的桑巴节奏）以及有趣（和精心设计）的葡萄牙语和英语混讲，浅色皮肤的米兰达将一种合乎道德的热带异国情调带到了北美的舞台和银幕上。卡门·米兰达和香蕉都成了性感和充满趣味的流行文化标志，她们的流行在很大程度上得益于这两者的结合。

卡门·米兰达在商业上取得的成功也与美国对拉丁美洲的政策发生改变有关，为消除德国在该地区的影响，同时确保获得战略性原材料，富兰克林·德拉诺·罗斯福总统对拉美推出"睦邻政策"，承诺结束美国的军事干预，加强经济文化联系。美国政府招募优秀的好莱坞电影公司制作影片，讲述团结抗争纳粹的美洲人民，以宣传反纳粹活动。[4] 卡门·米兰达出演的影片，包括《高朋满座》《阿根廷游记》(Down Argentine Way)、《哈瓦那的周末》(Weekend in Havana)、《在里约热内卢的那个晚上》(That Night in Rio)，成为福克斯电影公司构想美洲融洽关系的途径。在《高朋满座》的开场部分，米兰达出现时，身边有一艘船，名为巴西号，在播放着歌曲，另一边，码头工人从船上卸下拉美的优势农业出口产品：咖啡、水果、糖。[5] 美国的观众如何接受这种比较明确的信息并不好说，但是米兰达极受欢迎的电影［《哈瓦那的周末》一开始就比《公民凯恩》(Citizen Kane) 叫座］，试图呈现一个既美妙又"睦邻友好"的拉丁美洲形象。[6]

在这些文化和地缘政治背景下，联合果品公司在 1947 年注册了"金吉达香蕉"商标。此后不久，美国的一些零售商为利用该商标的高知名度，在零售店把带有"金吉达"名字的彩条放置在所售香蕉的周围。[7] 联合果品公司表示，绑有彩条的水果十分适合自助超市，但自身在开拓金吉达品牌潜在市场价值方面行动缓慢。这主要是由于，20 世纪 50 年代，该公司的广告宣传换成了老生常谈的主题，即鼓励消费者吃更多的香蕉，或假借流行的现代化话语让人们关注联合果品公司在促进美洲繁荣方面的作用。到了 20 世纪 60 年代初，该公司的营销策略经历了一段过渡期，在此期间，公司作出了较大的变革，以应对一系列政治、经济、农业生态转变，这些变化使该公司在 20 世纪 50 年代末的利润创下历史新低。不出所料，在艰难重塑公司形象之际，该公司高管另觅"金吉达小姐"，寻求出路。

在《金吉达香蕉之歌》通过电波传遍美国时，巴拿马病不停歇地悄悄蔓延至洪都拉斯的出口香蕉农场。1939 年至 1948 年，特拉铁

*A new easy way
to cook bananas*

BAKED BANANAS
IN THE PEEL

4 firm bananas*
1½ tablespoons melted butter
  or margarine
Salt

Use all-yellow or slightly green-tipped bananas

Cut off the tips of both ends of each banana.
Remove a lengthwise section of the peel, about
1 inch wide, extending from end to end. Brush
exposed portion of the pulp with butter or
margarine and sprinkle lightly with salt. Place
into baking dish. Bake in a moderate oven
(375°F.) 15 to 20 minutes, or until peels are
dark and bananas are tender . . . easily pierced
with a fork. Serve hot as a vegetable.
Four servings.

*IMPORTANT: When browning is desired, place
the baked bananas under broiler heat about 1 to
2 minutes.*

HAM BANANA ROLLS

With Cheese Sauce

4 thin slices boiled ham
Prepared mustard
4 firm bananas*
1½ tablespoons melted butter or
  margarine
Cheese Sauce

Use all-yellow or slightly green-tipped bananas

Spread each slice of ham lightly with mustard.
Peel bananas. Wrap a slice of the prepared ham
around each banana. Brush tips of bananas with
butter or margarine. Place Ham Banana Rolls
into a greased shallow baking dish, and
pour Cheese Sauce over them. Bake in a
moderate oven (350°F.) 30 minutes, or until
bananas are tender . . . easily pierced with a
fork. Serve hot with the Cheese Sauce from the
baking dish. Four servings.

Cheese Sauce

1½ tablespoons butter or margarine
1½ tablespoons flour
¾ cup milk
1½ cups grated sharp American cheese

Melt butter or margarine in saucepan; add flour
and stir until smooth. Stir in milk slowly. Add
cheese and cook, stirring constantly until sauce
is smooth and thickened.
Makes about 1 cup sauce.

3

金吉达的香蕉食谱。纽约：联合水果公司，1956 年。

路公司损失6700多公顷香蕉农场，接下来的五年（1949—1953年），放弃率持续上涨，这5年间也正值该公司减少了9600多公顷的生产规模。[8]使巴拿马病的发生率居高不下的原因在于，洪都拉斯北海岸适宜种植香蕉的优质土壤不断减少。1946年，联合果品公司在"新开垦的、此前不曾耕种过的丛林地带"开辟了9个种植园，占地3200公顷，这些农场分别处于不同的开发阶段。[9]尽管数量可观，但这些新种植园并不能弥补联合果品公司已经放弃的土地，而且，未来获得林地的前景也不容乐观。因此，该公司将目光日益转向不利于出口香蕉种植的贫瘠地区，包括乌卢阿河与查梅莱孔河下游之间的广大湿地。"土地开垦"项目使用大量的堤坝和溢洪道把两条河的

如苏拉河谷鸟瞰图所示，由联合果品公司建造的排水沟（1949年）。联合果品公司摄影集。现藏于哈佛商学院贝克图书馆。

洪水转引至塞满淤泥、水流缓慢、固体物留滞的沼泽地，最终形成一层土壤，使大米歇尔香蕉得以种植。[10]

　　20世纪40年代中期，由该公司负责的最大淤滩工程之一便是一个占地4500公顷的场地，该地被恰如其分地称为"沼泽"（El Pantano）。工人建立的河堤——最长的近5英里——能容纳12英尺深的水。1947年，工人借助涡轮驱动泵，清除积水，确保地下水升至合适的水位（对位于两河之间、在潮湿季遭受暴雨的低地来说这并不容易），把该地的水排干。[11]诸如此类的沼泽项目表明，联合果品公司的工程技术与不断增加的投入，以及同时增加的成本，都与19世纪中叶在苏拉河谷生长的香蕉脱不开联系。当然，这种工程仅能由财力雄厚的企业开展。1949年，"越来越多"的个体香蕉种植园由于不堪植物疾病困扰，正在被放弃，且（或）被用来种植其他作物。[12]

　　土壤建造项目产生了一个意料之外的好处：科学家发现，感染

淹水休耕下的联合果品种植农场鸟瞰图（1949年）。联合果品公司摄影集。现藏于哈佛商学院贝克图书馆。

巴拿马病的土壤在积攒了几个雨季带来的淤积后，数年来都培育出了"顶级"水果。在该发现的启发下，联合果品公司的维宁·邓拉普博士在 1939 年开始了一系列实验，试图重新利用被巴拿马病感染的土壤。[13] 邓拉普和其助手短暂地把患病的香蕉种植园转化为积满水的浅湖床。在 3 个月至 18 个月内的时间内，工人把该地的积水排干，重新种上没有患病的根茎物。1942 年，邓拉普表示，他的"淹水休耕"技术正在显露一些成效。[14]5 年后，联合果品公司处于淹水休耕各阶段的土地有 4000 多公顷。该实验的初获成功，加之 20 世纪 50 年代巴拿马病加速传播，使"广泛的淹水休耕作业"成为当务之急。[15] 到 1953 年，该公司的员工已在苏拉河谷采取淹水休耕作业并重新开发了 5700 公顷左右的土地。

同样，标准果品公司高管也面临洪都拉斯土壤资源逐渐减少的困境。1941 年，该公司拥有的约 25000 公顷香蕉种植园及椰子田被弃用。[16] 值此之际，标准果品公司正把生产转移至阿关河上游地区，并在该地区距奥兰奇托不远处的凯伊尔斯设立办公室、工厂以及工人宿舍。通过考量未来种植项目，总经理 A. J. 丘特在 1941 年的一份备忘录中写道："奥兰奇托没有足够优质的土地，我们有理由放弃其中任何一块。"[17] 为了创造适合香蕉种植的成片土地，该公司开始买入大大小小的地产。1935 年至 1945 年，公司员工在该地区的种植园种植了约 4900 公顷的香蕉，同时也因巴拿马病的传播放弃了近 1300 公顷的土地。[18]20 世纪 40 年代中期，该公司的长期雇员约翰·米斯利（John Miceli）加入了与当地土地拥有者开展的旷日持久的协商，以获得"阿关河南部所有可种植的土地"。[19]1945 年 10 月底，米斯利欣喜地表示自己成功完成了使命："我和你说过，我会拿到阿关河南部的土地，我成功了。如果我按照他们要求的价格支付，并且得到支付授权，就可以更快拿到，但我没有这么做。事实就是，无论他们起初要多少钱，我都不相信所有的土地都得让公司每英亩支付

25 美元（或每公顷 61.75 美元）。”[20] 米斯利设法在阿关河南岸连接起一块 2200 公顷的土地，并预计这块土地会满足公司 5 年的土地需求。

　　但是标准水果公司快速扩张的努力受到当地气候条件的阻碍，由于阿关河上游地区位于北面的农布雷 – 德迪奥斯山系造成的雨影区，该地区有一个明显的旱季，因此生产出口香蕉的种植园需要大量灌溉，这既加重了该山谷的水资源压力，又增加了生产成本。[21] 比如，1946 年，标准果品公司的一名职员表示，一块 800 公顷的土地由于水量不足无法用来种植，现有的种植园正在耗尽阿关河可利用的水。[22] 该公司当年的记录表明，安装和运作一套人工灌溉系统超过了在该地建造一个香蕉种植园所需总成本的 40%。[23]

　　除了把阿关河的水用于灌溉，标准果品公司也利用了该地区的森林。20 世纪 40 年代开始，该公司便用木桩来支撑香蕉树，试图降低风力带来的损失。伐木承包商从围绕标准果品公司凯伊尔斯种植园的群山中选取硬材，包括橡树、红木、号角树等。[24] 种植园工人团队合作挖洞，把木桩放在负载着树枝的香蕉树旁边。这种木桩通常可以使用四到五轮丰收季再被替换，前提是它没有被工人偷走当柴火。据该公司前研究员亨利·莫瑞（Henry Muery）回忆，公司早在 1951 年就尝试把竹竿用作支撑物，但是直到 70 年代，公司一直在乌蒂拉岛上从山林中获取木桩，从沼泽中获取木头。[25] 该公司也在凯伊尔斯种植园附近设立了桉树人工林。特拉铁路公司把竹子用作支撑物。这些水果公司每年使用的木桩总量轻易就突破了上万棵，这使出口香蕉的生产对周围的生态系统影响巨大，但这一影响却鲜少被考虑到。[26]

　　新土壤、灌溉、支撑物有助于提升产量，但对阻止巴拿马病在阿关河的传播区几乎无济于事。因此，标准果品公司实验了特拉铁路公司实施的淹水休耕技术。1947 年 1 月，标准果品公司的高管一致同意在阿关河北部租赁 7500 公顷土地。[27] 这些地产原先由特鲁希略铁路公司种植而后被放弃，被认为是该阿关河地区唯一有足够水源以承担大规模淹水休耕作业的地方。标准果品公司的总经理丘特认为该项目的竣工迫在眉睫，届时将花费 50 万美元。[28] 然而，特古西加尔巴的媒体发布有关该公司的收购计划后，卡里亚斯总统收到了来自该地区居民的多份电报和请愿书，抗议该项目。由于正值选举年，同时十多年来首次形成了难以对付的反对势力，卡里亚斯总统叫停了与标准果品公司的谈判。

惶恐的标准果品公司派出一名代表会见总统，以期明确谈判推迟的原因无关政治，并利用金钱扭转情形。[29] 该公司为拿下这块土地，准备支付高达 10 万美元（作为贿赂）。在与总统长达一小时的会面中，该公司的发言人强调，巴拿马病正在迅速感染其公司在奥兰奇托的种植园，表明公司准备投资 50 万美元修复此前弃用的土地。他还表示，如果香蕉种植园和铁路服务恢复，成为"鬼城"的该地区将重新焕发生机。该公司的游说显然取得了成功，因为两年后，一名美国的领事官员表示，标准果品公司将支出近 500 万美元，花 5 年的时间修缮堤坝，为泄洪做准备。[30] 作业计划于 1950 年开始。但是，亨利·莫瑞表示，仅建设了几个人工湖之后，公司就由于高成本暂停了项目，他于 1951 年加入公司新成立的研究部门，致力于开展淹水休耕实验。[31] 该公司在淹水休耕方面的尝试表明，农业生态的改变限制了权力的使用：公司设法向政府争取来土地特许权，但是用于把患巴拿马病的土壤转化为具有生产力的出口香蕉种植园的资金，无法使该公司把政治影响力转变为利润。

洪都拉斯等地的政治变化导致水果公司的情况更加复杂。在第二次世界大战中法西斯政权战败后，中美洲独裁政府受到国内外压力，被要求政治机构民主化。1948 年，大学生和激进自由党的反对声日益增长，卡里亚斯总统在统治洪都拉斯 16 年后下台，为副总统兼前联合果品公司律师胡安·曼努埃尔·加尔韦斯（Juan Manual Gálvez）上任铺路。[32] 次年，大学生及其他群体公开抗议联合果品公司寻求的特许权条款，清楚地表明了水果公司在特古西加尔巴的影响力正在减弱。1950 年，加尔韦斯总统签署立法，对水果公司在洪都拉斯境内的收入征收 15% 的所得税。5 年后，政府将税率提高到 30%。与此同时，洪都拉斯州开始推进牛类、咖啡豆和棉花出口，以实现国民经济的多样化，减少对香蕉出口的依赖。[33]

在美国国务院和美国劳工联合会向中美洲政府施压，促使其成立反共工会时，加尔韦斯政府发起了劳工改革。1950 年，加尔韦斯签署了美洲国家组织宪章，承诺捍卫工人的结社权。两年后，洪都拉斯国会成立了劳工和社会福利局来实施改革，包括缩短工作日、限制雇用童工和建立工人补偿制度等。弗朗西斯科·波蒂略曾是一名农工，他想起工人们迎接 8 小时工作制时的喜悦："我当时在灌溉部门工作，我们通常很晚才离开田地。一天，另一群人来接班，那时才下午两点。我们都站在田里大喊'胡安·曼努埃尔·加尔韦斯万岁！'"[34] 历史学家达里奥·欧拉克认为，这正是政府希望引起的反应。加尔韦斯并没有想到他的改革会成为强大工会的垫脚石，"而是将其视为调解劳资纠纷的国家机构的一部分"。[35]

然而，洪都拉斯的共产主义组织者（包括作家拉蒙·阿马亚·阿马多尔）、激进自由党成员和激进工人都有自己的想法。工人协调委员会于 1950 年成立，旨在组织洪都拉斯采矿、工厂和农业工人。工人协调委员会和洪都拉斯民主革命党开始出版地下报纸，在北海岸广泛发行。[36]1954 年 4 月，特拉铁路公司码头工人因公司拒绝（遵循加尔韦斯改革法案）支付复活节加班费而罢工。不久，该公司位于特拉的医院护士和其他员工向管理层提出了一份要求清单，双方迅速解决了争端。几天后，码头工人、机械师等公司员工在科尔特斯港举行罢工。警察拘留了两名罢工领导人，但工人的大规模抗议成功使警察无条件释放了他们。在埃尔普罗格雷索港和拉利马港举办的劳动节庆祝活动吸引了数千人前来，他们表达了对罢工码头工人的支持。两天后，特拉铁路公司在埃尔普罗格雷索港口分部的所有员工罢工。很快，在拉利马港、科尔特斯港和特拉港的数千名同事加入了他们的行列。一周之内，大约15000名标准果品公司工人也举行了罢工。自1932年以来，大罢工第一次使洪都拉斯北海岸的出口香蕉生产陷入瘫痪。[37]

罢工的联合果品公司工人要求增加工资、改善医疗服务、带薪休假、为所有工人提供住房、为员工子女提供免费教育、提供防护服等。标准果品公司工人要求立即解雇3名管理人员、全体涨薪50%、带薪休假以及其他福利。政府任命的调解员迅速成功地结束了标准果品公司的罢工，公司同意适度增加工资并替换罢工者请愿书中提到的3名管理人员。不过，一些工人拒绝了这一解决方案，并继续罢工，直到政府出面干预。特拉铁路公司的罢工持续了69天，在这期间，总统加尔韦斯进行了干预，工人领袖间的分歧加深，美国支持逮捕与共产主义组织和洪都拉斯民主革命党有关联的罢工组织者，此后双方达成了协议。工人们赢得了工资和福利的适度增长。更重要的是，特拉铁路公司同意承认集体谈判单位。不久，劳工领袖成立了特拉铁路公司工会。

加尔韦斯和美国国务院都暗示，雅哥布·阿本兹领导下的危地马拉政府帮助煽动了罢工，但工人们从圣佩德罗苏拉港的商业领袖那里获得的帮助远多于受共产主义影响的外国政府。事实上，尽管美国策划推翻了阿本兹政府，1954年的事件最终还是削弱了联合果品公司的权力。美国司法部反托拉斯局对该公司的营销展开了调查。在洪都拉斯，重新活跃起来的自由党候选人拉蒙·比列达·莫拉莱斯（Ramón Villeda Morales）在罢工后的选举中赢得了多数（而非绝大多数）选票。在选票没有获得绝对优势的情况下，加尔韦斯的副总统胡利奥·拉萨诺·迪亚斯（Julio Lozano Díaz）实行独裁统治。迪亚斯政府颁布了劳工权利宪章，保障工人集体谈判的权利，令大约 50 个工会合法化，并承认工人罢工的权利。[38]

仅在持续 16 年的卡里亚斯时期结束 7 年后，这项立法就得以颁布，这标志着亲劳工自由党领导人的权力不断增长，以及一些国家党派领导人不愿承认的事实，即在冷战时期迅速变化的地缘政治背景下，美国对镇压反共劳工组织颇为不满。在 1956 年奥斯瓦尔多·洛佩斯·阿雷利亚诺（Oswaldo López Arellano）上校推翻迪亚斯之后，莫拉莱斯最终在 1957 年担任总统。武装部队发动政变有多方面动机，但通过迫使声名狼藉的迪亚斯下台，政变领导人为越来越受欢迎的自由党掌权创造了机会。在莫拉莱斯执政期间（1957—1963 年），以前被边缘化的工人和小农的声音产生了响亮共鸣，扩大了洪都拉斯社会政治话语边界，重组国家主导的发展项目。1959年，莫拉莱斯政府创建了社会保障研究所，并颁布了新的国家劳动法。3 年后，洪都拉斯政府批准了土地改革立法。

从第二次世界大战结束到 20 世纪 60 年代初，深刻的变化发生了，但美国的水果公司并没有停滞不前，这一点毫不意外。位于洪都拉斯的美国公司通过设法缩减劳动力规模来应对工会力量上升。根据罢工协议条款，公司承诺不会报复罢工领导人，但保留因"一般经济原因、不可抗力和不可预见事件"转移和（或）解雇工人的权利。[39] 想必是拜公司高管的祈祷所赐，罢工结束两个月后，凶猛的洪水摧毁了苏拉河谷数千公顷的香蕉种植园。据此，特拉铁路公司于 1954 年 11 月解雇了约 3000 名工人，这对岌岌可危的特拉铁路公司工会是一个打击。

特拉铁路公司工会官员对媒体称，他们已说服公司管理层不再另行裁员 7000 人，但公司发布的一份声明只承认管理层同意将员工数量保持在"尽可能少"的水平。[40] 一位美国大使馆官员报告称，工会普通成员对工会领导人未能阻止大规模裁员感到不满。特拉铁路公司向被解雇工人支付小额遣散费，并允许他们在公司的休耕土地上种植作物。此外，洪都拉斯政府请求美国提供救援物资，并组织了一个紧急公共工程项目，为失业的香蕉种植园工人提供公路建设岗位。然而，一位美国官员警告称，在该公司"解决是将运营恢复到洪灾前的'正常'水平，还是永久性地维持在较低水平这一基本问题之前"，任何解决失业的长期方案都是难以实现的。[41]

　　两年后，特拉铁路公司为洪都拉斯银行、商业机构、工业和国家媒体的代表组织了一次关于恢复运营的参观活动，回答了这一问题。公司官员解释说，巴拿马病的蔓延，加上市场对"高质量"水果的需求，降低了恢复"边缘土地"的可行性。因此，生产区再也无法回到1954年以前的水平，公司也不会像过去那样"雇那么多员工"。[42]这种说法实际上有点保守：1953年至1957年，特拉铁路公司将其洪都拉斯员工人数削减了近一半（从大约26000名削减到13000多名），而1953年至1959年，香蕉有效种植面积从大约16000公顷下降到11300公顷。[43]1961年，联合果品公司雇用员工人数下降到8800人。标准果品公司对1954年罢工的反应同样引人注目：在20世纪50年代初扩大香蕉种植和增加员工数量后，该公司在1954年至1955年间将员工人数从13000人削减至9000人。进入20世纪60年代后，该公司的雇员不足5800人。[44]1967年，标准果品公司员工人数持续减少，直到降至5000人以下。

　　水果公司采取了两种基本裁员策略：将劳动密集型生产流程外包，投资劳动节约型技术。将生产转移到非公司土地这一举措实际上在1954年罢工前就开始了，并且是与加尔韦斯政府的劳工改革同步进行的。1952年，特拉铁路公司提出了一个"联合种植者计划"，向100位前员工每人提供20公顷位于埃尔伊格里托（El Higuerito）的土地，该地区位于公司拉利马总部的南部。联合种植者负责管理种植、除草和收割等劳动密集型任务，并同意以特拉铁路公司设定的价格，将香蕉独家出售给该公司。根据合同条款，该公司要安装排水、灌溉和道路基础设施；操作灌溉系统和叶斑病控制系统；通过拉利马的总部办公室协调日常种植活动。该公司承诺在投资回本后将产权转让给个体种植者。[45]

前特拉铁路公司地区总监卡米洛·里维拉·吉隆回忆说，由于埃尔伊格里托项目为该公司提供了"减轻自身（对工人的）责任"的手段，国家媒体普遍反对。[46] 为了改变公众舆论，吉隆带领新闻记者参观了埃尔伊格里托，展示该项目的优点。但是，报纸编辑委员会并不是唯一对联合种植者项目持保留意见的机构。特拉铁路公司工会官员认为该计划会压低工资。1957 年 10 月，来自埃尔伊格里托种植园的一群喷药工和其他工人加入了特拉铁路公司工会，预防工会报纸所称的"广泛无常的裁员"。[47]4 个月后，工会代表帕斯托尔·祖尼加·拉米雷斯（Pastor Zúniga Ramírez）控诉说，公司不当解雇了埃尔伊格里托项目的工人。公司管理层否认了这一指控，称那些被解雇员工是联合种植者计划的员工。然而，埃尔伊格里托的种植者辩称，他们只雇用了收割和除草人员。1958 年，工会宣称，在联合种植园从事灌溉、叶斑病控制和施肥的工人是与公司"直接签约"的。在发薪日，工会指出："这些工人把公司在办公室制作的工资条交给执行联合种植者计划的项目公司……这通常是该项目与工人的唯一联系。"[48]

工会的反对未能阻止公司扩大联合种植者计划。1958 年 5 月，4 名前种植园主与特拉铁路公司签订租约，租用圣曼努埃尔市 120 公顷土地，该市位于公司拉利马总部以南。[49] 租约条款与埃尔伊格里托项目合同中的条款非常相似：公司同意安装种植园基础设施，以换取承租人所种植的出口级水果的独家采购权。圣曼努埃尔市项目的种植者负责所有生产流程，但叶斑病控制仍由公司负责，这明显是一个例外。1960 年，特拉铁路公司又启动了两个联合种植者项目，8 名前洪都拉斯高级员工参与，涉及苏拉河谷 800 多公顷的土地。[50] 同年，新上任的联合果品公司总裁托马斯·桑德兰（Thomas Sunderland）告诉股东，联合种植者计划关乎公司"未来"。[51] 1961 年，公司在洪都拉斯 100 多个联合种植园的病害控制、灌溉和肥料上投入了大约 100 万美元。同年，所有的联合种植者计划项目共向该公司出售了 200 多万串香蕉。[52]

公司管理者没有公开表明洪都拉斯联合种植者计划的长期目标，但是在 1960 年，他们与洪都拉斯政府和美国政府官员分别进行了私下会谈，证实了他们正在设法摆脱香蕉种植业。一位美国官员称，时任洪都拉斯总统莫拉莱斯听到这个信息时，犹如"当头一棒"。至少有一位国会议员要求立即将公司财产和铁路国有化。[53] 虽然没有进行征用，但劳工的施压促使莫拉莱斯下令，将特拉铁路公司工会合同中几项条款的适用范围，如最低工资、假期、医疗福利和住房等条款，扩大至"特拉铁路公司区域内所有农场和未来可能收购的土地实体"。[54] 尽管采取了这一措施，工会领导层还是不满于收购联合种植者计划香蕉的"低价"，以及联合种植者计划项目合同中禁止生产者将未通过公司检验的水果出售给其他买家的条款。工会声称，这些措施往往会压低公司种植园工作者的工资。[55]

吉隆在特拉铁路公司工作多年后，于 1960 年成为联合种植者计划的一员。吉隆表示自己任由公司摆布："特拉公司水果检验员会过来说'这一串不好，那一串也不好'，但我们能做什么呢？我们又不能卖给别人。"他说，联合种植园工人的工资是公司工人的"一半左右"。此外，联合种植园没有向其工人提供公司工会工人享有的住房和医疗福利。[56] 吉隆认为，特拉铁路公司的联合种植者计划就是在明确回应劳工组织日益增长的力量。"当他们（公司管理层）要给工人更高的工资时，必须裁员，这样利润才能保持不变，对吧？他们必须解雇员工，才能降低固定成本（行政成本和劳动力成本），提高员工生产率。"[57]

如果吉隆认为当初水果公司裁员是一个合乎逻辑的商业决定，那么他在 20 世纪 60 年代初担任科尔特斯省省长时，对裁员带来的威胁就不会那么乐观了。在特拉铁路公司宣布暂停在洪都拉斯的投资，反对拟定的土地改革措施后，吉隆向美国官员控诉道，公司这一行为无异于粗暴勒索，违背了约翰·肯尼迪总统的"争取进步联盟"（Alliance for Progress）精神。吉隆不是唯一不满联合果品公司的人；美国领事罗伯特·阿什福德（Robert Ashford）收到了"友好人士"的"一连串投诉"，他们对美国政府不能更好地控制水果公司的行为表示"惊讶"。[58] 最终，土地改革立法和联合种植者计划（与"争取进步联盟"的减贫方法相吻合）都得以推进。20 世纪 70 年代后，联合果品公司的联合种植者计划项目在洪都拉斯种植了约 3100 公顷香蕉。[59]

1965 年，标准果品公司开始为"独立种植者计划"打下基础。计划开始一年前，总部位于旧金山的卡塞尔库克公司（Castle & Cook）取得了标准果品公司的控股权，其高管支持通过寻找洪都拉斯投资者种植香蕉，以释放后者的资本。[60] 独立种植者计划和联合果品公司的联合种植者计划非常相似。标准果品公司计划通过银行贷款、提供技术投入，并充当独家市场渠道来帮助种植者。公司官员预测，这将使公司现有种植面积翻一番，并在两年内创造 6000 个新岗位。不出意外，工会官员反对独立种植者计划，因为"独立"种植者不受工会和公司之间集体谈判协议条款约束。标准果品公司的官员反驳称，公司能向独立种植者支付工会规定的工资并获利。然而，美国国务院官员对此持怀疑态度，他们指出，向现有的独立种植者支付的工资往往只能到水果公司所付最低工资的一半。[61] 为了减少工会反对声，标准果品公司在 1965 年的劳动合同中加入了一项条款，即根据洪都拉斯分公司装运的水果总数，为员工建立了一个激励制度，不管水果是否来自公司经营的种植园。这显然动摇了许多标准果品公司的员工（大多数员工不从事收割工作），他们开始认为工会对独立种植者计划的反对阻止了他们赚取额外工资。[62] 1966年最开始独立种植园计划规模并不大，不过随后发展迅速：1971年，独立种植者计划项目的种植园占地约 3800 公顷。[63]

外包香蕉生产降低了水果公司的劳动力成本，但并没有解决巴拿马病带来的问题。1954 年罢工后，无病害土壤越来越少，并且政治气候不确定，标准果品公司的管理层放弃了资本密集型的淹水休耕，重新寻找抗病香蕉来替代大米歇尔香蕉。在 20 世纪 40 年代初，标准果品公司从波多黎各进口了布特兰德蕉（Bout Rond），从巴西桑托斯（Santos）进口了粗把香芽蕉（Giant Cavendish），同时还有IC 2 香蕉，这是一种由帝国热带农学院的英国育种家创造的杂交品种，能够抵抗巴拿马病和叶斑病病原体。[64] 1944 年，标准果品公司开始对 IC 2 杂交品种进行小规模商业运输。1950 年，其出口量达到顶峰（不到 50 万串），但由于该品种产量相对较低且果实短小，该公司在 4 年后停止了生产。[65] 1943 年，标准果品公司首次种植粗把香芽蕉（40 公顷，小规模）。[66] 不久，该公司开始在患病的大米歇尔香蕉中间种植布特兰德蕉，这样大米歇尔香蕉停产时，布特兰德蕉就能成为替代品。总经理丘特说，布特兰德蕉和粗把香芽蕉是"纤细的大型香蕉，能够抵抗巴拿马病"，但它的果串不像大米歇尔那样成熟。[67] 布特兰德蕉和粗把香芽蕉需要储存在 60 华氏度到 75 华氏度下，暴露在乙烯气体中，这样才能"正确"催熟，所以丘特一开始不鼓励将布特兰德蕉和粗把香芽蕉卖给不会"正确"催熟的经销商。

1953 年，3200 多公顷布特兰德蕉开始结果。[68] 3 年后，标准果品公司选择全部生产粗把香芽蕉，因为其产量超过布特兰德蕉，并且抗风能力更强（"粗把香芽蕉"是误称，它实际上比大米歇尔香蕉和布特兰德蕉都矮）。标准果品公司所出售的香芽蕉的商标叫"金色美人"（Golden Beauty）。正如 20 世纪 20 年代的拉卡坦蕉一样，美国水果经销商强烈抵制该新品种，他们抱怨在从种植园到零售市场的运输过程中，薄皮的香芽蕉非常容易受到擦伤，留下疤痕。直到 1955 年，香蕉批发商的研究表明，"水果质量和外观"是其业务盈利能力的"主要决定因素"。[69] 大米歇尔香蕉仍然是大多数水果经销商的首选香蕉，而他们倾向于将其他所有香蕉简单地称为"变种"，这种缺乏特异性的做法反映了批发商认为大米歇尔香蕉是多么的无与伦比。

随着 20 世纪 50 年代宣告结束，除了大米歇尔香蕉，标准果品公司出口产品的拒绝率和折扣率都很高。[70]1958 年，公司公关部门在洪都拉斯一家报纸上发表声明称，美国批发商抱怨粗把香芽蕉的外观、形状和成熟特性。公司补充道："众所周知，就像 1957 年那样，当大米歇尔香蕉供应充足时，粗把香芽蕉价格会大幅下跌。"[71] 几个月后，标准果品公司发表了另一份声明称，粗把香芽蕉市场价格持续低迷，洪都拉斯分部正在亏损。[72] 两份声明都发表于洪都拉斯劳工动荡时期，可能是为了让公众觉得罢工工人的说法是不合理的。但它们也反映了市场结构在持续抵制大米歇尔香蕉以外的香蕉。

1957 年，标准果品公司在洪都拉斯建立了一个实验性香蕉包装厂。工人把香蕉去梗、清洗并进行挑选，装进纸箱。这项实验的目的是减少脆弱的香芽蕉在进入零售市场前的处理次数。在美国城区进行了两年市场营销试验后，公司官员于 1960 年宣布，他们即将迎来"香蕉产业历史上最伟大的创新——种植园预冷装箱"。[73] 事实上，用盒子包装香蕉这一想法并无革命性；20 世纪 30 年代早期，标准果品公司曾尝试出口箱装香蕉。第二次世界大战前，在自助超市发展的部分推动下，美国水果商开始将香蕉装箱，送到零售店。20 世纪 50

年代中期，批发商对几乎所有接手的香蕉进行切割、包装和称重。[74] 标准果品公司的官员报告称，零售商"一致"认可箱装香蕉，这一点毫不奇怪，因为箱装香蕉非常适合自助超市，截至 1960 年，自助超市的食品销售额占美国食品销售额的 75%。同年，标准水果公司向消费者引入箱装"加巴纳"（Cabana）香蕉。[75]

在解决巴拿马病的问题上，公司研究人员和高层管理人员间的关系愈发紧张。1957 年，在美国加利福尼亚州的帕洛阿托（Palo Alto），联合果品公司的顶尖科学家举行了会议，制订了长期研究计划。会议开始时，公司研究主管杰西·霍布森（Jesse Hobson）博士指出，公司面临的"一个主要问题"是生产成本不断上升。他提出，植物病害是造成这一趋势的主要原因："防治巴拿马病每年要花费数百万美元，防治叶斑病每年也要投入数百万美元。"[76] 此外，公司每年在偏远热带业务中放弃约 2000 公顷土地。淹水休耕的土地约占洪都拉斯生产用地的 50%，表明苏拉河谷无病害土壤的数量正在减少。聚集在帕洛阿托的科学家员工和顾问得出结论说，联合果品公司"正在耗尽土地"，将不能再"通过搬迁到新土地来躲避问题"。[77] 两年后，罗伯特·斯托弗博士在公司研究部门的新闻稿中写道，对解决香蕉病害问题来说，香蕉育种是唯一有希望的长期方法。[78] 公司一些科学家认为，短期来看，公司在牙买加为欧洲市场生产的拉卡坦蕉应该种植在废弃的种植园。[79]

然而到了 1959 年，联合果品公司高层管理人员仍然不愿意替换大米歇尔香蕉。杰西·霍布森认为，管理层对解决巴拿马病问题缺乏兴趣，这一现象可以追溯到前公司总裁塞缪尔·泽默里，他认为这种病原体是公司的"福报"，有助于限制竞争。[80] 然而，几乎没有证据证实这种说法，而许多间接证据（包括公司对巴拿马病研究的长期投资）都不支持这种说法。塞缪尔和其他"香蕉人"的自大可能源于他们对美国市场的看法。托马斯·麦肯从 1953 年开始就在该公司工作，他回忆道："老前辈们坚信，没有任何东西能取代它（大米歇尔香蕉），其他东西都会被扔出市场，而我们只会种植'大米歇尔'。"[81] 但"老前辈"熟悉的香蕉贸易在 20 世纪 50 年代末几乎不复存在。1952 年，厄瓜多尔超过洪都拉斯，成为世界第一的香蕉出口国。到 20 世纪 80 年代末，美国进口的香蕉有 40% 来自厄瓜多尔的无

感染巴拿马病的香蕉田（1955 年）。注意高度感染区域的不规则性。图中前景是一个典型的联合果品香蕉种植园营地。联合果品公司摄影集。现藏于哈佛商学院贝克图书馆。

巴拿马病土壤。[82]当洪都拉斯的香蕉生产成本上升，而美国人均消费和香蕉平均零售价格停滞不前，廉价生产的香蕉供过于求。[83]1950年至1960年，联合果品公司收入从6600万美元急剧下降到200万美元，同期股价从70美元暴跌至15美元。

更糟糕的是，美国司法部于1954年发起反垄断调查，1958年结束，当时公司官员签署了一份同意令，同意出售公司在危地马拉的资产。[84]同年，老牌"香蕉人"塞缪尔·泽默尔辞去联合果品公司董事会主席职务。托马斯·杰斐逊·柯立芝（Thomas Jefferson Coolidge）[①]接替塞缪尔一年后，被40岁的乔治·皮博迪·加德纳（George Peabody Gardner）取代。随着公司利润和股价直线下降，加德纳开始"清理门户"，辞退了首席执行官肯尼斯·雷德蒙德（Kenneth Redmond）和农业运营副总裁阿尔米尔·邦普（Almyr Bump）等常任高管。[85]1958年，加德纳聘请托马斯·桑德兰担任公司总裁。桑德兰曾担任印第安纳标准石油公司（Standard Oil of Indiana）副总裁兼总法律顾问，他因处理反垄断诉讼闻名，而非香蕉贸易，是个业外人。他迅速采取行动，降低联合果品公司在美国和热带地区的运营成本。桑德兰发现，替换整个拉丁美洲感染巴拿马病的种植园的年成本（1800万美元）比改种抗病香蕉的预估年成本（400万美元）高出3倍多，因此同意改种香芽蕉。[86]

1959年，联合果品公司的研究部门增设了一个"植物育种及遗传学"部门。[87]该公司邀请植物学家保罗·艾伦（Paul Allen）和J. J. 奥克斯（J. J. Ochse）前往东南亚，以搜寻可用于香蕉遗传育种的新品种。[88]美国农业部和国务院都为考察团队提供了后勤支持，这是自20世纪20年代奥托·赖因金上任以来，该公司首次开展此类考察。艾伦和奥克斯发现了小果野蕉（Musa）这一品种，其果实

[①] 美国第三任总统托马斯·杰斐逊的直系后裔。

与大米歇尔香蕉（即无籽三倍体）类似，还探寻到一些可能具有特定抗病性的品种（包括有籽二倍体品种）。换言之，植物考察团努力收集尽可能多的小果野蕉标本，包括未栽培的品种，其收集的范围比以往大得多。联合果品公司对二倍体植物燃起的新兴致反映了香蕉育种方法的重要变化。研究部门观察到二倍体植物的种子往往具有一定抗病性，但其产出的果实在形状、大小和颜色方面与出口香蕉相差较大。因此，英国育种家在 20 世纪 40 年代开始开发具有"改良"果实质量的杂交二倍体香蕉。这些"精英"二倍体香蕉品种随后与大米歇尔香蕉进行杂交。[89] 这一育种策略指导了 20 世纪下半叶加勒比和中美洲地区的香蕉育种计划。[90]

由于东南亚考察团仍在该区域进行实地考察，洪都拉斯的研究人员开始在兰斯提拉试验种植几个香蕉新品种，兰斯提拉是该公司在特拉附近的实验园地。[91]1962 年，研究人员报告称，卡文迪什香蕉品种的 3 个成员——粗把香芽蕉、瓦莱里蕉（Valery）和大矮蕉（Grand Nain）——果实产量"极高"。联合果品公司在美国中西部地区试销箱装瓦莱里蕉，获得了消费者的一致好评。一个独立的香蕉风味品鉴小组发现，瓦莱里蕉的口感和香味都"明显优于"大米歇尔香蕉。[92] 到 1963 年年底，联合果品公司的工人已经在洪都拉斯种植了近 4400 公顷的瓦莱里蕉，并在当地建立了香蕉包装厂。[93] 两年后，几乎所有水果公司在中美洲的香蕉种植园都种植了抗巴拿马病的卡文迪什香蕉品种。[94]

具有讽刺意味的是，香蕉育种专家认为粗把香芽蕉和瓦莱里蕉这两个品种都与拉卡坦蕉联系密切，但在 20 世纪 20 年代，美国大众市场基本都拒绝销售这一香蕉品种。然而，到了 20 世纪 60 年代，洪都拉斯全新的政治和农业生态环境以及美国自助式超市的扩张，使得销售箱装卡文迪什香蕉成为解决这一问题的可行方案，该问题困扰香蕉业已长达半个多世纪。出口香蕉产业倾向于销售卡文迪什这一品种的行为值得注意，因为与其他主要粮食作物的历史相比，香蕉的杂交在第二次世界大战后重塑香蕉生产的过程中并未发挥重大作用。例如，联合果品公司推出的瓦莱里蕉品种便是奥托·赖因金在考察西贡（越南）时发现的，他在 20 世纪 20 年代对该地区进行了香蕉品种考察活动。75 年来，中美洲低地热带景观地区的生物多样性急剧减少，出口香蕉产业开始依靠小果野蕉品种自有的泛热带多样性来克服巴拿马病。

卡文迪什香蕉称霸的时代也给了"金吉达小姐"第二次生命。在托马斯·桑德兰和执行副总裁乔纳森·福克斯（Jonathan Fox）（桑德兰聘请的另一位行业外人士）的指导下，联合果品公司推出了新的营销策略，并将其与箱装香蕉的转换销售结合起来：

> 包装为商品销售的发展扫清了道路，这在香蕉产业中是前所未有的。我们现在准备考虑将我们的业务从销售商品项目转变为销售品牌化、识别度高的项目，如果采用这种方式，我们就能只为自家品牌的香蕉打广告，而非为一般的香蕉做广告宣传。[95]

通过将农产品转变为可通过品牌名称区分的零售产品，联合果品公司希望创造出市场对"优质"出口香蕉的需求，从而收取更高的零售价格，并弥补包装产品产生的一些额外费用。[96] 该公司设立了一个新的执行职位，即质量控制总监，负责制定和维持质量标准。1963 年，联合果品公司投入了数百万美元，发起一场广告活动以推广其新产品。在市场调查显示，消费者对"金吉达小姐"的认知度仍然很高［据一份贸易杂志报道，只有博登乳业（Borden Dairy）的"艾尔西牛"（Elsie the Cow）排名在它前面］之后，该公司选择"金吉达"作为品牌名称。[97] 包装厂工人开始在香蕉包装箱表面贴上蓝色和金色的贴纸，上面绘有一个戴着水果帽的人物形象，风格与女星米兰达类似，帽子上标有"金吉达"字样。超市展示架上则展出了超大号的黄色和金色图标，还附有"外包装有此标，箱内香蕉好品质"的宣传语。[98]金吉达小姐曾经只是一名售货员，现在摇身成为联合果品公司的头号人物。

与此同时，美国的流行文化继续将香蕉视为性和幽默的象征。1967 年，美国国家媒体报道称，"嬉皮士"正在吸食干香蕉皮纤维。燃烧纤维产生的烟雾被描述为"气味醇厚，呈现暗黄色"，据说会产生类似迷幻剂的致幻效果。一位美国国会议员提出了一项香蕉标签法案，他半开玩笑地称该法案的目的是"阻止寻求刺激的一代人入侵水果摊"。[99]事实上，吸食香蕉皮纤维的方法最早出现在地下周刊《伯克利芒刺报》（*Berkeley Barb*）上的一篇讽刺文章中，后来被其他反文化期刊所采纳，包括《村声》（*Village Voice*）。[100] 随后，这个故事在英国流行歌手多诺万（Donovan）的热门歌曲《醇厚之黄》（*Mellow Yellow*）中被赋予了新的含义。然而，刻板教条的联合果品公司官员们对这种幽默感并不买账，他们与美国食品药品监督管理局一起进行了实验室实验，以推翻燃烧香蕉果皮可能产生致幻效果的说法。20 世纪 60 年代的反文化运动也使得香蕉重新成为阳物象征，最引人注目的是安迪·沃霍尔（Andy Warhol）为神韵唱片（Verve Records）公司发行的经典摇滚专辑《地下丝绒与妮可》（*The Velvet Underground and Nico*）设计的封面。封面上有一根黄色的香蕉，剥开后露出一个橙粉色的水果。值得注意的是，在美国学者、大学生和自由派政治家越来越多地批评其政府在拉丁美洲和其他地区的外交政策期间，香蕉继续被用作挑逗、嘲弄和激发性欲之意，使用场景大多远离香蕉的生长地。

20 世纪 60 年代，联合果品公司的广告宣传活动既采用了热带地区的影像，也采用了当代美国流行文化的元素，包括摇滚乐和比

基尼。1969 年，该公司斥资在拉丁美洲发起寻觅两位女性代言人的
活动，即选拔"金吉达美国小姐"和"金吉达欧洲小姐"。获奖者
是哥伦比亚的西米娜·伊拉戈里（Ximena Iragorri）和危地马拉的安
娜·玛丽亚·冈萨雷斯（Ana María González），她们年轻貌美、身

联合果品公司的"金吉达小姐"（1956 年）。纽约：联合果品公司，
1956 年。

材娇小，之前还担任过电视模特和时装模特。联合果品公司的宣传
材料指出，这两名女士的"形象将以香蕉为元素，吸引众多眼球"，
其中包括"短而轻巧的花瓣蓬蓬裙""柔滑飘逸的雪纺裙""香蕉造
型的比基尼"和"顺滑时髦的连体裤"。[101] 公司的宣传广告因此将
伊拉戈里和冈萨雷斯描绘成性感的拉丁裔单身女郎。然而，这两位
女士具有国际化背景（伊拉戈里精通 3 种语言，曾在海牙的一所法
语学校就读，冈萨雷斯在加利福尼亚州的一所高中学习英语），她们
还赢得过多项竞赛和各类奖学金，这一切都表明这两位女士拥有的
技能和抱负与金吉达小姐的形象并不相符。

3 年后，金吉达小姐在一则电视广告中重返荧屏，在广告中，纽
约籍模特兼演员芭芭拉·卡雷拉（Barbara Carrera）演唱了《金吉达
香蕉之歌》，这是一首极具动感的拉丁摇滚歌曲：

> 我是金吉达香蕉，重返战场
> 宣言自己是最棒的香蕉。
> 金吉达是当今世界之最，只有我品质最优——
> 如果你看到我，你就会认识我。[102]

修改后的歌词反映了自 20 世纪 40 年代以来营销策略的变化：
关于贮藏（普通）香蕉的建议被一条信息所取代，即并非所有品种
的香蕉都是一样的：金吉达香蕉的品质优于其竞争对手。该公司杂
志上的一篇文章将卡雷拉描述为"活泼的新晋金吉达小姐"，她的形
象源头是"彻彻底底的拉丁美洲"。该公司让出生在尼加拉瓜的卡雷
拉援引卡门·米兰达的话——"如果他们没有选择我，我就会对香
蕉贸易失去信心，我是靠香蕉养大的"——希望借此唤起大众对卡
门·米兰达的记忆。[103] 直到 20 世纪 70 年代，水果公司的广告仍在
塑造大众对拉丁美洲女性的刻板印象，并以此获利。事实上，联合

商标公司（United Brands）1972 年的年度报告指出，在这样一个时代，似乎反越战抗议者、女权主义者、民权活动家和环保主义者都能对社会秩序产生威胁，水果公司新推出的广告活动将着重强调金吉达品牌形象的"怀旧性"。[104]

但是，仅靠勾起消费者对过去的回忆无法成功卖掉金吉达香蕉。该广告活动的核心是努力向消费者灌输"并非所有香蕉都是一样的"这一观念。金吉达和加巴纳这两个品牌试图重新定义消费者心目中的优质香蕉，强调关注香蕉果串的对称性、单根香蕉的饱满度以及果实均匀成熟且果皮无瑕疵等特征。1970 年，如果要贴上金吉达品牌标签，香蕉必须至少有 8 英寸长，而且没有验货清单中的一长串"瑕疵"，这些缺陷和瑕疵主要与香蕉的视觉外观有关。[105] 标准果品公司还根据"外观瑕疵"的数量和果皮的"新鲜度"来进行质量评级。[106] 实现和保持这些最新质量标准需要新的生产技术和劳动形式。最关键的创新是在种植园内对水果进行装箱。

包装厂成为香蕉产业"果实收获后"业务的关键组成部分，旨在更好地确保质量。标准果品公司的前员工亨利·莫瑞指出，包装厂实际上消除了"种植园内的瑕疵水果"，使得水果公司能够出口"基本上没有瑕疵"的香蕉。[107] 给香蕉装箱的过程步骤繁多。在工厂的一端，工人们手持锋利的刀子，将刚采摘下来的香蕉从茎上砍下，放在装满水的水箱中。这个水箱有两种作用，一是清洗果皮，二是在装箱前冷却水果。一股轻柔的水流将香蕉裹挟到长方形大罐子的另一端，在那里，另一组工人对次品香蕉（即"特别品"）和优质香蕉（如"金吉达"）进行分拣。分拣工作完成后需用化学品处理达到出口等级的香蕉，以防止真菌腐烂，之后再进行称重、贴标签并装入箱子。

水果包装厂为中美洲妇女提供了新的就业机会。虽然妇女在水果公司的办公室、医院和学校也能够找到工作，但在包装厂成立之前，种植和运输香蕉的工作在中美洲地区仍然是男性的绝对领域。在洪都拉斯，联合果品公司最迟于 1962 年开始让女性参与到包装作业中。女性至迟于 1967 年进入标准果品公司的水果包装厂。[108] 最初，这两家公司都是小批量地雇用几位妇女从事包装工作。第一批员工往往靠家庭关系进入工厂，谋得工作岗位。例如，1968 年，埃斯佩兰萨·里维拉·纳杰拉（Esperanza Rivera Nájera）得到了一份包装厂的工作，这是其丈夫的主管提供给她的。她回忆说："如果你和水果公司的员工没什么关系，你就无法得到工作。"其他妇女则通过父亲和继父的关系在包装厂谋得职位。[109] 这并不是什么新鲜事；历史上，水果农场的男性田间工人也是利用个人关系获得工作的。事实上，到了 20 世纪 60 年代末，亲属关系网可能变得更加重要，当时各公司正在缩减工会员工的规模。

妇女们负责挑选果实、称重、贴标签和包装香蕉。水果包装厂的工作节奏是按照香蕉收割作业的节奏进行的：切割的果串越大，包装工人的轮班时间越长，工作也越紧张。对于像埃斯佩兰萨这样的妇女来说，工作的日子可能会特别辛苦，她从 23 岁就开始在水果包装厂工作了，那时她已育有 3 个孩子：

> 我们早上 4 点起床，在去上班的路上吃个早餐，因为有时上班时没有时间吃饭。每天的工作量很大。我们从 6 点半开始工作，直到晚上 6 点半才结束工作。实行 12 小时轮班制。中午 11 点，我们有半小时的休息时间，仅此而已。
>
> 一个女人离开她的家庭去工作，会有一种心理挣扎，因为她既要对自己的孩子负责，又要对她的工作负责。有时我在凌晨 3 点起床洗衣服。[110]

其他从 20 世纪 60 年代中期开始在包装厂工作的女性，也有类似的习惯，早起、长时间工作（长达 16 小时），很少休息。包装厂的长时间轮班有时会被叫停，比如无须满负荷运转时，或者工厂没有果实收获时，当后者发生时工厂可能会完全关闭。对于奥利维亚·扎尔迪瓦尔（Olivia Zaldivar）这样的妇女来说，包装厂工作的周期性停顿为她们提供了一个赶家务活的机会："在包装厂没有活儿的日子里，我们都在洗衣服。"[111]

1964 年，奥利维亚在特拉铁路公司的一家水果包装厂工作了 6 个月，在此期间她遇到了一个男人，并与他生了一个孩子，但孩子在婴儿期就夭折了。两年后，奥利维亚与另一名男子生了第二个孩子，但当孩子父亲拒绝提供任何经济或情感支持时，"出于照顾孩子"的需要，她又回到了水果包装厂工作。奥利维亚是一位单身母亲，水果包装厂的许多女性都是这种身份。事实上，一些女性表示，单身母亲构成了女性员工的大多数。据奥利维亚说，水果包装厂不仅吸引了单身母亲前来工作，而且还造就了这些单身母亲："有些女性在开始工作时就已经结婚了，但你也知道，当一个女人工作时，她会释放自己。当女人不工作（在家庭之外）时，她就得依赖丈夫。但如果她在工作，那男人怎么能拒绝她们的要求呢？"奥利维亚形容自己年轻时是个"放荡不羁的人"，这种自我描述方式可能是她后来皈依福音派而形成的。现在回想起来，她认为有孩子的夫妇分手是非常不可取的，因为孩子"是最受苦的"。[112]

胡安娜·梅伦德斯（Juana Meléndez）也是一位单身母亲，她的情况有些不同。胡安娜是一位年轻的寡妇，为了抚养孩子而长时间工作，从未再婚。她形容自己在童年时是个"假小子"，一位相识多年的男性朋友证实了这一说法，他回忆说胡安娜穿得"像个男孩"，总是和男孩一起玩耍，还负责放牛。[113] 在包装厂，胡安娜的出色体力和聪明才智得到了很好的发挥。在那里，她时常感到恼火，但又因为工作节奏快、口才好而赢得了同事和主管的尊重。她回忆说，有一次她领导了一场临时停工，以抗议主管人员未能在清洗池中保持足够的水量（这种情况增加了水果表皮受损的可能性）。后来，她成了一名工会管家，但她对工作条件"怨言太多"，以至于她发现自己很快又回到了普通工人的行列。胡安娜的坚强意志可能是出类拔萃的，但她对于包装厂的回忆与其他女工的回忆大致相同，她们的故事都融合了母性的神圣与自我牺牲，但又包含了女性个体的自立自主形象。[114]

无论自身婚姻状况如何，在水果包装厂工作的妇女都得依靠其他妇女来帮助照顾孩子。以奥利维亚为例，她在水果包装厂工作的日子里拜托自己的母亲照看儿子。其他妇女，包括像埃斯佩兰萨这种有配偶的妇女，则选择雇用女佣（女孩或年轻妇女）来照顾自己的孩子，同时负责做家务。虽然雇用女佣使得妇女的净收入减少，但雇用家政服务的能力也反映出她们拥有稳定收入，在某些情况下还包括双重收入。埃斯佩兰萨很享受通过工作赚钱，这样她就可以"给自己的房子添置物件"，还能够支付孩子的教育费用。奥利维亚将包装厂的工作描述为一项"十分神圣的工作"，但同时补充道，"每个人"都想为公司工作，因为这是一份相对稳定的工作。20世纪60年代进入包装厂工作的妇女受益于多重因素，如工会的存在、劳动法的改革以及1954年罢工遗留下来的集体谈判合同。她们赚取小时工资，并获得医疗服务和退休福利。然而，"稳定的就业"并不意味着工作时间表一成不变，因为收获的水果数量会因天气和大众市场的变化而波动。此外，20世纪60年代，能够在水果包装厂找到全职工作的女性很少，最初仅限于那些配偶或其他男性家庭成员受雇于某家水果公司的女性。

在包装厂工作的机会需要付出身体和精神上的双重代价。妇女们一致认为自己在水果包装厂工作的日子非常辛苦。她们在10小时到14小时的时间里，以极快的速度完成重复的工作。只在中午11

点前后有半小时的休息时间，用来吃午餐。如果包装作业需要加班到深夜，那么下午晚些时候可以再休息一次。工作环境也可能使人的身体变得虚弱。水果挑选员在给香蕉分拣的过程中，必须时不时地将手浸入水箱中。一些女性认为这是水果包装厂中自己最不想干的工作。佩佩·普尔塔（Pepe Puerta）是标准果品公司的前包装厂主管，他回忆说："她们（这些女工）过去常说受潮对她们的身体产生了一定影响。"[115] 他还认为，包装厂的一些工人接触到了用于防止香蕉在运输过程中出现冠腐病（一种真菌）的化学品，因此患上了肿瘤。从水果公司的角度来看，严重的冠腐病使香蕉在"商业活动中不被接受"。[116] 联合果品公司最初使用代森锌溶液来防止香蕉冠腐病的出现。1965 年前后，水果公司开始向水箱中添加氯气，以控制真菌生长。3 年后，美国食品药品监督管理局批准水果公司可以在香蕉表面使用系统性杀菌剂（噻菌灵），该行业转而使用系统性杀菌剂防治冠腐病。[117] 在水果装箱前，工人们使用喷雾器对果实喷洒噻菌灵。

在整个 20 世纪 60 年代和 70 年代，没有证据表明水果公司或工会为包装厂工人提供了安全说明和（或）防护用具，如手套或口罩。埃斯佩兰萨回忆说，她在水果包装厂工作了 10 年，"从来没有注意过自我防护，总是浑身湿漉漉的，胳膊也经常暴露在喷雾（杀菌剂）下"。[118] 其他妇女也证实了公司并未提供防护服。联合果品公司为包装厂工人编写了一本指导手册，里面图文并茂。描绘了一名赤手空拳的工人将水果浸泡在"消毒剂"（可能是代森锌溶液）中，该图像强烈表明 20 世纪 60 年代和 70 年代初在包装厂工作的男工和女工经常接触的不仅仅是湿气。

尽管包装厂的一些工人，包括前主管佩佩·普尔塔对长期接触致癌化学品表示担忧，但长期从事水果包装工作的工人却患有其他疾病，包括关节炎和皮肤病。此外，埃斯佩兰萨回忆说，她在 20 世纪 60 年代末开始工作时，工厂的浴室设施简陋，位置也很不方便，可供饮用的水尝起来很咸，像"纯盐"一样。1974 年，标准果品公司与工会签署了集体谈判协议，其中包括要求公司在所有水果包装厂内安装厕所设施、饮用水设备、电风扇和挂钟的条款。该公司还同意为员工提供吃午饭的地方，并为女性提供更衣室。[119] 该公司对这些条款的履行情况不得而知，但合同条款表明，直到 1974 年，相当多的水果包装厂缺乏基本的便民设施，工会成员和公司管理层也在试图解决一些女性员工的担忧。

因为在水果包装厂中担任主管岗位的只有男性，女性很容易受到性骚扰。然而，前员工表示，公然施暴的案例很少。另一方面，女性员工的回忆则指向了一种更微妙的紧张感，造成这种紧张感的原因是包装厂中的女工被认为具有典型的女性特质（例如纤细娇嫩的手），同时还会潜在地威胁到工人的自主权。此处提供的女工证词数量有限，表明"自由"与"放荡"，"直言不讳的人"与"麻烦制造者"之间存在着微妙的界限。最后，虽然女性认为包装厂的工作是确保家庭安全的最佳方式，但她们也会后悔整天远离年幼的孩子，因为孩子们通常在她们回到家时已经睡着了。

到了 20 世纪 60 年代中期，联合果品公司的管理层宣布金吉达品牌广告营销活动取得了成功。该公司的销售额创历史新高，利润率也不断上升。在金吉达小姐的帮助下，新上任的管理层得以"获救"，他们目睹公司利润从 1963 年的 170 万美元增长到 1966 年的 2500 万美元。该公司的商业转型大获成功，吸引了华尔街的交易员艾利·布莱克（Eli Black），他大刀阔斧地进行收购谈判，最终于 1969 年将联合果品公司与自己名下的 AMK 公司进行了合并。[120] 第二年，新公司更名为联合商标公司。历经约 70 年时间后，联合果品公司和大米歇尔香蕉之间的紧密关系被不可逆转地断绝。

因此，金吉达小姐的重生为中美洲和美国的政治、经济、环境和社会变革提供了一种经久、持续的氛围。洪都拉斯的香蕉种植园工人通过成立工会和推动土地改革，促成了其中的一些变化。但是，劳工组织并不是迫使水果公司改变其生产流程的唯一力量；当水果公司在加勒比海和拉丁美洲拥有的大量土地受到公众的严格审查和被没收的威胁时，巴拿马病的无情蔓延推高了生产成本和土壤弃用率。该行业对卡文迪什香蕉包装问题的解决方案为女性提供了意想不到的就业机会，女性能够在水果包装工厂中找到工作。更具讽刺意味的是，金吉达小姐的怀旧回归恰逢热带地区女性角色的转变。

第七章

化学

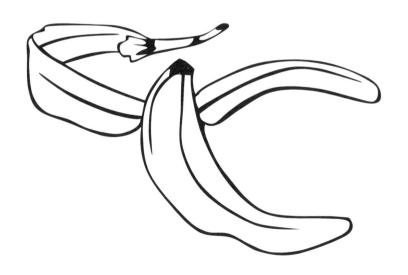

实验室的研究方向遵循的原则是，香蕉、土壤以及香蕉的各种天敌构成了一个三维的生物系统，对其中一个变量产生影响的因素也会影响其他变量。

——诺伍德·C.桑顿（Norwood C.Thorton），1959 年

　　我的一位朋友曾一直在急诊室使用二溴氯丙烷，而且这种例子不在少数。如果你偶然经过农场，就会立马注意到空气中的这个气味，鱼的尸体遍布小河小溪。

——内切·马丁内斯，1995 年

20世纪50年代初期的一天，太阳爬上了热带的天空，联合果品公司研究助理豪尔赫·罗梅洛监督员工把农药放到灌溉系统时，快速蒸发的化学品散发的气味穿透了工人佩戴的防护面罩，为了不被这种气体包围，他们不得不加快完成任务。[1]一位叫作贝尼托（Benito）的工人摘下面罩时，豪尔赫恳请他继续戴上，再靠近灌溉设备。但是，贝尼托不答应，说"我是来自萨尔瓦多强壮的印第安人，你就瞧好吧"。豪尔赫·罗梅洛描述了接下来发生的事情："贝尼托朝着喷头走了不到5步就扑通摔倒在地，鼻子、耳朵、眼睛都冒着血，我们把他拉出来，急忙送医。"豪尔赫在特拉铁路公司的研究部待了三十多年，常用这件事来告诉大家，工人如果有"超人思维"，不按照"游戏规则"行事，后果会怎样。这个故事也说明了不断壮大的出口香蕉"游戏"正在重要方面发生着转变。

直到20世纪40年代中期，用在出口香蕉种植园的主要化学品是用来控制叶斑病的蓝矾。第二次世界大战之后，由于波尔多液喷雾的成本不断上涨，石油衍生出的杀虫剂又越来越易获得，联合果品公司加强了与化工公司的联系。1948年，诺伍德·桑顿博士辞掉联合碳化物公司（Union Carbide）的职位，担任联合果品公司的首席植物病理学家。4年后，联合果品公司的研究总监哈特利·罗韦（Hartley Rowe）鼓励员工"与研究现代化科技化杀虫剂、杀菌剂的化工公司建立密切联系并开展合作"。[2]同年，桑顿博士在美国植物病理学学会上做了一篇题为"杀菌剂在中南美洲的使用"的学术报告，他注意到"杀菌剂的需求显然处处可见"，坚信未来中美洲农业的关键在于如何用化学品来防治。[3] 在洪都拉斯，该公司的研究员设置了数十个用杀菌剂处理的试验田，他们使用的杀菌剂由美国几大化工厂供应，包括杜邦公司（DuPont）、联合碳化物公司、埃索公司（Esso）、范德比尔特公司（Vanderbilt），其中，杜邦和范德比尔特都把他们顶级的农业学家派到洪都拉斯研究叶斑病。[4]

20 世纪 40 年代末，联合水果公司利用滴滴涕、甲氧滴滴涕、氯丹和毒杀芬等有机氯杀虫剂，来对抗苍蝇、蜱虫、蚊子、切叶蚁。该公司研究部门的 1949 年年度报告表明，对人类接触杀虫剂的关注在当时普遍不足：

> 高浓度滴滴涕的广泛使用十分有效，但是通常会有大量的残留沉积物，可能会使住宅看起来不大美观。为克服这点，我们仅在几处住宅的外面喷洒了 1% 浓度的氯丹和滴滴涕，包括房子下面的地板、窗台、立柱和地面区域、茂密的灌木丛、参天的树木，在特殊情况下，甚至草坪都喷上了药剂。喷雾混合物的用量一直比较少，所以多数情况下不会留下有碍观瞻的残留物。[5]

如果公司的科学家意识不到接触滴滴涕对健康的危害，他们很快就会意识到滴滴涕的局限所在。早在 1951 年，该公司研究部门就表示，有确凿的证据表明，家蝇种群对滴滴涕有了抗药性，倡导轮流使用不同的杀虫剂，以减慢抗药性的发展速度，"一个具有抗药性的新物种很可能会出现，但这种物种的比例在 6 个月到 12 个月内可能并不会让人困扰"。[6] 这种为解决杀虫剂耐药性问题而采取的令人费解的、目光短浅的策略，将会在 20 世纪接下来的几十年里主导水果公司的实践。

20 世纪 70 年代初期，几乎从播种到装箱作业的每个生产阶段都涉及化学品的使用。日常的种植工作越来越围绕着病虫害防治展开。种植香蕉前，工人要为香蕉的根茎和修枝工具消毒，在田里走来走去观察疾病症状，施肥，喷杀菌剂、除草剂、杀虫剂和杀线虫剂。1953 年，联合果品公司在拉利马开设了研究中心，其为农业化学品起的官方和非官方名字都突显了农业化学品在战后发挥的重要作用。为纪念研发出波尔多液喷洒系统的前研究员，这里的实验室的官方名字是"维宁·C.邓拉普实验室"，但普遍被称作"化学实验室"。[7]农业化学品在香蕉产业的使用不断增加可归结为几个原因。首先，战后化工公司向农业企业推销的杀虫剂数量骤增。[8]其次，向箱装香芽蕉的转变开启了更高质量标准的时代，只有通过定期使用肥料、杀虫剂和杀线虫剂才能符合这种标准。最后，自 1954 年罢工以来，洪都拉斯的水果公司想方设法降低工资成本，新的杀菌剂和除草剂让这些公司仅用原先所需劳动力成本的一小部分就防治了叶斑病和杂草。

1954 年罢工事件对水果公司造成的影响在联合果品公司位于热带的研究部门未发布的年度报告中显而易见。20 世纪 40 年代至 50 年代初期，公司研究员执行了一大批项目，这在一定程度上是因为战时的迫切需求展开的。1942 年开始施行的"新作物计划"聚焦"应急作物"的种植，比如麻蕉（马尼拉麻蕉）、橡胶和含油植物。1950 年，非洲油棕的种植面积比之前的香蕉田多出 1300 多公顷。另外，公司员工还在 4000 多公顷土地上重新造林。[9]尽管如此，1951 年，联合果品公司的非香蕉作物在洪都拉斯总计占用 12150 公顷土地，十分令人瞩目。[10]同年，研究部门的年度报告中一半的内容涉及香蕉以外的作物。但是，1954 年罢工后，该公司对新作物的兴趣快速降低。1955 年，"新作物计划"几乎全线暂停，参与该计划的员工随后调到了其他项目。引人注目的是，非洲油棕是个例外，它们的产量有增无减。[11]

位于洪都拉斯拉利马的维宁·C.邓拉普实验室（1953年）。联合果品公司摄影集。现藏于哈佛商学院贝克图书馆。

在 20 世纪 50 年代接下来的时间内，该公司研究部门的年度报告几乎全部围绕香蕉产量展开。1958 年，研究总监杰西·霍布森宣布，他的员工"通过增加每英亩的产量、降低生产成本，有的放矢，致力于提升公司营收"。[12] 该句话反映出霍布森和其同事面临的压力，即发现帮助联合果品公司解决生产问题的方法，这些问题正大幅削减公司利润。面临收益减少、股价降低的局面，新一代高管把研究预算从 1958 年的 150 万美元增至 1959 年的 250 万美元，科学家人数扩至 94 位（其中 45 位有博士学位），涉及的学科包括农学、昆虫学、遗传学、微生物学、植物病理学、统计学。[13]20 世纪 50 年代，标准果品公司也在研究上有所投资，设立了一个正式的研究计划，系该公司历史上首次。香蕉产业正把自身的未来主要寄托于大学培养出来的科学家，他们掌握越来越多的化学武器，可以用来打击香蕉的"天敌"。[14]

1954 年罢工事件发生后，联合果品公司的研究员为提高劳动效率，在改进生产过程方面发挥了关键的作用，最大的改变发生在叶斑病的防治方面。20 世纪 50 年代中期，联合果品公司每年花费 2000 万美元左右（占总作业成本的 6%～7%），保护大米歇尔香蕉免受叶斑病的侵害。[15] 公司官员估计，工人每年喷洒的波尔多液喷雾足以把一个 2000 英亩的湖泊填满一英尺深。由于劳动力和材料成本持续上升，水果公司找到了化学杀菌剂的替代品。不过，1936 年至 1952 年，联合果品公司的研究人员对至少 55 种不同的杀菌化合物进行了实地试验，但均未得到一个可行的替代物来取代大量使用的硫酸铜。[16] 波尔多液喷雾除了具有高杀菌活性，其"覆盖和黏附"质量能在长达 4 周的时间内保护植物组织，而且还能抵抗各种食叶毛虫和蝗虫。最后，让工人惊愕的蓝色残留物帮助了监工查看喷洒作业的情况。1955 年，这种情形开始转变，因为当时在瓜德罗普岛的法国研究员有了惊人的发现，使用少量的果油就能有效控制叶斑病的发生。[17] 两年后，联合果品研究员表示，小规模的测试表明，相比波尔多液喷雾，油类化合物能更好防治叶斑病，但是，在完成更详细的研究前，他们没有支持使用油基喷雾。[18]

1957 年 11 月，特拉铁路公司工会对该公司清除波尔多液喷雾系统的行为进行了谴责，"此时此刻，公司正由于一次大的失败，设法开除大量的工人（近 33%）"。[19] 工会用过去空中喷洒杀虫剂的失败提醒成员，指出吸入杀菌剂粉尘会引发的潜在健康问题。工会领导警示，重新使用空中喷洒会让工人暴露在毒性化学品下，认为他们是"白色瘟疫"（结核病）的受害者之一。[20] 在一个月之后的新闻发布会上，工会领导重申了他们对于空中喷洒杀菌剂威胁人类健康的担忧，表示"一旦使用飞机喷洒，工人会吸入具有腐蚀性的化学成分，肺会因此受损"。[21]

这些发表的声明说明，工会领导正在对杀菌剂粉末的空中粉尘展开预想，这项技术曾于 1936 年至 1937 年叶斑病首次暴发期间在洪都拉斯短暂使用过。尽管邓拉普在这些年的报告中没有提到空气粉尘对健康的不利影响，但 1940 年澳大利亚的一项研究批判了粉尘，认为"即使在使用防尘罩和面罩的情况下，粉尘仍然让人极度不适，几乎无一例外的是，种植者都谴责这种防治方法"。[22] 工会提及"白色瘟疫"的事情反映出，工人普遍认为，一些人接触硫酸铜后会出现类似结核病的症状。有了这些前车之鉴，工会认为，提议的空中喷洒会威胁工人健康，这种假设并不出人意料。有趣的是，工会的发行物里并没有提到工人对地面喷洒工作影响健康的关心，这可能是因为孤陋寡闻的工会关心的主要是，如果公司转而使用空中作物喷洒方法，数百份乃至数千份工作就会不复存在。[23]

1958 年，位于波士顿的联合果品公司管理部门预计此举每年会节省下来 1500 万美元，要求香蕉种植部门尽快采用油基杀菌剂。一年后，采用空中喷洒的香蕉田面积超过 12100 公顷。然而，同年在实验室开展的研究表明，喷洒的油留在香蕉叶上会抑制光合作用，导致每公顷产出的香蕉数量减少，重量减轻。[24] 油基喷雾也无法防治某些害虫，在过去，这些害虫的数量受到波尔多液喷雾的限制（附带作用）。由于这些发现，联合果品公司位于热带地区的研究总监在 1959 年 8 月给霍布森博士写信，力劝重新使用波尔多液喷雾。一个月之后，公司在波士顿的领导匆匆下发命令，要求在尽可能多的种植园重新使用波尔多液喷雾。[25] 美国驻特古西加尔巴大使馆的一名官员指出，油基喷雾让水果公司通过减少"10% 以上"的劳动力，抵消了不断上涨的劳动力成本。他称这一消息"极其严重"。[26] 特拉铁路公司取消了水管工一职，让工人独自管理水管和喷嘴，以期降低劳动力成本。[27]

对部分波尔多液喷雾喷洒人员做出的"缓刑"为时并不长。1960 年检测近 100 种杀菌剂后，联合果品公司的科学家表示，一个新的产品，代森锰（二硫代氨基甲酸盐）在防治叶斑病方面十分出色，相比铜制杀菌剂，前者能显著增加果品重量。[28] 同年，公司的研究员在洪都拉斯的一些香蕉种植园的土壤中检测到含量极高的铜，这一发现引起人们对继续使用波尔多液喷雾的额外担忧。[29] 1961 年，通过空中喷洒代森锰，叶斑病在洪都拉斯 11000 多公顷香蕉田中得到了控制，取得了"不容置疑的成功"。这个新系统使叶斑病防治成本骤降（由 1951 年的 67 美元每英亩降至 1966 年的 40 美元每英亩）。[30] 标准果品公司也在 20 世纪 60 年代初期逐步淘汰波尔多液喷雾，转而支持工人使用背负式喷雾器喷洒果园杀虫油。1968 年，该公司开始采用空中喷洒代森锰的方法。[31]

毒药的时代已宣告结束。在新系统下，水果公司雇用了少数员工担任旗手，帮助引导驾驶员（合同聘用）飞行驶过种植田。维克多·雷耶斯为特拉铁路公司效力 5 年，负责喷洒农药，他回忆道，由于切换至空中喷洒杀菌剂，"数千人失业"。[32] 1957 年至 1961 年，特拉铁路公司把雇用的劳动力由 13000 名缩减至 8800 名。[33] 基于现有证据，被裁掉的这 4200 名员工，有多少是负责喷洒农药的难以判断。20 世纪 60 年代初期，由于种植香芽蕉，公司雇用规模扩大，那些曾经被解雇而后又被重新雇用的人数同样不得而知。大批人一定接触过代森锌，包括少数作为旗手的工人以及更多居住在种植园附近的公司营地的人。但是，代森锌的毒性并不急剧，其潜在的致癌性在 20 世纪 60 年代并不是众所周知的。因此，公司使用空中喷洒代森锌方法时，工会立即抗议此举造成的失业问题，而不是反对新产生的职业健康危害。

比起从病原真菌入手，在空中喷洒代森锌杀菌剂可以更有效地节省人力。1973 年，在苏拉河谷，大约 1200 公顷的香蕉种植园上暴发了严重的叶斑病，而且不是"典型的香蕉叶斑病"，这种病害首次记录于 1963 年的斐济，香蕉感染后会同时出现叶斑病和黑斑的症状。[34] 由于被感染香蕉的叶子上出现了黑斑，洪都拉斯研究人员将这种新病害称为"黑条叶斑病"（Black Sigatoka），他们还称该病原体是一种"新型、不确定"的香蕉生球腔菌。[35] 观察人员还报告说，在病害农场中，这种新病原体"基本上取代了香蕉叶斑病菌"。这意味着，有可能是某些环境因素引起了香蕉生球腔菌突变，产生了新型优势黑条叶斑病菌，毒性比叶斑病菌更强。研究人员随后将黑条叶斑病菌归为斐济香蕉生球腔菌，这是一种真菌。20 世纪 20 年代，联合果品公司的病理学家罗伯特·斯托弗在斐济收集的植物组织样本上检测到了这种真菌，表明这种病原体并非来自苏拉河谷。不过，黑条叶斑病菌不断取代叶斑病菌，也可能是生产措施的改变（包括使用代森锌），创造了有利于黑条叶斑病菌繁殖的农业生态条件。[36]

联合果品公司通过多次使用苯来特控制了黑条叶斑病的首次暴发。苯来特是一种内吸性杀菌剂，该公司科学家于 1967 年首次对其进行了现场测试。[37] 第二次黑条叶斑病的暴发发生在 1974 年飓风"菲菲"（Fifi）之后。风暴过后，空中喷洒作业恢复，约 4800 公顷的感染农场每隔一周接受一次苯来特治疗。事实证明，苯来特对黑条叶斑病的短期控制很有效，但是由于真菌很快会对杀真菌剂产生抗性，苯来特不太可能作为长期解决方案。为了减缓抗苯来特的病原体菌株形成，联合果品公司的科学家们要求每三个周期使用一次代森锌。该公司通过高频率（35~45 次 / 年）使用内吸性杀菌剂，稍微控制住了病原体。因此，自 1974 年后，黑条叶斑病防治成本急剧上升，在 10 年内占到洪都拉斯香蕉生产成本的 26% 左右，也就不足为奇了。[38] 标准果品公司于 1975 年开始交替使用代森锌和苯来特。在 5 年内，抗药性病原体种群的增加促使该公司改用另一种叫作"百菌清"的内吸性杀菌剂。1982 年，标准果品公司的阿关河谷农场暴发了严重的黑条叶斑病，该公司开始轮换使用百菌清和混合了代森锌、油、苯来特和水的"鸡尾酒疗法"。[39]

20 世纪末，由于昂贵的农药投入和不断进化的真菌种群，香蕉出口业"停滞不前"。出口香蕉种植园叶斑病和黑条叶斑病的控制史对人们的共识提出了质疑，即第二次世界大战后，新型化学杀虫剂是否减少了商业性农业中害虫和病原体造成的经济损失。[40]20 世纪 60 年代初，水果公司转向使用少量杀菌剂，降低了劳动力成本，但 20 世纪 70 年代黑条叶斑病的出现逆转了控制成本的趋势。整个 21 世纪初，黑条叶斑病一直是出口香蕉生产中最费钱且最复杂的问题。

在种植香芽蕉的年代，黑条叶斑病菌不是唯一影响洪都拉斯香蕉生产的新型病原体。20 世纪 50 年代末，香蕉细菌性枯萎病（又称 Moko 病）传入洪都拉斯，可能是经由哥斯达黎加进口的受感染大米歇尔香蕉苗传播。[41]病害症状包括叶子发黄枯萎、根部变形、生长

联合果品公司工人在洪都拉斯修剪香蕉幼苗。联合果品公司摄影集。现藏于哈佛商学院贝克图书馆。

受阻和果实过早成熟等。香蕉细菌性枯萎病最早于 19 世纪末的特立尼达岛暴发，导致岛上主要种植的一种被称为 Moko 的大蕉几乎全部死亡，加勒比海和中美洲对它的普遍称呼"Moko 病"也是由此而来。[42] 直到 20 世纪 50 年代中期，这种病害出现在哥斯达黎加的香蕉种植园时，才引起联合果品公司研究人员的注意。

在那之前，种植者和科学家认为 Moko 病主要通过植物根部传播。然而公司研究发现，在种植园里，香蕉细菌性枯萎病菌几乎都是通过除草和修剪人员使用的砍刀和小刀感染香蕉植株。对此，公司基于工具消毒，设计了一个控制程序，迅速清除感染植物，并重新种植经过消毒的根茎。

洪都拉斯的 Moko 病病例一直很少且分散，直到 1961 年暴发，但与工具感染无关。[43] 联合果品公司的科学家发现，蜜蜂（无刺蜂属）、黄蜂（胡蜂属）和果蝇（果蝇属）等一系列飞行昆虫正在传播一种特别致命的细菌。短短两年内，蜜蜂和其他飞行疾病媒介将病原体传播了 150 千米。[44] 一旦 Moko 病进入种植园，就能通过密集种植的香芽蕉根部和粗心工人的工具传播。在种植园外，细菌感染了特立尼达岛的同种大蕉（在洪都拉斯被称为"查托蕉"）。联合果品公司担心病原体会持续存在于分散的大蕉田里，因此努力消灭种植园附近的查托蕉。[45] 实现这一目标需要当地农民一定程度的合作，即让他们停止种植这种热门作物。然而，Moko 病带来的影响可能已经说服了他们放弃这个品种。1963 年，水果公司的一位科学家在参观了"最初暴发地"之一后，预测说，"人们会继续摧毁查托蕉，因为他们会发现它们产量不佳"。[46] 他补充道，许多苏拉河谷种植者已经用玉米等其他作物取代了大蕉。1965 年，公司报告说，他们正在向洪都拉斯政府和当地种植者提供有抗性的"类似查托蕉"的大蕉根茎，用于种植。[47]

同年，标准果品公司向美国大使馆报告说，Moko 病给数以千计的小规模种植者带来了严重问题，他们依靠查托蕉养活家人和牲畜。一些人花了两天时间来到标准果品公司的阿关河谷种植园，以获得废弃青香蕉来替代大蕉。[48] 公司官员强调，他们从未在该地区看到如此严重的饥荒，强烈敦促美国政府提供紧急援助。同时，一名标准果品公司员工检查了公司农场周围区域，寻找 Moko 病的感染迹象。检测到患病香蕉后，公司检验员会付给农民一两美元，让他们砍掉大蕉，标准果品公司官员声称大多数种植者都欣然接受这一委托，因为他们种的已经停产。

水果公司这一时期的报告倾向于将查托蕉斑块作为需要清除的感染源。当然，这种观点代表了出口香蕉种植者的观点，忽视了水果公司可能对将病原体引入洪都拉斯负有主要责任，也没有承认病害媒介飞往了多个方向。毫无疑问，某些蜜蜂能够携带细菌飞行数英里，在大蕉种植园和出口香蕉种植园之间来回穿梭。此外，大面积种植易感 Moko 病的品种，使细菌种群的增长要比没有密集宿主种群时大得多。换句话说，出口香蕉种植园可能比大蕉种植园更容易感染 Moko 病。Moko 病的历史揭示了出口农业和非出口农业之间值得注意的农业生态相互作用。20 世纪 50 年代和 60 年代，这种相互作用严重影响了洪都拉斯和中美洲其他地方小规模种植者的生计。

通过创造全新岗位和调整现有工作，对 Moko 病的控制还改变了种植园工作人员的工作程序。这些公司培训工人进行 Moko 病调查并记录患病植物位置，以便其他工人可以迅速根除它们。[49] 讽刺的是，香蕉的弹性（容易受损但难以根除）妨碍了水果公司对 Moko 病的控制。这个过程包括多个步骤：砍掉感染植物及周边植物，并在该区域喷洒除草剂。如果感染植物正在结果，工人们也会用杀虫剂杀死任何潜在的携带病菌的昆虫。随后的几个星期里，控制人员会进行重访，对切断的香蕉茎秆上长出的所有新芽重新喷洒除草剂。[50]

由于检查员不可能随时保持对 Moko 病的监测（因为这并不现实），因此这些水果公司只得依赖间接的监测方式。一位前标准果品公司的员工回忆说，检查员总是被分配到同一个工作区，这样，如果暴发了 Moko 病，管理人员就能够确定哪个工人没有保持警惕。[51]另一位前标准果品公司的工人也记得类似的事：

> 没有人监视你是否进行了彻底的检查。我可以走进负责的区域，躺下休息，没人会知道。但是，如果他们在我的工作区发现有病害的香蕉作物，我就得承担责任。有一次，他们发现我漏掉了一株感染 Moko 病的香蕉作物，检查员们想让我停职，但工头并没有这么做。不过，这让我很紧张。[52]

联合商标公司 1972 年版的《香蕉业务手册》要求工头实时更新负责检测 Moko 病的检查员名单。所有的人事变动都必须经过地区主管批准（在 20 世纪 50 年代中期之前不存在这样的权力集中程度）。该手册还指示工头将检查员分配到同一工作区，以便"检查出上一个工作周期中明显遗漏的 Moko 病病例。如果出现这种情况，那么就可以确定哪个工人在工作中松懈。如果工人们知道他们的工作是受到监督和检查的，他们就会更有效率。"[53]

联合商标公司的研究人员强调需要加强对 Moko 病检查员的严密监督。他们描述了一个"典型案例"，说明了当所有控制措施都未能"严格执行"时可能出现的情况：

> 实验开始时，水果公司种植园的检查员对 Moko 病的防治工作很感兴趣。后来这位检查员被调走了，另一名检查员接任，起初他并不重视 Moko 病，因此防控较为松懈，最明显的是植株检验工作。检查员要按照一天 8 小时的工作时间

来完成某一区域的检测工作。在圣胡安（San Juan）种植园，检查员通常在 10:30 前离开种植园，这意味着他们只工作了 4 ～ 5 个小时，检测面积仅覆盖了指定耕地面积的一部分。此外，检查员有时会被派去从事别的工作，所以可能只有 5 人在现场检测，而不是 8 人。无论如何，他们仍会设法早早离开工作岗位。[54]

这种草率的检验工作导致在新检查员上任约两个月后，Moko 病的发病率飙升。从科学家的角度来看，这个故事的寓意非常明确：有效的 Moko 病防治工作需要尽责的工作人员和严谨的监管人员。但研究部门的报告也揭示了该公司试图将果实损失和劳动力成本同时降至最低所存在的潜在矛盾。例如，负责监测 Moko 病的检查员根据为期两周的工作合同，按英亩面积向工人支付报酬，这样的条款几乎不可能催促工人们对香蕉进行全面检查。在 1971 年的一份报告中，水果公司的科研人员承认，降低 Moko 病防控成本的唯一方法是降低香蕉检验频率，这表明不可能实际减少工人工资。[55]

这些水果公司还竭尽全力通过常规种植方法防止 Moko 病的传播扩散。在 20 世纪 50 年代，联合果品公司要求修枝工人使用两把砍刀作业，还要携带一个盛满 10% 甲醛溶液的刀鞘。工头们指示工人要不时旋转砍刀，使刀片在两次使用之间至少在甲醛溶液中浸泡 10 秒钟。[56] 联合果品公司采取了各种手段来确保工人遵守这一看似简单的措施。1957 年，该公司发布了一版西班牙语工作手册，敦促田间工人"无论香蕉植株是否感染病害，都要用消毒剂清洗砍刀……还要经常补充新的福尔马林（甲醛溶液）"。[57] 手册最后有两幅漫画。在第一幅漫画中，一名工人手里拿着闪亮的砍刀，站在一桶福尔马林和一株健康的香蕉植株之间，香蕉树上挂着美元符号。第二幅漫画描绘了一个不修边幅的工人，手拿一把脏兮兮的砍刀，站在一棵死去的香蕉树旁；无论是福尔马林还是美元符号，都不见了踪迹。到 1970 年，该公司要求修枝工人在原本透明的甲醛溶液中添加一种紫色染料，这样工头就可以通过检查植株上是否有明显的斑点，以监测工人是否遵守了工具消毒程序。[58]

种植园的田间工人普遍不愿意从事与福尔马林相关的工作，因为需要不断轮换修剪刀和砍刀，他们的手指时不时还会接触到消毒剂。标准果品公司前员工阿贝尔·波萨（Abel Posas）认为，长期接触甲醛会对许多工人的手指造成永久性损伤。他补充说，工作时用的消毒剂也会使眼部产生灼热感。[59]另一位前标准果品公司员工拉蒙·瓦莱切洛回忆说，曾有"小滴"甲醛溶液滴入他的眼睛。除了造成强烈的烧灼感，他认为这种化学品还使他的视力永久受损。[60]波萨和瓦莱切洛并不是唯二厌恶甲醛的人。标准果品公司的研究员亨利·莫瑞在未出版的回忆录中提到，20 世纪 70 年代初，"工人们一直抱怨"，迫使该公司用一种名为苯扎氯铵的消毒剂代替福尔马林。[61]联合果品公司在 1967 年开始尝试使用苯扎氯铵。虽然研究部门的报告没有提及工人对福尔马林的投诉，但他们将苯扎氯铵描述为"十分有效且无味、无刺激性"，这表明它与福尔马林不同。[62]

对 Moko 病的常规防控工作的描述，揭示了水果公司研究人员、田间工人、香蕉植株和植物病原体之间错综复杂且处于动态变化的各方关系。香蕉栽培技术是导致 Moko 病在水果公司种植园内扩散的主要原因，但香蕉种植园并非封闭的系统，飞来飞去的蜜蜂会在不同公司的产业园区之间来回传播病菌。另外，在转向培育抗巴拿马病香蕉品种的过程中，种植材料的迅速扩散和大规模流动，大大增加了工人将带病植株引入未出现病害植物的种植园的可能性。这些情况促使水果公司双管齐下，采用基于植物检验和工具消毒的防控策略。然而，Moko 病防控计划并没有立即取得成功，主要原因是难以约束种植园工人执行烦琐、刺激性强且具有潜在危险的任务。

在卡文迪什香蕉时代，影响香蕉生产过程的不仅仅是动态传播的病原体和公司提高劳动效率的愿望。由于质量标准得以重新修订，杀虫剂、杀线虫剂和化肥的使用不断增加。20 世纪 20 年代末，联合果品公司首次尝试使用化肥，以刺激贫瘠土壤中香蕉幼苗的生长。这些早期研究表明，与未施肥的香蕉植株（产量 357 串 / 英亩、平均单串质量 53.5 磅）相比，施用氮肥的香蕉植株每英亩产量更多（500串 / 英亩），且果串的平均质量更大（60 磅）。[63] 第二次世界大战后，水果公司开始从美国向洪都拉斯进口数百万磅的硝酸钠，肥料使用对香蕉产量的影响是巨大的。[64] 事实上，如果用果实质量而非果串数量来衡量出口量，那么从 1929 年到 1950 年，洪都拉斯香蕉出口量的“下降”就成了问题。虽然联合果品公司的子公司在 1950 年的出口量比 1929 年少了 350 万串，但由于平均果串质量的大幅增加，1950 年的出货量比 1929 年增加了 75000 吨。[65]

水果公司转为种植卡文迪什品种香蕉，其种植密度比大米歇尔香蕉高得多，这促使化肥用量大幅增加。例如，1952 年至 1962 年，标准果品公司的年化肥用量从每英亩 50 ～ 80 磅尿素增加到每英亩270 磅。在 20 世纪 70 年代，该公司每英亩农田施用化肥量约 300 磅。联合果品公司的农田化肥施用量为 1000 磅 / 英亩，种植园里种植了密密麻麻的瓦莱里蕉。[66] 每个种植园每年需要进行 4 次施肥。在这种施肥制度下，瓦莱里蕉的平均质量在 80 磅至 100 磅之间。[67] 在此期间，标准果品公司种植园的果实产量也呈类似的上升趋势。[68] 联合果品公司的工人通过人工施肥，或通过高空灌溉系统施肥。他们每天接触尿素，还经常不戴手套，所以许多工人的手和胳膊都被肥料灼伤了。[69]

水果公司还将除草剂纳入生产实践中，作为提高产量策略的一部分。20 世纪 70 年代初，联合商标公司的杂草防除工作包括用砍刀进行人工除草和喷洒除草剂。根据该公司 1972 年版操作手册，除草剂将除草成本降低了30% ~ 50%，降低了Moko病扩散传播的风险，并被证明在根除潜在病原体宿主的植物物种方面更加有效。在20世纪60年代和70年代，香蕉种植园使用的除草剂包括"茅草枯""敌草隆"和"百草枯"。工人用喷雾器喷洒茅草枯和敌草隆的混合溶液。该手册建议使用背负式喷雾器喷洒敌草隆和百草枯混合溶液，以减少喷溅出的除草剂对香蕉植株的损害。操作手册进一步指示农场主管监督工人们在施用百草枯时使用背负式喷雾器，因为百草枯"对人体肺部有毒"，同时补充说，工人在施用农药时必须佩戴口罩。使用喷雾器喷洒百草枯表明，至少后一种情况偶尔会发生（即工人作业时不戴口罩）。[70]联合商标公司还要求主管为工人提供水，让他们在吃饭、饮水或吸烟前洗手、洗脸。

大量使用化肥和除草剂主要是因为水果公司对提高产量颇感兴趣，但仅靠质量较大的香蕉果串并不能成就品质一流的香蕉。在转为销售箱装卡文迪什香蕉品种后，水果公司的研究议程越来越集中在影响果皮视觉外观的因素上。例如，1966年，联合果品公司的研究部门宣布，该公司的香蕉疾病防控议程的"主要部分"集中在果斑病上，"因为在金吉达品牌的质量计划中，无瑕疵水果占据重要地位"。[71]该公司为避免果实出现斑点，将去除香蕉植株的干叶，每周使用杀菌剂处理植株，并将果实套袋（用聚乙烯袋包裹成熟的果实），把多种处理方法进行结合使用。用塑料袋包裹香蕉果串可以将许多害虫隔绝在外，增加果串的重量，但塑料袋创造了非常潮湿的微环境，袋内的蚜虫数量迅速增加。蚜虫本身并不会对香蕉果实产生什么问题，但在蚜虫分泌的蜜汁上生长的一种真菌（烟霉）会"破坏"香蕉的外观。

早在1959年，标准果品公司就开始在塑料袋中添加杀虫剂，以控制蚜虫的数量。联合果品公司的工人则在塑料袋上撒上二嗪农，这是一种剧毒化学品。[72]工人们使用电动和手动鼓风机，在聚乙烯袋内部涂上浓度为 25% 的二嗪农粉末。一磅粉末大约可以涂抹 200 个塑料袋。在洪都拉斯，装袋作业需要 75 台喷粉器和"大量"劳动力。公司建议处理二嗪农的工人佩戴护目镜和口罩，穿好防护服。此外，为了限制人体对二嗪农的接触时长，装袋作业的工人只需工作一周，然后进行三周其他类型的工作。[73]1971 年，联合商标公司的研究人员报告称，二嗪农的施用浓度可以降低至 10%，能够保持其药效。他们还指出该公司开发了一种新方法来处理塑料袋，可以"提高工人的安全保障"。[74]

提及保护工人安全是种不寻常的做法，研究部门的报告一般对与职业和环境健康相关的问题保持沉默。在报告中确实提及工人健康问题时，它们往往是根据劳动效率来确定的。例如，1969 年发布的一份年度报告在关于防控果实斑点出现的小节中指出："在田间对照试验中，'福美双'杀菌剂一直表现良好，但真正运用到农田作业时似乎表现不佳，也许是因为它对工人皮肤的刺激作用影响了施用的效率。"[75]一般来说，水果公司对施用农药的指导方针是相对模糊的，它们强调注意个人卫生的必要性，将限制接触有毒化学品的责任推给了工人。[76]此外，联合果品公司的标准操作程序忽视了工人群体在实际情况中是如何作业的，包括在工作中进食和吸烟，这使得严格遵守安全措施变得更加困难。有时提供给工人的口罩、手套和胶靴不适合在炎热潮湿的气候下使用，而这又是香蕉作物生长的适宜条件。当然，个人的经验使得像内切·马丁内斯这样的工人采取预防措施："接触了这种窒息性毒物，如果你想吃东西，你的身体就会马上变绿，他们会把你拖到一边（接受治疗）。"[77]

水果公司研究人员很少关注职业工人接触农药的事件，这并不意味着香蕉种植园对农用化学品的使用是无差别的。水果公司的科研人员很快意识到，持续使用某些类别的杀虫剂可能会改变农业生态过程，并引发新的问题，如抗药性害虫种群的出现、化学残留物

的产生和 / 或新害虫的出现。人们使用两种杀虫剂——狄氏剂和二溴氯丙烷——来杀死香蕉种植园土壤中常见的寄生生物，这两种杀虫剂的使用历史说明，影响香蕉种植园农用化学品使用决策的考虑因素是多重的。

香蕉象甲在幼虫期通过钻入香蕉茎部啃食根茎中的养分来损害香蕉植株的根茎部位。受该虫害影响的植株产出的果串通常比一般的香蕉要小，而且在风暴期间很容易被连根拔起。[78]1950 年，联合果品公司试验通过一种密集诱捕的方法来控制香蕉象甲幼虫的数量，目的是杀死成虫。[79] 3 年后，一项研究得出结论，这种诱捕方法"有助于减少香蕉象甲的数量"，但不如狄氏剂杀虫剂"管用"，据说狄氏剂可以在施用两年后持续产生作用，控制香蕉象甲的数量。[80] 自1954 年开始，该公司根据建议频率，以每年一次的频率喷洒狄氏剂，除非香蕉象甲虫数量"极多"。[81] 联合果品公司后来开始使用颗粒和粉末状狄氏剂，其防控虫害的效果比喷洒液体更持久。直到 1960 年，联合果品公司的诺伍德·桑顿宣布"化学药剂仍然是防控香蕉象甲虫的主要武器"，他举了一个例子，仅施用一次狄氏剂，就能在两个月内控制大量香蕉象甲虫的侵扰。[82]

然而，并非联合果品公司研究团队的所有人都对狄氏剂的使用充满热情。20 世纪 50 年代中期，该部门发出内部通讯，敦促种植园管理人员施用种植无虫害根茎植株等栽培技术来控制蛀虫数量。随后的一份信函强调，需要加强种植园卫生，以便为害虫的繁殖创造"不利条件"。函件在最后告诫种植园管理者"在不使用农药喷剂的情况下减少植株上的害虫数量"。[83]1956 年，康奈尔大学的一位毒理学专家研究了狄氏剂在土壤中的残留情况，并得出结论："频繁使用"可能导致杀虫剂的潜在危险不断积聚。[84] 同年，联合果品公司的昆虫学家弗伯·S. 罗伯茨（Furber S. Roberts）在第十届国际昆虫学大会上发表了一篇论文，提及了几个例子，其中狄氏剂的应用消灭了蚂蚁和瓢虫等"益虫"，从而引发了食草性昆虫数量的激增，这些昆虫之前并不属于"害虫"范畴。通过破坏昆虫之间的捕食和寄生模式，狄氏剂和其他持久性杀虫剂助推了香蕉植株新"敌人"的产生。罗伯茨最后指出，生物手段和栽培技术似乎是控制蛀根类害虫最令人满意的方法。[85] 一年后，联合果品公司的研究部门观察到狄氏剂的使用消灭了蚂蚁种群，后者曾在控制其他昆虫数量方面发挥了"重要作用"，该部门警告种植园的管理人员，"滥用杀虫剂可能不会带来预计的经济效益，而且可能导致比试图防治虫害问题更为严重的问题出现。"[86]

杀伤力广只是狄氏剂的缺点之一。早在 1961 年，联合果品公司的研究人员就宣布，由于香蕉象甲虫对该杀虫剂产生了抗药性，"急需"找到狄氏剂的替代品。[87]1965 年，该公司不再使用狄氏剂，转而使用开蓬（另一种有机氯化合物），因为后者已被美国监管机构批准可用于香蕉业。两年后，联合果品公司获得了延长其开蓬使用权的批准许可，因为这种杀虫剂"在香蕉象甲防控计划中举足轻重"。[88]然而，到了 1970 年，人们开始关注有机氯农药对环境产生的长期影响，这促使美国政府考虑禁止开蓬的使用。联合果品公司和开蓬的制造商联合化学公司（Allied Chemical Corporation）随后与美国食品药品监督管理局就是否能在香蕉植株上使用杀虫剂的问题进行了谈判。同年，联合果品公司的科研人员开始测试其他杀虫剂的效果，包括有机磷酸酯类农药（"毒死蜱"）和系统性氨基甲酸酯（"呋喃丹"），以控制种植园中的香蕉象甲的数量。[89]之后在 1973 年，联合果品公司在哥斯达黎加的戈尔菲托（Golfito）分部停止了所有杀虫剂的使用，转而采用生物控制手段。两年内，香蕉象甲和其他昆虫的数量都下降到了可接受的水平。到 20 世纪 70 年代末，该公司在中美洲的所有种植园都大幅减少了控制香蕉象甲数量的杀虫剂用量。[90]

香蕉象甲并不是唯一能够破坏香蕉根系的生物。事实上，关于香蕉象甲对香蕉生产影响的早期研究可能忽略了寄生线虫对香蕉产量降低的影响程度。早在 1957 年，联合果品公司的科研人员们就报告称，在巴拿马，寄生线虫的数量十分庞大，对香蕉植株造成了"相当大的损害"。[91] 同年，壳牌石油公司（Shell Oil Company）开始销售一种成分为二溴氯丙烷的杀线虫剂，该公司声称这种杀线虫剂可以提高"出口专供香蕉"的产量。[92] 1958 年，联合果品公司的研究人员指出，早期关于二溴氯丙烷有效性的报告是具有一定指导意义的，但他们仍建议通过休耕和种植无线虫的植株根茎来控制寄生线虫的数量。两年后，研究部门的实验证实了先前的结论，即使用杀线虫剂可以增加"适销对路"的香蕉产量，当时炙手可热的是"8 板一串美国出口级别的香蕉果串"，这种果串的质量超过 70 磅。[93] 1961 年，美国食品药品监督管理局批准了在香蕉"苗床"上使用二溴氯丙烷杀虫剂的临时许可。联合果品公司的科研人员随后建议在公司的苗圃中使用二溴氯丙烷，但在进一步开展试验之前，他们不赞成大规模使用。[94]

相反，在整个 20 世纪 60 年代，该公司通过将栽培未受污染的种子和休耕相结合的方法来控制寄生线虫的数量。植株持续出现倒根问题，休耕成本也不断上升——休耕过程会让土壤停止农业生产至少两年，且需用除草剂处理土壤，这两个现实问题促使联合商标公司的科研人员在 20 世纪 70 年代初重新启动杀线虫剂试验。在洪都拉斯进行的实验表明，施用二溴氯丙烷可以使果串增重，并且减少植株倒根造成的损失。然而，研究人员得出结论，增产带来的价值并不能抵消治疗病虫害的成本。相反，他们建议在倒根现象严重的种植园，使用支撑桩作为二溴氯丙烷的较低成本替代品。然而，在哥斯达黎加和巴拿马的种植园，线虫感染率远高于洪都拉斯，联合商标公司于 1973 年开始使用二溴氯丙烷。[95]

1967 年，在洪都拉斯进行的田间试验表明，使用二溴氯丙烷可以提高香蕉产量，此后标准果品公司开始在旗下种植园大规模使用二溴氯丙烷。研究员亨利·莫瑞写道，1967 年至 1971 年，标准果品公司在凯伊尔斯种植园的平均果串质量从 70 磅增加到 90 磅。[96] 二溴氯丙烷对果实增重产生了积极影响，促使一些标准果品公司的前田间工人将杀线虫剂称为肥料。[97] 在洪都拉斯，该公司首先通过高架灌溉系统施用二溴氯丙烷。工人们夜班工作 12 小时，以每英亩 4~6.7 加仑的速度施用杀虫剂。[98] 坎塔利西奥·安迪诺做过混合二溴氯丙烷溶液的兼职工作，他说自己的皮肤经常接触到这种化学品："我并没有采取太多预防措施，因为那个人（主管）从来没有告诉我，'小心点，这种东西有毒'。"[99] 其他工人记得，他们曾多次接触过含有二溴氯丙烷液体的灌溉水。[100] 用一位之前负责喷药工作的工人的话来说："我们没有照顾好自己，没穿过什么防护服，也没戴过手套，什么都没有。"[101] 内切·马丁内斯回忆说，他们有发过安全设备，但他总觉得这种设备并不总是万无一失的："他们给了我们手套和口罩，但尽管有这些防护措施……我们总是生病，还可能有两三个工人呕吐和腹泻。"[102]

灌溉工人并非仅有的可能接触到二溴氯丙烷的种植园农工。当修枝工人清晨进入种植园时，他们总是与湿漉漉的香蕉叶擦肩而过，踏过前一天晚上装满二溴氯丙烷溶液的灌溉水的水坑。二溴氯丙烷与其他杀虫剂和化肥一起流入排水渠，杀死了各种动物（包括鱼类、虾、负鼠和臭鼬），清晨时分可以看到它们的尸体在沟渠中漂浮着。[103] 二溴氯丙烷有时还会飘散到工人营地附近，这些房屋位于种植园旁。一位之前居住在种植园营地的居民回忆说，飘过来的杀虫剂残余有时会毒死鸡和其他家畜。[104] 工人们的抱怨显然促使标准果品公司安装新的喷洒装置，以减少农药雾滴漂移量。在 20 世纪 70 年代的某个时候，该公司开始将二溴氯丙烷制成颗粒状，由工人手动注射到香蕉植物的根部。这种方法大大减少了对种植园生活空间的污染，但使注射农药的工人更容易接触到有毒化学品。

直至 1977 年，加利福尼亚州一家化工厂的一群男性工人得知他们不育，公众才开始关注接触二溴氯丙烷对人类健康产生的影响。同年，美国政府大大限制了二溴氯丙烷的使用。标准果品公司继续在其中美洲的香蕉农场使用该化学品，时间长达两年。水果公司使用二溴氯丙烷带来的不良后果仍有待解决。在哥斯达黎加，约有一万人可能因接触二溴氯丙烷而对自身健康造成了严重影响（包括癌症和不育）。在洪都拉斯，受杀线虫剂影响的人数可能高达 2500，但确切数字永远无法得知。洛丽·安·思拉普（Lori Ann Thrupp）发现，经济上的考量在很大程度上促使标准果品公司决定在哥斯达黎加使用二溴氯丙烷，因为其作为危害较小的替代品更便宜，而且也同样有效（在高频使用时）。[105] 这种极易感知到的经济刺激，再加上二溴氯丙烷制造商对毒理学研究的抗拒，以及水果公司优先考虑保持香蕉植株健康而非工人健康的研究议程，都足以解释二溴氯丙烷在中美洲和其他地区的使用超过 10 年的原因。对于拉丁美洲从事农业工作的工人来说，二溴氯丙烷故事的大致走向是一个令人痛心而又似曾相识的故事，他们往往缺乏资源和政治力量来确保安全的工作环境。[106] 但二溴氯丙烷的故事无法从政治和经济角度得到充分解释：农业生态条件的改变首先导致了线虫"问题"的出现。

与真菌病原体一样，寄生线虫与其宿主及周围农业生态系统有着动态变化关系。在中美洲，穿孔线虫问题与整个香蕉行业转向培育卡文迪什香蕉品种几乎同时出现。[107] 卡文迪什香蕉极易受到线虫的侵害。此外，旨在提高产量的常规修枝和施肥往往会加剧线虫侵袭造成的损害程度。修枝这一步骤可以追溯到 19 世纪的出口贸易，即将香蕉植株上的大多数嫩细芽都修剪掉，这样养分就会集中在一两根茎上。这种技术有助于生产果实饱满的长柄香蕉，但它剥夺了植株侧枝提供的结构稳定性。沉甸甸的果串又给茎和根施加了巨大压力，容易使那些结果的植株出现倒根现象。[108] 换言之，寄生线虫对出口香蕉的影响并非完全是"自然"现象，过分注重高产量同样导致了这一问题。

土壤条件和土地利用历史也会影响线虫的出现率。联合果品公司苏拉河谷种植园的寄生线虫数量相对较少，这是因为该公司推行清洁种子计划，早期还因淤泥阻塞和洪灾原因实行了土地休耕，这两个原因导致线虫数量减少，产生了意想不到的效果。[109] 考虑到苏拉谷地的土壤条件，联合果品公司的科研人员认为，减少倒根现象出现的最经济的手段是架设支撑桩。标准果品公司的研究人员在不同的农业生态环境中工作，他们得出了不同的结论，敦促大范围使用二溴氯丙烷来提高产量。这似乎是香蕉种植史上极具技术性的经验，对于理解和解决个别问题显得尤为重要，比如联合果品公司如何避免洪都拉斯的田间工人接触二溴氯丙烷，以及如何解决中美洲其他地区数以万计的香蕉种植园工人出现的健康问题。

在不断变化的市场和持续发展的农业生态系统中，不同的香蕉象甲和线虫防控方法反映出界定农业"害虫"所涉及的复杂的经济成本计算。在这两种情况下，财务考量因素——成本"底线"在农用化学品使用决策中发挥了核心作用，但预测与狄氏剂和二溴氯丙烷相关的经济风险和效益绝非易事。化学工业和水果公司之间的密切关系决定了热带地区的研究方向，但水果公司的科研人员在进行大规模农田试验之前对施用新型杀虫剂持审慎态度。与此同时，几乎没有证据表明农学家、昆虫学家、植物病理学家和其他科学家拥有监测农药对田间作业工人产生影响的相关背景知识和（或）行为动机。相反，他们几乎只关注新型农药对香蕉产量的影响。在使用狄氏剂的案例中，次生性害虫爆发和抗性香蕉象甲种群的迅速增加，导致联合果品公司的研究人员倾向于施用生物和技术防控措施，而水果公司最终也采取了这类防控方法。然而，从关于长期使用狄氏剂的初始警告到采取非化学防控措施之间的长时间延迟表明，水果公司高管对其科研人员和田间工人的关注度远远低于对其股东和美国政府监管机构的关注度。就二溴氯丙烷而言，该产品提高了产量，对香蕉植株没有明显的负面影响，这促使水果公司在某些土壤条件下使用该杀线虫剂。即使在美国政府监管机构出于职业健康考虑采取行动限制其使用后，这些公司仍继续在中美洲地区使用二溴氯丙烷。

毫无疑问，正如豪尔赫·罗梅洛描述的关于贝尼托的轶事所表明的那样，个人的决定和行为会影响工人接触农药的程度。与此同时，不断演进的生产实践活动创造了充斥着各式农药的工作环境。为了最大限度地提高劳动效率和水果产量，水果公司的研究人员往往只在化学品使香蕉植株产生毒性和（或）对工人的生产效率下降产生极度刺激时，才会对农用化学品的使用表现出些许担忧。因此，水果公司有时会想办法减小对剧毒物质的接触范围，但对了解农用化学品对工人健康和周围环境的长期影响不甚关心。

20世纪60年代末，出口香蕉的生产 – 消费动态开始受到美国和欧洲来势迅猛的环境运动的影响，这些运动试图规范杀虫剂的使用。受蕾切尔·卡森（Rachel Carson）所著畅销书《寂静的春天》（*Silent Spring*）的启发，美国环保主义者成功地限制和（或）禁止了一些持久性有机氯（如滴滴涕）的使用，它们会对人类和野生动物造成长期损害。限制农药使用的法规往往基于农药残留水平阈值，该阈值为保护消费者安全提供了一定的借鉴意义，但对保护农业工人的身体健康几乎没有什么作用。

尽管美国农业工人联合会早期呼吁禁用滴滴涕，并组织消费者抵制加州生产的鲜食葡萄，但在环境运动中，最后成为美国最突出的象征的是卡森，而不是凯萨·查维斯（Cesar Chavez）。[110] 在某些情况下，杀虫剂改革实际上增加了农业工人承担的风险，因为相关改革鼓励研制出更多种类的农用化学品，它们能够在环境中快速分解，但对人类有剧毒（包括有机磷）。美国的环保运动在很大程度上未能改变水果公司防控香蕉植株"敌人"的基本方法：在 20 世纪 70 年代，杀菌剂、除草剂和杀线虫剂的试验依然是相关研究的主要议题。归根结底，中美洲种植园工人面临的日常危险在很大程度上仍然是 20 世纪末美国香蕉消费中一项未被计算的成本。

第八章

比较视角下的香蕉文化

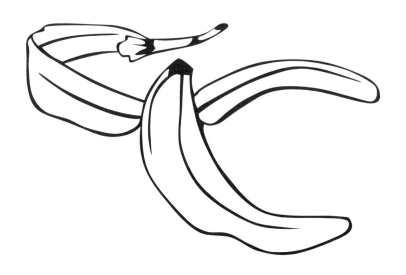

资本主义在世界范围内的扩张和全球商品市场的建立，都是由追求利益的各方力量推动的，此等力量不仅要控制廉价劳动力、技术或市场，而且还得掌控自然。

——费尔南多·科罗尼尔（Fernando Coronil），1997 年

1975 年 4 月 22 日上午，当洪都拉斯百姓打开收音机时，他们从武装部队最高委员会处获悉，胡安·阿尔韦托·梅尔加·卡斯特罗（Juan Alberto Melgar Castro）上校就任新的国家元首，接替了奥斯瓦尔多·洛佩斯·阿雷利亚诺将军，后者在两周前曾被指控接受了联合商标公司的贿赂。[1] 该贿赂是在美国证券交易委员会对联合商标公司前总裁艾利·布莱克的死亡进行"例行"调查期间发现的。这位总裁从其位于泛美大厦 44 层的办公室窗户跳下自杀。[2] 在《华尔街日报》报道了这一调查结果之后，联合商标公司于 4 月 8 日发布了一份公开声明，披露公司曾向洪都拉斯政府的一名"高级官员"行贿 125 万美元。[3] 据报道，前总裁艾利·布莱克允许员工行贿，其目的是减少香蕉出口税。美国证券交易委员会指控联合商标公司涉嫌欺诈，因为它未将行贿行为告知股东；经过数月的诉讼，该公司同意接受联邦法院的禁令，要求公司纠正其财务报告涉及"向外国政府官员和雇员的非法付款以及非法外国政治捐款"等内容。[4]

从塞缪尔·泽默里的"香蕉大王"时代到 20 世纪末，美国的水果公司采用合法和非法手段获取土地，限制竞争对手，逃避税收和关税，压低工资，并扩大市场份额。只有最热衷于为水果公司辩护的人，才能把此类活动追溯到遥远的过去，认为它们对现在没有造成任何影响。然而，正如本书所示，水果公司的政治和经济实力制约了洪都拉斯等地香蕉出口生产的历史轨迹，但并未起到决定性作用。出口香蕉种植园同时与国际商品链和农业生态关系网联系在一起，这种关系限制、抵制并挫败了水果公司及其盟友的力量。

在追踪一种热带植物如何转变为美国人的日常食物的过程中，笔者试图揭示栽培技术和生物物理处理方式是如何塑造经济机构（包括公司和市场）的，反之亦然。该框架揭示了解释模型的局限性，即资本"在全球"行使权力，而次级行为者"在当地"做出反应。显然，美国的水果公司和生活在洪都拉斯北海岸的劳动者之间存在着巨大的权力不对称性。然而，即使是联合果品公司也不得不通过位于特定地区的人员行使其权力，这些人的轨迹沿着跨国商品链延伸。[5] 此外，人并非水果公司必须要面对的唯一动态因素。为了从香蕉的生产、运输和销售中获得利润，公司需要控制植株生长和病原体传播，但这些植株和病原体既被动受控，也不可预测。从明面上看，出口香蕉生产似乎更像是一系列的即兴表演（既有创造性又有破坏性），而不是一场精心策划的全球权力博弈游戏。

认识到偶然性的作用、地点的特殊性以及人与植物和病原体的相互作用，并不意味着本书会排除与其他地区和商品进行比较，以制定新的解释模型，为政策辩论和政治项目提供信息。在最后一章中，笔者借鉴了有关其他农产品的学术研究成果，以便从比较的角度来看待出口香蕉。更全面的比较可能需要另写一本书——本着谦逊治学的态度，笔者有选择地将香蕉与拉丁美洲和加勒比地区历史上其他两种重要的农产品进行了比较：咖啡和糖。为表转折，笔者还研究了美国加州的商业果园（包括柑橘和梨）和葡萄园，以便通过将在国内和国外长途运输的商品摆到一起研究，重塑"出口"农业的模式。

为了与本书的主题保持一致，笔者进行的比较集中在大批量生产和大规模消费的动态变化以及社会和环境变化之间的联系。本章前半部分的视角集中在美国，比较了 19 世纪和 20 世纪香蕉、咖啡、糖和加州大众水果市场的出现和演变。简单地说，笔者认为消费行为具有其独特性，"范围庞大"且需进行认真挑选。美国人民每年花费在香蕉、橙子、杯装咖啡及蔗糖上的消费高达数十亿美元。然而，大众对个别商品的欲望并非永不满足，随着人均消费率在 20 世纪趋于稳定，日趋统一的行业不遗余力地限制各类竞争，使其产品标准化，并出售"高质量"商品。广告宣传活动通常包含农场生产空间的图像，强调土地的丰饶和耕作者的满足感。"金吉达小姐"、"胡安·巴尔德斯"（Juan Valdez）和"阳光少女"（Sun Maid）等形象通过将生产场所的日常工作浪漫化来转移消费者对农场不公正现象的注意力，还在塑造生产 – 消费动态方面也发挥了重要作用，与其说是借助"创造"需求本身实现了上述内容，不如说是通过塑造消费美学实现的。

　　本章后半部分对各商品部门的产量进行了比较。正如一些学者所证明的那样，拉丁美洲和加勒比地区的出口经济在时间和空间上出现了显著的多样性。威廉·罗斯贝里（William Roseberry）认为，之所以会产生这种多样性，是因为商品交易商和资本所处的背景或"权力领域"不同。[6] 不幸的是，很少有学者分析投资者、交易商、农民和工人努力创造财富和维持生计的实际领域。在最后一节中，笔者着重比较了农业生态系统中的人为因素和非人为因素——包括土壤、植物、病原体和食草动物——以说明不同商品部门内部和彼此之间的相似性和差异性。整合非人为因素的风险在于越搞越复杂。然而，笔者的目的在于比较多者之间的动态关系，而非扩大议题。最后，笔者确定了一些与农业商品网有关的共同特征和问题，作为推动全新研究议程、提升社会公正以及促进生态适应性农业系统的第一步。

胃口巨大：美国大规模市场的兴起和演变

　　19 世纪末，美国热带农产品消费率以史无前例的速度飙升。

1870 年到 1920 年，蔗糖总消费量增长了 7 倍，而年人均消费量增加了一倍多，从 35.3 磅增加到 85.5 磅。在同一时间段内，美国的咖啡进口量从 2.31 亿磅增加到约 15 亿磅。1883 年至 1900 年，人均咖啡消费量从 9 磅飙升至 13 磅。直到 19 世纪 80 年代中期，橙子还是一种奢侈品；到 1914 年，每年每位美国人大约吃掉 40 个橙子。在这一时期，加利福尼亚州成为多种落叶水果的主要产地。例如，在 1882 年和 1891 年之间，从弗雷斯诺县（Fresno）向外输送的葡萄干数量从 8 万磅增加到 4500 万磅！[7] 1909 年，全州生产了 3150 万蒲式耳①的水果，其中包括美国柑橘消费总量的 3/4。[8] 当然，在这一时期，食物并不是唯一受到大批量购买的商品；从缝纫机到肥皂、香烟等一系列制成品在美国各地城乡地区销量激增。[9]

对于这种非同寻常的消费量增长现象，人们做出了多种解释。西敏司和迈克尔·希梅内斯（Michael Jiménez）将糖和咖啡消费量的增长与工业资本主义发生的变化联系起来，包括一个庞大的、居住在城市的工人阶级的兴起。环境历史学家约翰·麦克尼尔（John McNeill）将人口增长和技术革新视为"变革引擎"，它们为 20 世纪的资源消耗提供了动力。商业历史学家阿尔弗雷德·钱德勒（Alfred Chandler）指出，19 世纪末商业领域出现了一场"管理革命"，这场革命加之美国最高法院的一系列裁决，使得拥有大量资本（和有限债务）的公司得以实现规模经济和垂直整合，从而提高生产力，降低单位生产成本，并执行质量标准。[10]

毫无疑问，食品消费的增长与一系列相互关联的人口、经济、法律和技术变化同时发生。从 19 世纪 70 年代到 20 世纪 20 年代，美国的人口从大约 3850 万人增加到 1 亿多人。在此期间，国内和国际移民（包括来自欧洲的 2300 多万移民）使得美国工业城市的人口

① 一种计量单位，在美国，1 蒲式耳约合 27.216 千克。——编者注

急剧增加，形成了庞大而密集的市场。从疫苗接种到污水处理系统等公共卫生措施的改善降低了死亡率。工人的可自由支配收入也增加了，这使食品和其他商品的人均消费量增加。在采矿、制粉、制造、运输和其他行业，能够以前所未有的规模生产和销售商品的公司大量涌现（联合果品公司在当时并不是独一无二的）。为了"扩大规模"，这些公司经常投资加工和运输技术，以加快商品的生产、供应和销售速度，同时降低劳动力成本。越来越多的化石燃料（主要为煤）为大规模生产和大规模运输提供了动力。

　　将上述过程考虑进去，对于理解导致大规模消费的原因相当重要，但它们对解释特定商品的受欢迎程度却没有多大帮助。解释大众对某些事物而非其他事物的渴望需要考虑文化背景。例如，西敏司曾证明了甜味在推动糖的生产－消费动态方面的力量。甜味似乎在各种文化中都有普遍的吸引力，但西敏司和其他人认为，在 16 世纪的欧洲部分地区，人们对蔗糖（精制白糖）的偏好超过了其他甜味剂。[11] 在 19 世纪的美国，糖基甜点和加糖热饮的消费都隐含着欧洲普遍存在的世界主义。曾经在热带地区生产的"异国情调"产品和昂贵的商品日益增多，成为美国在亚洲热带地区和拉丁美洲霸权地位上升的常见标志。

　　精制糖（蔗糖）的广泛供应促进了其他商品消费的增长。美国许多咖啡爱好者将糖放入杯中，以增加咖啡的甜度。[12] 与此同时，咖啡加糖的协同提神作用增加了人们对精制糖的需求。糖和古柯提取物是可口可乐的关键成分，与海尔斯（Hires）发明的根汁啤酒（Root Beer）等其他加糖的碳酸饮料一起，可口可乐最终将取代咖啡，成为美国消费量最大的饮料。咖啡的流行可能导致了热可可饮用量的下降，但精制糖有助于催生新的可可消费方式，它们大多表现为固体牛奶巧克力形式，密尔顿·赫尔希（Milton Hershey）对这种口味的变化加以利用，大规模生产廉价巧克力棒和"好时之吻"

（Hershey's Kiss），将它们加以宣传推广。为了确保甜味剂的稳定供应，好时集团购买了 65000 英亩土地，并出资在古巴建造了一个大型制糖厂。[13]

略带苦味的热带商品并不是使美国消费与糖类密切相关的唯一产品：加州的罐头厂使用精制糖作为桃子、梨、葡萄和其他水果的防腐剂，这些水果被添加到含糖的糖浆中。此外，柑橘种植者偏爱糖分含量高的橙子品种，到 20 世纪 30 年代，有 1/5 的橙子用于生产含糖量高的果汁。[14] 最后，香蕉作为一种微甜的"新鲜水果"进入了美国人的食谱；它们在烹饪和烘焙方面用途较少，主要限于制作甜面包、馅饼和冰激凌甜点。在 20 世纪的美国，大蕉并未获得大众青睐。因此，在 19 世纪末和 20 世纪初出现的大众市场中，甜味明显是这一系列混合食品和饮料商品的共同特征。

第二个共同点是大规模广告宣传和产品品牌的推广。从比较的角度来看，美国的水果公司在 20 世纪 50 年代末决定对卡文迪什香蕉进行品牌推广，这一决定相当滞后。早在 1865 年，阿巴克兄弟就以阿里奥萨（Ariosa）的品牌名称在全美销售包装好的咖啡豆。19 世纪 80 年代，加州的水果包装商开始用带有彩色标签的板条箱运送他们的精品水果。1908 年，加州果农合作社采用了"新奇士"（Sunkist）的产品名称，随后开始将每个橙子用印有新奇士标签的包装纸进行包装。1912 年，加州葡萄干公司（California Associated Raisin Company）推出了"阳光少女"品牌的葡萄干。那时，杂货店的顾客可以在货架上找到多米诺（Domino）糖、桂格（Quaker）燕麦、纳贝斯克（Nabisco）的尤尼塔饼干和家乐氏（Kellogg's）的烘焙玉米薄片等产品。历史学家苏珊·斯特拉瑟（Susan Strasser）表示，制造商使用品牌是为了培养消费者忠诚度，并削弱批发商和零售杂货商将消费者引向购买竞争对手产品的能力。[15]

品牌名称只是广告的一种形式。公共展览（包括世界博览会）、小册子、食谱、广告牌以及报纸和杂志广告是 20 世纪初用于宣传产品的其他大众媒体形式。发展到后来，广播和电视成为广告商选择的关键媒体。联合果品公司及其子公司使用过所有这些媒体宣传手段，公司在 20 世纪第一个十年里印刷了包含大量文字信息的小册子，在 20 世纪 20 年代转向了广告牌、食谱和营销研究，并于 20 世纪 40 年代在广播中推出了《金吉达香蕉之歌》。20 世纪 40 年代，加利福尼亚广播电台播放了《金吉达香蕉之歌》。加州的水果种植者、咖啡烘焙师和制糖商都采取了类似的营销策略。[16] 然而，不可否认的是，20 世纪初大众营销的兴起和广告预算的上升，不应作为大众被诱惑（或被愚弄）的证据，借此证明其消费习惯。[17] 就本文所研究的商品而言，人均消费量的急剧攀升发生在 19 世纪下半叶，当时没有针对最终消费者开展全国性广告活动。事实上，在 20 世纪 20 年代初消费率开始趋于平稳之前，加州香蕉、咖啡和落叶水果的全国广告宣传活动并未真正开始。正如美国历史学家史蒂文·斯托尔（Steven Stoll）在第一次世界大战后所观察到的，加州水果种植合作社的营销活动试图将"生产过剩"的状况重新定义为"消费不足"。[18]

即使不能把创造需求归功于专业广告公司的出现，它们也无疑非常善于有选择地、以相当大的误差定义不断变化的消费社会和文化背景。例如，随着 20 世纪的发展，联合果品公司的广告将对生产和分销过程的详细描述转变为一组不断变化的图像，这些图像传达了消费者对健康、性、幽默的渴望，当然还有对美味食物的渴望。根据美国文化历史学家杰克逊·李尔斯（Jackson Lears）的说法，广告创造了广为流传的"丰饶寓言"，在这些寓言中，无论是在钢铁厂还是在橘子园里，工人的工作效率奇高，且日常工作充满乐趣。广告公司对商品的盲目推崇反映了其创作者视点选择能力的高超：资源、工人和大众消费之间的联系难以辨别。1932 年，美国一家主流广告商贸易杂志《印墨》（*Printers Ink*）的编辑提议用"全麦碗"取代"全餐桶"（这一形象与工厂工作密切相关）的说法，作为新生代"成熟消费者"的标志。人们不禁要问，这位编辑是否想象过将切片香蕉作为"美国未来"的象征。[19]

即使在大萧条时期，这些编辑的乐观态度也并非完全没有根据：食品的大规模生产使中低阶层人民能够享用曾经只出现在精英阶层餐桌上的食物和饮品。事实上，加工过的麦片配香蕉是一种典型的城市工业餐，它反映了劳动人民在餐食准备和进餐的时间和方式上的鲜明变化。[20] 美国人的日常生活越来越多地按照标准化时间的同步节奏进行。时区、打卡钟、手表、学校铃声和小时工资重构了人们的日常活动。进食变得愈发麻烦，这一点可从颇讲仪式的"零食点心"（如茶歇）和深加工食物或即食食品消费量的增加中窥见端倪。

广告商还认识到，在大多数家庭中，女性承担着做饭的主要责任，因此广告商们经常通过将消费者定义为"母亲"和"家庭主妇"来为消费者描绘家庭生活的理想状态。在这些营销策略奏效的范围内，他们继续深挖中产阶级女性的焦虑，这些女性既要承担家庭责任，又要兼顾家庭以外的工作。随着女性越来越多地为自己开辟出新的社交空间，她们也不得不腾出时间来维系这些社交（因为大多数男性都不愿意在家做饭）。深加工食品有助于减少女性做饭所需的时间。换言之，女性新的社会角色——在许多方面破坏了理想的家庭生活——可能在塑造购买和食用易制食品的重要性方面发挥了很大作用。从这一方面来看，生产和消费之间的联系是错综复杂的：工业食品加工者经常付钱给女工，让她们从事大量清洗蔬菜、剥皮、切菜和备餐等工作。芝加哥的"办公室女职员"购买一瓶桃子罐头，就意味着为加州包装厂的移民女性提供了就业机会和建立新型社会关系（包括成为工会成员）的机会。[21]

20 世纪的食品消费也与健康知识和道德观念紧密相连。例如，为了驳斥香蕉难以消化的说法，联合果品公司最早的一些宣传小册子既强调了香蕉的营养价值，又着重说明果实成熟的重要性。咖啡销售商还努力争取医疗保健专业人员的支持，以消除人们对其产品可能造成生理影响的担忧。咖啡联合宣传委员会（一个咖啡行业的游说团体）向麻省理工学院的工业微生物学家塞缪尔·C. 普雷斯科特（Samuel C. Prescott）发起求助，以确保从"科学"角度证实咖啡中的物质对人体健康有益。联合果品公司也聘请了这位专家。[22] 但是，如果说有些人把喝咖啡看作一种不健康的习惯，那么许多雇主和社会改革者则将其视为饮酒的替代品，他们认为这与员工旷工和不道德行为有关。在那个禁酒运动盛行、经常禁售酒精饮料的时代，这是一个值得深思的观点。禁令并未持续下去，但消费在道德意义上的重要作用在可卡因的历史中得到了清晰的体现，到 20 世纪 20 年代初，可卡因的地位从药用补品转变为"邪恶的"非法药物。[23]

持续的经济扩张和人口增长，以及有助于将原本分裂的国家联结在一起的大众消费文化，这几大因素确保了美国在整个 20 世纪仍然是销售咖啡、香蕉、糖和新鲜水果的最大的单一市场。然而，人均消费趋势因商品而异。[24] 美国在第二次世界大战结束后取消了运输限制，使美国的香蕉消费量在 1947 年恢复到战前水平。随后，美国的人均香蕉消费量略有下降，并在整个 20 世纪 60 年代保持不变。在 20 世纪末，美国的香蕉消费量稳步上升，在 1997 年达到人均消费 27 磅。加州落叶水果贸易遵循一条截然不同的轨迹：新鲜柑橘（包括橙子和葡萄柚）类水果的消费量在 20 世纪 40 年代中期达到高峰，人均消费超 60 磅，而到了 70 年代初，人均消费量却不足 28 磅。从那时起，新鲜柑橘的消费量一直保持相对稳定。然而，1970 年至 1997 年，美国人每年以加工果汁的形式额外消费 90 磅至 100 磅柑橘。20 世纪下半叶，加州广泛种植的其他新鲜水果，包括葡萄、桃子和梨的消费量要么下降，要么几乎保持不变；但与柑橘类水果一样，这些水果以其他加工形式出售的消费量也呈上升趋势。[25] 因此，将香蕉与其他水果相比较，凸显出香蕉在美国饮食中所处的独特的狭隘位置：香蕉很少以其他形式销售，包括果干、罐头、果冻、果酱或果汁。

1925 年至 1945 年，咖啡的消费量稳步增长。进入 20 世纪 60 年代，咖啡成为最受美国人欢迎的饮料。但在 1965 年至 1987 年间，咖啡消费量下降了 26%，这一趋势一直持续到 20 世纪 90 年代末，当时加糖软饮料和酒精饮料的人均消费量都超过了咖啡。[26] 尽管软饮料很受欢迎，但蔗糖（主要取自甘蔗和甜菜）的人均消费量从 1970 年的 100 多磅下降到 1997 年的 66 磅左右。这种趋势与正常预期相反，可以用蔗糖替代品（包括高果糖玉米糖浆在内）的日益流行来解释。然而，甘蔗和蔗糖之间仍然存在营销上的"协同效应"：20 世纪末出现了一个相当大的"特种蔗糖"市场，与此同时出现了半精制蔗糖。这种蔗糖甜味剂呈现的颜色并非白色，它们以"粗糖"等名称进行销售，面向寻求"纯天然"或"手工"制作食品的消费者。[27]

不出所料，这种对商品消费长期趋势的比较证实了各种水果、咖啡和蔗糖在 20 世纪美国饮食中的中心地位。它进一步表明，人均消费的最大飞跃发生在 19 世纪。消费率在 20 世纪大幅波动，但在 20 世纪 50 年代基本趋于平稳。这并非表示此类商品的市场自 20 世纪中叶以来一直保持不变；随着托运人、加工商和分销商寻求增加市场份额和降低成本，它们都变得越来越一体化。随着行业的整合，商品变得越来越标准化。各种各样的寓言故事让位给关于商品质量的论述。

精挑细选之品味：质量标准的演变

截至 19 世纪 80 年代，此处探讨的商品部门都没有经历过重大的整合；农民、托运人、加工商、批发商和零售商往往是不同的实体，但绝不是独立个体。然而，这种情况在 20 世纪的产业发展过程中发生了巨大的变化。在 20 世纪第一个十年里，只有 3 家美国的水果公司实现了高度的垂直整合，控制了产品的生产、运输和销售。20 世纪初，加州水果种植者也实现了生产、包装和销售业务的一体化，但他们并没有控制铁路运输。包括联合果品公司在内的一些糖业公司，它们将种植、碾磨和再加工过程整合在一起。在 20 世纪上半叶，咖啡行业的各生产环节仍然处于分散状态。第二次世界大战后，美国的咖啡烘焙业开始整合，但即使如此，烘焙商在拉丁美洲也很少拥有咖啡种植园或加工厂。重要的是，整合通常首先发生在商品链的中间节点：托运人、加工商和分销商比生产商和零售商更早进行整合。

将商品运送到大众市场需要大规模运输：在 19 世纪末，以化石燃料为动力的铁路和蒸汽船（以及骡子和独木舟）以破纪录的速度运载着前所未有的货物量。香蕉、椰子、糖以及来自加州的落叶水果，都需要在运输前进行加工和（或）包装，以确保产品到达市场时仍然可供销售。运输和加工的重要性，可以从不同的商品部门，其资本和权力向种植园和厨房之间的地方集中的趋势中看出。例如，咖啡工厂主、商人和烘焙师"在咖啡经济中获得的指导和收益远远超过种植者"。[28] 20 世纪的制糖业也出现了类似的趋势，权力和财富主要集中在那些拥有中心工厂、铁路和制糖厂的家族和公司手中。传说中的"香蕉大王"，包括洛伦佐·道贝克、米诺·基思、瓦卡罗兄弟以及塞缪尔·泽默里，他们的职业生涯始于托运人、铁路建设者和批发商，而不是种植园园主。在加利福尼亚州，水果包装商成为种植者和批发商之间的关键斡旋者。

在整个美洲，出口商品生产的扩大与铁路建设齐头并进。例如，1834 年至 1837 年，古巴的制糖厂出资修建了拉丁美洲的第一条铁路（也是世界范围内的第七条铁路）。[29] 在哥斯达黎加和危地马拉，咖啡业的众多利益集团资助了铁路的建设，这反过来又刺激了这两个国家在加勒比海沿岸的香蕉出口生产。联合果品公司在洪都拉斯的两家子公司被命名为"铁路公司"，而不是香蕉公司。最后，美国一条横贯大陆的铁路建成，促进了大宗商品快速陆路运输的实现，货物可以从加利福尼亚州运送至中西部和东部市场。

对于所有相关商品而言，收获后进行加工对将植物材料转化为适销产品来说至关重要。然而，也存在一些重要的区别。就咖啡而言，植物的有价值部分是种子（即咖啡豆）。咖啡果皮需要经过清洗或干燥才能去除，这些生产过程历来都是在咖啡种植园附近进行的。脱皮后，"绿色"的咖啡豆可在烘烤前长时间存放；一旦经过烘烤，真空密封的咖啡保质期会相对较长。此外，负责烘烤咖啡的烘焙师可以而且经常会将来自不同产区的咖啡混合在一起。就甘蔗而言，铁路的作用是将砍下的甘蔗运到大型磨坊，在那里尽可能快地榨取甘蔗汁，以最大限度地提高蔗糖含量。随后，半加工产品被运往美国，并在当地进一步加工成白色颗粒状的糖。总而言之，咖啡和糖在历史上都经过了高度加工，完全改变了它们的外观和口味。

与咖啡和糖相比，香蕉和橙子在运输前只需要稍微进行一下加工。事实上，从种植园到批发点的过程中，对水果的处理越少越好。因此，水果运输必须速度快且顺畅，而且要有温度控制措施，以便能够在温带气候下全年运送"新鲜"水果。重要的是，阿莫尔包装公司（Armour Packaging Company）是冷藏肉类运输领域的早期创新者，也是首批在加州成立水果包装厂的大型企业之一，这样做的目的是确保冷藏车返回东部时可以载满水果。但仅凭冷藏和铁路运输不足以解决新鲜水果固有的易腐性问题。20 世纪初，出生于伦敦的商人哈里斯·温斯托克（Harris Weinstock）和出生于纽约的园艺家 G. 哈罗德·鲍威尔（G. Harold Powell）在鼓励加州种植者将其产品标准化并形成"企业合作社"方面发挥了主导作用，这一概念是由历史学家史蒂文·斯托尔提出的。[30] 在预测香蕉出口贸易未来的过程中，鲍威尔从严格监测果品质量的收割员和包装工身上获得灵感，基于此设计了水果包装新技术，以确保水果质量。20 世纪 40 年代，加利福尼亚州的合作社在包装过程中增加了化学浴处理，以防止柑橘在运输过程中发生霉变。[31] 与香蕉的情况一样，降低腐败概率和提升果品质量的愿望在促使加州水果贸易重组方面发挥了关键作用。

除了运输植物材料并将其实际转化为所需商品，托运人和加工商还制定了关于"质量"的论述，作为标准化生产流程的一部分。标准化是实现和维持规模经济的核心，而规模经济能够促使企业实现盈利。例如，历史学家塞萨尔·阿亚拉（César Ayala）认为，哈夫迈耶（Havemeyer）家族主导了 1887 年在美国成立的"糖业信托基金"，这主要是因为该家族掌管的制糖厂能够生产高质量的"切块糖"和"低级糖"。哈夫迈耶家族和其他制糖企业通过努力控制粗糖和精制糖之间的价格差，确保了利润率在可接受的范围内。他们成功地游说美国联邦政府制定有利于进口未精炼糖的关税税率表，这种糖被称为"黑砂糖"或粗糖。[32]

关税反映了美国制糖业的政治权力，也反映了美国政府在普拉特修正案（The Platt Amendment）执行期间（1901—1934 年）对古巴行使的权力。关税税率也反映出美国大众市场对白糖的重视程度，这种对甜味剂的偏好显然是从欧洲移植到北美的。在 18 世纪的某个时候，制糖厂开始根据颜色和外观对粗糖进行分级，这种分级体系被称为"荷兰标准"。这种分级制度一直沿用到 19 世纪末，当时制糖厂的工人们开始使用偏光镜（即测量光通过糖晶体的折射率的仪器）对糖品进行分级，其精度达到了以前无法达到的水平。

偏光镜和能够快速分离蔗糖和糖蜜的离心机的出现，导致了糖类质量标准的改变。到 19 世纪 90 年代，贸易期刊根据偏光镜的测量结果，只对两个等级的粗糖进行了报价。一些制糖厂仍然将这两个等级中质量较低的称为"黑砂糖"，尽管该产品与 19 世纪中期的黑砂糖有相当大的区别。历史学家艾伦·戴伊（Alan Dye）认为，精确确定等级的能力使制糖商能够在不进行直接检查的情况下购买粗糖。交易中心随后从哈瓦那转移到纽约，在那里，买家创建了一个食糖期货市场。戴伊还指出，离心机的使用降低了粗糖的水分含量，从而降低了变质率和运输成本。[33] 然而，由于糖蜜的浓度不同，不同黑砂糖的颜色、口味和质地各异。在拉丁美洲甘蔗种植区，人们一直并将继续广泛食用黑砂糖，在那里黑砂糖被称为"rapadura"（在巴西）和"panela"（在拉丁美洲大部分讲西班牙语的地区）。[34] 当时，食糖质量标准的演变反映了技术革新、托运人和经销商的经济利益以及根深蒂固的文化信仰，即把白色与"纯度"联系在一起。

咖啡进口商还推动了绿咖啡（生咖啡）商品的标准化，绿咖啡是一种半加工状态，通常以咖啡豆形态进行出口。19 世纪 80 年代初，总部位于纽约的咖啡贸易商成立了一家咖啡交易所。此后不久，类似的实体出现在欧洲主要的咖啡豆贸易城市。这些组织有效地建立了一个个咖啡期货市场，制定了评估进口咖啡豆大小和"烘焙潜力"的标准，这些信息通过电报线路传遍了各大洲。咖啡期货市场的发展意味着买家不需要再检查特定的咖啡豆；事实上，他们经常购买尚未长成的"豆子"。但是，对于买家和咖啡烘焙师来说，确定咖啡豆的质量和原产地仍然是个问题。1907 年，美国通过了《纯净食品和药品法》（Pure Food and Drug Act），该法案为各种可食用商品制定了联邦法规。有报道称，一些咖啡烘焙商在其产品中掺入了含有重金属的染料和填充剂。对此，该法案对咖啡的商品标签进行了规定。

此后不久，美国的咖啡烘焙公司成立了一个全国性组织，对咖啡质量进行自我管理，以此从附近的杂货商处夺取市场份额，这些杂货商为零售客户出售绿咖啡豆和 / 或烘焙咖啡。事实上，呼吁制定加工食品和药品的国家标准运动得到了许多大型食品制造商的支持，他们发现与同规模较小的对手竞争相比，遵守法规更容易。[35]几年来，总部位于纽约的进口商和位于中西部的咖啡烘焙商之间的关系很紧张，1928 年，这两个团体成立了美国国家咖啡协会，这是一个主要致力于营销和游说活动的组织。美国国家咖啡协会的成员在美国政府和拉丁美洲的咖啡生产国政府之间的谈判中发挥了重要作用，助推了《跨美洲境内咖啡协议》(the Inter-American Coffee Agreement) 和《国际咖啡协议》(the International Coffee Agreement) 的签署。部分原因是受美国在第二次世界大战和冷战期间的地缘政治考量驱动，这些协议试图通过配额制度来稳定价格并规范咖啡品质。到 1962 年，美国国家咖啡协会由企业烘焙师［包括通用食品公司（General Foods）和福爵公司（Folgers）］主导，他们控制了美国研磨咖啡的大部分市场。因此，咖啡贸易的整合是一个错综复杂的过程，比香蕉产业和制糖业完成合并晚了三四十年时间。[36]

在加利福尼亚州，水果种植者在与买家打交道时面临着与香蕉种植者类似的困境。考虑到落叶水果和热带水果一样，都是在几天时间里持续囤积，造成市场价格跌落的商品，这并非什么新鲜事。为了获得对较远距离的经纪人和批发商的影响力，加州的种植者们成立了大型合作社，这些合作社为他们的产品制定了标准和等级，也会负责一些其他的业务。1917 年，加州果农合作社成功地游说州立法机构通过了《新鲜水果、坚果和蔬菜标准化法案》(the Fresh Fruit, Nut, and Vegetable Standardization Act)。此后不久，美国农业部制定了新鲜农产品的质量标准，以解决买家和卖家之间的纠纷。与香蕉的情况一样，尺寸和视觉外观往往是新鲜水果的关键特征：新奇士品牌的橙子在被分为"特级""高级"和"精选"等类别之前，都要进行清洗、干燥、打蜡和抛光处理。[37]

历史学家才刚刚开始考虑标准化对商品历史的意义。不过，通过对香蕉、咖啡、糖和加州水果的比较，可以初步得出一些结论。

对于生活在一个市场机制和话语至上的时代的读者来说，也许最重要的一点是，正如一位研究咖啡的学者所言，质量是一种"奇怪的东西"。[38]笔者对4种十分重要的食品商品进行了审阅，得出的证据表明，"质量"是一个不断变化的指标：没有什么公认的"最佳"咖啡、香蕉、葡萄或甜味剂。这并非要否认生活在特定时间和地点的社会群体往往对商品拥有相似的品位。然而，这种趋势与客观、可衡量的标准关系不大，主要与商品及其消费行为所获得的主观意义有关。

此外，在数量和质量之间似乎存在一种联系：随着大众市场变得饱和（即人均消费开始趋于平稳），质量概念往往被赋予新的重要性。因此，农产品历史学家需要更多地关注质量标准是如何影响种植者、购买者、劳动者和国家监管机构之间的合同协议（和争议）的。[39]证据表明，市场中介机构（烘焙师、制糖商、批发商和托运人）起到了口味和质量的关键仲裁者的作用。针对企业和个人消费者的广告活动，可能在打造与口味、外观和香气有关的质量话语体系方面产生了最大影响。[40]这并不意味着大众消费者在20世纪的生产-消费动态中没有行使代理权：必须考虑到大众间的流行文化，以便理解为什么在20世纪的美国，咖啡和香蕉的消费量比茶和大蕉的消费量更为广泛。然而，对消费行为的分析应该避免市场经济的理想化概念，即个人的消费偏好占上风，"优质"商品战胜"劣质"商品。相反，应该对那些在种植园和厨房之间几乎不为外人所见的空间工作的"中间人"的实际需求、经济利益和审美感受进行更仔细地审查。[41]

最后，重要的是，不要把出口市场视为单一市场。这里比较的商品通常进入了细分的大众市场。标准化使远距离的买家能够了解商品的原产地和其他特征，这些内容一般被认为是非常重要的信息，但这种标准化又十分矛盾地促进了市场的细分。例如，许多欧洲的咖啡买家历来以较高的价格购买高海拔地区生产的阿拉比卡咖啡豆。相反，美国的大众咖啡市场成为巴西阿拉比卡咖啡豆的主要目的地，它们大多种植在海拔相对较低的地区。20 世纪 50 年代，美国市场为速溶咖啡提供了广阔舞台，这种产品通常将阿拉比卡咖啡豆和罗布斯塔咖啡豆混杂在一起。20 世纪 70 年代，美国的咖啡饮用者越来越多地转向购买"特种咖啡"，即价格十分昂贵的一类阿拉比卡咖啡豆，直到最近，此类商品主要由本地和地区的咖啡焙烤商和零售店销售。

　　欧洲和美国的香蕉市场也存在显著差异。在加勒比地区和中美洲，工人把发往欧洲的大米歇尔香蕉在成熟前摘下，时间早于发往美国的香蕉，以补偿通往欧洲港口较长时间的航运。这导致欧洲人习惯吃的香蕉一般都比那些在美国的小。此外，欧洲市场早在接受香芽蕉之前就从加那利群岛进口了此种香蕉。在牙买加，种植者于 20 世纪 30 年代针对英国调整了生产，此前，帝国市场委员会开始补贴殖民地的香蕉生产。1947 年，英国食品部允许进口拉卡坦蕉，于是牙买加生产者把大米歇尔香蕉换成抗巴拿马病的拉卡坦品种，这比香芽蕉在美国取代大米歇尔香蕉早十多年。[42] 20 世纪末，在市场进一步细分之际，欧洲和美国对"有机"和"公平贸易"的香蕉、咖啡等热带商品的需求正不断增加。

　　我的研究也表明，质量标准可以按照等级和地区划分大众市场。例如，20 世纪初期，为富裕的消费者服务的美国果品股票经纪人和零售商买入、卖出优质香蕉，而面向工人阶级的经纪人和零售商则负责普通香蕉的交易。此外，至少一部分经纪人会对不同地区的市场区别对待（亚特兰大被认为是劣质香蕉的"垃圾倾倒场"）。但是，与咖啡市场不同的是，美国的香蕉市场并不是根据品种或原产地划分的，相反，大米歇尔香蕉达到美国港口时，香蕉的评级往往围绕大小和外表。有人认为，加利福尼亚的新鲜水果和罐装水果也采用类似的市场划分。

在很多方面，食品质量标准在 20 世纪的发展代表了为克服或至少控制多变的生物过程所做出的努力。农业的环境根源决定了产品一致性更多是广告说辞，而非事实：即便是具有基因高度一致性、无性繁殖的出口香蕉，也会因时间和空间而有所不同。通过使用训练有素的劳动者和技术投入，农产品的标准化才得以实现。最后，无论大众市场多么庞大又有影响力，都与大规模生产的过程有着动态联系。

权力场域：生产与环境过程

大众市场与大规模生产最根本的连接是在空间方面：在 19 世纪，美国加利福尼亚州、加勒比地区和拉丁美洲富饶的土地让农民能够生产大量的农产品，间接推动了大众消费。[43] 土地的富饶并非大自然偶然的馈赠或时常被认为的"商品彩票"（Commodity lottery）。在出口热潮兴起之际，可利用土地的数量和质量主要源于历史上的分割以及始于 1492 年的生态复杂性，这引出了人们认为的"现代性的本质"。哥伦布及其同伴的航海冒险是"哥伦布大交换"的开端，这是一场生物群（包括植物、动物、细菌和病毒）的洲际转移和融合，其范围之广、规模之大都是史无前例的。[44] 来自欧洲和非洲的人类病原体的引入引发了 16 世纪和 17 世纪的流行病潮，加之战争、奴役、政治危机，这些因素加快了美洲人口结构的崩溃。"哥伦布大交换"给各地带来的影响虽各不相同，但是到了 18 世纪中叶，美洲几乎没有地方丝毫不受其影响。人口骤减带来的后果之一就是，森林覆盖率全面扩大。[45] 这些新生的、后哥伦布时代的森林为 19 世纪和 20 世纪的种植者提供了充裕的自然资源：通过移除森林获得土壤、水源以及木材燃料，这些资源以最少的劳动力和资本投资提供高额的短期收益，从而创造了大量财富。正如出口香蕉产业的历史所揭示的那样，森林不仅为"落后的"农民和"封建的"牧场主带来收入，也为"现代的"美国跨国公司创造了财富。

土地的富饶不应只从环境过程来理解。正如多年前依附理论学家所说，拉丁美洲的出口经济有赖于新兴的民族精英阶层，这些人把外国资本和市场看作积累财富、使社会现代化的途径。政府官员和知识分子常把壮大的农业出口地区称作"边境""荒原"或"沙漠"，这些称呼更多反映的是执笔记录者的世界观，而非生产地点的实际情况。受过教育的精英对森林和草地的看法受限于他们如何看待居住在这些地方的居民：原住民群体、逃跑的奴隶和贫穷的梅斯蒂索（Mestizo）移民当时被认为"落后"，甚至"野蛮"。[46] 州内的法规制度鲜少认可——还经常试图削弱——社会群体的领土权，这些群体对有关民生、家庭架构以及所有权的看法与城市精英的观点相悖，后者的目光聚焦于伦敦和巴黎，认为它们是现代性的模范。因此，当时在拉丁美洲流传的有关富饶或者"幅员辽阔"的寓言，是长期环境发展和寻求建立"新欧洲"社会的国家行使权力的结果。在整个美洲的大部分地区，精英的幻想时间要比森林的寿命还长。[47]

关于"哥伦布大交换"、不断扩大的森林与加勒比地区、拉丁美洲农业出口兴起的关系，量化这种相当笼统的说明有待进一步研究。在一些地区，包括加勒比群岛以及墨西哥、秘鲁的部分区域，殖民时代的农业、矿业、牧场经营消耗了森林资源，改变了早在19世纪农业出口繁荣之前就存在的环境过程。其他地区（例如阿根廷的大草原、美国加利福尼亚州的中央谷地）的干燥气候限制了森林的形成。正如研究加州地区的历史学家所认为的，要让中央谷地转变为出口农业中枢，州政府补贴的大规模灌溉工程十分关键。最后，森林自身因土壤状况、物种构成、人类改造程度等而大不相同，这就意味着，森林土壤创造短期财富的能力存在差异。当时在美洲发现的广阔森林和草地并没有保证或为各地出口农业创造有利条件，而是为许多农民提供了短暂的相对优势。

矛盾的是，大众市场以及自由的国家机构的普遍化趋势并没有带来同种生产体系。拉丁美洲咖啡协会的学者认为，单一商品生产在时间和空间方面带来了"截然不同的体验"。[48] 尽管在市场繁荣期间，咖啡产业的一体化程度独一无二，但最近有关其他出口商品的研究表明，多样化的生产规模和劳动力体系并不罕见。例如，在 20 世纪的大多数时间内，大规模种植园的确主导了中美洲的出口香蕉生产，但是在 19 世纪末期香蕉大众市场首次出现时，中小规模种植园发挥的重要作用无法再被否认。而且，在 20 世纪 50 年代，中小规模的香蕉种植者推动了厄瓜多尔的出口潮，他们成了 20 世纪末英国和法属加勒比地区香蕉生产的中流砥柱。[49] 就食糖而言，1898 年之后，美国资本涌入古巴和波多黎各，带来了数量庞大的工厂，从而使定居者数量激增，这些定居者也就是根据合同把收成卖给糖厂的小规模甘蔗种植者。塞萨尔·阿亚拉认为，在以合同分包、灵活生产、"及时"交付为特点的大规模生产时期，定居者是一个重要因素。[50] 最后，在大萧条之前的美国加利福尼亚州，成千上万的小规模葡萄园和果园，就与该州更为常见的"田间工厂"同时存在了。[51] 总之，在出口农业方面，混合生产规模唯一引人注目的似乎就是，学者对（重新）发现它们的存在一直惊讶不已。[52]

但是，如果生产规模变化太大，农民为出口市场种植的植物品种就会少之又少。香蕉贸易依赖一个单一的、全球性的品种，这点并不罕见。咖啡、柑橘、葡萄、蔗糖等的大规模生产源自十分有限的品种数量，这些品种是几个世纪以来，欧洲殖民者和非洲奴隶历经几个世纪引入美洲的。[53] 这些作物在成为全球贸易商品之前就有了很长的历史，涵盖了多种植物类型，包括来自东南亚的草本植物（香蕉和甘蔗）、来自地中海的树木和藤蔓以及来自非洲的树木（咖啡）。这些植物的一部分（香蕉和甘蔗）来自湿热的低地，有的（柑橘和葡萄）来自具有长期干燥季的平原地区，只有一种（咖啡）成长在山区。无论来自哪里，所有这些植物类型与其他生物体共同发展，包括细菌、真菌、昆虫、病毒等。这种带着目的性的植物原料的交换常常导致了其他生物体的意外转移，包括病原体和食草动物，它们给农民带来了大大小小的问题。

比如，美洲的甘蔗种植始于16世纪，且为单一品种种植，因此，直至18世纪，甘蔗还只有一种叫法。当时，随着来自太平洋地区产量更高的波旁甘蔗（Bourbon canes）被引进，种植者便开始把之前的甘蔗品种叫作"克里奥尔甘蔗"（Creole cane）。[54]19世纪早期，成熟较快产量又高的红甘蔗成为美洲种植的主要品种，该品种也为种植者提供了可以当作工厂燃料的木质甘蔗渣。随着加勒比甘蔗种植区的森林逐渐减少，木材获取难度加大，甘蔗渣显得尤为重要。[55]

19世纪下半叶，植物疾病的传播让加勒比地区甘蔗种植者开始种植引自爪哇岛的品种。和香蕉一样，由于抗疾病植物在感染病原体时很少表现出症状，很难进行有效的检疫，所以甘蔗品种的改变在不经意间也传播了病原体。受欢迎的甘蔗品种无法在田间条件下结籽（大米歇尔香蕉也有这种特点），甘蔗品种的培育因此受到了阻挠。然而，甘蔗种植者意识到，一些品种可诱导结实，于是在19世纪末开始建立育种站。一名学者把甘蔗杂交植物的后续发展归功于一个因素，该因素让加勒比地区的甘蔗种植者能够在20世纪初期与欧洲的甜菜糖种植者相媲美。[56]但是，新品种有时会遭到种植者和田间工人的反对。在20世纪的第一个十年，花叶病侵袭了古巴的甘蔗田，那里的多数种植者都喜欢爪哇甘蔗和其他极易感染病原体的品种。由于新的甘蔗品种的蔗糖含量区别于爪哇甘蔗，种植者以及蔗糖厂所有者并不接受种植抗病的杂交品种的建议。为解决该问题，种植者和工厂所有者根据甘蔗的产量设立了新的合同。接着，他们招募了训练有素的化学家来鉴定甘蔗装运时的蔗糖含量。牙买加和海地甘蔗收割工也开始对新的甘蔗品种表示反对，这些人不喜欢收割这种新的杂交物，因为甘蔗的多刺曲面会割伤他们的手。要了解工厂所有者、种植园主和田间工人在影响古巴和其他地区甘蔗品种决策方面发挥的作用，还需开展进一步研究，但这个例子反映了农业生态的改变是如何影响农民生计的。[57]

拉丁美洲的咖啡生产仅来源于两个品种：阿拉比卡咖啡和卡尼弗拉咖啡（通常被叫作中果咖啡）。阿拉比卡咖啡品种在 18 世纪初期进入美洲，为其在法属圣多明戈（今天的海地）和马提尼克岛的生产奠定了基础。19 世纪初期，海地革命之后，法属圣多明戈出口贸易的崩溃促进了巴西咖啡出口的增长。巴西在世界咖啡市场上占据主导地位还有一个原因，即 19 世纪 60 年代，咖啡叶锈病（咖啡驼孢锈菌）在印度和斯里兰卡的阿拉比卡咖啡种植园暴发。于是，亚洲的一些种植者放弃了咖啡的生产，还有一些种植者开始种植非洲多个地区种植的抗叶锈病的中果咖啡品种。

但是，为了使咖啡质量标准化，纽约咖啡及白糖交易所禁止了中果咖啡豆的进口。该禁令有效阻止了拉丁美洲抗叶锈病品种的种植。[58] 结果，在 20 世纪上半叶，美洲的多数咖啡种植者栽植了易感染叶锈病的阿拉比卡品种。比如，从 19 世纪 50 年代到 20 世纪 30 年代，仅仅两个阿拉比卡品种就主导了哥斯达黎加的咖啡生产。[59]然而，由于某些尚不明了的原因，叶锈病直到 20 世纪 70 年代才引起人们的警醒。即使如此，该病在巴西（1970 年）和尼加拉瓜（1976 年）的暴发并没有造成与其他地区同样规模和强度的问题。[60] 但是，叶锈病的威胁，再加上 1960 年中果咖啡进口禁令的取消，拉丁美洲多个地区的咖啡种植者在 20 世纪末接受了新品种。[61]农业化学品投入量的增加往往与新品种的采用相伴发生。然而，阿拉比卡咖啡依旧占世界咖啡总产量的 75%~80%。[62] 随后，与甘蔗生产者一样，拉丁美洲的咖啡种植者也倾向于为大众市场种植一定数量的品种，但是，在改变咖啡产量与消费动态方面，疾病的流行似乎并没有发挥直接的作用。

在美国加利福尼亚州，对商品标准化的追求也促使水果种植者将他们的财富押在少数几个品种上。例如，到20世纪20年代，加州80%~90%的梨树品种都是巴特利特梨（Bartlett），由于其外形优美、长途运输后仍保持上乘品质以及提早收获等优势，该品种备受青睐。在属于加州果农合作社的种植者拥有的果园中，只有两个橙子品种占主导地位，分别为华盛顿脐橙（Washington Navel）和瓦伦西亚橙（Valencia）。[63] 中央山谷的干旱特性减少了真菌病原体带来的风险，但食草昆虫的情况却大不相同。1860年至1920年，种植园园主将数百种树木和藤蔓引进加州的农场，希望它们能够"适应"新的环境。[64] 食草昆虫和寄生虫在引进的植物上"搭了便车"，它们的数量和品种却不得而知。到19世纪80年代，农民经常会上报由于害虫造成的损失，其中包括一种损害葡萄藤根部的小虫——葡萄根瘤蚜。1886年，加利福尼亚大学的一名研究人员成功地将易受害虫侵袭的欧洲葡萄藤嫁接到在美国东部发现的抗虫害葡萄品种的根部。这项技术控制了根瘤蚜虫造成的经济损失，但迫使种植者承担相当高昂的再种植费用。随后，加利福尼亚州在控制植物引进本州和资助作物害虫研究方面发挥了越来越积极的作用。[65]

尽管多种害虫防治方法在加州取得了一定成功，包括引进抗虫害植物和"有益"昆虫等措施，但大多数果园园主在20世纪初开始倾向于喷洒化学药剂进行害虫防治。史蒂文·斯托尔认为，对使用化学防控措施的偏好与其快速且广泛的灭虫能力有关：瓢虫可能只能控制一两种食草昆虫的数量，但早期的化学防控手段往往能暂时消灭多种昆虫。在加利福尼亚大学的研究人员和个体化学品制造商的协助下，水果种植户开始转向使用砷酸铅和其他化合物来防控害虫。此前近三十年时间里，联合果品公司已经开始使用硫酸铜防控香蕉叶斑病。在 20 世纪第一个十年，一些研究提出了对果园土壤中可溶性砷物质累积的担忧，但当时果业的经济增长掩盖了这些批评之声，就像联合果品公司在同一时期的巨大利润淹没了社会对其生产方式的批判一样。[66]

单一植物品种生产的快速和大规模扩张，加之植物材料流通量的增加，导致植物病原体的大肆传播以及食草昆虫和寄生虫的大范围暴发，此处探讨的许多出口产品类别，包括香蕉、柑橘、葡萄和糖类均难逃此厄运。[67] 植株病虫害似乎对拉丁美洲的咖啡生产业影响不大，其历史提醒人们切勿采用假设扩大单一品种生产与作物病害扩散之间存在直接关系的解释模型。政府、种植者协会和公司对病原体和害虫构成的威胁做出了大致相同的反应，包括赞助以减少经济损失为重点的科学研究。尽管人们对合成杀虫剂的发展和使用给予了极大关注，但在本文所研究的商品历史中，作物品种的培育和分布也起到了同样重要的作用。

鉴于当代对热带地区生物勘探的争论，了解不同主体在过去如何评价作物的植物种质（如种子）是一个重要的问题，但该问题在很大程度上尚不存在相关研究。沃伦·迪恩（Warren Dean）笔下的橡胶环境史表明，巴西人和英国人都极力控制巴西的橡胶树资源，因其具有巨大的战略价值。但错综复杂的橡胶发展史更像是一个例外，并无规律可循。巴西的民族主义者显然并未抗议移除变异的脐橙和卡文迪什香蕉品种，这些作物品种随后为美国在加州和中美洲地区的农业企业带来了巨大利润。此外，斯图尔特·麦库克（Stuart McCook）发现，19 世纪的亚洲和加勒比地区的种植者可以自由交换甘蔗品种。本人对香蕉的研究没有那么确凿：20 世纪初，当英国和联合果品公司赞助的亚太地区的收藏家通过购买、易货贸易或作为礼物获得小果野蕉标本时，香蕉品种似乎已经在自由流通了。然而，到了 20 世纪 60 年代，英国育种家与联合果品公司的同行之间的交流似乎有所减少。有趣的是，植物本身的动态性使建立专有权利的尝试变得无比复杂：此处探讨的所有行业中，重要的商业品种都是由作物田间变异产生的。拉美国家、种植者协会和科研机构在促进和（或）规范植物材料的流通方面所起的作用，是又一个需要进一步研究的重要课题。[68]

除了病原体和食草昆虫，单一品种的生产系统给种植者带来了其他问题。由于连作耗尽了土壤中的养分，种植者不得不长期投入额外的资本、劳动力，或两者兼而有之，以维持或提高作物产量。中美洲和古巴的香蕉和糖业生产者通过种植迁移来应对这一问题，以获取森林中土壤的馈赠。在 19 世纪巴西的一些地区，咖啡种植者通过命令他们的劳工（奴隶和其他工人）清理被林木覆盖的山坡来弥补产量下降的问题。然而，在以小农户为主的咖啡种植区，放弃土地并不总是可行的选择。此外，从种植咖啡到获得大丰收之间的漫长等待（长达 5 年）可能阻碍了生产的转移。同样，在加州建立果园和葡萄园所需的大量投资，以及对灌溉水源的依赖，阻碍了生产地点的转移。然而，由于生态条件和耕作方式往往千差万别，而且在历史学家经常查阅的人口普查数据和遗嘱记录中很少存在相关记载，因此很难准确地对种植园的产量和生产寿命进行概括。[69]

在 20 世纪下半叶，无论是小规模种植个体还是大规模种植群体，都越来越多地开始使用合成肥料来提高产量。虽然"绿色革命"倡导的技术普遍与基本粮食生产相关，但在 20 世纪 50 年代和 60 年代，植物育种和合成肥料在本书所研究的所有出口商品部门中都发挥了主导作用。尽管香蕉育种家未能开发出具有抗植物病原体的适销对路的香蕉，但他们成功地大幅缩小了卡文迪什香蕉的实际个头。这使香蕉种植密度达到了前所未有的水平，再加上大量的肥料投入和较少的风力损失，使得香蕉产量创下历史新高。20 世纪 60 年代，矮秆阿拉比卡咖啡豆品种开始受到拉丁美洲种植者的青睐；到了20世纪80年代，它们在哥斯达黎加的咖啡生产中占据主导地位，那里的农民通过施用政府补贴的肥料和减少遮阴树等措施进一步提高了产量。[70]

　　肥料和高产植物品种的大规模种植降低了单位生产成本，但在产量急剧上升的同时，美国市场的香蕉、咖啡和糖类的人均消费量却增长缓慢甚至下降。拥有雄厚资本的种植者往往通过提高产量使生产"合理化"，以应对商品价格下跌，从而进一步加剧了生产过剩的问题。在一些地方，合成肥料的使用加强了相对富裕农民的主导地位。[71]只关注产量提高的行为代表了一种被忽视的（或最多被狭义地解释为）农业生态学背景，在这种背景下，20世纪末，市场准入相关问题已经爆发了冲突，包括美国和欧盟之间的所谓"香蕉战争"，以及近期的咖啡价格危机。最后，如果集约化减少了专门用于出口作物生产的土地数量，就会提高农用化学品（尤其是除草剂）的使用率，并为种植园工人和生活在种植园附近的人们造成新的职业健康危害。[72]化肥和杀虫剂是农业地区水污染的主要来源。集约化往往等同于"现代化"，但越来越多的证据表明，以提高产量为导向的生产过程会产生巨大的环境、经济和社会成本。[73]

　　大规模生产和大规模消费的动态变化产生了巨大压力，极大地限制了经济作物品种的多样性。然而，它们不一定在各地产生同样的农业景观。例如，一些出口作物，特别是咖啡，历史上一直与遮阴树（在中美洲、哥伦比亚和委内瑞拉的部分地区）和（或）供当地消费的粮食作物（在巴西和哥伦比亚的部分地区）进行间作。间作模式出现的部分原因是咖啡作物带来的机会和限制。作为森林中的一个"林下层"物种，许多咖啡品种在浓荫下茁壮生长，与甘蔗、大多数香蕉品种和落叶水果形成鲜明对比。小规模的种植户和合同工经常种植各类树木和（或）香蕉及大蕉，在生产粮食作物和木材的同时，为咖啡植株创造有利的生存环境。在咖啡豆价格下跌期间，以及从播种到第一次收获期间，当咖啡种植园暂时没有产生收入时，间作也为咖啡种植户和投资者提供了其独有优势，他们可以提供土地给农场工人耕种，而无须支付额外的工资。[74] 在制糖业、香蕉种植园和落叶水果种植园中，间种并不常见，但被判断为不适合种植这些经济作物的土壤往往专门用于其他用途，包括用作牧场、种植粮食作物和木料收集。此外，在 20 世纪上半叶，哥斯达黎加和洪都拉斯的棚户区居民迅速迁入被出口香蕉种植户弃置的土地；有人猜想其他地方也存在类似的动态，包括里约热内卢和圣保罗以外的咖啡种植区。[75] 因此，将商品链设想为"商品网"可能更为准确，以说明"横向"农业生态和社会联系的存在。

对商品生产的环境背景进行比较，使新晋的参与主体成为焦点，并为理解先前农业参与者的复杂行为提供了新的方式。农作物的不同形状、尺寸和生命周期导致了不同的栽培方式和工作节奏：切甘蔗意味着要挥动一整天的砍刀；收获香蕉需要扛起重达 50~100 磅的果串；采摘柑橘时采摘者得一直站在梯子上；采擷小的咖啡豆则需要手速快且手指动作轻盈。当然，所有这些劳动过程中的共同要素是人类劳动者；在过去的一个世纪里，机械化对有关作物收割作业的影响微乎其微。这就要求种植园主按季节调动劳动力。例如，在 20 世纪早期的加州果园，收获作业所需的劳动力是其他季节所需劳动力的 10 倍。20 世纪的咖啡种植园在收获期间也有类似的劳动力需求高峰。在加勒比地区的甘蔗种植区，人们用"死季"（tiempo muerto）来表示两次收获季之间的几个月，从这一表达中足以见得劳动力需求的极端变化。即使是在整个日历年内收获的香蕉，种植者也会选择在市场价格最高的时候进行最大规模的收获作业，这显示出了劳动力需求的变化。[76]

劳动力需求季节性变化的一个历史结果是，人们普遍长期依赖田间的流动工人。如在 20 世纪的大部分时间里，巴西和加勒比海地区在解放后的蔗糖和咖啡生产，中美洲的香蕉种植园，以及加利福尼亚的水果种植者，都非常依赖跨区域和跨国流动的劳工。在 20 世纪下半叶，即使是小农户的咖啡生产也越来越多地依赖移民劳工进行采摘作业。鉴于移民经常面临当地的仇外心理和种族主义，移民劳工的优势就更加突出了。在 20 世纪，工人运动成功将一些商品部门联合起来，大多数田间工人的经济和社会地位得到了显著改善。劳动人民也拥有了投票权和更多获得政府服务的机会。然而，到了 20 世纪末，在美洲的许多地区，工会成员和农工的政治权力都在不断衰落。作物的收获作业继续依赖种植园的移民工人，他们往往缺乏正式公民的权利，因此很少有平等获得受教育和接受医疗及金融服务的机会。农工的政治边缘化不能用作物的收获周期来解释，更不能用这种收获周期来证明。相反，对生产过程的认识揭示了个体农工和农业公司在历史上克服重重障碍积累资本的特殊方式，即把环境过程造成的风险转移到农场田间工人的身上。要了解农工如何理解和应对这些风险，还需要进一步开展研究。

对环境的高度敏感性也有助于历史学家了解被人口普查员归类为"日工""移民""民工家属"等人的生活。通过追踪这些行为者在空间中的移动轨迹，我们可能会发现他们花了几个月的时间来收获甘蔗或咖啡，并且时不时地打理一下家庭花园。此外，他们还打猎、捕鱼，在附近的森林、河流或湿地采集植物、获取水源或捡拾木材。农工的生活需要一定时间和空间，认识到这一点非常重要，它也为理解政治项目提供了新的可能性。[77] 例如，笔者在北海岸的地方档案馆研究中发现，农工伪造了"地理"身份。考虑到该地区几乎持续有移民涌入，这些移民的地方身份有点自相矛盾，但他们的生计手段非常脆弱，这可能有助于解释劳动人民为什么渴望认同并希望能对当地和地区提出要求。笔者发现，几乎没有证据表明，保护资源本身是劳动人民最关心的问题。这并不是说洪都拉斯北海岸的居民"太过贫穷"，不关心森林、湿地和河流的命运，而是他们对土地变化的理解主要来自工作，而不是休闲。因此，拉丁美洲（以及其他地区）的环境历史学家应该密切关注工作场所，不仅因为它们往往是环境变化的关键场所，而且还因为生产最终不能与消费分开，工作也不能与休闲分离。[78]

威廉·罗斯贝里在他杰出的职业生涯中，呼吁对劳动人民的研究要超越类型学。拉丁美洲的环境历史学家同样应该致力于撰写商品生产的历史，以传达不同生物有机体和耕作过程的特性和历史活力，这些生物体和相关过程往往被归纳为"资源""土地"或简单的"空间"二字。通过为这些机体和其他类别的生物体注入活力，我们可以避免落入环境决定论的陷阱，同时展示经济与生态、景观与生计以及文化与生物多样性之间的动态相互作用。然而，笔者想提醒大家，不要因为强调不同的结果而忽略了对类似动态的比较分析。尽管19世纪中叶古巴的中国籍甘蔗采割者、20世纪初哥斯达黎加的牙买加籍香蕉种植户，以及在20世纪末危地马拉来自玛雅的咖啡采摘者有着截然不同的经历，但他们的生活同样被农业生态、文化、经济、政治和社会进程所编织的商品网络所束缚，反过来又产生了一种相同的生产、消费动态变化。

香蕉出口贸易在许多重要方面都颇为独特，如美国的水果公司在20世纪初实现的垂直整合程度、真菌病原体一直以来的重要性，以及香蕉这种水果在美国饮食中不可或缺却又有限的地位。同时，香蕉的生产-消费动态与咖啡、柑橘、葡萄和糖类作物相当相似，而这些作物乍一看似乎彼此之间有很大的差别。此处所比较商品的生产过程，随大众市场的标准化趋势和环境进程的多样化趋势之间的紧张关系而变化。这种紧张关系体现在作物本身和耕作两个方面。投资者、公司经理和种植园园主竭尽全力管理农业生态系统的人类和非人类组成部分。在 20 世纪，所有这些行业都会向受过大学教育的科学家和其他专家求助，以对环境过程进行分类、控制和操纵。"新鲜"水果贸易围绕着在市场上销售的极易腐烂的商品展开，消费者往往高度重视此类商品的视觉美感，因而杀虫剂、杀真菌剂和杀线虫剂的使用数量比在咖啡业和糖业中更多，因为后两种产品在进入零售市场之前经过了高度加工。重要的是，所有这些行业在 20 世纪都开始转向施用肥料和植物育种，以提高产量和（或）减少环境因素造成的损失。

最后，尽管 19 世纪中后期的出口繁荣景象为拉丁美洲大部分地区的小规模种植者提供了机会，使他们能够获得体面的生活，但 20 世纪的资本整合和环境变革带来的限制，使小规模种植者和农工的生活越来越不稳定。事实上，历史记录没有提供什么理由足以让人信服，增加农产品出口量会减少贫困现象。这在一定程度上可以解释为，权力和资本倾向于在生产和消费之间的环节进行整合，而这些地方存在较多附加值：加工商、分销商和营销商是决定价格和制定质量标准的关键角色，随着人均消费水平趋于平稳，并且市场开始进一步细分，这些质量标准变得越来越重要。要确定价格和质量标准在多大程度上是由中间商强加给消费者的，需要进行更多的研究。但关键的一点是，有关质量的观念是在特定的历史背景下产生和变化的，受到文化、政治和社会权力的制约。

到了 20 世纪，农业生产在地理位置上趋于稳定，但居住在田地附近的人、农田中耕种的植物和植株携带的病原体仍然处于流动状态。事实上，在出口产区确定某人或某物是"当地的"或"本国的"一直不是件容易的事，而且这种困难的判别方式将持续下去。在农业系统中，这种流动的意义不仅在于理解"全球"力量如何塑造"局部"地区；运动本身也制约着生产 - 消费的动态变化。这是一个令人信服的论点，即不应把对商品的研究限制在民族主义的框架内。

此外，还需要尝试新的周期划分方式。对加勒比地区和拉丁美洲商品的历史研究往往跨越 1870 年至 1930 年之间的"繁荣"时期，这种划分方式主要来自理论框架，这些理论框架将资本、交换和劳动作为历史的引擎，并将民族国家作为其主要分析单位。[79] 虽然本人并不否认经济和国家机构的重要性，但有证据强烈表明，短期和长期的环境进程在改变拉丁美洲农村景观和人民生计方面发挥了同等或更重要的作用。然而，由于环境进程很少与经济周期或政治运动同步，历史学家重新考虑公认的年表和时间尺度将是明智之举。

笔者研究相关历史并撰写本书的动机并不限于自己的学术兴趣。了解出口香蕉业的发展历史，对于规划其在全世界热带农业生态系统中的未来作用非常重要。人、植物和病原体之间的关系在不断发展：黑条叶斑病已经扩散到世界上大多数主要的香蕉和大蕉种植区。虽然目前巴拿马病在加勒比地区和拉丁美洲出口香蕉生产中心产生的影响并不大，但是能够侵袭卡文迪什品种香蕉的镰刀菌素菌株正在世界其他地区蔓延。历史记录有力地表明，在可预见的未来，这种病原体很可能到达美洲。不幸的是，许多学术期刊和前沿科学资料都未能从历史（人类学）维度解释清楚香蕉和真菌病原体之间存在相互作用。大众媒体最近报道称，由于相关疾病来源隐含着自然之力，香蕉正处于"灭绝"的边缘。[80]

诸如此类的故事存在很大问题，因为它们未能将导致作物患病的病原体置于特定历史背景中，并且无意中为未来的"发展与保护"困境埋下伏笔，这使得生活在城市的、富有的自然资源保护主义者与农村的贫苦劳动人民的利益相对立。然而，通过将农作物病害大范围传播视为生产 - 消费动态的结果，我们可以预见一个不甚阴暗但有些复杂的未来，它基于农业和商品市场的重新调整，以评估农业生产所依赖的农业生物多样性和人类劳动的价值。

进入 21 世纪，有一些理由让我们感到十分乐观。在许多工业社会和后工业社会中，新的社会运动呼吁人们关注粮食生产、饮食、环境可持续性与人类健康之间的关系。在推动贸易自由化的同时，还对"全球化"进行了不同角度的批判，有些极具创造性。这些批评之声暴露了美国农业综合企业生产系统的局限性和不公正性，这些生产系统依赖于农业化学品的大量投入、灌溉水源和政府补贴。在拉丁美洲，出现了以农村为基地的新形式的抵抗运动，它们挑战民族国家和精英控制资源获取的权力。简言之，在地方和国际层面都存在着辩论、对抗和试验的各种机会。而人们面临的挑战则是确保农业生产的替代模式承认生产和消费场所之间存在一定联系，并且承认社会和环境变革之间存在动态联系。

第二版附言

超越香蕉文化

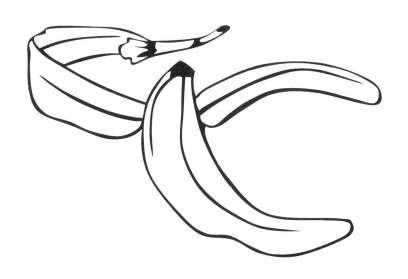

1995 年 11 月，在华盛顿特区的福特剧院筹款晚会上表演时，脱口秀演员波拉·庞德斯通（Paula Poundstone）开始好奇坐在主宾比尔·克林顿（Bill Clinton）旁边的是谁。庞德斯通问这位美国前总统：“您认识后面的那个人吗？很了解吗？那是谁？”一名晚会官员回应道：“卡尔·林德纳（Carl Lindner）。”庞德斯通显然没有认出这个名字，他说：“总统先生，您知道卡尔·林德纳是谁吗？您介意告诉我吗？”克林顿回应道：“这是个秘密。”“这是秘密？”庞德斯通疑惑地重复道，林德纳身体前倾，对克林顿耳语，克林顿随即回应道：“他是搞香蕉的。”那位晚会官员补充道：“他是金吉达公司的。”庞德斯通重复道：“你就是那个金吉达‘香蕉人’？哎呀，先生，如果你头上没有水果，我都认不出你了……为什么总统认识这个‘香蕉人’？”[1]

“香蕉人”卡尔·林德纳是福特剧院的主要赞助人，也是参加晚会的几位民选官员的主要赞助人。在 20 世纪 80 年代和 90 年代初，林德纳给民主党捐了数十万美元，向共和党捐得更多——超过 100 万美元。当时，金吉达品牌正在游说联邦官员〔包括共和党参议员和 1996 年总统候选人鲍勃·杜尔（Bob Dole）〕，以挑战欧盟管理香蕉进口的关税配额制度。[2]欧盟的制度有利于非洲、加勒比海和太平洋地区的成员国，而不是为金吉达品牌公司提供大部分香蕉的拉丁美洲国家。[3]1996 年，美国与厄瓜多尔、危地马拉、洪都拉斯和墨西哥一起向世界贸易组织投诉欧盟。次年，世贸组织裁定欧盟配额制度无效，并授权美国和厄瓜多尔对欧盟某些出口商品实施报复性制裁。在福特剧院对总统耳语的"香蕉人"显然笑到了最后。

就在卡尔·林德纳在华盛顿施展其影响力的同时，洪都拉斯的香蕉种植园工人正挥舞着砍刀，妄图阻止金吉达品牌的洪都拉斯子公司特拉铁路公司将他们从一个名为塔卡米切（Tacamiche）的种植园营地驱逐出去。塔卡米切位于苏拉河谷，这里为数百名工人的家庭提供了居住场所。1994年，在一次罢工后，公司决定关闭包括塔卡米切在内的4个种植园，这些工人因此失去了工作。公司用推土机推平香蕉林，给工人1个月的时间离开营地。工人们要求公司像其他地方做的那样，把宿舍和土地卖给他们。[4]

1995年5月，在公司宣布将以前的香蕉种植园卖给洪都拉斯投资者后，这些自称来自"塔卡米切农业社区"的前工人采用了一种典型的农民策略，即种植玉米，并占用了一部分以前的香蕉种植园。当一名洪都拉斯政府官员发布又立即撤销驱逐令时，特拉铁路公司的高管们使用了他们的惯用伎俩，威胁说如果洪都拉斯政府不解决此事，他们就会让美国国务院介入。[5]1995年7月初，洪都拉斯政府派出150名士兵和防暴警察，向空中发射催泪瓦斯和实弹，试图驱逐居民。[6]当我访问塔卡米切，同一些居民［包括78岁的多纳·托纳（Doña Toña），他已经在这个营地生活了60年］交谈时，发现地上散落着催泪瓦斯罐。[7]这些催泪瓦斯罐是在美国宾夕法尼亚州制造的，它们令人不安地提醒着人们冷战后美国在洪都拉斯的存在。

塔卡米切曾短暂成为全国农工组织的试验地，这些组织曾在洪都拉斯首都特古西加尔巴组织游行活动，他们派出了一个规模盛大的代表团进驻塔卡米切，以此表达对当地居民的声援。[8]1995年7月下旬，政府再次使用武力驱赶并逮捕私自侵占田地的人，但被国家媒体称为"塔卡米切一族"的占地工人得到了一个国家人权组织的法律支持，以便对政府下达的驱逐令提出上诉。[9]随后，在1996年2月，500名警察强行带走了300名农工，逮捕了数十人。他们还用推土机推平了庄稼、住宅和其他建筑，包括小教堂。天主教会和洪都拉斯人权委员会都强烈谴责警察的袭击是非法行为。[10]

如若将 1995 年发生在福特剧院和塔卡米切那些看似无关的事件放在一起，我们可以体会到 20 世纪末与 20 世纪初在某些重要方面的相似之处：金吉达品牌（前身为联合果品公司）利用其在洪都拉斯和美国的政治权力，来保护其拥有的大量土地和出口市场的准入机会。香蕉也保留了其象征意义：它们仍然是美国喜剧演员的素材，也是洪都拉斯民族主义的陪衬，尤其是对左翼工会和农工运动的衬托作用。[11]

1995 年的事件也预示着国际香蕉贸易和洪都拉斯北海岸地区正在经历重大变化。在美国的香蕉消费量持平之际，金吉达品牌开始关注欧盟市场的配额，这促使美国公司将冷战后的欧洲视为一个潜在的市场扩张地。因此，金吉达公司的战略重点转为挑战欧盟市场的配额制度。在洪都拉斯，苏拉谷地的香蕉生产规模正在缩小；塔卡米切爆发的冲突不是由水果公司"抢夺土地"引起的，而是由与之相反的原因引发：作为将公司资产从香蕉生产转移到分销和营销这一长期战略的一部分，金吉达公司正在缩减用于香蕉种植的土地面积。

笔者在 20 世纪 90 年代做研究时目睹了洪都拉斯北海岸经济景观的变化。我曾多次搭乘穿越苏拉谷的公共汽车，车上总是挤满了工人，大多数是年轻女性，她们在不同的服装装配厂上班，这些工厂大多从 90 年代开始运营。当一个工人告诉我她在"水果"公司工作时，她指的不是在包装厂对香蕉进行打包装箱，而是在总部位于美国肯塔基州的水果织机公司（Fruit of the Loom）从事缝制服装的工作。[12] 金吉达公司和都乐公司（Dole）仍然雇用着数千名工人，但北海岸的经济主体开始从香蕉产业转向建立装配厂以及种植非洲油棕等新作物品种。到 21 世纪初，当跨国帮派和毒品贩子作为更为强大的暴力力量出现时，这种变化愈发剧烈，导致大规模移民前往美国。

这篇简短的后记描述了 20 世纪 90 年代至 2020 年洪都拉斯北海岸和香蕉出口行业的一些关键变化，同时也叙述了个别经济景观的持续性。它首先描述了两个新工业部门的崛起：出口加工业和油棕榈生产业。这两个行业都是在洪都拉斯贯彻法律后出现的，这些法律使私人投资者更容易巩固自有土地和资本，同时使他们可以利用低薪劳动力和贸易协议，这些协议为某些进口产品打开了美国市场。这些新自由主义政策导致的不平等和暴力事件，引起了另一种跨国现象：洪都拉斯国民大规模移民到美国，并出现了汇款经济。在 21 世纪初，这些移民向位于洪都拉斯的家庭成员和其他人转移资金，这些转移的资金是"国家"国内生产总值的主要构成部分。2009 年，由军方主导的推翻民选总统曼努埃尔·塞拉亚的行动使洪都拉斯陷入了暴力事件频发、政治和社会动荡的时期，此后，移民的速度大大加快。在 21 世纪第一个十年，水果公司被新的经济参与者所顶替，但洪都拉斯的百姓生计、各种资源和国家政治仍然与人员、货物和资本的跨国流动紧密相连。

在当代美国，香蕉仍然是消费受众最广的新鲜水果。它们是跨越阶级界限的、"十分谦逊"的食品：在美国新冠疫情暴发的高峰期，社交媒体上充斥着各种名人烘烤香蕉面包的图片。[13] 香蕉能够保持持续供应且价格较为稳定、亲民（约为新鲜苹果价格的 1/3，远低于葡萄、草莓和新鲜橙子的价格），这在很大程度上解释了为何美国消费者消耗了如此多的香蕉。[14] 廉价香蕉的稳定供应与一个多世纪以来实行的单一栽培生产体系直接相关。为了揭示单一品种栽培造成的持久影响和风险，笔者在本章的后半部分扩大了地理重点，提供给读者两种真菌病原体的最新情况，即巴拿马病和黑条叶斑病，这两种病原体持续困扰着拉丁美洲及其他出口香蕉生产地区。如同从一

部糟糕透顶的恐怖电影剧本中窃取出一页,一种新型巴拿马病正在
热带地区大肆蔓延,损害了卡文迪什香蕉生长,而正是这一品种曾
将香蕉出口业从第一次巴拿马病大范围传播的魔爪中解救出来。与
此同时,出口香蕉种植者越来越多地依靠使用杀真菌剂来防控黑条
叶斑病。近 50 年来,几代香蕉种植园的工人都会接触有毒物质,这
些物质对他们的身体健康构成了很大威胁。但这一问题很少被研究、
监测或进行广泛报道。新病旧害的传播促使人们努力通过传统植
物育种技术和生物技术开发香蕉新品种,但几乎没有证据表明该
行业正在摆脱单一品种种植模式。最后笔者提出建议,希望历史
学家和其他人能够跳脱出单一栽培方式,讲述关于其他食品体系的
故事。

香蕉产业之外的洪都拉斯

无论从哪种角度衡量,2020 年洪都拉斯的出口香蕉产业远不如
20 世纪 90 年代那么重要。事实上,主要的水果公司在 20 世纪 80
年代初就开始缩减经营规模,当时用于种植香蕉的土地面积减少了
50%。从那时起,洪都拉斯的香蕉产量要么持平,要么下降。相比
之下,哥斯达黎加、哥伦比亚、厄瓜多尔和危地马拉的香蕉出口量
则大幅增长。2011 年,厄瓜多尔的香蕉出口量是洪都拉斯的 10 倍,
约占欧洲和美国香蕉总供应量的 30%。[15] 洪都拉斯的香蕉产业雇用
了数千名全职和兼职工人,2017 年的总收入约为 5 亿美元,该行业
仍然占据重要地位,但它无法像一个世纪以来那样继续主宰北海岸。
相比之下,服装(34 亿美元)、咖啡(13 亿美元)、冻虾、汽车零部
件和棕榈油的出口价值均超过香蕉的出口价值。[16] 总而言之,2018
年出口商品额占洪都拉斯 GDP 的近 40%,远远高于拉丁美洲国家的
平均水平。[17]

    洪都拉斯出口行业呈现多样化，主要是由于冷战结束后，在世界银行和国际货币基金组织等多边贷款组织的敦促下，该国政府采取了经济改革。这些改革旨在刺激出口，政府减少或取消了大部分关税，并终止了政府对价格、利率和洪都拉斯国家货币伦皮拉价值的控制。[18]1987 年，洪都拉斯制定了一项设立"出口工业加工区"的法律。在这项法律的指引下，许多投资者在以前种植香蕉的城市建立了工业园区，包括乔洛马、埃尔普罗格雷索、拉塞瓦、拉利马、波特雷里约斯、圣佩德罗苏拉和维拉努埃瓦等地。来自美国、韩国和中国的服装公司在这些地区租用场地，原因有三：一是当地劳动力的工资相对较低；二是科尔特斯有一个深水港可供出口；三是美国于 1984 年颁布了《加勒比海盆地经济振兴法案》（Caribbean Basin Economic Recovery Act），该法案规定个别类型服装的进口税将被取消，前提是这些服装包含美国制造的配件。[19]在 21 世纪初，洪都拉斯成为中美洲向美国出口服装的主要国家。2010 年，在苏拉谷地经营的 130 家公司中，大多数为美国（40%）或洪都拉斯（34%）的利益集团所有。[20]

    1990 年至 1995 年，洪都拉斯出口加工业雇用的工人人数从 9000 人增加到近 55000 人。2010 年，该行业雇了超过 87000 名工人，其中包括全国最大的私营雇主加拿大品牌杰丹（Gildan）。[21]在 21 世纪第一个十年，许多加工厂的工人实行 11 小时轮班制，休息时间有限。一些公司引入了将工资与团队生产配额挂钩的制度，在工人群体中造成了新形式的压力感和紧张气氛。2014 年，一项基于对数百名出口加工业工人的调查研究发现，满足工作配额的压力迫使许多纺织工人放弃洗澡或饮水的休息时间，这导致了与长时间快速且重复性动作相关的心理焦虑和较高的受伤率。[22]从历史上看，在出口加工业劳动力中，绝大多数为 35 岁以下的女性。

    工人们为改善出口加工业的工作条件而努力抗争。这些纺织公司被苏拉河谷最初为香蕉出口而修建的基础设施所吸引，他们可能低估了该地区长期以来的左翼劳工组织的历史：在 20 世纪 90 年代初，出口工业加工区的工人进行了 13 次罢工和 6 次工厂接管。[23] 一些组织工会的初步努力导致公司终止了其在洪都拉斯的业务，但洪都拉斯工人在赢得结社权方面相对成功。[24] 截至 2020 年，洪都拉斯加工出口区联盟网络（the Honduras Maquila Union Network）中已包含十多个集体谈判协议。[25] 这些工会还与美国的维权网络开展合作，包括由大学生发起的工人权利联盟（Worker Rights Consortium），要求向美国高校销售服装的公司对洪都拉斯法律和由该联盟制定并监督的"行为准则"负责。[26]

农业综合企业并未从洪都拉斯北海岸肥沃的河谷地区撤离。1990 年至 2018 年，非洲油棕榈的种植面积从约 2.5 万公顷增加到 19 万公顷，棕榈油产量增加了 8 倍。[27] 主要的生产地区集中在阿关河谷下游，这个地区曾经种植香蕉，后来在 20 世纪 30 年代末被联合果品公司位于洪都拉斯的子公司特鲁希略铁路公司弃置。在 20 世纪 70 年代，在国际援助下，洪都拉斯政府在阿关河下游地区实行了一项土地改革计划。当地成立了几个农业合作社，除了种植粮食作物外，还种植油棕榈。然而，这些合作社大多债务缠身，被迫度过了动荡的 20 世纪 80 年代。合作社这种形式并未让该地区实现大范围繁荣，主要受益的是领导合作社的少部分男性干部。[28]

1992 年，洪都拉斯政府通过了一项农业"现代化"法律，以"纳尔逊法"（"Ley Nelson"）这一名称为人所知。"纳尔逊"意指帮助撰写该法律的美国经济学家罗杰·纳尔逊（Roger Nelson）。该法律颁布后，油棕榈生产蓬勃发展。该法取消了对私人土地持有量的上限，并允许个人出售通过土地改革计划获得的土地，这些规定破坏了土地改革措施。新立法促使包括米格尔·法库塞（Miguel Facussé）在内的少数富有投资者开始在阿关河谷下游地区购买土地，

将该地区变成一个"巨大的单一作物品种培育区"。[29] 据报道，到
2015 年，法库塞创办的迪南公司（Dinant Corporation）与洪都拉斯
实体贾勒马集团（Jaremar）这两家公司控制了一半以上的油棕榈生
产。从棕榈树果实中榨取的大部分油在洪都拉斯的加工厂中提炼成
食用油。此外，2014 年至 2018 年，棕榈油对欧洲的出口量从 17 万
吨飙升至 42.6 万吨。欧洲的棕榈油被用于食品、化妆品和生物燃料
等领域。[30]

　　洪都拉斯北海岸的油棕榈生产历史与近一个世纪前发生在农民、
洪都拉斯土地所有者和水果公司之间的冲突产生了强烈的共鸣。在
联合水果公司弃置该地区之前，水果公司和擅自占地的农工之间的
土地争夺战十分常见，如书中描述的 20 世纪 30 年代发生在索纳格
拉镇的种种事件（见第 3 章）。尽管在 20 世纪 90 年代发生了"土地
掠夺"事件，但合作社继续在这个地区种植油棕榈。在该地区，油
棕榈这种作物成为阶级向上流动的地位象征，这与 20 世纪初香蕉对
个体种植园主所起的作用并无二致。例如，以前种植香蕉的小镇托
科阿（Tocoa）摇身一变，更名为"棕榈之城"。阿关河下游地区也
是包括"阿关河农民联合运动"（the United Peasant Movement of
the Aguán）在内的众多农工组织的所在地，该组织对土地转让的合
法性提出了质疑。洪都拉斯政府对农工主导的土地占领运动作出回
应，将该地区军事化，这种做法导致当地局势动荡，造成大量暴力
事件，对侵犯人权行为的谴责之声频频出现，这种局面一直持续到
2020 年。[31]

　　可以说，在过去的十年里，洪都拉斯最重大的变化并非出口产
业构成，而是移居美国的国民数量，包括妇女、男子和儿童。自 20
世纪中叶以来，洪都拉斯北海岸居民，包括加利弗那人（一个非洲
原住民群体）已有少量移民到美国，但洪都拉斯国民大规模移民美
国是在 1998 年飓风"米奇"（Mitch）之后开始的，那场强大的风暴

摧毁了洪都拉斯。到 2020 年，约有 70 万洪都拉斯人居住在美国，其中很大一部分人未得到居住授权。[32] 洪都拉斯人移民美国，导致在海外工作的移民寄往洪都拉斯的汇款大幅增加，不过数额往往较小。1998 年，记录在册的汇款占洪都拉斯国内生产总值的 3.5%；2006 年，这一占比高达 21.4%。[33] 在 2007—2009 年的大规模经济衰退期间，汇款额急剧下降，随后迅速开始攀升，汇款占国内生产总值的比重再次逼近 20%，此时 2019 年新冠疫情暴发，导致美国经济的许多业务部门急剧停顿。[34]

在 2009 年曼努埃尔·塞拉亚政府被推翻后，从洪都拉斯移民到美国的人数激增。塞拉亚于 2005 年作为自由党候选人当选总统，随后转向左翼并采取了相应政策，如提高最低工资、增加社会支出、与阿关河下游地区的农民组织进行谈判等，以及加入由乌戈·查韦斯（Hugo Chavez）领导的美洲玻利瓦尔联盟（简称 ALBA），此举使洪都拉斯能够从委内瑞拉以补贴价购买石油。不出所料，这些举措激怒了反对党国民党以及洪都拉斯本国军方和商界，他们担心塞拉亚会加入当时执政的拉美左翼总统的"粉色浪潮"（pink tide）行列。当塞拉亚提议举行投票，了解洪都拉斯国民是否支持召开制宪会议重新制定 1982 年宪法的想法时，国民党参议员罗伯托·米切莱蒂（Roberto Micheletti）指责他企图改变宪法中的规定，并呼吁塞拉亚下台。

2009 年 6 月 28 日，洪都拉斯军方成员在凌晨时分将塞拉亚从床上叫醒，强迫他登上索托卡诺（Soto Cano）空军基地的一架飞机并将其送往哥斯达黎加，该空军基地是洪都拉斯与美国共同管理的军事设施。大多数拉丁美洲国家迅速谴责了这场政变，并呼吁立即恢复塞拉亚的职位。奥巴马政府公开谴责罢免塞拉亚的行为，但美国国务院并未将本次行动称为"政变"。随后的调查基于对关键人物的采访和时任国务卿希拉里·克林顿（Hillary Clinton）的电子邮件通信，结果表明洪都拉斯军方至少得到了一些美国官员的默许，同意发动政变。[35]

这次政变催生了一场强大的抵抗运动，即"全国人民抵抗阵线"（the Frente Nacional de Resistencia Popular），该阵线由不同的部门组成，包括塞拉亚的支持者、工会、农民组织、原住民群体、学生、记者和教师。[36]这场抵抗运动催生了自由和重建党（LIBRE）的成立。2010年，国民党候选人波菲里奥·洛沃·索萨（Porfirio Lobo Sosa）在特别总统选举中获得胜利，该选举结果得到了奥巴马政府的承认，这位候选人曾在2005年以微弱比分不敌塞拉亚。同年，世界银行宣布洪都拉斯为世界"谋杀之都"。不断增加的暴力事件引发了新一波移民潮。

两年后，在一次于凌晨四点举行的投票中，由国民党控制的洪都拉斯国会罢免了4位最高法院的法官。时任国会议长胡安·奥兰多·埃尔南德斯（Juan Orlando Hernández）立即替换了这些法官，这是一次史无前例的举动，有人将其称为"技术政变"。[37]2013年，埃尔南德斯在竞选中击败了自由党候选人、塞拉亚的妻子希奥玛拉·卡斯特罗（Xiomara Castro）和其他几位候选人。此前，一些自由和重建党的支持者在竞选中被谋杀。

2015年，洪都拉斯最高法院废除了几项与总统任期限制有关的宪法规定，从而为总统竞选连任开辟了一条"合法"途径。[38]埃尔南德斯总统于2017年竞选连任；在一次被美洲国家组织称为存在"大量"违规行为的选举中，他以微弱的多数选票获得胜利。[39]特朗普总统执政时期的美国，是首批承认埃尔南德斯连任的政府之一。总统连任这一问题表面上导致奥巴马政府回避做出支持塞拉亚连任的举动，但并未阻止特朗普政府承认埃尔南德斯的连任结果，尽管后者在选举时进行了精心策划，还受到了广泛的质疑。

2009年的政变引发了一场"可卡因淘金热"。据估计，在20世纪第一个十年，南美洲生产的全部可卡因中有 75% 都经过了洪都拉斯，总价值约 300 亿美元。可卡因主要通过洪都拉斯东部的莫斯基蒂亚地区进入洪都拉斯，该地区历史上为原住民群体聚居区。贿赂和暴力手段迫使当地人以各种方式参与毒品交易，包括出售土地、建造简易机场。[40]

洪都拉斯的毒品交易成为竞选资金的主要来源，模糊了腐败政府和合法政府之间的界限。与 20 世纪的水果公司不同，毒品交易商在地方和国家层面提供政治支持，以确保有利的"商业环境"。洪都拉斯一些官员与贩毒者建立了关系，他们的影响力渗透到洪都拉斯全社会。[41]此外，各种帮派与贩毒集团和警方结盟，他们经常充当杀手，杀害或恐吓竞争对手，例如 20 世纪 80 年代起源于洛杉矶的帮派"野蛮萨尔瓦多人"（Mara Salvatrucha）。[42]

在解决暴力事件的需求和有罪不罚的内外部压力下，洪都拉斯政府于 2012 年修改了一项已有百年历史的法律，使洪都拉斯公民可以被引渡回国以接受刑事指控。随后在美国因贩毒被起诉的人中，有一位十分出名的警官，还有埃尔南德斯总统的兄弟托尼·埃尔南德斯（Tony Hernández）。2019 年托尼·埃尔南德斯被定罪后不久，洪都拉斯境内的毒贩和相关腐败案的关键证人被谋杀。不幸的是，这些杀戮并非个例，警察和其他挑战毒贩的人经常在暴力威胁下被杀害或被迫流亡。[43]埃尔南德斯政府以腐败为由解雇了数千名警察，取而代之的是一支受过美国训练的军事警察部队。在部署这支新部队的同时，谋杀率也在下降（但仍然很高）。

不出所料，环境活动家也没能逃脱令洪都拉斯生活无比窒息的暴力行径。2016 年，贝尔塔·卡塞雷斯（Berta Cáceres）被人谋杀，她组织反对在伦卡原住民聚居区建立的一个大坝项目，仅就其案件受到的国际关注程度而言，这是一个例外。[44]除卡塞雷斯外，加利弗那领导人和其他寻求确立土地和资源所有权的活动家也面临着来自政府官员或为权贵工作的主体的恐吓，甚至面对的情况更糟。[45]
虽然在洪都拉斯的此类运动中，有许多来自被视为原住民的群体的
抗争，但妇女在环境斗争中发挥的主导作用是一个值得关注的趋势，
它跨越了族群认同。

洪都拉斯已经不再局限于只发展香蕉产业，但 21 世纪的产业
转型仍然需要透过跨国视角来理解助推此类转变背后的力量。这对
学术辩论来说意味深远：将洪都拉斯称为"失败之国"或"毒品之
国"，甚至将其看作"北三角"的一部分，意味着洪都拉斯（及其
邻国萨尔瓦多和危地马拉）在地理位置上属于"那边"的自治地区，
与可能发展得更为"成功"的国家相分离。跨国产业可以显示出各
地区之间的联系，同时并不否认在不同地理范围内运作的权力动态
的具体分配。例如，随着时间的推移，出口香蕉产业的主要生产中
心会随当地发生的事件和跨地区事件的出现而转移。同样，可卡因
贸易也改变了生产地点和贩运路线，以把握区域机遇和应对由美国
主导的严防毒品入境的努力。[46] 席卷洪都拉斯的暴力事件使得人们
提出质疑，在缺乏民主和司法改革的情况下，新自由主义经济政策
能否改善人民生活。美国总统特朗普将洪都拉斯移民描述为罪犯，
这具有强烈的讽刺意味：绝大多数寻求进入美国的洪都拉斯人都在
逃离贫困和暴力的生活环境，这些贫困和暴力主要是由政府政策和
相关机构造成的，而美国针对移民和毒品的政策往往是自相矛盾的，
即使没有使其合法化，也常常使之得以维持下去。

跳出单一品种的香蕉种植？

2003 年，《新科学家》（*New Scientist*）杂志发表了一篇广为流传
的文章，将卡文迪什香蕉描述为"基因老化"的品种，并警告称，
由于一种新型巴拿马病正在全球蔓延，该病菌会对栽种卡文迪什香

蕉的农场造成严重破坏，这种人们最为熟悉的香蕉品种最早可能在2013 年就会"灭绝"。[47] 关于香蕉濒临灭绝的故事持续在英文大众媒体上传播：2005 年，当《大众科学》（*Popular Science*）发表了一篇题为"这种水果是否可以被拯救？"的危言耸听的文章时，国际香蕉协会发布了一份新闻稿，声明"消费者应该有信心，无论现在还是将来，都会有高质量、营养丰富的香蕉供他们享用"。[48] 然而，事实证明，关于香蕉即将灭绝的故事具有让人无法抗拒的吸引力：英国广播公司（BBC）、《国家地理》（*National Geographic*）杂志、美国有线电视新闻网（CNN）、全国公共广播电台（National Public Radio）、《纽约客》（*New Yorker*）杂志和一些美食网站都发布了关于商品香蕉可能"灭绝"的故事。[49] 21 世纪的媒体报道与《纽约时报》（the *New York Times*）1913 年发表的一篇社论相呼应：《纽约时报》预计"香蕉"（即大米歇尔香蕉）将因其无法继续产生种子而消亡，鼓励其读者"趁我们还能吃到香蕉的时候尽情享用，因为没有香蕉的日子很快会到来"。[50] 一个多世纪以来，美国的记者们一直在猜测早餐不吃香蕉会有多可怕！

事实上，困扰那些种植卡文迪什香蕉的种植园的病原体并不新鲜，只是最近才被人注意到。中国台湾的观察家在 20 世纪 60 年代末首次描述了这种病害。中国台湾的研究人员与美国的植物病理学家合作，随后将这种病原体命名为"热带第 4 型"（TR4）。"TR4"这个名称本身就是一个总括性标签，涵盖了至少 6 种可能损害卡文迪什香蕉的尖孢镰刀菌确定基因型的病原体。20 世纪 90 年代，一种病原体基因型（01213）引起了植物病理学家的注意，它在马来半岛、苏门答腊岛和爪哇岛等地的新种植园中迅速传播，这些种植园大多栽种了卡文迪什香蕉。此外，一种毒性较小的 TR4 病原体感染了位于澳大利亚和南非亚热带地区的种植园，这些种植园也同样种植卡文迪什香蕉。[51] 该病原体继续蔓延，出现在中国、以色列和约旦等国种植卡文迪什香蕉的种植园。2019 年，科学家证实了在哥伦比亚发现的 TR4 病原体报告，促使拉丁美洲的出口商加强"生物安全"措施。[52]

有关 TR4 病原体的新闻报道经常援引第一次巴拿马病大流行的消息，导致 20 世纪 60 年代初大米歇尔香蕉被卡文迪什香蕉取代。不幸的是，这种流行的说法往往忽略了这一实情：事实上，主要的水果公司和美国批发商几十年来一直抵制转为种植卡文迪什香蕉。最终决定转向种植卡文迪什香蕉并非因为科学上的"突破"，而是政治和经济因素交织在一起的结果，也是联合果品公司对老派"香蕉大王"进行清理的结果。

那么，为什么这些历史细节对面临 TR4 病原体威胁的出口香蕉的未来很重要呢？这些历史细节表明，以前关于改变品种的决定涉及多个主体，其中最强大的既不是种植者，也不是消费者。香蕉产业就是一个很好的例子，它说明了大众市场食品链的权力往往集中在经纪人、托运人、加工商，以及距离最近的跨国公司零售商身上。[53]美国大众媒体对 TR4 病原体报道中的消费者偏见也淡化了改种卡文迪什香蕉生产的意义，包括建立包装厂、让女性进入劳动力市场，以及增加使用肥料、杀真菌剂和其他农业化学品以获得个头大且外表无瑕疵的水果。

了解应对第一次巴拿马病肆虐的历史，对于指导当前的香蕉育种工作也很重要。由于卡文迪什香蕉为三倍体，这就给育种者带来了与大米歇尔香蕉相同的挑战：从通常不产生种子的植物中诱导种子，然后尝试从随后用于出口的杂交品种中剥离种子。20 世纪末，香蕉育种仍然是一项耗时且烦琐的工作，需要研究人员对成千上万的香蕉花进行人工授粉，并通过粗网压榨无数成熟的香蕉，希望能找到可供繁育的种子。在 20 世纪 80 年代末，经过洪都拉斯农业调查基金会香蕉育种人员坚持不懈的努力，终于培育出了具有抗巴拿马病和抗黑条叶斑病特性的杂交香蕉"FHIA-01"。[54] 这个香蕉品种和其他由该基金会培育的杂交品种，在古巴非常流行，该国的种植户没有途径获取用于防控黑条叶斑病的杀菌剂。最近，在中国和其他地方完成的实验表明，FHIA-01 和其他培育的杂交品种也可能对 TR4 病原体具有抗性或耐受性。这些鲜食香蕉杂交种已经打开了澳大利亚市场，但在欧洲或北美市场尚未被广泛接受，据说是因为它们不如卡文迪什香蕉味道甜，而且果实中果肉的比例相对较低。[55]

香蕉育种中一个潜在的重要技术变革是使用转基因和基因编辑技术。2017 年，澳大利亚研究人员詹姆斯·戴尔（James Dale）报告称，他的实验室已成功培育出一种转基因卡文迪什品种"大矮蕉"，该品种可以抵御 TR4 病原体。[56] 经过 3 年的田间试验，转基因香蕉植株显示出对 TR4 病原体的抗性，并可以收获满足"商品规格"要求的香蕉果串。戴尔培育的转基因香蕉有几点非常重要：首先，转移到卡文迪什香蕉的基因型有两种，其中之一来自野生二倍体香蕉，即产自东南亚的小果野蕉。戴尔转移基因型的方法很新颖，但这种方法仍然依赖小果野蕉自身存在的基因多样性。其次，戴尔发现一些卡文迪什香蕉含有与野生香蕉相同的基因型，促使他使用基因编辑工具 CRISPR 来激活休眠基因。与此同时，肯尼亚的研究人员莱娜·特里帕蒂（Leena Tripathi）正在使用 CRISPR 来抑制可能使卡文迪什香蕉易遭 TR4 侵袭的基因。[57] 总之，这些看似相反的策略提醒人们基因激活技术的复杂性和其本质上的历史性。最后，利用转基因技术培育卡文迪什香蕉的抗病性，为一个困扰该产业已久的问题提供了新的转机：大众市场的接受度。政府法规和（或）消费者对转基因食品的抵制可能会减缓，并可能阻止戴尔培育的香蕉品种的商品化采用，即使它们符合其他出口标准。[58] 事实上，戴尔决定使用 CRISPR 来激活卡文迪什香蕉中的一个现有基因，部分原因是希望找到一种"变通方法"，以此应对专注于规制转基因技术的法规。

　　自第一次香蕉巴拿马病大范围传播以来，全球香蕉贸易组织发生了很大变化，这对如何应对 TR4 病原体的挑战产生了影响。在 20世纪 80 年代，仅 4 家公司便控制了全球约 70% 的水果贸易，分别为金吉达、德尔蒙（Del Monte）、都乐和法夫斯（Fyffes）。如今，这 4 家公司在世界市场上的份额已经下降到 40%，这种份额削减发生在其他欧洲和拉丁美洲公司的崛起之后。2015 年，巴西投资者收购了金吉达，进一步增加了营销和采购战略调整的可能性。[59]2020年，金吉达公司的网站展示了各种香蕉品类，包括烹饪专用蕉（大蕉）和红香蕉。这些营销图片具有卡文迪什香蕉时代的特征——果实大小均匀，果皮无瑕疵，但展示几种香蕉品类的决定表明该公司有意打入利基市场。此外，收购金吉达的公司更名为卡文迪什置业公司（the Cavendish Acquisition Corporation），是巴西人所有的美国子公司。公司名称明确地提醒人们，主导出口市场的香蕉品种范围仍然十分狭窄。[60]

　　如果以历史为鉴，消费者几乎没有什么理由担心香蕉会很快从超市货架上消失。香蕉灭绝的想法成了引人注目的头条新闻，但它忽略了出口作物生产的历史趋势，即因为植物病原体或其他因素（包括劳动力成本）而转移地点。就香蕉、咖啡和可可等主要商品而言，这种转移在区域和洲际范围内均有发生。[61]笔者并非主张回归20 世纪初的"种植迁移"，而是要指出，没有理由不能在不久的将来使用这种战略。

　　通过探究另一种真菌病原体的近期历史，进一步揭示了香蕉灭绝叙事中以消费者为中心的观点，这种真菌病原体已经在出口香蕉种植园存在了半个多世纪：黑条叶斑病（植物病理学家现将其称之为 BLSD，而分类学家则将与该病有关的真菌重新命名为Pseudocercospora fijiensis）。虽然名称发生了改变，但这种病原体的重要地位与出口市场之间的紧密关系仍保持不变：黑条叶斑病仍然是"对经济影响最大的叶片病害",因为它会导致产量大幅下降、果实过早成熟,并缩短香蕉从收获到成熟的时间。[62]换句话说,黑条叶斑病不仅影响卡文迪什香蕉的产量,也影响果串品质,而商品的质量对于长途出口至关重要。在非洲的一些热带地区,黑条叶斑病还影响到大蕉(供烹饪使用)的产量,它或会导致大蕉严重减产,但在非出口小规模农业系统中,发表有关黑条叶斑病的研究相对较少。[63]

在出口卡文迪什香蕉的农场,使用杀菌剂防治黑条叶斑病是推动杀虫剂"急速普及"的一个典型实例:在20世纪70年代引入苯并咪唑等系统性杀真菌剂防控黑条叶斑病后,出口香蕉种植者不得不"跑"得越来越快,选用配方升级的杀虫剂以领先那些抗杀菌剂病原体种群。到2015年,苯并咪唑和甲氧基丙烯酸酯已经"基本不起作用"了,这促使出口卡文迪什香蕉的种植者转向使用接触性杀菌剂(包括二硫代氨基甲酸酯和百菌清),通过在叶面喷洒杀菌剂来防止病害暴发。[64]然而,在降水量非常大的香蕉生产地区,必须经常使用这些杀菌剂。例如,在哥斯达黎加,种植卡文迪什香蕉的种植园施用杀真菌剂的次数在21世纪初达到每年50多次,而在20世纪90年代则为每年约30次。[65]

在香蕉种植园使用杀菌剂八十多年后,防控叶斑病需要注意的另一方面并未发生显著变化,那就是很少注意经常接触杀菌剂的工人的健康风险。在中美洲、美国和现在的法国经历了多年的法律挑战后,跨国法律运动为先前的香蕉种植园工人赢得了一定赔偿,因为他们曾持续接触现已被禁用的杀线虫剂二溴氯丙烷,这算得上是一次小小的法律胜仗,但在迫使水果公司减少其农用化学品的总使用量方面却收效甚微。[66]主要在哥斯达黎加和厄瓜多尔进行的少量研究表明,接触杀虫剂的香蕉种植园工人除了患有癌症和出现神经行为问题外,还存在皮肤和眼部问题。最近在厄瓜多尔完成的一项研究发现，在接触杀虫剂的香蕉种植园工人中，癌症风险指标（基因毒性）的出现频率明显高于在经过认证的"有机"香蕉种植园工作的同行们。[67]

由于在确定接触程度方面存在一定挑战，接触特定杀虫剂和其对香蕉种植园工人的不利健康影响之间的因果关系仍然难以确定，这些挑战同时涉及生物学、社会和政治等因素。如前所述，为了应对快速进化的病原体，种植园主经常更换农药组合。对合同种植户和移民劳工的依赖程度增加，使得追踪田间工人的长期健康状况变得困难，因为他们的工作和居住地往往是临时的。最后，在像美国这样的农药消费国，有关农药接触的法律是以消费者为导向的：几乎是由消费者主导判断农药的"残留情况"。为研究农工接触农药产生健康风险提供资金的各种监管执法机制，即使存在，其效果仍然微乎其微、令人沮丧。在种植出口卡文迪什香蕉的种植园，与大多数农业作业一样，工人对农药的接触在很大程度上取决于他们对生产过程和国际市场的控制，而这一控制极其有限。换句话说，种植园工人对采取何种方式工作或在何时工作几乎没有什么发言权。

在厄瓜多尔，工人们对杀虫剂风险的描述常常使我们能够将身体健康与土地所有者和政府当局的权力联系起来。这种"结构性"分析与种植者经常叙述的故事形成鲜明对比，无论是大规模种植者还是小型种植户，他们都强调个人的决定，例如在施用农药时没有使用适当的保护措施。危险行为往往被归咎于年轻工人缺乏土地和正规教育。在厄瓜多尔观察到的社会阶层与对农药风险认知之间的联系，与洪都拉斯退休农工和种植者告诉我的喷洒波尔多液防控（黄色）叶斑病的故事产生了共鸣。这类人种学证据不一定能产生对流行病学家有用的数据，但它确实凸显了社会和环境正义的复杂本质：贫困往往是农药接触的危险程度的先决条件，而接触农药反过来又成为区分受教育者和未受教育的人、拥有土地的人和没有土地的人，以及"负责任的"成年人和"不负责任的"年轻人的标志。

说到这里，有心的读者可能会问：鉴于真菌病原体的持续存在，农民如何生产符合"有机"食品标准的香蕉？2016年，有机香蕉的出口量占拉丁美洲全部香蕉出口量的8%。[68]事实上，厄瓜多尔、秘鲁和多米尼加共和国经认证的有机种植者通常种植易受黑条叶斑病病害的卡文迪什香蕉品种，但商业生产主要限于降水量相对较低的地区。有零星但越来越多的证据表明，诸如间作、轮作和有选择地培育对真菌病原体有耐受性的"突变体"田间植物的做法会降低病害暴发的强度。另外，种植者因认证的有机香蕉而获得了相对较高的价格，这弥补了与黑条叶斑病有关的果实产量减少的损失。简言之，有机种植者以相对较高的单位价格收获相对较少的香蕉。此外，与非有机香蕉市场相比，认证有机香蕉的价格和需求往往更加稳定。[69]

在许多方面，有机香蕉体现了其他"食物伦理"运动（包括公平贸易运动）所面临的希望和挑战。一方面，仅仅是有机香蕉在大众市场上的存在，就使人们对即将到来的香蕉"灭绝"的夸张说法产生了怀疑。另一方面，经过认证的有机水果和蔬菜通常出现在迎合富裕客户的市场上。这使得它们很容易成为那些认为在美国这样的消费国中存在着无视种族和阶级差异的"消费政治"的人的攻击目标。像都乐和金吉达这样的公司买卖有机香蕉是为了填补一个有利可图的利基市场；他们将这些香蕉与大量使用杀虫剂的香蕉一起销售。香蕉的公平贸易运动表面上解决了社会和经济方面的问题，但事实是，认证体系往往缺乏标准或机制，无法确保支付给种植合作社或公司的高昂价格可以让种植园工人受益。尽管如此，把有机香蕉斥为企业的"漂绿"消费，并未考虑到合同种植户和种植园工人的实际利益。但是，与直接经济手段不同的是，认证体系更像是一种生存策略，而不是实现环境或社会正义的手段。这种转变必须植根于超越以单一栽培（monoculture）为手段，以大众消费为目的食品系统。

单一栽培（又称单作）是一种将植物和人力整合起来的方式，将植物用以种植，并以人力来获取利润，而不是为了维持生计。在美洲，被剥夺土地的原住民和被剥夺人格的非洲奴隶的血液中滋生出了单一栽培的殖民主义根源。单一栽培不仅是一种粮食种植技术，还是支撑当代世界大部分地区人民生活的重要基础设施。单一栽培通常是"工业"农业的同义词，它既依赖技术科学（肥料、植物育种、杀虫剂和机械化），也依赖廉价劳动力、价格和（或）资源补贴以及监管体系的各种组合，使生产者能够将与使用肥料、灌溉水、化石燃料和农用化学品有关的环境和职业健康成本外部化。它们还依赖运输、储存、加工和配送系统，这些系统的特点往往是低工资、"灵活"劳动力和（或）化石燃料消耗。从历史上看，单作的基础设施和劳动力制度是气候变化和社会不平等问题的核心。[70]在拉丁美洲大部分地区，工业化食品和饮料的大规模消费与慢性疾病（包括 2 型糖尿病、心脏病和高血压）发病率的上升密切相关。[71]

超越香蕉文化

要改变以单一栽培为基础的耕作方式，没有什么简单的途径。我在2005年为本书首版做总结时引用了一位相熟的历史学家的忠告，他说为了规划出口香蕉的未来，我们需要了解它们的过去。如上所述，关于病原体的持续存在，这一历史的重要方面继续被忽视或误解。尽管如此，与 15 年前相比，今天有更多人呼吁建立多样化的香蕉生产系统，这些呼声不仅来自活动家圈子，也来自一些隶属于研究机构的科学家。然而，对多样性的理解往往仅限于品尝新的和不同种类的（商品化的）香蕉。我们有必要将对农业多样性的理解扩大到作物品种之外，以探究"相关多样性"——栖息在产生食物的土地和水景中的生物有机体。[72] 历史学家或历史专业学生如何才能加深对多样性的理解？

当我回顾过去 10 年左右关于粮食商品的一系列著作时，我感觉历史学家（和其他人）应该努力试着跳出出口农业，尤其是在拉丁美洲和加勒比地区，粮食和农业的历史可以说是出口的代名词。除了香蕉和咖啡的历史，我们还需要大蕉和马黛茶、大米和豆子、卷饼（baleadas）和阿瑞巴玉米饼（arepas）以及其他重要食物的历史，这些食物在改变环境的同时也滋养了人们、文化和身份。这种历史应该超越农业和畜牧业，探究狩猎、捕鱼和觅食。为了做到这一点，历史学家必须用民族志、口述历史、民族植物学、考古动物学和其他新方法来补充档案研究。他们将不得不与棘手的伦理问题作斗争，向国际读者展示原住民或边缘化人群，观众的兴趣可能有意或无意地导致各种形式的"烹饪殖民主义"，在这种情况下，当地的食物或做法会被挪作他用。[73]

因此，撰写这类历史的目标应该是避免一种食客形式的怀古主义（这种主义寻求拯救"即将失去的食物"），这有助于在民族国家扩张、资本主义市场、单种耕作、移民或环境变化的背景下，对食物、文化和权力的变化性质进行历史分析。通过撰写加利弗那人种植木薯的历史、伦卡人生产玉米的历史，或米斯基托人狩猎和捕鱼的做法，我们可以更好地理解生物和文化多样性之间的关系，而不会将种族本质化或将多样性减少视为一种被消费或商品化的"东西"。食品和饮食的历史也可以通过挑战"生产"（可以理解为有偿劳动）与"社会再生产"（可以理解为无偿劳动）的相对重要性，以及食物供应在家庭和朋友（亲属）网络中的核心作用，为了解性别在社会和环境关系中的作用提供一个宝贵的窗口。

将重点从农业出口转向区域间的食品输送，并不意味着从跨国框架中退出。例如，加利弗那人、伦卡人或米斯基托人的饮食方式的历史不会轻易受限于洪都拉斯一国。此外，整个美洲的饮食方式经常接纳"外国"食物；"哥伦布大交换"、跨大西洋奴隶贸易或生物勘探所产生的食物流通和交换，应该从全球化和"本地化"的角度来探究。当事物"黏滞"在一起并对特定的地方或地区产生影响时，该事物的流通就显得尤为重要。[74]

诚然，考虑到如今拉丁美洲80%的人口居住在城市环境中，加之新型农产品出口（包括油棕榈、大豆和养殖鲑鱼）范围的不断扩大，呼吁人们了解当地饮食方式的历史可能听起来很怀旧。[75] 然而，还有数以千万计的农工，他们对粮食供应的作用至关重要，尤其是在中美洲。在一个面临日益加剧的经济不平等和气候变化的世界上，我们非常需要了解地方、区域和国家的粮食系统是如何构建的，以及它们是如何随时间变化的，包括跨国力量如何影响它们。通过揭示往往隐藏在种植业驱动的出口经济阴影下的历史，历史学家和其他人可以想象出超越单一栽培的可实现的农业未来，即推广单一作物种植方式，进而培育和维持作物品种多样性。

想象只是实现变革的第一步。研究人员、教师和学生必须认识到，研究历史和产生新的想法并不等同于实现变革。还有很多工作要做，不仅要去档案馆和教室，还要漫步田野和街头。记得带点好吃的，你们会饿的。

注释

第二版序　正说香蕉

1. 其中包括 Bucheli、*Bananas and Business*; Chambers, *Race, Nation, and West Indian Immigration to Honduras, 1890–1940*; Colby, *The Business of Empire*; Coleman, *A Camera in the Garden of Eden*; Euraque, "Political Economy, Race, and Identity in Central America, 1500–2000"; Martin, *Banana Cowboys*; Martinez, *A History of Violence*; Martinez García, *La seguridad social en Honduras*; Portillo Villeda, *Roots of Resistance*; 以及 Viales Hurtado and Montero Mora, *La construcción sociohistórico de la calidad del café y del banana de Costa Rica*。

2. 关于种族形成和洪都拉斯的民族和地区身份，可以从 Darío A. Euraque 的学术研究入手："The Threat of Blackness to the Mestizo Nation", 229–249, and "La diáspora Africana en Honduras: Entre la esclavitud colonial y la modernidad del protagonismo garífuna", 37–56. 亦可参见：Gudmundson and Wolfe, *Blacks and Blackness in Central America*; Putnam, *Radical Moves*; and Opie, *Black Labor Migration in Caribbean Guatemala, 1882–1923*。

引言　产销连接之地

1. 参见 *Banana Wars*，编者是 Striffler 及 Moberg; Marquardt, "'Green Havoc'"; Marquardt, "Pesticides, Parakeets, and Unions"。关于香蕉消费的轶事历史，见 Jenkins, *Bananas*。

2. 参见 Karnes, *Tropical Enterprise*; 及 May and Plaza, *The United Fruit Company in Latin America*。

3. 依据文本为 Cardoso 与 Faletto 的 *Dependency and Development in Latin America*。关于中美洲的情况，见 Torres Rivas 的 *Interpretación del*

desarrolo social centroamericano。（又见 Sullivan-González 的 *History and Society in Central America* 英译版。）利用依赖框架对出口香蕉业进行的重要分析包括 Posas, "La Plantación Bananera en Centroamérica"; Pérez-Brignoli, *A Brief History of Central America*; Laínez and Meza, "El enclave bananero en la Historia de Honduras"; and Frassinetti, *Enclave y sociedad en Honduras*. 关于对洪都拉斯的依赖学派观点的精辟评论，参见 For an insightful review of dependency perspectives on Honduras, see Euraque, "El Imperialismo y Honduras como 'república bananera'"。

4. LeGrand, "Living in Macondo." 有关依赖理论和世界系统理论的批评，参见 Cooper et al., *Confronting Historical Paradigms*。

5. 参见 Euraque, *Reinterpreting the Banana Republic*。又见LeGrand, *Frontier Expansion and Peasant Protest in Colombia*; Putnam, *The Company They Kept*; Striffler, *In the Shadows of State and Capital*; Forster, "Reforging National Revolution"; Bourgois, *Ethnicity at Work*; and Chomsky, *West Indian Workers and the United Fruit Company*. Brand 在 *The Background of Capitalistic Underdevelopment* 一书中对洪都拉斯的个体香蕉种植者给予了相当大的关注。

6. 关于分离文化和自然的困难，参见 Cronon, ed. 的 *Uncommon Ground*。关于生态农业，参见 Carroll, Vandermeer, and Rosset, eds., Agroecology。

7. 地理学家 Carl Sauer 认为，印第安人在与欧洲人和非洲人接触之前就种植了香蕉。香蕉专家 Norman W. Simmonds 不同意这种说法，他认为第一根香蕉是通过西班牙修士 Tomás de Berlanga 从加那利群岛运来的。有关证据的评估，请参阅 Langdon 的 The Banana as a Key to Early American and Polynesian History。

8. 参见 Marshall 和Tomich 在 *Cultivation and Culture* 中的文章。另见 Conrad汇编的关于巴西奴隶制的原始资料集——*Children of God's Fire*。

9. 参见 Gilbert and Hubbell, "Plant Diseases and the Conservation of Tropical Forests",104. 请注意，疾病发病率和单一栽培之间的关系与生物多样性水平没有直接联系，而是与寄主密度有关。参见 Mundt, "Disease Dynamics in Agroecosystems"。

10. 参见 Bulmer-Thomas 令人印象深刻的作品 *The Political Economy of*

Central America Since 1920; 参见 Wells and Topik, *The Second Conquest of Latin America*。

11. Kepner 是最早注意到巴拿马病和美国市场对大米歇尔香蕉的偏爱之间的联系的学者，见其作品 *Social Aspects of the Banana Industry*, 19–21 and 89–91。最近的3部作品也提到了这种联系：Chomsky, *West Indian Workers*, 66; Marquardt, "Green Havoc", 52–58; and Ellis, *Las transnacionales del banano en Centroamerica*, 77–99。

12. 关于该地区的前哥伦布历史，参见 Newson, *The Cost of Conquest*。

13. 参见 Euraque, *Reinterpreting the Banana Republic*。另见 Euraque 在 *Mesoamérica* 42 （2001年12月）中编辑的专题文章; Echeverri-Gent, "Forgotten Workers"; O'Brien, *The Revolutionary Mission*; Langley and Schoonover, *The Banana Men*; and Karnes, *Tropical Enterprise*.

14. 参见 Argueta, *Bananos y política*; Barahona, *El silencio quedó atrás*; García Buchard, *Poder político, interés bananero, e identidad nacional en centroamérica*; and Frasinetti, *Enclave y sociedad en Honduras*。

15. 在本研究报告所涉期间，关于香蕉出口的数据既不完整也不完全可靠。资料往往在具体数字上有所不同，但在大趋势上是一致的。牙买加是20世纪初的主要出口国，直到洪都拉斯的生产在20世纪20年代扩大。从20世纪50年代初到现在，厄瓜多尔一直是香蕉的主要出口国。参见 Kepner and Soothill, *The Banana Empire*; Ellis, *Las transnacionales del banano en Centroamerica*, 53–55, 400; and Bucheli, "United Fruit Company in Latin America", 92。

16. 参见 Karnes, *Tropical Enterprise*; and García Buchard, *Poder político, interés bananero, e identidad nacional en Centroamérica*。在学术研究中，这种倾向也有例外。Euraque ("Modernity, Economic Power and the Foreign Banana Companies in Honduras") 发现在1884年到1920年，35位市长中有28位是香蕉种植者。另见 Kepner and Soothill, *The Banana Empire*, 95–100 and 256–285; and Brand, "The Background of Capitalistic Underdevelopment", 157–167。

17. 关于这一主题，参见 Meza and Laínez, "El enclave bananero en la historia de Hondu ras", 115–156; and Frassinetti, *Enclave y sociedad*。

18. 关于 Zemurray, 见 Argueta, *Bananos y política*; and Langley and Schoonover, *The Banana Men*, 115–166。

19. 参见 Meza, *Historia del movimiento obrero hondureño*, 49–53; and Argueta, *Historia de los sin historia*, 91–98。

20. 关于1954年罢工及其后果，参见 Argueta, *La gran huelga bananera*; Barahona, *El silencio quedó atrás*; and Posas, *Lucha ideológica y organización sindical en Honduras*。关于劳工组织在洪都拉斯政治中发挥的作用，参见 Euraque, *Reinterpreting the Banana Republic*; MacCameron, *Bananas, Labor and Politics in Honduras*; 参见 Echeverri-Gent, "Labor, Class and Political Representation"。

21. 关于加勒比地区20世纪末的香蕉承包种植情况，参见 Grossman, *The Political Ecology of Bananas*。在厄瓜多尔的情况，参见 Striffler, In the Shadows of State and Capital。

22. 参见 John H. Coatsworth, *Central America and the United States*, 34–35。

23. 关于美国和洪都拉斯的关系，参见 Coatsworth, *Central America and the United States*; and Barahona, *La hegemonía de los Estados Unidos en Honduras*。

24. 哥斯达黎加的大西洋沿岸也发生了类似的过程。参见 Chomsky, *West Indian Workers*, 64–68。

25. 参见 Amaya Amador, *Prisión verde*. Amaya Amador 并不是20世纪中叶唯一一个将小说设定在北海岸的洪都拉斯作家。参见 Paca Navas de Miralda, *Barro* (1951); Argentina Díaz Lozano, *Peregrinaje* (1944); and Marcos Carías Reyes, *Trópico* (1948)。Carlos Luis Fallas的*Mamita Yunai* (1941)是一部以哥斯达黎加香蕉区为背景的著名小说。

26. 关于生活在种植园边缘的女性，参见Putnam, *The Company They Kept*。

第一章　香蕉热

1. 参见 Young, *Narrative of a Residence on the Mosquito Shore*, 95。

2. 参见 Froebel, *Seven Years' Travel*, 183–188。

3. 对该地区19世纪经济的描述，参见 Guevara Escudero, "Nineteenth

Century Honduras", 35–62; Naylor, *Penny Ante Imperialism*; Dawson, "William Pitt's Settlement", 677–706; Davidson, *Historical Geography of the Bay Islands of Honduras*; 参见 William McKee关于New York and Honduras Fibre Company 的报告，附在 William Burchard 给William Burchard 的信中，见 Despatches from U.S. Consuls in Omoa, Trujillo, and Roatán 1831–1893 (mf. T-477), roll 4。

4. 参见 Marco A. Soto quoted in Frassinetti, *Enclave y sociedad en Honduras*, 21。

5. 参见 R. H. Rousseau 1866年9月12日给国务卿 William Seward 的附件；参见 Seward to Rouseau, Washington, 10 Oct. 1866, *Foreign Relations of the United States 1866*, part 2, 536–537。

6. 参见 William Burchard toWilliam Hunter, Dec. 4, 1884, Despatches from U.S. Consuls in Omoa, Trujillo, and Roatán, roll 5。

7. 参见 William Burchard 1884年12月4日发给William Hunter的电讯；以及1879年9月27日，Despatches from U.S. Consuls in Omoa, Trujillo, and Roatán, roll 4。

8. 参见 Cevallos, *Reseña histórica de las Islas de la Bahía*, 76–83。

9. 参见 Frank E. Frye to Secy. of State, San Pedro Sula, 10 Mar. 1875, U.S. Department of State, Despatches from U.S. Consuls in Omoa, Trujillo, and Roatán, 1831–1893, roll 4。

10. 参见 William C. Burchard to W. Hunter, 18 Nov. 1880, U.S. Department of State, Despatches from U.S. Consuls in Omoa, Trujillo, and Roatán, 1831–1893, roll 4。

11. 参见 J. Hernández to Ministro de Gobernación, 30 Nov. 1880, Archivo Nacional de Honduras (hereafter, ANH), leg. 1881/19。

12. 参见 F. Hernández to Hacienda, Roatán, 1 Mar. 1881, ANH, leg. 1881/21。

13. 参见 F. Hernández to Hacienda, Roatán, 28 Mar. 1881, ANH, leg. 1881/21。

14. 这一估计是假设性的，因为生产成本、产量和收益因劳动力成本、天气条件和国际市场的变化而变化。参见 Burchard to Hunter, 18 Nov. 1880。

15. 参见 Burchard to Hunter, 18 Nov. 1880; and Frank E. Frye to William Hunter, Utila, 30 Sept. 1875, U.S. Department of State, Despatches from U.S. Consuls in Omoa, Trujillo, and Roatán, roll 4。这两种描述与美国领事官员在19世纪晚期对牙买加的描述非常相似。参见 Hoskinson, "A Report on the Fruit Trade of the Island of Jamaica," 24 July 1884, U.S. Department of State, *U.S. Consular Papers*, v. 28, 7。

16. 参见 Burchard to Hunter, 18 Nov. 1880。

17. 参见 C. R. Follin to U.S. Secretary of State, Omoa, 11 Jan. 1845 and 17 Sept. 1853; U.S. Department of State, Despatches from U.S. Consuls in Omoa, Trujillo, and Roatán, 1831– 1893 (mf T-477), roll 1。

18. 1883年，抵达罗阿坦岛的51艘船只中有16艘是蒸汽船。参见 Burchard to Hunter, 4 Dec. 1884, U.S. Department of State, Despatches from U.S. Consuls in Omoa, Trujillo, and Roatán, 1831–1893, roll 5。

19. 参见 F. Hernández to Ministro de Hacienda, 18 Mar. 1881。

20. 参见 "Carta de señor Don Guillermo Melhado, Trujillo", *Honduras Industrial*, 1 July 1884, 85。

21. 参见 *La Gaceta* no. 582 (9 Sept. 1889)。

22. "与美国贸易的申报表，显示了在截至1887年6月30日的财政年度中，科尔特斯港与美国之间的出口申报。"

23. 参见 William Burchard to Alvey A. Adee, 23 Aug. 1892, U.S. Department of State, Des- patches from U.S. Consuls in Omoa, Trujillo, and Roatán, 1831–1893, roll 6。

24. 该调查覆盖了科尔特斯省的4个城市［科尔特斯、奥莫阿、圣佩德罗苏拉及埃尔帕拉伊索（乔洛马）］，以及科隆省的3个城市［埃尔波韦尼尔、拉塞瓦以及圣路易斯（巴尔法特）］。出口香蕉的总种植面积肯定比调查记录的数量要大，因为至少有一个重要的香蕉种植城市特拉被排除在外。参见 Honduras, Junta Registradora, "Datos relativos a las fincas de bananos", July 1899, ANH，未列入目录的手稿。我有手稿的复印件。

25. 拉塞瓦（26%）、埃尔帕拉伊索（21%）和圣佩德罗苏拉（19%）出口香蕉产量超过 14 公顷的农场所占比例也最大。

26. 1899年的报告提供了每个城市的月产量。我把平均月产量加起来，算出了330万串。由于风的破坏和托运人的拒收造成的损失，从这些农场出口的捆数会更少。此外，该调查的匿名作者估计，产量数字应该再增加10%，以补偿担心纳税的农民漏报的部分。1899年的出口量估计为250万至300万串，在其他作者提供的1900年洪都拉斯出口总量范围内（200万至470万串）。参见 Kepner and Soothill, *Banana Empire*, 37; and Ellis, *Las transnacio-nales del banano en Centroamerica*, 53。

27. 参见 Tela Municipal Acts, v. 3 (31 Jan. 1887)。

28. 参见 Tela Municipal Acts, v. 12 (1 Aug. 1895)。

29. 参见 Euraque, "San Pedro Sula, actual capital industrial de Honduras", *Mesoamérica* 26 (Dec. 1993): 228–229; and El Progreso Municipal Acts v. 1 (17 Sept. 1894), 90–92。

30. 参见 William C. Burchard to James Porter, 4 Aug. 1886; and Burchard to Porter, 10 Sept. 1886, Despatches from U.S. Consuls in Omoa, Trujillo, and Roatán, 1831–1893, roll 6。

31. 参见 Howard Reed to Ministro de Fomento, Tegucigalpa, 9 Sept. 1902, ANH, leg. 1889 – 90/3。关于劳动力短缺的其他证据，参见 Gobernador Político to Ministro de Gobernación, Roatán, 23 Feb. 1892, ANH, leg. 1892/18; and C. C. Padilla to Ministro de Gobernación, "Anexo N," 12 Oct. 1903, ANH, loose document。

32. 参见 Charles, *Honduras*, 114–120。另见 Lombard, *The New Honduras*, 24; and Euraque, "The Threat of Blackness", 229–249。

33. 遗憾的是，家庭结构在塑造早期加勒比海香蕉种植方面的作用还有待研究。关于牙买加的女性香蕉工人的历史记载，参见 Chalmers, "The Romance of the Banana," 20–27。关于加勒比地区的当代女性种植者，参见 Grossman, *The Political Ecology of Bananas*。

34. 参见 "Comunicaciones oficiales", *La Gaceta* no. 621 (31 Jan. 1890)。另见 Rose, *Utilla*, 106–112。

35. 1894年11月30日，200名罗阿坦岛居民签署请愿书，要求政府在岛上建立免税港。参见 ANH Carpeta, Documentos de 1893。

36. 参见 John Richardson to Francis B. Loomis, Utila, 14 Feb. 1905, U.S. Department of State, Dispatches from U.S. Consuls in Utila, 1899–1906, (mf T-701), roll 1。

37. 关于与洪都拉斯大陆的竞争，参见 Rose, Utilla, 109; and Davidson, *Historical Geography of the Bay Islands of Honduras*, 93–97。

38. 1901年和1902年的香蕉出口量不超过15000串。参见 John Richardson to David Hill, Utila, 17 Feb. 1903, U.S. Department of State, Dispatches from U.S. Consuls in Utila, 1899–1906, roll 1。

39. 参见 Ministerio de Fomento, "Memoria de fomento, informe de agricultura" *La Gaceta*, no. 1994 (25 Jan. 1901)。

40. 参见 Francisco Altschul, "Memoria de fomento y obras públicas", *La Gaceta* no. 2254 (30 Jan. 1903)。

41. 参见 C. Córdoba, La Ceiba, "Anexo I: Informe de Atlántida", 19 Oct. 1903, ANH, loose document。

42. 参见 42.Ministro de Fomento y Obras Publícas, "Memoria", 1905–1906, ANH, loose document。

43. 参见 Ministro de Fomento y Obras Publícas, "Memoria", 1905–1906, ANH, loose document。1911年的一份报告记录了科尔特斯约6100公顷的土地，但该数据不包括圣佩德罗苏拉。参见 General Andrés Leiva, "Departamento de Cortés: sus terrenos, industrias, producciones, etc.", *Boletín de Fomento*, 1, no. 1 (Aug.–Dec. 1911): 132–135; 又见 Governor of Cortés to Ministro de Fomento, San Pedro Sula, 16 Oct. 1912, ANH, leg. 1912。

44. 参见 Honduras, Junta Registradora, "Datos relativos a las fincas de bananos"。

45. 签约者包括 Salvador Oteri、E. M. Stella、Phil R. Rice、J. B. Camors、E. J. Hart、Jean Laffite、Alfredo Boesch 及 J. T. Glynn。参见 Solicitud a Presidente Luis Bográn, 13 Aug. 1891, ANH, leg. 1880/10。

46. 参见 Estado en el despacho de justicia, 25 Oct. 1891, ANH, leg. 1880/10。

47. Henry R. Campbell, "Aviso", 13 Jun. 1881, ANH Carpeta, 1881.

48. 关于海湾群岛的一个早期案例，参见 U.S. consul to Governor Tiburcio Hernández, 2 Jul. 1881, U.S. Department of State, Despatches from U.S. Consuls in Omoa, Trujillo and Roatán, roll 5。

49. 参见 Honduras, "Comunicaciones oficiales", *La Gaceta* no. 615 (9 Jan. 1890)。 牙买加也有类似的投诉记录。参见 Soluri, "Development as Ideology"。

50. 参见 Tela Municipal Acts, v. 12 (15 Oct. 1892)。

51. 参见 Tela Municipal Acts, v. 12 (5 Feb. 1893)。

52. 参见 *La Gaceta* (17 Oct. 1893)。

53. 参见 Tela Municipal Acts, v. 12 (1 Jun. 1894)。

54. 参见 Tela Municipal Acts, v. 12 (5 Aug. 1894)。

55. 参见 Nolasco L. to Ministro de Fomento, San Pedro Sula, 3 Jun. 1896, ANH, leg. Notas varias del departamento de Cortés。

56. 参见 José Ruiz to Ministro de Fomento, Omoa, 8 Jan. 1901, ANH, leg. Departamento de Cortés, Notas varias, años 1894–1912。

57. 参见 José Ruiz to Ministro de Fomento, 8 Jan. 190。

58. 参见 ruz Cáceres, *En las selvas Hondureñas*, 69。

59. 同上，70。

60. 参见 "Estatutos de la Sociedad Bananera", Tegucigalpa, 27 Dec. 1894, ANH, loose document. 又见 *La Gaceta* no. 1 (6 Mar. 1894), 145。

61. 1899年的调查记录了该协会39个创始成员的财产。种植园的规模从1.4公顷到84公顷不等；一半以上不超过7公顷，1899年记录的39个成员中只有4个种植了超过30公顷的香蕉，这表明大规模的种植者并没有主导该组织。

62. 参见 "Informe del departamento de Cortés al Ministro de Fomento", 17 Oct. 1900, ANH, leg. Notas varias, 1894–1912。

63. 参见 Brand, "The Background to Capitalist Underdevelopment", 161–162。

64. 参见 "Informe del departamento de Cortés al Ministro de Fomento", 17 Oct. 1900。

65. 位于埃尔帕拉伊索（乔洛马）的一个种植者协会对其许多成员不拥有他们耕种的土地这一事实表示关切。"宣布农业协会乔洛马香蕉协会为法人"。参见 *La Gaceta* no. 2493 (1 Nov. 1904)。

66. 参见 *La Gaceta* no. 1187 (31 May 1895)。

67. 各成员同意每15天至少收获25串香蕉，这是一个小到2公顷的种植园可能达到的产量。

68. 参见 José L. Ruíz, President, Sociedad Bananera Gremio Agrario de Omoa, "Circular a las compañias fruteras," 1 Jan. 1901, ANH, leg. Notas varias del departamento de Cortés。

69. 每月收成（串数）如下。1月：4940串；2月：8400串；3月：12454串；4月：12342串；5月：21181串；6月：20959串；7月：26019串；8月：19646串；9月：16490串；10月：18154串；11月：8398串；12月：11787串；总计：180770串。

70. 参见 Ruíz, "Circular a las compañias fruteras," 1 Jan. 1901。

71. 参见 Felix J. J. Johnson to Assistant Secretary of State, Puerto Cortés, 30 Apr. 1906, USNA, Consular Post Records, Puerto Cortés, v. 12, 429; and Cruz Cáceres, *En las selvas hondureñas*, 68。

72. 参见 "Texto del contrato celebrado entre el gobierno de Honduras y Vaccaro-D'Antoni" (Decree 45 1904), reproduced in Sánchez, "En el prisma de la historia," 6。这家公司后来合并为标准果品和轮船公司。该公司在洪都拉斯经营着多家子公司，包括阿关谷公司，该公司拥有该公司所建农场的大部分土地。

73. 参见 Honduras, *La nueva política bananera de Honduras*, 43–50。

74. 参见 Ministro de Fomento, "Memoria de fomento," *La Gaceta* no. 3471 (25 Jan. 1910)。

75. 参见 von Humboldt and Bonpland, *Personal Narratives*, 206。

76. 参见 "The Banana, or Plantain," *The Penny Magazine* (29 Sept. 1832), 253。请注意，洪堡对大蕉的描述将其种植与"梅斯蒂索"和"卡斯蒂利亚"文化联系起来。

77. 同上。

78. Sedgwick, "The Big Banana" (New York: Happy House Co., 1875), Harvard University, Lamont Library, microfiche w 265。

79. 参见 Gordon, "Researches in the Uloa Valley, Honduras", 8。

80. 同上，17。

81. 参见 Bartlett, "Lorenzo D. Baker and the Development of the Banana Trade"。

82. 参见 Juan B. Narváez to Ministro de Fomento, Iriona, 19 May 1897, ANH, loose document。

83. 参见 Rodriquez, "Bananas", 25。

84. 参见 Alejandro García, Professor of History, University of Havana, Cuba, personal communication, Nov. 1999。

85. 参见 David Miller, Professor of History, Carnegie Mellon University, personal communication, Feb. 1999。

86. 参见 Jenkins, *Bananas: An American History*。

87. 参见 Humphrey, "Where Bananas Grow", 487–488。

88. 参见 "The Banana Supply of New York", 422。

89. 同上。

90. 参见 Jenkins, *Bananas: An American History*, 80。

91. 参见 Poole, *Fruits and How to Use Them*, 10。

92. 关于食谱，参见 *The Boston Cooking School Magazine* (June/July 1897): 47–48; Lincoln, *Boston Cookbook*, 391; Moritz and Kahn, *The Twentieth Century Cookbook*, 10th ed.; and Berry, *Fruit Recipes*, 250–259。

93. 参见 *The Boston School of Cooking Magazine* 2, no. 5 (Feb./Mar. 1898): 299。

94. 参见 "The Banana Supply of New York", 422。

95. 参见 *The Cook: A Weekly Handbook of Domestic Culinary Art for All*

Housekeepers (8 Jun. 1885), quoted in Jenkins, *Bananas: An American History*, 14。

96. 参见 "Subjects on Cooking, No. 26", 1889, National Museum of American History (NMAH), Warshaw Collection, Food, box 1, folder "Arbuckles coffee"。

97. 参见 Hannaford Bros. Co. (Portland, Maine), Price Sheets, 1903–1905, NMAH, Warshaw Collection, Food, box 8, folder "Hannaford Bros. Co"。

98. 参见 Higgins, "The Banana in Hawaii", 42; Fawcett, "La industria bananera en Jamaica"; and "The Banana Supply of New York", 423。

99. 参见 Andrew Preston to Loren Baker, Boston, 19 Dec. 1891, Lorenzo Dow Baker Papers, box Ⅵ, folder "AW Preston, 1891", W. B. Nickerson Memorial Room, Cape Cod Community College, Barnstable, Mass。

100. 参见 Andrew Preston to Loren Baker, Boston, 3 June 1892, Lorenzo Dow Baker Papers, box Ⅵ, folder "AW Preston, 1892–1898"。

第二章　空间入侵者

1. 该条约是达维拉试图从J. P. 摩根领导的国际银行集团获得巨额贷款的一部分。

2. 在曼努埃尔·博尼利亚担任第一任总统期间（1903—1907年），瓦卡罗兄弟公司获得了5项特许权。参见 Taracena Arriola, "Liberalismo y poder político", 209–210。

3. 关于把博尼利亚推上总统宝座的政治操纵，参见 Argueta, *Bananos y politica*, 24–37. 关于美国在该地区的军事和外交存在，参见 Coatsworth, *Central America and the United States*, 33–41; 又见: Barahona, *La hegemonía de los Estados Unidos en Honduras*。

4. 参见 Dosal, *Doing Business with the Dictators*, 75–94; and Kepner and Soothill, *The Banana Empire*, 107–116。

5. 关于1906年博尼利亚政府和瓦卡洛兄弟之间的合同，参见 Decree 121 in *La Gaceta* no. 2 (9 May 1906), 697。

6. 参见 Honduras, National Congress, Decree No. 113 in *La Gaceta* no. 3 (29 July 1912), 998。

7. 关于铁路特权，参见 Argueta, *Bananos y política*; Flores Valeriano, *La explotación bananera en Honduras*; Karnes, *Tropical Enterprise*; and Kepner and Soothill, *The Banana Empire*。

8. 参见 Honduras, Procuraduría General de la República, *Truxillo con X*, 166。

9. 参见 William Streich, Puerto Cortés, 6 Feb. 1905, ANH, leg. Notas, año 1905, departamento de Colón, Gobernadores Políticos, Folio 40。

10. 参见 Héctor Medina to Ministro de Fomento, General M. B. Rosales, La Ceiba, 17 Aug. 1912, ANH, leg. Ministerio de Gobernación, 1886–1915。

11. 参见 Ulises Meza Calix to Ministro de Fomento, Tela, 11 Feb. 1918, ANH, leg. Correspondencia telegráfica, 1918。

12. 参见 Jesús A. Ballestrosa to Ministro de Fomento, San Francisco, 7 Mar. 1918, ANH, leg. Correspondencia telegráfica, Atlántida, 1918。

13. 参见 Robert L. Keiser to State Department, Tegucigalpa, 26 Feb. 1923, U.S. State Department, Internal Affairs of Honduras, 1910–1929 microfilm roll 41, 815.52/10。

14. 参见 Melecio Zelaya to Ministro de Fomento, La Ceiba, 10 Sept. 1925, ANH, leg. Telegramas (this *legajo* did not have a cover)。

15. 参见 Melecio Zelaya to Ministro de Gobernación, La Ceiba, 27 Sept. 1925, ANH, leg. Telegramas de Atlántida, July–Sept. 1925。

16. 参见 Sabiro Tinoco to Ministro de Fomento, Yoro, 6 Apr. 1925, ANH, leg. Correspondencia telegráfica de Yoro 1925。

17. 参见 Sabiro Tinoco to Ministro de Fomento, Yoro, 11 Apr. 1925, ANH, leg. Correspondencia telegráfica de Yoro 1925。

18. 参见 Rafael Barahona M. to Ministro de Fomento, Agricultura, Obras Publícas y Trabajo, Tela, 9 Feb. 1930, ANH, leg. Notas varias, correspondencia del departamento de Atlántida。

19. 参见 Gobernador Político de Atlántida, "Informe del año económico del

departamento de Atlántida 1913"，17 Oct. 1913, 6, ANH, leg. Informes al Ministro de Gobernación, 1913。

20. 参见 Gobernador Político de Atlántida, "Informe del año económico, 1914–15"，Sept. 1915, 8–10, ANH, leg. 1914。

21. 我对景观的描述基于联合果品公司土壤调查中包括的26个种植园的相关数据。参见 Prescott, "Report on the Examination of Tropical Soils", 342–411。罗伯特·H. 斯托弗图书馆持有这份未发表的报告副本。另见以下地图：Zanonni, 1935; Tela Railroad Company, "General Division Map," 17 Mar. 1948; and Tela Railroad Company, "Map of Railroad Lines: Tela and Cortés Divisions," 10 Aug. 1950, U.S. Library of Congress Map and Geography Division。

22. 参见 Prescott, "Report on the Examination of Tropical Soils," 354–378。

23. 正如何塞·马利亚·拉拉和何塞·阿尔门达雷斯在1995年8月至9月的采访中所描述的，这是特拉铁路公司工人在20世纪四五十年代使用的方法。有关20世纪20年代的照片证据，请参见 United Fruit Company Photograph Collection, Harvard University, Baker Library, Historical Collections。

24. 1925年至1926年，标准果品公司向新奥尔良运送了4400多根红木原木。参见 James B. Stewart, 16 Mar. 1927, National Archives at College Park, Md. (hereafter, USNA), Records of the Foreign Agricultural Service (Record Group 166), "Forestry Reports," folder Consular Reports—Honduras。

25. 参见 S. L. Wilkinson, "Banana Industry and General Review of Tela District," 5 Jun. 1921, USNA, Foreign Agricultural Service, "Narrative Reports, 1904–1939," box 343, folder Fruits。

26. 参见 Wilkinson, "Banana Industry and General Review of Tela Distric"。

27. 参见 J. B. Castro Banegas, "Informe del año económico, 1927–8," 18 Sept. 1928, 1, ANH, leg. Ferrocarril Nacional, July 1928–Aug. 1929。

28. 该公司香蕉种植面积超过14000公顷，种子牧场近3000公顷。参见 Ministro de Fomento, *Memoria de Fomento*, Appendix "Report of the Tela Railroad Company" (15 Aug. 1930), 55。1928年的一份报告列出了特

拉铁路公司在约罗省的土地面积为19878公顷。参见 José B. Macedon, "Cuadro que demuestra el número de agricultores y ganaderos matriculados 1927 a 1928," 31 July 1928, ANH, leg. Ferrocarril Nacional, July 1928–Aug. 1929。又见 "Informe de la Tela Railroad Company" in Ministro de Fomento, Memoria de Fomento, Obras Públicas, Agricultura, y Trabajo 1927–8, 111–119。

29. 参见 J. B. Castro Banegas, "Informe del año económico, 1927–8," 18 Sept. 1928, Appen- dix 1, ANH, leg. Ferrocarril Nacional, julio 1928–agosto 1929。

30. 参见 Standley, "The Flora of Lancetilla," 8–49。

31. 同上，18。

32. 参见 Standley, "The Flora of Lancetilla," 12。

33. 参见 Peters, "An Ornithological Survey in the Caribbean Lowlands of Honduras", 397–399。

34. 同上，398–399。

35. 十年前，哥斯达黎加利蒙附近香蕉种植园的扩张，引起了博物学家的类似评论："很少有森林鸟类经常光顾香蕉种植园，随着森林的破坏，它们逐渐减少或完全消失。"参见 Biologia Centrali-Americana, 38。

36. 从20世纪20年代中期和1933年的地图来看，托洛阿潟湖的面积约为附近米科斯潟湖的一半，但比廷塔潟湖（位于乌卢阿河河口以东）大得多。然而，1948年的一张公司地图显示托洛阿潟湖的面积大大缩小，约为廷塔潟湖面积的1/4。阿特兰蒂达和约罗的现代地图没有描绘托洛阿潟湖。参见 Anon., "Honduras"; Instituto Panamericano de Geografía e Historia, "Honduras" 1933; Tela Railroad Company, "General Division Map," 17 Mar. 1948, and "Map of Railroad Lines: Tela and Cortés Divisions," 10 Aug. 1950; and Instituto Geográfico Nacional, "Departamento de Atlántida" and "Departamento de Yoro," 1985。

37. 参见 Salvador Crespo, "Departamento de Colón: Importante reseña del Señor Goberna-dor Político," Boletín de Fomento 1, no. 2 (Jan. 1912): 317。

38. 参见 Gobernador Político de Colón, "Informe del año económico," 20 Sept. 1915, ANH, leg. 1914。

39. 参见 Winfield H. Scott, 11 Sept. 1926, USNA, Foreign Agricultural Service, Narrative Reports, 1904–1939, folder Fruits。

40. 参见 Winfield H. Scott, 11 Sept. 1926, USNA, Foreign Agricultural Service, Narrative Reports, 1904–1939, folder Fruits。支线将卡斯蒂利亚港与特鲁希略和阿关村连接起来。参见 Gregorio Aguilar, "Informe," 15 Oct. 1920, ANH, leg. Informes de las gobernadores políticos, varios departamentos, 1919–1920。

41. 参见 E. Evans, 27 Aug. 1925, USNA, Foreign Agricultural Service, Narrative Reports, 1904–1939, Honduras, folder Fruits。

42. 参见 *Diario del Norte*, 13 Oct. 1927, 6。

43. 参见 Winfield H. Scott, "The Use and Methods of Irrigation in the Puerto Castilla Consular District," 26 July 1926, USNA, Foreign Agricultural Service, Narrative Reports, 1904–1939, Honduras, folder Land。

44. 参见 Winfield H. Scott, "Review of Commerce and Industries," 11 Oct. 1926, USNA, Foreign Agricultural Service, Narrative Reports, 1904–1939, Honduras, folder Fruits。一位在20世纪50年代考察过该地区的地理学家写道，香蕉种植园消除了用于农业和木材生产的"大片森林"。参见 Helbig, *Areas y paisajes del noreste de Honduras*, 84。

45. 参见 Winfield H. Scott, "Review of Commerce and Industries for the calendar year 1926," 14 Mar. 1927, 16, USNA, Foreign Agricultural Service, Narrative Reports, 1904–1939, Honduras, folder Fruits。

46. 我从1933年的一张地图上得出了这个数字，但地图上并未显示当时有多少这样的种植园种植香蕉。参见 "Honduras: North Coast, Truxillo Railroad 42 inch gauge"。该地图于1933年10月9日由美国海军陆战队"描摹"。参见Library of Congress, Geography and Map Divisio。

47. 这其中包括通过1912年铁路租界条款获得的约43000公顷土地，以及从私人业主手中购买的另外26500公顷土地。参见 Honduras, *Truxillo con X*, 63, 69。

48. 参见 48.Marbut and Bennett, "Informe de los terrenos"。

49. 参见 Marbut and Bennett, "Informe de los terrenos", 156。

50. 参见 United States Military Intelligence Division, Geographic Section 1928,

"Sketch of Territory Showing Clashing Interests of the United and Cuyamel Fruit Companies, Guatemala-Honduras," USNA Cartography Division, War Department Map Collection, 91 Guatemala；又见 Gobernador Político de Cortés, "Informe del año económico", 14 Oct. 1913, ANH, leg. Informes a Ministro de Gobernación, 1913。

51. 参见 Luis Caballero, "Ramo de Agricultura: Cuadro número que demuestra las manzanas cultivadas en el departamento de Cortés, de las plantas que se expresan en las casillas siguientes", 5 Nov. 1920, ANH, leg. Informes de las gobernaciones políticas, varios departamentos, 1919–1920。

52. 管理国家铁路的合同最初授予Compañia Agrícola de Sula，后来转给 Cortés Development Company。塞缪尔·泽默里控制着这两家公司；几位圣佩德罗苏拉的企业家持有这两家子公司的股份。参见 Euraque, *Reinterpreting the Banana Republic*, 25–26; Argueta, *Bananos y política: Samuel Zemurray y la Cuyamel Fruit Company en Honduras,* 43–45 and 103–116; and Kepner and Soothill, *The Banana Empire,* 123–130。

53. 参见 Albert H. Gerberich, "New Sugar Industry in Honduras," 25 May 1920, USNA, Foreign Agricultural Service, Narrative Reports, 1904–1939, Honduras, folder Sugar；又见 F. C. Zalazar and P. H. Meyers, "Plano general de los Ferrocarril Nacional y Mata de Guineo y los subramales de Santiago, Travesia y Bufalo" (1:80,000), 1923, ANH, loose map。

54. 参见 Raymond Fox, "Review of Commerce and Industries for the Year and Quarter ending 1925," 10 Feb. 1926, USNA, Foreign Agricultural Service, Narrative Reports, 1904–1939, box 343, folder Fruits。

55. 参见 Raymond Fox, "Excerpt from Commerce and Industries for Quarter ended 3-31-26," 16 Apr. 1926, USNA, Foreign Agricultural Service, Narrative Reports, 1904–1939, Honduras, folder Fruits。

56. 参见 "Agreement of 29 July 1927 between the government of Honduras and the Cuyamel Fruit Company," Tegucigalpa, ANH, leg. Notas varias, 1920–1930; "Informe de la Cuyamel Fruit Company y Cortés Development Company, 1930," in Ministro de Fomento, *Memoria 1930*, 77–78；又见 Raymond Fox, "Report on Commerce and Industries," 13 Oct. 1927, USNA, Foreign Agricultural Service, Narrative Reports, 1904–1939,

Honduras, folder Fruits。

57. 参见 Gobernador de Atlántida, "Informe del año económico del departamento de Atlán- tida, 1913," 6; and "Informe del año económico 1914–15."。

58. 参见 Gobernador Político de Atlántida, "Informe del año económico del departamento de Atlántida," 6。

59. 参见 "Annual Report on the Commerce and Industries of the Ceiba Consular District," 4 Apr. 1919, USNA, Foreign Agricultural Service, Narrative Reports, 1904–1939, Honduras, folder Fruits。

60. 参见 Gobernador Ramón Rosa Figueroa and Abelardo R. Fortín, "Cuadro de agricultores del departamento de Atlántida durante el año de 1928," June 1928, ANH, leg. 1922–1933。

61. 参见 Kepner and Soothill, *The Banana Empire*, 37。

62. 对于土地所有权的预估，参见 United Fruit Company, *Annual Reports* (1912– 1930); "Informe de la Cuyamel Fruit Company y Cortés Development Company, 1930," 77–78; and Figueroa and Fortín, "Cuadro de agricultores."。

63. 这是阿特兰蒂达省、科隆省、科尔特斯省和约罗省的人口增长之和。在同一时期，洪都拉斯的人口几乎翻了一番，从553446人增至962000人。参见 Dirección General de Estadísticas y Censos, *Honduras en cifras 1964* (Tegucigalpa: Tipografía Nacional, 1965)。

64. 参见 McKenney, "The Central American Banana Blight," 750。

65. 参见 Prescott, "Report on the Examination of Tropical Soils," 380–385。

66. 参见 "Annual report on the Commerce and Industries of the Ceiba consular district, 1919."。

67. 参见 B. Nitkiowicz, "Observations on Panama Disease Conditions in Cultivated Areas, Truxillo, Honduras," United Fruit Company Research Bulletin 38 (Aug. 1931)。

68. 巴拿马病在英语和西班牙语中的常用表达为"banana blight" "banana wilt" "droop" "tired bananas"、la enfermedad de plátano、la enfermedad和enfermedad Panamá。参见 Brandes, "Banana Wilt"。

69.　参见 Ashby, "Banana Diseases in Jamaica"; Claude Wardlaw, *Diseases of the Banana*, 15。

70.　参见 Stover, *Fusarial Wilt*, 3。

71.　参见 Erwin F. Smith, "A Cuban Banana Disease," 755。

72.　参见 McKenney, "The Central American Banana Blight," 750。

73.　参见 Prescott, "Diseases of the Banana." 关于布兰德斯研究的重要性，参见 Stover, *Fusarial Wilt*, 12; and Wardlaw, *Diseases of the Banana*, 16–17。关于联合果品公司的试验，参见 Mark Alfred Carleton, "Note on the Fusarium Wilt Disease of Bananas," 663–664。

74.　1876年，澳大利亚首次发表了关于这种疾病的报道。参见 Ploetz and Pegg, "Fungal Diseases of the Root, Corm, and Pseudostem", 143–158。

75.　参见 Stover, *Fusarial Wilt*, 8–9。

76.　参见 Ashby, "Banana Diseases in Jamaica", 107。

77.　参见 Stover, *Fusarial Wilt*, 11, 40。

78.　参见 Philip R. White, "A Disease and Evolution", *Scientific Monthly* 31 (Oct. 1930), 307。

79.　参见 Stover, *Fusarial Wilt*, 42。

80.　在一个种植季节中，真菌病害的多轮感染往往揭示了植株密度与病害发生率之间的正相关性。参见 Mundt, "Disease Dynamics in Agroecosystems," 277。

81.　大约在1912年，英国官员在牙买加实施了隔离。参见 Ashby, "Banana Diseases in Jamaica," 111; and Stover, *Fusarial Wilt*, 86–87。

82.　参见 82.Johnston, Mosaic Disease of Sugar Cane in 1923; Diseases and Pests of the Banana, 14; 参见 Stover, Fusarial Wilt, 88。

83.　参见 Winfield Scott, 10 Sept. 1926, U.S. State Department, Internal Affairs of Honduras, 1910–1929, National Archives Microfilm 647, roll 42。

84.　调查记录了土壤类型、质地、有机质、全氮、氧化钾（K_2O）、五氧化二磷（P_2O_5）、石灰（CaO）、氧化镁（MgO）、氧化铁

（Fe$_2$O$_3$）、氧化铝（AL$_2$O$_3$）和二氧化硅（SiO$_2$）。参见 Prescott, "Report on the Examination of Tropical Soils."

85. 采用盆栽法进行了土壤消毒试验。参见 Prescott, United Fruit Company Research Bulletin 2: 20。

86. 参见 Johnston, *Mosaic Disease of Sugar Cane in 1923*, 9, 16–17, and 26。关于其他早期控制工作，参见 N. J. Volk, "Progress Report: The Apparent Relation of Active Calcium and Magnesium on the Activity of Panama Disease of Gros Michel Bananas," *United Fruit Company Research Department Bulletin* no. 30 (Oct. 1930): 1; and "Preliminary Summary: The Relation of Various Soil Characteristics to the Activity of Panama Disease," *United Fruit Company Research Bulletin* no. 27 (Aug. 1930): 1.

87. 参见 McKenney, "The Central American Banana Blight", 750。

88. 参见 Fawcett, *The Banana*, 230–234。

89. 1922年，英国人在特立尼达岛建立了西印度农学院（后来更名为帝国热带农学院）。1924年，他们在牙买加建立了第二个研究中心。

90. 参见 Shepherd, "Banana Research at ICTA," *Tropical Agriculture* 51 (1974): 482。

91. 参见 Wardlaw, *Diseases of the Banana*, 116。

92. 参见 Rowe and Richardson, "Breeding Bananas for Disease Resistance, Fruit Quality, and Yield" (La Lima, Honduras: Tropical Agriculture Research Services, 1975), 7–8。

93. 参见 Permar, "Banana Breeding," *United Fruit Company Research Department Bulletin* 21 (14 Oct. 1929): 2–13。

94. 参见 Rowe and Richardson, "Breeding Bananas for Disease Resistance, Fruit Quality, and Yield", 7。

95. 参见 Wilson, *Empire in Green and Gold* (New York: Henry Holt and Company, 1947)。

96. 默片包括1908年的《香蕉皮》（*Banana Skins*）和1910年的《牢骚鬼过去了》（*The Passing of a Grouch*）。关于其他以香蕉为中心的电影、歌曲和流行文化表达的列表，参见 Jenkins, *Bananas: An American*

History, 142–171。

97. 参见 Edith Wharton to Sara Norton, 19 Aug. 1904, in *The Letters of Edith Wharton*, ed. R. W. B. Lewis and Nancy Lewis (New York: Charles Scribner's Sons, 1988), 92–93。

98. 关于喝咖啡的意义，参见 Jiménez, "From Plantation to Cup"; on sugar, see Mintz, *Sweetness and Power*。

99. 参见 Wallace Stevens, "Floral Decoration for Bananas," in *The Palm at the End of the Mind*, ed. Holly Stevens (New York: Vintage Books, 1972), 81–82。

100. 参见 Dudziak, "Josephine Baker, Racial Protest, and the Cold War", 545–570。

101. 参见 Faulkner, *As I Lay Dying*, 240, 249。

102. 参见 Willis, "Learning from the Banana", 587–592。

103. 例文参见 United Fruit Company publications "The Story of the Banana" (5th ed.) (Boston: 1929) and "About Bananas" (Boston: 1931)。关于儿童文学如何将香蕉贸易浪漫化的有趣例子参见 Lee, *Children of Banana Lands*。非常感谢斯科特·桑德奇给我这本书。

104. 参见 Palmer, "The Banana in Caribbean Trade," 271。

105. 对于这种类型的例子，参见 Adams, *Conquest of the Tropics*; Crowther, *The Romance and Rise of the American Tropics*; Thompson, *Rainbow Republics of Central America*; and Cutter, "Caribbean Tropics in Commercial Transition," 494–507。

106. 与此同时，欧洲的香蕉消费量也在增长，但其进口量与美国相比就相形见绌了：1914年，作为欧洲最大的香蕉市场，英国进口了大约600万串香蕉。

107. 参见 United States Department of Agriculture, Bureau of Agricultural Economics, *Consumption of Food in the United States, 1909–1952* (Washington D.C.: 1957), 16; Harvard University Graduate School of Business Administration, Exhibits Presented for the Harvard Advertising Awards, vol. 8, pt. 1, "Report and Recommendations on Field Survey for the Fruit Dispatch Company" [Hereafter, "Field Survey for Fruit

Dispatch"], Harvard University, Baker Historical Collections, Ms. Div. SPGD H339a。感谢凯瑟琳·勒格朗让我注意到这项有趣的研究。

108. 参见 Palmer, "The Banana in Caribbean Trade," 266。

109. 参见 Field Survey for Fruit Dispatch, vol. 8, pt. 1, 15。

110. 有关市场份额的研究，参见 Dosal, *Doing Business with the Dictators*, 155. On regional monopolies, see Field Survey for Fruit Dispatch, "Summary of Jobbers' Reports for Fruit Dispatch Company", vol. 8, pt. 2, 14–15。关于水果配送公司在价格垄断中的作用，参见 Kepner, *Social Aspects of the Banana Industry*, 42–44。

111. 参见 Fruit Dispatch Company, "Conference Report", Chicago, 11–12 Nov. 1925, FHIA, Stover Library。

112. 参见 Fruit Dispatch Company, "Conference Report", 4。

113. 参见 Fruit Dispatch Company, "Conference Report", 130。

114. 参见 "Analysis of Weekly Market Reports," 24 Sept. 1928, USNA, General Records of the Department of Justice, 60-166-56 (United States v. United Fruit Company), Binder: Analysis of Weekly Market Reports, Fruit Dispatch Company, 1927–1934 [hereafter, DOJ File 60-166-56]。

115. 关于标准果品在推销拉卡坦蕉时遇到的问题，参见 *Revista del archivo y de la biblioteca nacional de Honduras* 12 (Jun. 1931): 434; and Federico Ordóñez P., to Sub-secretario de Fomento, Obras Públicas, Agricultura y Trabajo, 3 July 1926, La Ceiba, Archivo de la Gobernación de Atlántida, Libro copiador de cartas 1926; and Hord, "The Conversion of Standard Fruit Company Banana Plantations," 269–275. For Cuyamel Fruit, see Fox, "Report on Commerce and Industry for the year and quarter ended December, 1925"。

116. 研究人员采访了来自佐治亚州、艾奥瓦州、马萨诸塞州、俄亥俄州和田纳西州的8500名消费者。这项研究还收集了1700多家零售商和近100家批发商或水果批发商的意见。

117. 同上。

118. 同上，pt. 3, 49。

119. 同上，52

120. 同上，21。

121. 同上，18。

122. 在1925年的水果配送公司会议上，零售商们报告了对水果串大小的不同偏好。参见 Fruit Dispatch Company, "Conference Report," 5–26。

123. 参见 Field Survey for Fruit Dispatch, pt. 3, 54。

124. 同上，pt. 1, 34。关于20世纪20年代芝加哥地区独立杂货店的持续经营，参见 Cohen, "Encountering Mass Culture at the Grassroots", 6–33。

125. 参见 Bitter, "Al margen de la industria bananera", 651。

126. 参见 Analysis of Weekly Market Reports, 6 May 1929 and 20 May 1929, USNA, DOJ File 60-166-56。

127. 参见 Nelson R. Park, "Review of Commerce and Industries, La Ceiba, for Quarter Ending Dec. 31, 1928." USNA, Foreign Agricultural Service, Narrative Reports 1904–1939, Honduras, folder Fruits。

128. 参见 Honduras, Congreso Nacional, Decree 117 (28 Mar. 1919), mimeograph copy. Tulane University, Howard-Tilton Memorial Library, Standard Fruit and Steamship Company (hereafter, SFSC Papers), box 7, folder 6。

129. 参见 E. E. Evans, "Review of Commerce and Industries for Quarter ending June 30, 1926," 16 Aug. 1926, USNA, Foreign Agricultural Service, Narrative reports 1904–1939, Honduras, folder Fruits; and Aguan Valley Company, "Honduras Division", 5 Mar. 1941, SFSC Papers, box 8, folder 12。

130. 拉塞瓦以东的一些种植园也已经被遗弃。参见 *Revista del Archivo Nacional* no. 12 (June 1930): 433; "Cuadro de agricultores del departamento de Atlántida durante el año de 1928," ANH, leg. 1922–1933; and Archivo de la Gobernación de Atlántida, Libro de matrícula de agricultores y ganaderos (1928–1935), 29–33, 49–52, 57, 72, 80–82, 87, 109, 138, 149, and 164–166。

131. 参见 "Conocimiento: Fruta embarcada por la Standard Fruit Company, March,

Abril, Mayo 1932," Archivo de la Gobernación de Atlántida, loose document。

132. 参见 "Informe emitido por el Gobernador Político de Atlántida, año económico 1935– 6," ANH, leg. 1936 Informes departamentales de los gobernadores políticos。

133. 1932年的协议中提到了"香蕉病害对其（标准果品公司）种植园产生了很大影响"。该公司同意支付5万美元的罚款，并交出4000公顷土地的使用权。1935年，标准果品公司归还了34处房产，总计21396公顷土地。参见 Congreso Nacional, Decree 77 (1932); and Decree 83 (1935); and Camilo Gómez to Governor of Atlántida, La Ceiba, 23 Nov. 1936, ANH, leg. Gobernación 1936。

134. 参见 Gobernador de Atlántida, Libro de matricula de agricultores y ganaderos (1933),109。

135. 参见 J. H. Wilson, "Informe de la Truxillo Railroad Company," 29 Sept. 1928, in Ministro de Fomento, *Memoria del Fomento*, 1927–1928, Appendices, 98–99; and Volk, "The Apparent Relation of Active Calcium and Magnesium on the Activity of Panama Disease of Gros Michel Bananas", 8–9。

136. 参见 Gobernador de Colón, "Informe del año económico, 1927–8," 16 Nov. 1928, ANH, leg. Ferrocarril Nacional, July 1928–Aug. 1929。

137. 参见 Procuraduría General de la República, *Truxillo con X*, 71–72。

138. 一位观察者这样描述二级植被："……土地上到处是灌木丛、原始森林，爬山虎甚至覆盖了树丛、野生甘蔗和比马还高的草。"参见 Helbig, *Areas y paisaje del noreste de Honduras*, 87。

139. 参见 Raymond Fox, "Excerpt from review of commerce and industry for the year 1926," 9 Feb. 1927, USNA, Foreign Agricultural Service, Narrative Reports, 1904–1939, Honduras, folder Fruits。

140. 参见 Alonzo Valenzuela, "Informe de la inspección de Omoa y Cuyamel," 29 Jul. 1933, ANH, leg. Ministro de Fomento, informes a varias secciones y departamentos de ministro, 1931–1932。

141. 参见 "Informe de la Cuyamel Fruit Company y Cortés Development Company, 1930", 77–78。

142. 沃德洛及其科学家同事Laurence P. McGuire访问了哥斯达黎加、危地马拉、英属洪都拉斯、牙买加、哥伦比亚、巴拿马、圣卢西亚和巴巴多斯。他们并未访问洪都拉斯。参见 Wardlaw, "Panama Disease of Bananas", 53–54。

143. 参见 Wardlaw, "Virgin Soil Deterioration", 244。

144. 同上。

145. 同上, 247。

146. 参见 Standard Fruit Company of Honduras, "Staff Meeting Proceedings," 8 Nov. 1924, SFSC Papers, box 7, folder 17。

147. 对 "莫塔瓜之战" 的最好描述见Dosal, *Doing Business with the Dictators*, 75–94。

148. 参见 "Informe de la Cuyamel Fruit Company y Cortés Development Company, 1930", 77–78。

149. 参见 Dosal, *Doing Business with the Dictators*, 141–159。

第三章　景观与生计之变

1. 参见 Víctor Medina Romero to Ministro de Fomento, Jutiapa, 8 Oct. 1932, ANH, leg. Notas varias, 1932。

2. 参见 Ángela Coto-Moreno, author interview, El Progreso, Aug. 1995。

3. 关于年产量的数据由特拉铁路公司提供，见罗伯特·韦德比的报告 "A Brief, Basic Banana Industry Report," 1941,U.S. Diplomatic Post Records 1930–1945, Honduras, microfilm roll 28。又见：T. Monroe Fisher, "Review of Commerce and Industries for Quarter Ending 30 Sept. 1930, Tela, Honduras," 19 Dec. 1930, USNA, Foreign Agricultural Service, Narrative Reports, 1904–1939, Honduras, folder Fruits。请注意，关于特拉铁路公司在1929年所购香蕉的百分比，凯普纳和索西尔（ *The Banana Empire,* 273 ）给出了一个更低的数字（19%）。关于

香蕉出口历史数据的问题，见Ellis, *Las transnacionales del banano en Centroamérica*, 373–382。

4. 在大萧条期间，美国的香蕉进口总量下降了近40%，从6510万串下降到3960万串。参见 Kepner, *Social Aspects of the Banana Industry*, 69。

5. 科隆的个体香蕉生产远不及科尔特斯重要。1926年，香蕉种植面积（除特鲁希略铁路公司的土地外）约为900公顷。1929年至1933年，所购香蕉不超过公司出口总额的11%。参见 See Ministro de Fomento to R. Barrientos, Tegucigalpa, 14 Dec. 1931; and Truxillo Railroad Company to Ministro de Fomento, 9 Jan. 1929, ANH, leg. Truxillo Railroad Company, Correspondencia, 1920. 又见：Ministro de Fomento to Truxillo Railroad Co., 15 Dec. 1931, ANH, leg. Secretaria de Fomento: Libro copiador de correspondencia oficial, Dec. 1931; Gobernador de Colón, "Informe de Colón para el año económico 1935–6," 13, ANH, leg. Informes departamentales de las Gobernaciones Políticas, 1936; and "Datos estadísticos del departamento de Colón, año de 1926," ANH, loose document。

6. 参见 Aguan Valley Company, "Detail of Fruit Shipments for Years 1920 to 1930 Inclusive," 5 Mar. 1941, SFSC Papers, box 8, folder 12。

7. 参见 "Conocimiento: Fruta Embarcada por la Standard Fruit Company, marzo, abril y mayo," Archivo de la Gobernación de Atlántida (La Ceiba), loose document。

8. 参见 Aguan Valley Company, "Detail of Fruit Shipments for Years 1920 to 1930 Inclusive," 5 Mar. 1941。

9. 参见 García Buchard, *Poder político, interés bananero, e identidad nacional en cen- troamérica*, 152–153。

10. 我收集了科尔特斯省不完整的农业普查数据。该调查共包括368名农工和种植园主，令人费解的是，这个数字不包括特拉铁路公司和古亚美果品公司。参见 "Datos estadísticos del departamento de Cortés, año de 1926," ANH, loose document。

11. 参见 "Datos estadísticos del departamento de Colón, año de 1926"。

12. 1931年的一份报纸称，苏拉河谷有800名香蕉种植者。参见 *El Pueblo* (San Pedro Sula), 26 Oct. 1931。两年后，一名美国领事报告称，

"数百名"农民向该公司出售香蕉。参见 Kenneth S. Stout, "Review of Commerce and Industry for calendar year 1932," 17 Jan. 1933, USNA, Foreign Agricultural Service, Narrative Reports 1904–39, Honduras, folder Fruits。

13. 参见 *El Atlántico*, 21 Feb. 1931。

14. 参见 Alejandro Irías, "El día del banano," *El Pueblo*, 8 Feb. 1932。路易斯·卡瓦列罗被列在1920年科尔特斯省的 "注册耕种者"名单中，他是维拉努埃瓦市（乔洛马）一片占地面积为35公顷的农场的所有者。

15. 9月，联合果品公司以每磅0.50美元的价格收购9板一串的香蕉；8板一串的每磅0.37美元；7板一串的每磅0.25美元；6板一串的每磅0.12美元。两个月后，上述板数的香蕉串价格分别跌至每磅0.44美元、每磅0.33美元、每磅0.21美元和每磅0.09美元。

16. 这份重印的合同连续出现在一家与自由党关系密切的报纸——《人民报》(1931年9月21—22日)上。

17. 蕉农承担了装载水果的所有费用。

18. 当因"传染病、检疫、战争、革命、暴动、罢工、危险的海洋或战时船舶流动限制"而无法出口时，联合果品公司便也没有义务购买水果。

19. 参见 *El Pueblo*, 12 Sept. 1931 and 21 Oct. 1931。

20. 参见 *El Pueblo*, 28 Sept. 1931。

21. 该报声称，大多数签署合同的人是"古亚美果品公司"的雇员或在租赁土地上耕种之人。参见 *El Pueblo*, 26 Oct. 1931。

22. 参见 *El Pueblo*, 14 Dec. 1931。

23. 参见 *El Pueblo*, 2 Jan. 1932。1932年，联合果品公司降低了在哥斯达黎加的收购价格，降幅大致相同。参见 Walter W. Hoffman, 16 Jul. 1932, USNA, Foreign Agricultural Service, Narrative Reports 1920–1941, Costa Rica, folder Fruits 1929–1941。

24. 参见 *El Pueblo*, 2 Jan. 1932。

25. 参见 Kepner and Soothill, *The Banana Empire*, 137–138。

26. 参见 *El Pueblo*, 13 Jan. 1932。

27. 参见 *El Pueblo*, 19 Apr. 1932。

28. 参见 "Contra propuesta a la contrata de Mr. English," San Pedro Sula, 17 Apr. 1932, ANH, leg. Correspondencia del departamento de Cortés, 1932。

29. 联合果品公司向没有签订合同的小规模种植户支付了更低的价格。因此，对于不能或不愿意与联合果品公司的子公司签订合同的种植者来说，反提案中所列价格可能是有竞争力的。参见 J. Antonio Reyes to Ministro de Fomento, Tocoa, 16 Oct. 1931. ANH, leg. Correspondencia del departamento de Cortés, 1931。

30. 参见 "Contra propuesta a la contrata de Mr. English," San Pedro Sula, 17 Abr. 1932, ANH, leg. Correspondencia del departamento de Cortés, 1932。

31. 参见 *El Pueblo*, 26 Apr. 1932。

32. 同上，2 May 1932。

33. 同上，12 Feb. 1932。

34. 同上，19 Feb. 1932。

35. 同上，17 Feb. 1932。

36. 尽管直到后来人们才开始致力于量化灌溉，但在20世纪20年代末，观察家们就将灌溉与高质量的香蕉联系了起来。参见 Archer Woodford, "Review of Commerce and Industries for Quarter Ended Sept. 30, 1929," 22 Oct. 1929, USNA, Foreign Agricultural Service, Narrative Reports, 1904–1939, Honduras, folder Fruits。

37. 参见 *El Pueblo*, 19 Feb. 1932, 1 Mar. 1932, and 14 Mar. 1932。

38. 参见 Fred K. Salter, "Irrigation Projects in Honduras," 2 Sept. 1938, Confidential U.S. Diplomatic Post Records, 1930–1945, roll 17。

39. 1932年，洪都拉斯国会批准了一项允许特拉铁路公司使用灌溉水的合同。合同规定，特拉铁路公司须为1927年至1930年使用的灌溉用水补交4300美元的费用，这表明该公司存在拖欠款项行为。参见 Congressional Decree No. 115 (12 Mar. 1932), reprinted in "Contratas de las compañías en Honduras: Colección de contratas y acuerdos de la Tela

RR Co." (1936), photocopy, Universidad Nacional Autónoma de Honduras, Colección hondureña。

40. 1932年，一份来自哥斯达黎加的美国领事报告指出，那里小规模种植者的生产成本和收益都很有限。参见 Walter W. Hoffman, Port Limón, 16 July 1932。

41. 参见 Mayor Samuel E. García et al. to Dr. Colindres Mejía, 31 May 1931, ANH, leg. Correspondencia del departamento de Cortés。

42. 同上。

43. 参见 S. Orellano Rodríguez to Ministro de Fomento, Tela, 2 Jun. 1932, ANH, leg. Notas varias, 1932; and *El Pueblo*, 7 May 1932。

44. 参见 *El Pueblo*, 2 May 1932 and 7 May 1932。

45. 罗德里格斯是一个有一定经济实力的种植者：1926年，他种植了超过28公顷的香蕉和牧草。参见 Rodríguez to Ministro de Fomento, 2 June 1932; and "Censo de agricultores, Departamento de Cortés, 1926," ANH, manuscript。

46. 参见 Rodríguez to Ministro de Fomento, 2 June 1932。

47. 参见 Alonso Valenzuela, "Informe de la inspección de Omoa y Cuyamel," 29 July 1933, ANH, leg. Ministro de Fomento, Informes al varias secciones y departamentos de ministerio, 1931–1932。

48. 参见 Pascual Torres to Abraham Williams, San Pedro Sula, 24 July 1933, ANH, leg. Correspondencia de las gobernaciones políticas de la república (julio, agosto y septiembre, 1933)。

49. 巴伦苏埃拉估计，恢复奥莫阿和古亚美之间的铁路服务将花费超过10万美元。他提出了一个低成本的运输系统，将独木舟、电车线和公路结合起来。参见 Alonso Valenzuela to Ministro de Fomento, 29 July 1933。

50. 10公顷土地的租金为2美元。参见 Cruz Calix to President Tiburcio Carías, 24 July 1933, ANH, leg. Secretaria de Fomento, Agricultura y Trabajo, correspondencia de juntas de fomento。

51. 特拉铁路公司也采取了租赁土地的政策。据报道，1935年，洪都拉斯家庭在公司所有的土地上种植水稻（种子由公司提供）、玉米、豆类、蔬菜、大蕉和其他作物。参见 Cornelio Mejía, Informe de la Gobernador Política del departamento de Atlántida, 1934–1935, 29, ANH, loose manuscript。

52. 参见 Cruz Calix to President Tiburcio Carías, 24 July 1933。

53. 参见 Manuel Paniagua to Ministro de Fomento, Cuyamel, 10 Dec. 1934, ANH, leg. Alcaldías municipales, 1934。

54. 参见 Gustavo Castañeda to Ministro de Gobernación, Justicia y Bienestar, San Pedro Sula, 20 Sept. 1937, ANH, leg. Correspondencia de las gobernaciones políticas de la república, septiembre y octubre 1937。

55. 参见 correspondence between Castañeda and the Ministro de Gobernación, 15 Oct. 1937 and 16 Nov. 1937, ANH, leg. Correspondencia de las gobernaciones políticas de la república, septiembre y octubre 1937。

56. 这不是梅萨帕的社区成员第一次挑战特拉铁路公司。1928年，梅萨帕人聘请了一名律师代表他们进行法律诉讼，指控该公司不仅侵犯了社区的农场土地，还破坏了农作物。参见 Julio Guerra, 15 July 1928, Santa Rosa del Norte (Mezapa), ANH, leg. 1923 Notas varias。

57. 除非另有说明，我对拉梅萨帕事件的说法来自阿道夫·米拉尔达。参见 "Certificación: Asunto de Mesapa-Tela Railroad Co," 30 Aug. 1931, ANH, leg. Correspondencia de la Gobernación de Atlántida, 1931。

58. 参见 Modesto Orellano, Tela, 24 Aug. 1931, ANH, leg. Correspondencia telegráfica, Atlántida, 1931。

59. 参见 Ciriaco Torres to Governor of Atlántida, Santa Rosa del Norte (Mezapa), 28 Aug. 1931, transcribed in Adolfo Miralda to Ministerio de Gobernación, La Ceiba, 30 Aug. 1931, ANH, leg. Correspondencia recibida de las gobernaciones políticas de la república, 1931。

60. 参见 Miralda to Ministerio de Gobernación, La Ceiba, 30 Aug. 1931。

61. 参见 Salvador Aguirre to Señor representante de la Standard Fruit Company, Tegucigalpa, 5 July 1933, ANH, leg. Ministro de Fomento,

Copias de correspondencia oficial, julio–ago. 1933。

62. 参见 Gobernador Político, La Ceiba, 7 March 1929, ANH, leg. Correspondencia recibida de los gobernadores políticos, enero a junio 1929。

63. 参见 Jacobo P. Munguía to Presidente Miguel Paz Barahona, Esparta, 16 May 1927, ANH, leg. Correspondencia particular, 1921。

64. 有关拉卡坦蕉的营销问题，参见 *Revista del archivo y de la biblioteca nacional de Honduras* 12 (June 1931): 434; and Ordóñez P. to Ministro de Fomento, Obras Públicas, Agricultura y Trabajo, La Ceiba, 3 July 1926, Archivo de la Gobernación de Atlán- tida, Libro copiador de cartas, 1926。

65. 参见 Zoroastro Montes de Oca to Ministro de Fomento, Obras Públicas, Agricultura y Trabajo, La Ceiba, 1 Sept. 1927, ANH, leg. Notas varias, 1927。

66. 参见 Urbano Rodríguez et al. to Presidente Vicente Mejía Colindres, La Ceiba, 19 Jan. 1931, ANH, leg. Correspondencia del departamento de Atlántida, 1931。

67. 参见 Acuerdo de 1 julio 1932, Archivo de la Gobernación de Atlántida, *Libro de acuerdos del Gobernador Polític*, 1927–1933, 151。

68. 参见 Camilio Gómez to Gobernador de Atlántida, La Ceiba, 23 Nov. 1936, ANH, leg. Gobernación, 1936。

69. 参见 Meza, *Historia del movimiento obrero hondureño*, 11。

70. 参见 Arlington Francisco and Elías Pacheco, Sociedad Lucha Obrera toMinistro de Fomento, Descombros, Atlántida, 13 Jul. 1926, ANH, leg. Correspondencia particular, año 1921。

71. 参见 Eduardo Boves, Sociedad de Artesanos El Progreso to Ministro de Fomento, La Ceiba, 5 Sept. 1926; ANH, leg. Correspondencia particular, año 1921。

72. 参见 *Diario del Norte*, 27 Jul. 1927 and 31 Dec. 1927。

73. 参见 Zoroastro Montes de Oca, 24 Feb. 1927, ANH leg. Notas varias, 1927。

74. 参见 J. Amado Flores to Encarnación Martínez, Juticalpa, 31 Jan. 1929, ANH, leg. Truxillo Railroad Company, Correspondencia 1920。

75. 参见 Amado Flores to Martínez, 31 Jan. 1929。

76. 参见 *El Olanchano* (Juticalpa), 26 Jan. 1929。

77. 参见 Amado Flores to Martínez, 31 Jan. 1929。

78. 据阿马多·弗洛雷斯说，该地区的工资为"每天2比索加食物"，这一工资水平相当于或超过了香蕉种植园田间工人的现行工资水平。

79. 关于种族混合（mestizaje）和洪都拉斯的国家认同，参见 Euraque, "The Threat of Blackness"。

80. 参见 Libros de las Actas de la Municipalidad de Sonaguera [hereafter, LAMS], 30 Jun. 1907, vol. Jan. 1907–July 1910, Municipio de Sonaguera (Sonaguera, Colón)。

81. 参见 LAMS, 23 June 1918, vol. 1917–1921, 69。

82. 参见 LAMS, 13 July 1920, vol. 1917–1921, 150。

83. 参见 LAMS, 28 Oct. 1921, vol. Apr. 1921–Dec. 1923, 29。

84. 参见 LAMS, 15 Mar. 1923, vol. Apr. 1921–Dec. 1923, 162。

85. 参见 LAMS, 15 Nov. 1924, vol. 1924–1925, 42。

86. 参见 LAMS, 21 Sept. 1925, vol. 1924–1925, 132。

87. 参见 LAMS, 21 Sept. 1925, vol. 1924–1925, 133。

88. 参见 LAMS, 1 Mar. 1926, vol. 1926–1927, 38–41。

89. 参见 Nicolás M. Robles, Petrona Ocampo, et al. to Ministro de Fomento, Sonaguera, 15 Feb. 1927, ANH, leg. 1927 Notas varias。

90. 参见 Ministro de Fomento to Robles, Ocampo, Ramos, and others, Tegucigalpa, 17 Feb. 1927, ANH, leg. 1927, Notas varias。

91. 参见 LAMS, 1 Oct. 1928, vol. 1928–1929, 130; 1 Dec. 1928, vol. 1928–1929, 160; and 15Dec. 1928, vol. 1928–1929, 167。

92. 参见 LAMS, 1 Feb. 1930, vol. 1930, 18。

93. 参见 LAMS, 1 Mar. 1930, vol. 1930, 36。

94. 1930年，索纳格拉的香蕉占标准果品公司香蕉出口量的70%左右。次年，当地官员预计将有68500美元的收入，其中出口税预计将产生近50%的收入，较前几年大幅增长。

95. 请愿者的香蕉种植园面积从1公顷到35公顷不等；总耕地面积约175公顷。

96. 参见 J. J. Zelaya to Ministro de Fomento, Sonaguera, 2 Aug. 1929, ANH, leg. Correspondencia particular, June–Dec. 1929。

97. 参见 Ministro de Fomento to Romualdo López, Trujillo, 27 Nov. 1929, ANH, leg. Correspondencia particular, June–Dec. 1929。

98. 参见 E. E. Thomas to Governor of Colón, Puerto Castilla, 25 Jul. 1930, ANH, leg. Asun- tos de la costa norte, 1927。

99. 显然，特鲁希略铁路公司管理层直到1930年7月才收到协议的通知。参见 Acuerdo 1191 (24 Jan. 1930) had not been printed in *La Gaceta* as of July 1930. See Thomas to Governor of Colón, 25 July 1930。

100. 标准果品公司通过与特鲁希略铁路公司签署法律协议获得了土地使用权。

101. 参见 Thomas to Governor of Colón, 25 July 1930。

102. 同上。

103. 参见 LAMS, 1 Sept. 1931, 25; and 1 Oct. 1931, 35。

104. 参见 LAMS, 2 Apr. 1934 (1931–1934), 419。

105. 拉巴斯的种植者抱怨说，由于雨季道路无法同行，他们不得不拖着水果走三四千米。

106. 一位测量师陪同他们划定了18号和19号地块之间的界限。参见 Gobernador R. Romero to Ministro de Gobernación, 15 Mar. 1934, ANH, leg. Correspondencia telegráfica, Colón 1934; and Gobernador R. Romero to Ministro de Gobernación, Trujillo, 22 Mar. 1934, ANH, leg. Gobernadores Políticas, Jan.–Apr. 1934。

107. 参见 Romero reproduced Myrick's statement in a communication sent to the Ministro de Gobernación. G. A. Myrick to Governor of Colón, Trujillo,

21 Mar. 1934, ANH, leg. Gobernadores Políticas, Jan.–Apr. 1934。

108. 同上。

109. 这支持了该公司的论点，即在这之前，拉巴斯"村"在法律意义上并不存在。参见 LAMS, 2 Apr. 1934。

110. 参见 N. Montiel to Ministro de Gobernación, 12 Apr. 1934, ANH, leg. Correspondencia telegráfica, Colón 1934。

111. 参见 R. Romero to Ministro de Gobernación, Trujillo, 23 Apr. 1934, ANH, leg. Correspondencia telegcráfica, Colón, 1934。

112. 参见 Camilo Gómez to Ministro de Gobernación, Trujillo, 3 May 1934, ANH, leg. Correspondencia telegráfica, Colón, 1934。

113. 参见 R. Romero to Ministro de Gobernación, Trujillo, 3 May 1934, ANH, leg. Correspondencia telegráfica, Colón, 1934。

114. 参见 R. Romero to Ministro de Gobernación, Trujillo, 1 Jun. 1934, ANH, leg. Correspondencia telegráfica, Colón, 1934。

115. 在一封不相关的信件中，一名市政官员称该地区为"拉巴斯–特鲁希略的农场"。参见 Ramón R. Galvez to Ministro de Fomento, Tocoa, 18 Nov. 1935, ANH, leg. Alcaldías municipales, 1934–1937。

第四章 科学控制叶斑病

1. 参见 José Almendares, author interview, El Progreso, Yoro, Aug. 1995.又见 G. Oury-Jackson to Secretary of State, Tela, 29 Nov. 1935, USNA, Records of the Foreign Agricultural Service, Narrative Reports, Honduras, folder Diseases—Plant, 1935–37。

2. 一位长期居住在苏拉河谷的居民告诉我，一些"独立种植者"认为叶斑病是飓风带来的。参见 Pancho Urbina, author interview, El Progreso, Aug. 1995。其他将飓风和叶斑病联系起来的人包括 Ángela Coto-Moreno、José Almendares、and Victor Reyes。参见 Author interviews, El Progreso, Yoro, Aug.–Sept., 1995。

3. 参见 Lewis Knudson, "Report on the Cercospora Disease of Banana in Honduras

with Special Reference to Soil as a Factor," typescript (17 Aug. 1936), unpublished report [hereafter, "Report on the Cercospora Disease"]。

4. 参见 Vining Dunlap, "Reports on Investigation of Sigatoka Disease Control in the Tela and Cortes Divisions, Nov. 1935–Nov. 1936," 1–2 [hereafter, "Investigation of Sigatoka control"]。非常感谢罗伯特·斯托弗博士，他让我看到了这份未发表的报告。

5. 参见 Julian L. Nugent, "The Banana industry in the Puerto Cortés Consular District," Puerto Cortés, 1 Jun. 1942, Confidential U.S. Diplomatic Post Records, 1930–1945, Honduras, microfilm roll 28。

6. 参见 Gerald A. Drew to Secretary of State, Tegucigalpa, "Banana Blight in North Coast of Honduras, etc." 22 May 1937, Confidential U.S. Diplomatic Post Records, 1930–45, Honduras, microfilm roll 17。

7. 参见 Roberto Fasquelle to Governor of Cortés, San Pedro Sula, 9 Oct. 1936, ANH, leg. Correspondencia recibida de las gobernaciones, 1936 (Tomo II); and G. Oury-Jackson to Secretary of State, Tela, 16 July 1936, USNA, Foreign Agricultural Service Narrative Reports 1920–1941, Honduras, folder Diseases—Plant, 1935–37。

8. 1936年8月，联合果品公司聘请的一位研究病原体的科学家将查梅莱孔河沿岸的个体农场描述为"拥有严重的病害"。参见 Knudson, "Report on the Cercospora Disease."。

9. 参见 J. A. Milla to Ministro de Gobernación, San Pedro Sula, 7 Dec. 1936, ANH, leg. Gobernación, 1936。

10. 参见 Milla to Ministro de Gobernación, 7 Dec. 1936。

11. 参见 J. A. Milla to Ministro de Gobernación, San Pedro Sula, 10 Feb. 1937, ANH, leg. Apuntes de 1934, Gobernación Política, v. 1。

12. 参见 Myron Schraud, "*Cercospora Musae:* A Plant Disease Affecting the Banana Industry of Honduras," Puerto Cortés, 17 Apr. 1937, USNA, Foreign Agricultural Service Narrative Reports 1920–1941, Honduras, folder Diseases—Plant, 1937–1941。

13. 1932年，在目睹了联合果品公司股票（及其个人财富）大幅下跌后，泽默里复出，成为联合果品公司"负责运营的董事总经理"。参见 Dosal, *Doing Business With the Dictators*, 183–184。

14. 参见 Jesse E. Hobson, "Research in the United Fruit Company," typescript, 4 Nov. 1959. 感谢尤金·奥斯马克为我提供了这份未发表的文件。

15. 克劳德·沃德洛1935年出版的专著 *Diseases of the Banana and of the Manila Hemp Plant* 对叶斑病做了简要讨论。关于病原体的运动，参见 Meredith, *Banana Leaf Spot Disease*, 22–23。

16. 关于叶斑病的全球传播，参见 Jones, "Sigatoka," 79–81; and Stover, "Intercontinental Spread of Banana Leaf Spot", 327–338。

17. 黄条叶斑病菌这个名字可以追溯到1941年。在那一年之前，科学出版物将这种真菌鉴定为香蕉尾孢菌（Cercospora musae)。参见 Leach, "Banana leaf spot," 91–95。

18. 如果一株出口香蕉在果穗出现时有六片或更多的正常叶片，则被认为是健康的。

19. 参见 Governor Milla to Ministro de Gobernación, San Pedro Sula, 28 July 1936, ANH, leg. Correspondencia telegráfica, Cortés, 1936 (tomo II)。

20. 铜的杀菌特性在叶斑病流行之前就已为人所知；波尔多液喷雾得名于法国的一个地区，大约在1885年被研发出来用于喷洒葡萄园。

21. 参见 Meredith, *Banana Leaf Spot Disease*, 87–88。

22. 波尔多液混合物是5∶5∶50的硫酸铜、石灰和水溶液。参见 Dunlap, "Investigation of Sigatoka Control," 5。

23. 喷施既能更好地黏附（杀真菌剂对叶片的黏附），又能更好地覆盖叶片。参见 UFCo. Division of Tropical Research, *Annual Report* (1937), 2–6。

24. 参见 UFCo. Division of Tropical Research, *Annual Report* (1937), 1。

25. 参见 UFCo. Division of Tropical Research, *Annual Report* (1939), 3。

26. 关于哥斯达黎加的叶斑病控制和工人，参见 Marquardt, "Pesticides, Parakeets, and Unions", 3–36。

27.　参见 Gerald A. Drew to Secretary of State, Tegucigalpa, 22 May 1937, Confidential Diplomatic Post Records, Honduras 1930–1945, microfilm roll 17。

28.　参见 G. Oury-Jackson, "Cooperation of American Fruit Company with Independent Planters," 18 May 1938, USNA Foreign Agricultural Service Narrative Reports 1920–1941, Honduras, folder Diseases—Plant, 1937–41。

29.　参见 Wardlaw, *Banana Diseases*。

30.　参见 Ángela Coto-Moreno, author interview, El Progreso, Yoro, Sept. 1995。

31.　参见 John Erwin to Secretary of State, Tegucigalpa, 17 Dec. 1937, USNA Foreign Agricultural Service Narrative Reports 1920–1941, Honduras, folder Fruits 1937–41。

32.　参见 Julian L. Nugent, "The Banana Industry in the Puerto Cortés Consular District," Puerto Cortés, 1 Jun. 1942, Confidential U.S. Diplomatic Post Records, Honduras, 1930– 1945, roll 28。

33.　参见 Schraud, "*Cercospora Musa*e", 2–3。

34.　参见 Governor J. Antonio Milla to Ministro de Gobernación, San Pedro Sula, undated 1936, ANH, leg. Correspondencia recibida de las gobernaciones, vol. 2 (1936)。清除树叶是一项劳动密集型工作，在香蕉种植园分散的地方效果最好。参见 Meredith, *Banana Leaf Spot Disease*, 80。

35.　参见 Milla to Ministro de Gobernación, 10 Feb. 1937。

36.　参见 Milla to Ministro de Gobernación, 10 Feb. 1937。

37.　参见 UFCo. Div. of Tropical Research, *Annual Report* (1937), 2。

38.　参见 Governor J. Antonio Milla to Ministro de Gobernación, 8 Oct. 1936, ANH, leg. Correspondencia recibida de las gobernaciones, vol. 2 (1936)。

39.　参见 G. A. Castañeda to Ministro de Gobernación, San Pedro Sula, 1 Mar. 1938, ANH, leg. Correspondencia recibida de los gobernadores, 1938。

40.　1937年年底，美国外交官约翰·欧文与洪都拉斯国会主席安东尼奥·C. 里维拉（Antonio C. Rivera）以及战争部长胡安·曼努埃尔·加尔韦斯一起前往北海岸。欧文声称，此行是国家政府承认叶斑病的严重性的证据。关于圣佩德罗苏拉的卡里亚斯和自由派之间的紧张关系，参见 Euraque, *Reinterpreting the Banana Republic*, 42–75。

41. 参见 G. Oury-Jackson, "Cooperation of American Fruit Company with Independent Banana Planters," 18 May 1938, "Enclosure No 1: La Compañía Frutera proyecta curar las fincas de los agricultores que poseen buenas tierras," USNA Foreign Agricultural Service Narrative Reports 1920–1941, Honduras, folder Diseases—Plant, 1937–1941。

42. 参见 Oury-Jackson, "Cooperation of American Fruit Company with Independent Banana Planters," 18 May 1938。

43. 同上。

44. 同上。欧利-杰克逊对该计划的描述与发表在《商业报》上的关于喷洒系统每年每英亩安装成本的估计有所不同。欧利-杰克逊给出的数字是每英亩350美元（300美元的材料成本和50美元的劳动力成本），这恰好是《商业报》预估的1400伦皮拉的一半（按当时的2∶1汇率计算，相当于700美元）。

45. 现金贷款的利息为6%，按水果销售额的20%折现。

46. 1939年，圣佩德罗苏拉的官员以"国家种植者"因叶斑病而遭受损失为由，将香蕉出口税从每串2美分降至每串1美分。参见 Castañeda to Ministro de Gobernación, San Pedro Sula, 17 July 1939, ANH, leg. Correspondencia recibida de los gobernadores, 1938。

47. 参见 Julian L. Nugent, Puerto Cortés, 1 June 1942, Confidential U.S. Diplomatic Post Records, 1930–1945, Honduras, microfilm roll 28。

48. Nugent, Puerto Cortés, 1 June 1942.

49. 1938年，标准果品公司的灌溉面积达1755公顷。参见 Fred K. Salter, "Irrigation Projects in Honduras," Tegucigalpa, 2 Sept. 1938, Confidential U.S. Diplomatic Post Records, 1930–1945, Honduras, microfilm roll 17。

50. 1938年至1942年，硫酸铜的施用量为每公顷988磅至1457磅不等。参见 A. J. Chute to John Erwin, Tegucigalpa, 19 May 1943 [copy], Enclosure 3, in John Faust to Secretary of State, 21 May 1943, USNA Foreign Agricultural Service Narrative Reports 1941–1945, Honduras, folder Fruits—marketing policies。

51. 参见 Wymberley Der Coerr, "Basic Report on Banana Industry," La Ceiba, 7 May 1942. 又见：Der Coerr's reports dated 31 Mar. 1942 and 30 Jun. 1942, Confidential U.S. Diplomatic Post Records, 1930–1945, microfilm roll 28。

52. 参见 Der Coerr, "Basic Report on Banana Industry," 30 June 1942。

53. 例如，在1942年5月至6月，由于汽船班次不固定，向标准果品公司出售水果的个体种植者损失了36%的产品。

54. 参见 United Fruit, Division of Tropical Research, *Annual Report* (1940), 3。

55. 同上。

56. 参见 United Fruit, Division of Tropical Research, *Annual Reports* (1941–1952)。

57. 参见 Stahel, "Notes on Cercospora Leaf Spot of Bananas," 262–263。

58. Simmonds (1939) 和Calpouzos (1955)的研究表明露水与感染有关。有关评论，参见 Meredith, *Banana Leaf Spot Disease*, 33。

59. 参见 Leach, "Banana Leaf Spot Investigations," 454–462; 499–502。

60. 参见 Leach, "Banana Leaf Spot Investigations," 500。1941年，利奇还在试验波尔多液喷雾。参见 Alfred F. Butler, Cedar Grove Experiment Station, Jamaica, 26 Aug. 1941 [copy], Hunt Institute for Botanical Documentation, Wilson Popenoe Papers, box 32, folder 2。

61. 在20世纪30年代中期之前，特立尼达岛的种植者经常种植香蕉作为可可的遮阴植物。1934年，加拿大香蕉公司开始出口岛上的水果，促使种植者用大米歇尔香蕉单一种植取代旧的可可树和刺桐。参见 Thorold, "Cultivation of Bananas under Shade", 213–214。

62. 同上，213。

63. 参见 Vining Dunlap, "Sigatoka Disease," United Fruit Company Tropical Research Department Bulletin (Sept. 1950), 6; Luis Calpouzos, "Studies on the Sigatoka Disease of Bananas and Its Fungus Pathogen" (Cuba: Atkins Garden and Research Laboratory, 1955); Guyot and Cuillé, "Les traitements fongicides des bananeraies", 101–107; and Meredith, *Banana Leaf Spot Disease*, 80–1。标准果品公司在洪都拉斯的遮阴下短暂种植了一个卡

文迪许品种，但实验结果未知。参见 Muery, "Historical Overview," 6. I sincerely thank J. P. Sánchez, of La Ceiba, for providing me with a copy of this unpublished report。

64. 参见 Cheesman and Wardlaw, "Specific and Varietal Susceptibility", 335。

65. 同上，336。

66. 参见 Muery, "Historical Overview," 5–6。

67. 参见 John D. Erwin, Tegucigalpa, 17 Dec. 1937, USNA Foreign Agricultural Service Narrative Reports 1920–1941, Honduras, folder Fruits 1937–41。

68. 一位历史学家估计，在20世纪40年代，叶斑病的控制工作占用了联合果品公司超过1/4的田间工人。参见 Marquardt, "Pesticides, Parakeets, and Unions," 7–8; and Dunlap, "Sigatoka Disease", 19。

69. 参见 Dunlap, "Sigatoka Disease", 19。

70. 同上。

71. 参见 UFCo. Division of Tropical Research, *Annual Report* (1944), 9。

72. 到1952年，一个喷洒周期的平均劳动成本约为每英亩90美分。假设该公司1952年在洪都拉斯至少喷洒了4万英亩，那么一个周期将产生约36000美元的劳动力成本。如果每亩地平均每年喷洒15次，那么用于控制叶斑病的劳动力成本将超过50万美元。参见 UFCo. Division of Tropical Research, *Annual Report* (1951), 17–18; and *Annual Report* (1952), 17。

73. 参见 UFCo. Division of Tropical Research, *Annual Report* (1952), 20。

74. 参见 Amaya Amador, *Prisión verde*, 30。

75. 同上，60。

76. 同上，61–2。

77. 同上，62。

78. 同上，149–154。

79. 参见 Cantalisio Andino, author interview, Calpules Aldea, Yoro, Sept. 1995。

80. 参见 Bricio Fajardo, author interview, Olanchito, Yoro, Sept. 1995。

81. 同上。

82. 参见 Neche Martínez, author interview, El Ocote, Yoro, 1995。

83. 参见 Feliciano Núñez, author interview, El Progreso, Yoro, Aug. 1995。

84. 同上。

85. 同上。

86. 参见 José Almendares Ortiz, author interview, El Progreso, Yoro, Aug. 1995。

87. 参见 Feliciano Núñez, interview, El Progreso, Yoro, Aug. 1995。

88. 一位在20世纪50年代喷了两年波尔多液喷雾的工人回忆说，他当时食欲不振，体重下降。参见 Andrés Alvarado, author interview, Campo Limones (La Lima), Cortés, Sept. 1995。

89. 参见 Víctor Reyes, author interview, El Progreso, Yoro, Aug. 1995。

90. 参见 José María Lara, author interview, La Lima, Cortés, Aug. 1995。

91. 参见 Camilo Rivera Girón, author interview, San Pedro Sula, Cortés, Aug. 1995。

92. 参见 Congreso Nacional, *Informe de la comisión especial sobre la verdadera situación de los trabajadores en Honduras* (Tegucigalpa: Talleres Tipo-Lito Ariston, 1950), 13. UNAH, Colección hondureña, Rare Books Shelves。

93. 参见 Marquardt, "Pesticides, Parakeets, and Unions," 10–16。

94. 参见 Lourdes Mejía [pseudonym], author interview, San Pedro Sula, Cortés, Aug. 1995。应其要求，我们的对话没有录音。

95. 从历史上看，感染结核病的主要风险是呼吸被感染的空气。当时人们相信，传播只发生在"封闭环境"。虽然通常与城市地区有关，但在美国，已有记录表明种植园的移民工人患有结核病。参见 Smith and Moss, "The Epidemiology of Tuberculosis"; and Hibbs and Yeager, "Tuberculosis among migrant farmworkers," 1775; and in the same journal, Ciesielski et al., "The Epidemiology of Tuberculosis," 1715–1719。

96. 人体拥有几种机制，有助于防止过量的铜被吸收到血液中。在美国，大多数报道的铜中毒案例涉及摄入受污染的水或企图用硫酸铜自杀。参见 U.S. Department of Health and Human Services, Agency for Toxic Substances and Disease Registry, *Toxicological Profile for Copper* (Dec. 1990), 37–42。

97. 参见 Cortez Pimentel and Marqués, "Vineyard sprayer's lung,"678–688。

98. 参见 Pimentel and Marqués, "'Vineyard sprayer's lung,'" 685。

99. 研究人员还进行了对照试验，让豚鼠接触波尔多液。豚鼠出现的病变与在这两名农场工人身上观察到的病变相似。参见 Pimentel and Marqués, "'Vineyard sprayer's lung'", 681。

100. 参见 Villar, "Vineyard Sprayer's Lung", 545–555。

101. 同上。在15个病例中，只有3个病例被临床诊断为肺间质纤维化。

102. 关于肺间质纤维化的研究非常少。Romeu-Moreno等人最近的一项研究可能证实了之前的发现。见Romeu-Moreno et al., "Respiratory Toxicity of Copper", 339–340。

103. 所研究的葡萄园工人使用背负式喷雾器，每年施用1%～2.5%的硫酸铜溶液2~12次不等。相比之下，香蕉工人使用高压软管每年喷洒10%的硫酸铜溶液13～26次。这些差异使得我们很难假设葡萄园和香蕉种植园工人的接触率和途径是相同的。

104. 布里西奥·法哈多（接受采访）回忆说，工人们经常一边抽烟一边喷洒。

105. 参见 Marquardt, "Pesticides, Parakeets, and Unions", 16–17。

第五章　重返绿色监狱

1. 上述描述基于作者对住在公司农场的24名男女的采访而写。

2. 参见 Euraque, *Reinterpreting the Banana Republic*, 42–43。

3. 参见 *El Olanchano* (Juticalpa), 3 Mar. 1928。这则广告从3月份开始每周播出，一直持续到9月份。

4. 参见 *El Olanchano*, 1 Dec. 1928。

5. 对于联合果品公司的就业数据，参见 Tela Railroad Company to Ministro de Fomento, 31 Dec. 1929, ANH, leg. 1923, Notas varias; and Ministerio de Fomento, *Memoria del Fomento* (1927–1928), 99. For Standard Fruit payrolls, see E. Pineda to Ministro de Fomento, La Ceiba, 28 Jan. 1931, ANH, leg. Correspondencia del departamento de Cortés, 1931。

6. 参见 Francis S. Newton to State Department, San Pedro Sula, 11 Mar. 1949, USNA Foreign Agricultural Service, Narrative Reports 1946–1949, Honduras, folder Fruits—Fresh; U.S. Consul to State Department, San Pedro Sula, 24 Aug. 1950, USNA Foreign Agricultural Service Narrative Reports, 1950–1954, Honduras, folder Fruits—Insects; Ministerio de Fomento, Agricultura y Trabajo, *Informe* 1951–1952 (Tegucigalpa: Tipografía Nacional, 1952), 157; Albert K. Ludy Jr., to State Department, Tegucigalpa, 21 Nov. 1947, USNA Foreign Agricultural Service Narrative Reports, 1946–1949, Honduras, folder Fruit; Cornelio Mejía, "Informe rendido por el Gobernador Político de Atlántida, año económico 1938–9," 38, ANH, leg. Informes de los Gobernadores Políticos, 1938–1939; and Byron E. Blankinship to Secretary of State, Tegucigalpa, 21 Apr. 1950, USNA Foreign Agricultural Service Narrative Reports 1950–1954, Honduras, folder Labor-Legislation。

7. 参见 Blankinship to Secretary of State, 21 Apr. 1950。

8. 关于危地马拉的情况，参见 Forster, "Reforging National Revolution," 196–226。

9. 参见 Truxillo Railroad Company to Ministro de Fomento, Puerto Castilla, 16 Apr. 1929, ANH, leg. Truxillo Railroad Company, Correspondencia 1920。

10. 历史学家继续争论西印度人向北海岸迁移的规模和意义。有关最近的证据评估，参见 Euraque, "The Threat of Blackness"。

11. 水果公司提供的数字可能少算了黑人的数量，因为政府施加压力，要求优先考虑非黑人 "洪都拉斯人"。参见 Mejía, "Informe rendido", 38。

12. 参见 Pastor Martínez, author interview, Coyoles Central, Yoro, 1995。

13. 参见 Francisco Portillo, author interview, La Lima, 1995。

14. 参见 Ángela Coto-Moreno, author interview; and Gladys Nieves, author interview, Camp Tacamiche, Cortés, 1995。

15. 在科尔特斯。40岁以下人口细分如下，5岁以下：12116人；5至14岁：16276人；15至25岁：16217人；25至40岁：18417人。在阿特兰蒂达，40岁以下的人口细分如下，5岁以下：6207人；5至14岁：10949人；15至24岁：8726人；24至40岁：9969人。分别参见 "Resumen del censo general de población, departamento de Cortés levantado el 30 de junio de 1935," ANH, leg. Informe del año económico de gobernadores y alcaldes municipales de Cortés, 1933–1934; and "Resumen del censo general de población del departamento de Atlántida, levantado el 30 de junio de 1940," ANH, leg. Correspondencia recibida de las gobernaciones políticas, ago.–nov. 1940。

16. 水果公司直接雇用了大部分的非田间工人，包括铁路工人、木匠、机械师、牧师和医疗服务人员。

17. 参见 Blankinship to Secretary of State, 21 Apr. 1950。

18. 关于工资水平，参见 Warren C. Stewart to State Department, La Ceiba, 1 Nov. 1931, Confidential U.S. Diplomatic Post Records, Honduras, 1930–1945, microfilm roll 3。

19. 参见 Francisco Portillo, author interview, La Lima, Cortés, 1995。

20. 参见 Bricio Fajardo, author interview, Olanchito, Yoro, 1995。

21. 参见 Víctor Reyes, author interview, El Progreso, Yoro, 1995。

22. 参见 Juan Gavilán, author interview, Coyoles Central, Yoro, 1995。

23. 这可能发生在20世纪20年代末和30年代初。参见 Gladys Nieves, author interview, Camp Tacamiche, Cortés, 1995。

24. 参见 Ángela Coto-Moreno, author interview。

25. 参见 Isabel Mangandí de Duarte, author interview, La Ceiba, Atlántida, Aug. 1995。

26. 参见 Kepner, *Social Aspects of the Banana Industry*, 128。

27. 参见 Blankinship to Secretary of State, 21 Apr. 1950。

28. 参见 Pastor Martínez, author interview。

29. 参见 Neche Martínez, author interview, El Ocote, Yoro, 1995。

30. 参见 Juan Gavilán, author interview。

31. 参见 Cantalisio Andino, author interview, Calpules aldea, Olanchito, 1995。

32. 参见 Manuel Canales, author interview, La Lima, Cortés, 1995。

33. 参见 Pastor Martínez, author interview。

34. 参见 José María Lara, author interview, La Lima, Cortés, Aug. 1995。

35. 参见 Cantalisio Andino, author interview。

36. 参见 R. Romero to Ministro de Gobernación, Trujillo, 14 Feb. 1934, ANH, leg. Corre- spondencia telegráfica de Colon, vol. 1 (Jan.–Apr. 1934)。

37. 参见 Feliciano Núñez, author interview, El Progreso, Yoro, 1995。

38. 同上。

39. 我主要从费利西亚诺的角度讲述这个故事；玛格丽塔拒绝接受采访。

40. 参见 E. V. Siracusa, "Annual Economic Review," 21 Feb. 1944, 5–6, USNA Foreign Agricultural Service Narrative Reports 1942–1945, Honduras, folder Fruits—marketing policies。

41. 参见 Robert E. Whedbee, "Monthly Economic Report, Oct. 1942," USNA Foreign Agricultural Service Narrative Reports 1942–1945, Honduras, folder Labor。

42. 同上。

43. 参见 Siracusa, "Annual Economic Review," 21 Feb. 1944。

44. 同上。

45. 这段记忆大约发生在1930年。参见 Ángela Coto-Moreno, author interview。

46. 联合果品公司的疟疾控制项目，参见 Chomsky, *West Indian Workers*, 96–104; and Kepner, *Social Aspects of the Banana Industry*, 109–123。

47. 参见 Chomsky, *West Indian Workers*, 101–104。

48. 参见 Gobernador político de Atlántida, "Informe emitido por el gobernador político de Atlántida, año económico, 1935–6," ANH, leg. 1936 Informes departamentales de la gobernación política, 30。

49. 同上，19.

50. 参见 R. K. Thomas to Ministro de Fomento, Puerto Castillo, 31 Aug. 1936, ANH, leg. Informes departamentales de la gobernación política, 1936。

51. 参见 Chomsky, *West Indian Workers*, 114–121。

52. 参见 Deeks, "Some Aspects of Malaria Control," 185。

53. 一些工人尝试了他们自己的灭蚊方法；在滴滴涕出现之前，流行的驱蚊剂包括燃烧棕榈树和白蚁巢穴所产生的烟雾。参见 Gavilán, author interview。

54. 参见 Amaral, "The Snake-bite Problem," 31。

55. 参见 March, "Field Notes on Barba Amarilla," 92–97; and Ditmars, "A Reptile Recon- naissance in Honduras," 25–29。

56. 参见 Amaya Amador, *Prisión verde*, 143。

57. 在作者的采访中，何塞·马利亚·拉拉和弗朗西斯科·波蒂略都回忆起了雨季给工人带来的"困难时期"。

58. 参见 Francis S. Newton to State Department, San Pedro Sula, 26 Aug. 1949, 3; USNA Foreign Agricultural Service Narrative Reports 1946–1949, Honduras, folder Fruits。

59. 大多数曾经的种植园工人表示，他们一直记得最低工资是每天2.25伦皮拉（1.1美元）。然而，许多前工人，包括收割机和挖沟工人，都是按计件工资计酬的。在20世纪20年代末关于工资率的讨论，参见 Kepner, *Social Aspects of the Banana Industry*, 124–142。

60. 参见 José Almendares Ortiz, author interview。

61. 在笔者的一次采访中，何塞·阿尔门达雷斯·奥尔蒂斯说，一名挖沟者可以在两天内挖出30码①的路段。按照当时每立方码18美分的工

———————————

① 英制单位。1 码约合 0.9144 米。

资标准，一名挖沟者两天的收入约为5.4美元。又见 see *El Combate*, 19 Feb. 1932; and J. B. Canales et al. to J. F. Aycock, "Tabla especial para el aumento de salarios de los trabajadores del departamento de agricultura," 11 May 1954, in "Aspectos fundamentales de la mediación en el conflicto laboral de laTela RR Company" (San Pedro Sula, 1954), Universidad Nacional Autónoma de Honduras, Colección hondureña, Rare Books shelves。

62.　参见 Hutchings, "Luck and Itching Feet", 62。

63.　参见 José María Lara, author interview。

64.　参见 Neche Martínez and Cantalisio Andino, author interviews; and Canales et al. to Aycock, "Tabla especial para el aumento de salarios de los trabajadores del departamento de agricultura." Kepner and Soothill (*The Banana Empire*, 317) reported higher piece rates for weeding in Costa Rica ($1.40–$1.60)。

65.　此处是以哥斯达黎加为例，但索西尔声称，整个联合果品公司中美洲种植园的监督者采取了类似的策略。参见 Kepner and Soothill, *The Banana Empire*, 318。

66.　Hutchings, "Luck and Itching Feet", 71。

67.　同上，71。

68.　参见 Graham S. Quate, "Agricultural Program of the Tela Railroad Company," 17 Sept. 1947, USNA Foreign Agricultural Service Narrative Reports 1946–49, Honduras, folder Agriculture—Coffee。

69.　参见 Francisco Portillo, author interview。

70.　参见 Pastor Martínez, author interview。

71.　参见 Bricio Fajardo, author interview。

72.　参见 Francisco Portillo and José Almendares, author interviews。20世纪40年代末，特拉铁路公司在特别潮湿的种植园中铺砌了"数百英里"的小道，以便骡子运输。参见 Quate, 17 Sept. 1947, 11。

73.　参见 Hutchinson, "Luck and Itching Feet", 66–67。

74.　1932年，标准果品公司罢工的工人提出的要求之一是，根据水果采摘距离为收割机制定双重工资标准。参见 *El Combate*, 19 Feb. 1932, 1。

75.　参见 Amaya Amador, *Prisión verde*, 62–63。

76.　同上，63。

77.　参见 Hutchinson, "Luck and Itching Feet", 37。

78.　参见 José María Lara, author interview. 又见 Hutchinson, "Luck and Itching Feet", 37–40。

79.　参见 Amaya Amador, *Prisión verde*, 101–102, 112。

80.　参见 José María Lara, Francisco Portillo, Pastor Martínez, Neche Martínez, and Ramón Vallecillo were offered positions as *capataces*. Author interviews。

81.　参见 Ramón Vallecillo, author interview, El Ocote, 1995。

82.　同上。

83.　参见 José Maria Lara, author interview。

84.　同上。

85.　参见 Juan Gavilán and José María Lara, author interviews. 又见 Hutchings, "Luck and Itching Feet", 38。

86.　几份不同的口述资料叙述了一个故事，在阿关河谷下游的特鲁希略铁路公司的一个农场里有一个监工被杀，但我没有发现任何证据表明针对工头或监工的暴力是很常见的。参见 Juan Gavilán, author interview; and Woodrow Wilson Patterson, author interview, Sonaguera, Colón, 1995。

87.　参见 José María Lara, author interview。

88.　参见 Blankinship to Secretary of State, 21 Apr. 1950。

89.　参见 José Maria Lara, author interview。

90.　参见 Miguel Antonio Fiallos to Sanitation Commissioner, Trujillo, 27 Aug. 1925, 6, ANH, leg. Correspondencia de la Dirección General de Sanidad, vol. 2 (Jun.–Dec. 1925)。

91.　参见 José Maria Lara, author interview。

92.　参见 Chomsky, *West Indian Workers*, 96–100; and 130–137。有关洪都拉斯的数据，参见 "United Fruit Company Consolidated Table I," Harvard

Medical School, Countway Library of Medicine, Rare Books Department, Papers of Dr. Richard Pearson Strong (1911–1945）。

93. 参见 Blankinship to Secretary of State, 21 Apr. 1950。

94. 参见 Lourdes Mejia, author interview, San Pedro Sula, 1995。

95. 参见 Blankinship to Secretary of State, 21 Apr. 1950。

96. 参见 José María Lara, author interview。

97. 参见 Francisco Portillo, author interview。

98. 参见 Bricio Fajardo, author interview。

99. 参见 Blankinship to Secretary of State, 21 Apr. 1950。

100. 参见 José María Lara, author interview。

101. 大多数营地都有药房，可以获得药品。

102. 参见 Blankinship to Secretary of State, 21 Apr. 1950。

103. 参见 Víctor Reyes, author interview。

104. 参见 Quate, "Agricultural Program of the Tela Railroad Company"。

105. 参见 McCann, *An American Company*, 40。

106. 参见 Pastor Martínez, author interview, Coyoles, 1995。

107. 在发薪日之间，工人们每隔10天或15天就可以得到一笔小额预付款。因此，工人的薪水等于月收入减去当月收到的预付款。

108. 参见 Truxillo Railroad Company to Ministro de Fomento, Tegucigalpa, 8 Sept. 1930, ANH, leg. Truxillo Railroad Company, correspondencia, 1920. 又见 Corleta to Truxillo Railroad Company, 13 Aug. 1930, ANH, leg. Copias de notas, 1930。

109. 参见 Ángela Coto-Moreno, author interview。

110. 参见 Bricio Fajardo, author interview。

111. 参见 Neche Martínez, author interview。

第六章　金吉达小姐辉煌的一生

1. 参见 "Miss Chiquita Returns", 1。

2. 参见 USDA, Agricultural Marketing Service, *Consumption of Food in the United States*, 1909–1952 (Washington D.C.: 1957), 16; and "Banana Giant That Has to Shrink," *Business Week*, 15 Feb. 1958, 110。

3. 我对米兰达的讨论基于以下来源：Enloe, *Bananas, Beaches, and Bases*, ch. 6; Shari Roberts, "The Lady in the Tutti-Frutti Hat," 3–23; and *Carmen Miranda: Bananas Is My Business*, VHS, written and produced by Helena Solberg and David Meyer (International Cinema Inc., 1994)。

4. 参见 Shari Roberts, "The Lady in the Tutti-Frutti Hat", 5。

5. 同上。

6. 这并不是说米兰达是好莱坞制片人和美国国务院的一个诱饵。尽管在好莱坞对拉丁美洲女性的种种限制下工作，米兰达还是成了她那个时代最富有的电影明星之一。同时，她对自己出演的作品保留了一定的艺术主权。然而，米兰达很少公开评论政治问题。在这里，米兰达和约瑟芬·贝克（Josephine Baker）之间的对比很有启发意义。逃离纳粹占领的法国后，贝克成为直言不讳的美国种族主义批评者和民权倡导者。她最终回到美国演出，在美国政府的监督下度过了许多年。参见 Dudziak, "Josephine Baker, Racial Protest, and the Cold War", 545–570。

7. 批发商显然必须满足某些标准才能被允许使用金吉达的标签。参见 United Fruit Company, *Annual Report* (1951), 26; and *Annual Report* (1954), 16。

8. 参见 UFCo., Division of Tropical Research, *Annual Reports* (1939–1953)。

9. 参见 Quate, "Agricultural Program of the Tela Railroad Company", 6。

10. 早在1925年，联合果品公司的工程师们就开始试验沼泽排水和防洪。参见 United Fruit, *Annual Report* (1949), 20。

11. 参见 Quate, "Agricultural Program of the Tela Railroad Company", 6–8。

12. 参见 Francis S. Newton, "Bananas—Honduras", 11 Mar. 1949。

13. 参见 UFCo., Division of Tropical Research, *Annual Report* (1939), 2。

14. 同上，(1942), 9。

15. 同上，(1949), 1。

16. 参见 Charles Leftwich to Salvador D'Antoni, 20 Feb. 1942, SFSC Papers, box 8, folder 13。

17. 参见 A. J. Chute to P. C. Rose, La Ceiba, 21 Feb. 1941, 3, SFSC Papers, box 8, folder 12。

18. 参见 P.C. Rose to C. D'Antoni, New Orleans, 25 Feb. 1946; P. C. Rose to C. D'Antoni, 7 Mar. 1946; and P. C. Rose to R. C. Lally, 5 Feb. 1947, SFSC Papers, box 8, folders 19, 20, and 27, respectively。

19. 参见 John Miceli to C. D'Antoni, La Ceiba, 29 Sept. 1945, SFSC Papers, box 8, folder 17。

20. 参见 John Miceli to Salvador D'Antoni, La Ceiba, 20 Oct. 1945, SFSC Papers, box 8, folder 18。

21. 参见 Chute to Rose, La Ceiba, 21 Feb. 1941。

22. 参见 P. C. Rose to C. D'Antoni, New Orleans, 14 June 1946, SFSC Papers, box 8, folder 21。

23. 根据土壤条件，该公司采用了地面和高架灌溉系统的组合。参见 Rose to D'Antoni, 14 Jun. 1946。

24. 参见 Woodrow Wilson Patterson, author interview。

25. 参见 Muery, "History of Standard Research."。

26. 有消息称，特拉铁路公司平均每英亩使用32根支柱。参见 Quate, "Agricultural Program of Tela Railroad Company"。

27. 参见 Standard Fruit Company, "Memorandum of Conference held in the board room on the afternoon of January 3, 1947, for discussion of various matters concerning our Honduras and Nicaragua Divisions," SFSC Papers, box 8, folder 26。

28. 参见 August P. Miceli to Salvador D'Antoni, New Orleans, 16 Dec. 1947,

SFSC Papers, box 8, folder 33。

29. 参见 Miceli to D'Antoni, New Orleans, 16 Dec. 1947。

30. 参见 Francis S. Newton to State Department, San Pedro Sula, 26 Aug. 1949。

31. 参见 Muery, "History of Standard Research", 1。

32. 参见 Euraque, *Reinterpreting the Banana Republic*, 41–43。

33. 同上，142–143。

34. 参见 Francisco Portillo, author interview。

35. 参见 Euraque, *Reinterpreting the Banana Republic*, 92–93。

36. CCO出版了*Voz Obrera*；PDHR的报纸是*Vanguardia Revolucionaria*。参见 Barahona, *El silencio quedó atrás*, 55–62。

37. 有关罢工的叙述，参见 Barahona, *El silencio quedó atrás*, 55–118; and Argueta, *La gran huelga bananera*, 65–108。

38. 关于危地马拉事件，参见 Dosal, *Doing Business with the Dictators*; Immerman, *The CIA in Guatemala*; and Gleijeses, *Shattered Hope*。关于这一时期洪都拉斯的政治，参见 Euraque, *Reinterpreting the Banana Republic*, 71–72。

39. 参见 Meza, *Historia del movimiento obrero hondureño*, 96–97。

40. 参见 Norman E. Warner to State Department, Tegucigalpa, 26 Nov. 1954, USNA, Foreign Agricultural Service Narrative Reports 1950–1954, Honduras, folder Fruits-Insects. 又见 Barahona, *El silencio quedó atrás*, 362。

41. 参见 Warner to State Department, 26 Nov. 1954, 3。

42. 参见 Tela Railroad Company, "Un recorrido aéreo y por tren para conocer parte del programa de rehabilitación iniciado por la Tela RR Company después del desastre de Septiembre de 1954," 18 Mar. 1956 (mimeograph), FHIA, Stover Library。

43. 关于就业数据，参见*Correo del Norte*, 28 May 1958, 8–9. For acreage, see United Fruit Company *Annual Reports* (1953) and (1959)。

44. 参见 Ellis, "The Banana Export Activity in Central America," 321。

45. 参见 *Correo de Norte*, 31 May 1958 and 9 July 1958; Camilo Rivera Girón, author interview, San Pedro Sula, Cortés, 1995; and Ellis, "The Banana Export Activity in Central America", 102。

46. 参见 Camilo Rivera Girón, author interview。

47. 参见 *El Sindicalista*, 16 May 1959, 4。

48. 同上，参见 17 Apr. 1958, 8。

49. 参见 *Correo del Norte*, 31 May 1958, 15。

50. 同上。参见 Tela Railroad Company, "Datos de 1962"，2, FHIA, Stover Library。

51. 参见 United Fruit Company, *Annual Report* (1960), 2。

52. 这些种植园都超过了100公顷。参见 Tela Railroad Company, "Datos de 1962," 2。

53. 参见 James Cunningham to State Department, 19 Oct. 1960, USNA, Department of State, Central Decimal File, Honduras 1955–1959, 815.2376/10-1960。

54. 1960年，新成立的香蕉业工人工会主席何塞·德尔·卡门·利克纳（José del Carmen Licona）授权特拉铁路公司工会游说比列达·莫拉莱斯政府，将特拉铁路公司和特拉铁路公司工会之间的合同扩大到代表联合种植者雇员的香蕉业工人工会。参见 *El Sindicalista*, 31 July 1960, 5; and 30 June 1962, 3。

55. 参见 *El Sindicalista*, 30 Sept. 1963, 1; 15 Mar. 1965, 8; and 17 Apr. 1958, 8。

56. 参见 Camilo Rivera Girón, author interview; and Edward R. O'Connor to State Department, 24 Apr. 1959, USNA, Department of State, Central Decimal File, Honduras 1955– 1959, 815.2376/4-2459。

57. 参见 Camilo Rivera Girón, author interview。

58. 参见 Robert S. Ashford to State Department, 26 Nov. 1962, USNA, Department of State, Central Decimal File, Honduras, 1960–1963, 815.2376/11-2662。

59. 参见 Ellis, "The Banana Export Activity in Central America," 331。

60. 两家公司于1968年合并。参见 Castle and Cook Corporation, *Annual Reports* (1965) and (1969)。

61. 参见 Robert E. White to State Department, 30 Dec. 1965, USNA, Foreign Agricultural Service Narrative Reports 1962–1965, Honduras, folder Declassified foodstuffs—tobacco。

62. 参见 White to Department of State, 30 Dec. 1965。

63. 参见 Ellis, "The Banana Export Activity in Central America," and Muery, "History of Standard Research"。

64. 卡文迪什组由5个通过体细胞突变而相互关联的变种组成。参见 Simmonds, "A Survey of the Cavendish Group of Bananas", 126–130。

65. 参见 Muery, "History of Standard Research", 5–6。

66. 参见 P. C. Rose to S. D'Antoni, New Orleans, 24 Sept. 1943; and A. J. Chute to P. C. Rose, La Ceiba, 6 May 1944, SFSC Papers, box 8, folder 15。

67. 参见 Chute to Rose, La Ceiba, 6 May 1944。

68. 参见 Hord, "The Conversion of Standard Fruit Company Banana Plantations", 272。

69. 参见 May and Plaza, *The United Fruit Company in Latin America*, 56。

70. 参见 Arthur, Houck, and Beckford, *Tropical Agribusiness*, 155。

71. 参见 *Correo del Norte*, 12 Feb. 1958, 8–9。

72. 同上，11 Jul. 1958, 9。

73. 参见 Joseph S. D'Antoni to All Employees, 20 Apr. 1960 [copy], Harvard University, Baker Library, Henry B. Arthur Papers, "Retailing and Demand, 1964–65"。

74. 参见 May and Plaza, *The United Fruit Company in Latin America*, 60。

75. 参见 Charles C. Armbruster, "Events Leading up to the Development of Standard's Boxing Program", 20 Apr. 1960 [copy], Harvard University, Baker

Library, Henry B. Arthur Papers, "Retailing and Demand, 1964–65"。

76. 参见 United Fruit Company, "Summary of discussions and reports", Research Meetings, Palo Alto, Calif., 29–31 Aug. 1957, [copy] FHIA, Stover Library。

77. 参见 United Fruit Company, "Summary of Discussions and Reports", 4。

78. 参见 United Fruit Company, Division of Tropical Research, *Research Extension Newsletter*, Nov. 1959, 10。

79. 参见 Edward O'Connor to State Department, 12 Dec. 1959, USNA Department of State, Central Decimal File, Honduras, 1955–1959, 815.2376/12-1259。

80. 参见 Hobson, "Research in the United Fruit Company", 2–3; and United Fruit Company, *Annual Report* (1951), 5; and *Annual Report* (1957), 2。

81. 参见 McCann, *An American Company*, 72. 又见：American Consulate to State Department, San Pedro Sula, 12 Dec. 1959, USNA, Central Decimal File, Honduras, 1955–1959, 815.2376/12-1259。

82. 1949年至1959年，美国从厄瓜多尔进口的香蕉从400万串升至2200万串。参见 Simmonds, *Bananas*, 324。

83. 在20世纪50年代，美国香蕉的年平均零售价格在每磅16至17美分之间波动，然后在60年代下降到每磅大约1美分。参见 Arthur, Houck, and Beckford, *Tropical Agribusiness*, 148。

84. 参见 Dosal, *Doing Business with the Dictators*, 225–231。

85. 参见 McCann, *An American Company*, 64; and Arthur, Houck, and Beckford, *Tropical Agribusiness*, 146。

86. 参见 Arthur, Houck, and Beckford, *Tropical Agribusiness*, 150。

87. 参见 UFCo., Division of Tropical Research, *Annual Report* (1959)。

88. 同上。还可参见(1960), and *Research Extension Newsletter*, Nov. 1959: 11。

89. 参见 Ortiz, Ferris, and Vuylsteke, "Banana and Plantain Breeding"。

90. 关于香蕉育种更详细的讨论，参见 Soluri, "Banana Breeding,

Biodiversity, and the Paradoxes of Commodification"。

91. 参见 UFCo., Division of Tropical Research, *Annual Report* (1962), vii。

92. 参见 Arthur, Houck, and Beckford, *Tropical Agribusiness*, 151。

93. 参见 Tela Railroad Company, "Datos de 1962", 12; and "Datos de 1963", 2, FHIA, Stover Library。

94. 参见 Tela Railroad Company, "Datos de 1963", 1。

95. 参见 Thomas Sunderland, quoted in Arthur, Houck, and Beckford, Tropical Agribusiness, 151。Original emphasis。

96. 参见 Arthur, Houck, and Beckford, *Tropical Agribusiness*, 152–153。

97. 参见 "United Fruit Adopts Chiquita as Brand Name", *Advertising Age*, 13 May 1963, 3。

98. 参见 United Fruit Sales Corporation, "Branded P.O.P. Material Makes Variety of Displays", Harvard University, Baker Library, Henry B. Arthur Papers, "Banana Study, Unifruitco info/pamphlets, 1916–1968"。

99. 参见 "Yes, they sell more bananas", 92。

100. 参见 Jenkins, *Bananas*: *An American History*, 165–166。

101. 参见 United Fruit Company, *Unifruitco*, 30 May 1969。

102. 参见 United Brands, *Unibranco*, June 1972。

103. 同上。

104. 同上，参见 United Brands, *Annual Report* (1972), 7。

105. 残次品包括黏附在每根香蕉末端的果花（即单个香蕉）；点蚀；瘀伤；畸形，包括成串的"野生"香蕉；黏在一起的香蕉；残缺的香蕉，包括被切和剥皮的香蕉；腐烂和霉变以及熟透软榻的香蕉。参见：United Brands, *Banana Operations Manual*, VI-6, FHIA, Stover Library。

106. 参见 Muery, "History of Standard Research", 46。

107. 同上。

108. 参见 108.Olivia Zaldívar, author interview, La Lima, Cortés, 2002; and Esperanza Rivera Nájera, author interview, El Ocote, Yoro, 1995. For photographic evidence, see Tela Railroad Company, "Datos de 1962", and "Datos de 1963"。

109. 参见 Yaya, author interview, Coyoles, Yoro, 2002; and Juana Meléndez, author interview, Olanchito, Yoro, 2002。

110. 参见 Esperanza Rivera Nájera, author interview。

111. 参见 Olivia Zaldívar, author interview。

112. 同上。

113. 参见 Omar González, author interview, Olanchito, Yoro, 2002。

114. 参见 Juana Meléndez, author interview。

115. 参见 Pepe Puerta (pseudonym), author interview, Calpules Aldea, Yoro, 1995。

116. 参见 UFCo., Division of Tropical Research, *Annual Report* (1960)。

117. 参见 UFCo., Division of Tropical Research, *Annual Report* (1968), iii. On early chlorine treatments, *Annual Report* (1963), iii; and *Annual Report* (1965), 35。

118. 参见 Esperanza Rivera Nájera, author interview。

119. 参见 "Contrato colectivo de trabajo celebrado entre la Standard Fruit Company y el Sindicato Unificado de Trabajadores de la Standard Fruit Company (SUTRASFCO)", La Ceiba, July 1974, 26–27。

120. 参见 "How United Fruit Was Plucked", *Business Week*, 22 Feb. 1969, 122–124; Arthur, Houck, and Beckford, *Tropical Agribusiness*, 156; and McCann, An American Company, 6–13。

第七章　化学

1. 参见 Jorge Romero, author interview, La Lima, Cortés, 1995。

2. 参见 UFCo., Division of Tropical Research, *Annual Report* (1952)。

3.　参见 Thorton, "The Use of Fungicides in Central and South America"。

4.　参见 UFCo., Division of Tropical Research, *Annual Report* (1949) and (1951)。

5.　同上，(1949)。

6.　同上，(1951)。

7.　第二次世界大战后，联合果品公司的研究基础设施包括在美国的两个实验室和在哥伦比亚、哥斯达黎加、古巴和巴拿马的实地考察站。参见 UFCo., Department of Research, *Problems and Progress in Banana Disease Research* (Boston: 1958); UFCo., Division of Tropical Research, *Annual Report* (1958) and ibid. (1953), 14。

8.　有关美国农药产量的增加，参见 Russell, *War and Nature*; and Dunlap, *DDT*。

9.　参见 United States Department of Agriculture, "African Oil Palm in Central America," (Aug. 1952), 2。关于联合果品公司的林业项目，参见 Chable, "Reforestation in the Republic of Honduras, Central America"。

10.　据称，重新造林项目既可作为长期投资，又可展示对土地的积极利用，"以抵制地方政府的非法占用和国有化"。参见 Paul J. Shank, "General Report of Results of Previous Reforestation Work and Recommendations for Future Planting", unpublished manuscript, 12 Nov. 1958, FHIA Stover Library. For crop acreage figures, see UFCo., Division of Tropical Research, *Annual Report* (1951), 65。

11.　洪都拉斯的一位公司官员声称，1959年，联合果品公司从非洲油棕生产中赚的钱比香蕉还多！参见 Harry E. Bergold Jr. to State Department, Tegucigalpa, 28 Mar. 1960, USNA Department of State, Central Decimal Files, 1960–1963, 815.2376/3-2860。

12.　参见 United Fruit Company, *Research Extension Newsletter* (July 1958)。

13.　参见 Hobson, "Research in the United Fruit Company", 7。该公司还向洛克菲勒研究所、康奈尔大学、哈佛大学、普渡大学和斯坦福大学的科学家提供奖学金和资助。参见 United Fruit Company, *Jobber and Dealer Service Conference Proceedings*, 18–20 Oct. 1954, FHIA, Stover Library。

14.　关于战争和农业杀虫剂之间的联系，请参阅罗素的《战争与自然》

（*War and Nature*）。

15. 百分比源于：United Fruit Company, *Research Extension Newsletter* (Apr. 1955); Arthur, Houck, and Beckford, *Tropical Agribusiness*, 146; and Cox, "Our Research Program", in *Jobber and Dealer Service Conference Proceedings*, 2。

16. 参见 Dunlap, "Sigatoka Disease," 12。

17. 参见 Meredith, "Banana Leaf Spot Disease," 92–96。

18. 参见 UFCo., Division of Tropical Research, *Annual Report* (1957) 19; and *Research Extension Newsletter* (Nov. 1959), 1–2。

19. 参见 *El Sindicalista*, 15 Nov. 1957, 6。

20. 同上，1。

21. 同上，31 Dec. 1957, 3。

22. 参见 Magee, "Banana Leaf Spot", 3。

23. 参见 *El Sindicalista*, 15 Nov. 1957, 6. In Costa Rica, banana unions were similarly preoccupied first and foremost with preventing the loss of Sigatoka spray jobs. Marquardt, "Pesticides, Parakeets, and Unions", 24。

24. 参见 UFCo., Division of Tropical Research, *Annual Report* (1959)。

25. 参见 United Fruit Company, *Research Extension Newsletter*, Nov. 1959, 7。

26. 参见 Barney B. Taylor to State Department, Tegucigalpa, 6 Oct. 1959, U.S. State Department Central Decimal File, 1955–1959, 815.2376/10-659。

27. 参见 Emilio Funes, author interview, La Lima, Cortés 1995。

28. 参见 United Fruit Company, *Annual Report* (1960). Dithiocarbamate fungicides include the metallic dimethyldithiocarbamates and ethylene bisdithiocarbamate salts based on dithiocarbamic acid. *Farm Chemical Handbook*, C 131。

29. 可溶性铜对植物是有毒的。1960年的一项研究发现，洪都拉斯的一个公司种植园使用波尔多液喷雾剂20年，其土壤中铜的浓度是未经处理的土壤中的4到近30倍。参见 UFCo., Division of Tropical Research,

Annual Report (1960), 221–222. In the Golfito region of Costa Rica, high concentrations of copper in several thousand hectares of soils limited the range of crops that were cultivated on former banana farms. Marquardt, "Pesticides, Parakeets, and Unions", 28。

30. 这些成本没有根据通货膨胀进行调整。参见 UFCo., Division of Tropical Research, *Annual Report* (1952) and (1966)。

31. 参见 Muery, "History of Standard Research," 20; and Bricio Fajardo, author interview。

32. 参见 Víctor Reyes, author interview。

33. 参见 Ellis, "The Banana Export Activity in Central America," 321; and *Correo del Norte*, 28 May 1958, 8–9。

34. 参见 United Brands, Division of Tropical Research, *Annual Report* (1973), 3。

35. 参见 United Brands, Division of Tropical Research, *Annual Report* (1973), 3. 又见 Meredith, "Banana Leaf Spot Disease", 117; and Simmonds and Stover, *Bananas*, 281–283。

36. 参见 United Brands Company, Division of Tropical Research, *Annual Report* (1974), 1; Simmonds and Stover, *Bananas*, 282; and Marquardt, "Pesticides, Parakeets, and Unions", 27。

37. 苯来特由杜邦公司研制。1967年，联合果品公司对苯来特进行了测试，发现它是一种有效但昂贵的叶斑病控制剂。1973年，美国食品药品监督管理局批准苯来特可用于农业。参见 United Fruit Company, Division of Tropical Research, *Annual Reports* (1967), (1968), and (1973)。

38. 参见 United Brands, Division of Tropical Research, *Annual Report* (1974), 7; and Simmonds and Stover, *Bananas*, 293。

39. 参见 Muery, "History of Standard Research", 20。

40. 参见 David Pimentel et al., "Environmental and Economic Costs of Pesticide Use", 750– 650; and Pimentel and Lehman, eds., *The Pesticide Question*。

41. 参见 Hobson, "Research in the United Fruit Company", 5; and United Fruit Company, *Problems and Progress in Banana Disease Research,* 16–23。

42. 参见 Meredith, "Major Banana Diseases", 541–542; Buddenhagen and Kelman, "Bio- logical and Physiological Aspects of Bacterial Wilt," 203–205; and United Fruit Company, *Problems and Progress in Banana Disease Research*, 16。

43. 参见 UFCo., Division of Tropical Research, Annual Report (1960), 43; and Annual Report (1961), ii。

44. 参见 UFCo., Division of Tropical Research, *Annual Report* (1961) and (1963); Meredith, "Major Banana Diseases", 542; and Buddenhagen and Kelman, "Biological and Physiological Aspects of Bacterial Wilt", 213。

45. 参见 United Fruit Company, Division of Tropical Research, *Annual Report* (1963), 53。

46. 参见 UFCo., Research Department, Monthly Letter, 30 May 1963, 2, FHIA, "Guarumas Files"。感谢阿道夫·马丁内斯博士准许我查阅这些档案。

47. 参见 UFCo., Division of Tropical Research, *Annual Report* (1965), 53。

48. 参见 American Embassy to State Department, Tegucigalpa, 30 Dec. 1965, USNA, Foreign Agricultural Service, Declassified Narrative Reports, 1962–1965, Honduras, folder Foodstuffs—Tobacco。根据Muery ("History of Standard Research", 40) 的说法，Moko病于20世纪50年代末首次出现在标准果品种植园，在改种粗把香芽蕉之前，对大米歇尔农场构成了"严重威胁"。然而，D. S. Meredith ("Major Banana Diseases", 541)引用了他自己为标准水果撰写的未发表的报告，指出Moko病于1963年首次出现在阿关河谷。

49. 参见 United Fruit Company, Division of Tropical Research, *Annual Report* (1965), 57。

50. 参见 UFCo., Division of Tropical Research, *Annual Report* (1968), ii; *Annual Report* (1971), 3–7; and Muery, "History of Standard Research"。

51. 参见 Ramón Vallecillo, author interview。

52. 参见 Abel Posas, author interview。

53.　参见 United Brands, *Banana Operations Manual* (Mar. 1972), Ⅷ 18–20。

54.　参见 UFCo., Division of Tropical Research, *Annual Report* (1973), 49。

55.　参见 UFCo., Division of Tropical Research, *Annual Report* (1971), 6。

56.　参见 United Fruit Company, *Research Extension Newsletter*, July 1955, 8; and Apr. 1959, 14。

57.　参见 United Fruit Company, "Ayude a erradicar la enfermedad Moko del banano" (Jan. 1957), FHIA, Stover Library。

58.　参见 United Brands, *Banana Operations Manual* (Aug. 1970), Ⅲ-2. Standard Fruit implemented a similar measure. Abel Posas, author interview。

59.　参见 Abel Posas, author interview。

60.　参见 Ramón Vallecillo, author interview。在皮肤接触的情况下，甲醛被归类为"中等毒性"。美国环境保护署和国际癌症研究机构都认为甲醛是一种致癌物。

61.　参见 Muery, "History of Standard Research," 30。

62.　参见 UFCo., Division of Tropical Research, *Annual Report* (1967)。

63.　参见 Lewis Knudson, "The Palomas Nitrate Experiment," *United Fruit Company Research Bulletin* (1930), FHIA, Stover Library。

64.　1946年，联合果品公司向洪都拉斯进口了1650万磅硝酸钠。那一年，标准果品公司进口了500多万磅化肥。两家公司都没有缴纳化肥进口税。参见 Albert K. Ludy Jr., 11 Sept. 1946, USNA, Foreign Agricultural Service Narrative Reports 1946–1949, Honduras, folder Finance—Fruits。

65.　参见 Quate, "Agricultural Program of the Tela Railroad Company"。

66.　参见 United Fruit planted 450–500 Valery rhizomes/acre。相比之下，大米歇尔香蕉的种植密度通常为360棵每英亩。参见 UFCo., Division of Tropical Research, *Annual Report* (1967), v; Thorton, "Production Management of Gros Michel Bananas," 3, paper presented at the First FAO/CCTA International Meeting on Banana Production, Abidjan, Ivory Coast, 12–19 Nov. 1960. FHIA, Stover Library; and United Brands, *Banana*

Operations Manual, Ⅲ-9。

67. 参见 United Brands, *Banana Operations Manual*, Ⅰ-3。

68. 参见 Muery, "History of Standard Research", 31。

69. 参见 Pepe Puerta, author interview. On the work of applying fertilizers in Caribbean Costa Rica, see Bourgois, *Ethnicity at Work*, 128。

70. 对于能够破坏生殖过程的致癌物敌草隆，没有人给出任何警告。参见 United Brands, *Banana Operations Manual*, Ⅲ-6 and Ⅲ-7。

71. 在长达330页的1966年年度报告中，大约有50页专门讨论了收获后的问题。

72. 参见 United Fruit Company, *Banana Operations Manual*, Ⅳ-1, 2。

73. 参见 United Brands, *Banana Operations Manual*, Ⅶ-16; UFCo., Division of Tropical Research, *Annual Report* (1967), Ⅳ。

74. 参见 United Brands, Division of Tropical Research, *Annual Report* (1971)。

75. 参见 UFCo., Division of Tropical Research, *Annual Report* (1969), Ⅳ。

76. 参见联合商标的百草枯处理指南：*Banana Operations Manual*, Ⅲ-7 and Ⅶ-10。

77. 参见 Neche Martínez, interview。

78. 参见 Thorton, "Pesticides in Banana Culture", 73; and Meredith, "Major Banana Diseases", 543。

79. 参见 Thorton, "Control of Insects of the Banana", 2–3。

80. 参见 UFCo., Division of Tropical Research, *Annual Report* (1957), 11; *Research Extension Newsletter* (Oct. 1955), 3–6; and *Annual Report* (1953), 52。

81. 参见 United Fruit Company, *Research Extension Newsletter* (Oct. 1956), 6; and UFCo., Division of Tropical Research, *Annual Report* (1957), 12。

82. 参见 Thorton, "Control of Insect Pests of the Banana", 2。

83. 参见 UFCo., Division of Tropical Research, *Research Extension Newsletter* (Jan.

1956), 6; and *Research Extension Newsletter* (Oct. 1955), 3。

84. 参见 United Fruit Company *Research Extension Newsletter* (Apr. 1956), 14。

85. 参见 Furber S. Roberts, "Insects Affecting Banana Production in Central America", 414。

86. 参见 UFCo., Division of Tropical Research, *Annual Report* (1957), 12。

87. 参见 UFCo., Division of Tropical Research, *Annual Report* (1961), ii. See also Stephens, "Ecological Upset", 101–105。

88. 参见 United Fruit Company, *Banana Operations Manual*, Ⅷ-10。

89. 参见 UFCo., Division of Tropical Research, *Annual Report* (1970), 6–8. Allied Chemical stopped manufacturing Kepone in 1977 after the U.S. government banned its use. U.S. Environmental Protection Agency, "Suspended, Cancelled and Restricted Pesticides", (Jan. 1985), 13。

90. 参见 Stephens, "Ecological Upset", 103; and Thrupp, "Entrapment and Escape from Fruitless Insecticide Use", 173–189。

91. 参见 UFCo., Division of Tropical Research, *Annual Report* (1957), 26。

92. 参见 Shell Oil Company, "El Banano: Sus plagas, enfermedades y malezas" (1959?). Dow Chemical also produced and sold DBCP under the name Fumazone. See Vilardebo, "First Tests"。

93. 参见 United Fruit Company, *Problems and Progress in Banana Disease Research*, 32; Division of Tropical Research, *Annual Report* (1960), 49; and "Report on the Nematode Survey of the Honduras Division, Tela RR Company", 1959, 12, FHIA, Stover Library。

94. 参见 UFCo., Division of Tropical Research, *Annual Report* (1961), 41; *Annual Report* (1963), 77; and *Annual Report* (1965), 61。

95. 实验中，每亩地每半年施用6加仑二溴氯丙烷。参见 United Brands, Division of Tropical Research, *Annual Report* (1970), ii; *Annual Report* (1971), 13–30; *Annual Report* (1972), 32; *Annual Report* (1973), 7 and 31; *Annual Report* (1974), 15; and *Banana Operations Manual*, Ⅷ-59。

96. 参见 Muery, "History of Standard Research", 24。

97. 参见 Bricio Fajardo and Juan Gavilán, author interviews。

98. 参见 Perryman and Twyford, "Banana Growing in Central America", 3; Muery, "History of Standard Research", 24; and author interviews with Bricio Fajardo, Ramón Vallecillo, and Juan Gavilán。

99. 参见 Cantalisio Andino, author interview。

100. 参见 Ramón Vallecillo, author interview。

101. 参见 Bricio Fajardo, author interview。

102. 参见 Neche Martínez, author interview。

103. 参见 Juan Gavilán and Neche Martínez, author interviews。

104. 参见 Juan Gavilán, author interview。

105. 参见 Thrupp, "Sterilization of Workers from Pesticide Exposure", 731–757。

106. 参见 Wright, *The Death of Ramón Gonzales*; and Murray, *Cultivating Crisis*。

107. 参见 Rowe, "Breeding Bananas and Plantains," 139; and Simmonds and Stover, *Bananas*, 172–173。

108. 参见 Gowen, "Pests," in *Bananas and Plantains*, ed. Gowen, 383。

109. 参见 Muery, "History of Standard Research", 21。

110. 关于凯萨·查维斯与美国环保主义，参见 Pulido, *Environmentalism and Economic Justice*; and Gottlieb, *Forcing the Spring*, 240–244. On Rachel Carson, see Gottlieb, *Forcing the Spring*, 81–86; and Lear, *Rachel Carson: Witness for Nature*。

第八章　比较视角下的香蕉文化

1. 参见 Alan Riding, "Honduran Army Ousts Leader Named in Bribery Case in U.S". *New York Times*, 23 Apr. 1975。

2. 参见 Robert Cole, "S.E.C. Suit Links A Honduras Bribe to United Brands", *New York Times*, 10 Apr. 1975。

3. 参见 Cole, "S.E.C. Suit"。

4. 该公司没有受到其他指控。参见 "Business Briefs", *New York Times*, 28 Jan. 1976。

5. 最近发表的一份关于厄瓜多尔工人–耕种者研究报告的作者也提出了类似的观点，指出水果公司的权力是通过"占据特定地方的真正代理人"来行使的。参见 Striffler, *In the Shadows of State and Capital*, 207。

6. 参见 Roseberry, "Introduction," in *Coffee, Society, and Power in Latin America*, 7–8。

7. 关于美国的糖消费，参见 César Ayala, *American Sugar Kingdom*, 17 and 28; and Galloway, *The Sugar Cane Industry*, 1–10。关于咖啡的数据，参见 Steven Topik, "The Integration of the World Coffee Market"。咖啡并不是增加消费的唯一刺激物。1885年至1914年，可可豆进口增长了15倍。在此期间，由于可卡因的新型医疗应用和可口可乐的流行，古柯叶进口也激增。参见 Clarence-Smith, *Cocoa and Chocolate*; and Gootenberg, "Between Coca and Cocaine", 126。

8. 参见 Steinberg, *Down to Earth*, 181. Steinberg's discussion of California citrus drew heavily on a manuscript version of Sackman, *Orange Empire*。

9. 参见 Strasser, *Satisfaction Guaranteed*。

10. 参见 Mintz, *Sweetness and Power*; Jiménez, "From Plantation to Cup"; McNeill, *Something New Under the Sun*; and Chandler, *Scale and Scope* and *The Visible Hand*。关于加工过程中的技术变化，参见 Hounshell, *From the American System to Mass Production*。关于扩大公司权力的司法裁决，参见 Strasser, *Satisfaction Guaranteed*, 25–26。

11. 关于扩大公司权力的司法裁决，参见 Mintz, *Sweetness and Power*, 74–150; and Galloway, *The Sugar Cane Industry*, 5–8. On sugar and empire, see Ayala, *American Sugar Kingdom*。

12. 约翰·阿巴克（John Arbuckle）是最早将咖啡按消费者所需分量包装、进行大规模销售的企业家之一，他在烤好的咖啡豆上涂了一层糖霜。他与哈夫迈耶领导的糖业信托基金进行了数年的激烈竞争。参见 Ayala, *American Sugar Kingdom*, 42–44。

13. 参见 Brenner, *The Emperors of Chocolate*. The Charles Hire Company (of root beer fame) also purchased sugar mills in Cuba. Galloway, The Sugar Cane

Industry, 168。

14. 关于橙汁消费，参见 Sackman, *Orange Empire*, chapter 3. I am grateful to the author for providing me with this chapter prior to publication。

15. 参见 Strasser, *Satisfaction Guaranteed*, 29–57。

16. 新奇士利用了许多与水果公司相同的媒体形式，并利用了类似的比喻（关于自然、科学、健康和性）。参见 Sackman, *Orange Empire*, chapter 3。

17. 关于20世纪20年代广告公司的快速发展，参见 Marchand, *Advertising the American Dream*。

18. 参见 Stoll, *The Fruits of Natural Advantage*, 81–88; and Jímenez, "From Plantation to Cup", 48–52。Topik ("The Integration of the World's Coffee Market", 38-39)并未对广告进行探讨，但他指出，随着咖啡作为奢侈品的地位在20世纪早期下降，消费者不太可能根据价格变化（可能还有营销活动）改变购买习惯。不过，一位作家认为，在20世纪20年代，大量的广告帮助提高了人均咖啡消费量。参见 Pendergrast, *Uncommon Grounds*, 155–158。

19. 参见 Quoted in Marchand, *Advertising the American Dream*, 162–163。

20. 参见 Mintz, *Tasting Food, Tasting Freedom*。

21. 关于加州包装厂的女性，参见 Ruiz, *Cannery Women, Cannery Lives*; and Sackman, "Nature's Workshop", 27–53。

22. 参见 Jímenez, "From Plantation to Cup", 50–51。

23. 进步时代反对将麻醉品和酒精用于非医疗用途的运动，在导致可卡因消费被定罪方面发挥了作用。到1922年，地方和联邦政府都对古柯和可卡因的进口和消费进行了严格控制。参见 Gootenberg, "Between Coca and Cocaine", 128–129。有关反咖啡运动，参见 Pendergrast, *Uncommon Grounds*, 95–112。

24. 除非另有说明，人均消费的数据来自United States Department of Agriculture, Agricultural Marketing Service, *Consumption of Food in the United States*, 1909–1952 (Washington DC: 1957), 16; and Putnam and Allshouse, *Food Consumption, Prices, and Expenditures*, 1970–97。

25. 包括葡萄在内的一些水果也被加工后食用。参见 Charlet and Rastegaria Henneberry, "A Profile of Food Market Trends"; and Pillsbury, *No Foreign Food*, 187–208。

26. 参见 Charlet and Rastegaria Henneberry, "A Profile of Food Market Trends." 20世纪90年代，连锁"专业零售商"（如星巴克）和小型烘焙商的崛起，阻止了美国人均咖啡消费量的下滑。少数几家烘焙和营销公司，包括雀巢和宝洁，主导着这个行业。参见 Dicum and Luttinger, *The Coffee Book*。

27. 非常感谢洛厄尔·古德蒙森提醒我注意这类产品。

28. 参见 Topik, "Coffee Anyone?", 245。咖啡种植者获得的利润百分比存在相当大的差异。参见 Gudmundson, "On Paths Not Taken"。

29. 参见 Dye, *Cuban Sugar in the Age of Mass Production*, 72。

30. 参见 Stoll, *The Fruits of Natural Advantage*, 63–78。

31. 参见 Sackman, "Nature's Workshop", 27–53。

32. 参见 Ayala, *American Sugar Kingdom*, 33。

33. 参见 Dye, *Cuban Sugar in the Age of Mass Production*, 78–84。

34. 不同种类的加工糖，包括国内市场的加工糖，参见 Galloway, *The Sugar Cane Industry*。

35. 参见 On the politics of regulated food, see Strasser, 252–285。

36. 参见 Topik, "The Integration of the World Coffee Market", 21–49; Jiménez, "From Plantation to Cup", 45–48; Tucker, *Insatiable Appetite*, 188–195; and Pendergrast, *Uncommon Grounds*。

37. 参见 Sackman, "'Nature's Workshop", 39–44。

38. 参见 Samper "The Historical Construction of Quality and Competitiveness"。

39. 这种趋势绝不仅仅局限于农作物。关于20世纪巴西肉牛偏好的精彩讨论，参见 Wilcox, "Zebu's Elbows"。

40. 请注意，Marchand的研究（*Advertising the American Dream*，introduction and chapter 3）并没有涉及针对企业的营销活动。

41. 20世纪50年代后，食品分销和营销中批发商和零售商数量的下降，也需要加以探讨，以了解其对质量结构的影响。在一个由少数生产商、分销商和零售商主导的世界里，大众广告可能变得更加重要。然而，商品链的中间环节在加勒比和中美洲的 "非传统" 农业出口产业中仍然很重要。参见 Murray, *Cultivating Crisis*。

42. 关于英国政策对香蕉生产商的影响，参见 Grossman, *The Political Ecology of Bananas*。法国政府在加勒比殖民地也采取了类似的政策。参见 Raynolds, "The Global Banana Trade." 关于英国香蕉育种项目，参见 Soluri, "Bananas, Biodiversity, and the Paradox of Commodification"。

43. 关于森林租金在巴西咖啡中的作用，参见 Brannstrom, "Coffee Labor Regimes and Deforestation on a Brazilian Frontier"; Topik, "Coffee"; Dean, *With Broad-ax and Firebrand*; and Stein, *Vassouras*。关于古巴糖业生产，参见 Funes Monzote, "Deforestation and Sugar in Cuba's Centre-East"; Mark Smith, "The Political Economy of Sugar Production and the Environment of Eastern Cuba"; and Galloway, *The Sugar Cane Industry*, 162–164。

44. 经典作品参见 Crosby, *The Columbian Exchange*。

45. 关于争论和证据的总结，参见 Whitmore and Turner, *Cultivated Landscapes of Middle America on the Eve of Conquest*; and Denevan, "The Pristine Myth: The Landscape of the Americas in 1492." 至少有一位联合果品公司的科学家知道该地区在哥伦布发现美洲大陆之前的定居历史及其对森林覆盖的影响。参见 Raup, "Notes on Reforestation in Tropical America III," unpublished manuscript (Apr. 1951), FHIA, Stover Library。

46. 现代拉丁美洲关于种族、民族和国家的文献非常丰富。关于最近的一项调查，参见 Appelbaum, Macpherson, and Rosemblatt, eds., *Race and Nation in Modern Latin America*。举例来说，土地征用与扩大农业生产有关，参见 Gallini, "A Maya-Mam Agroecosystem in Guatemala's Coffee Revolution: Costa Cuca, 1830s–1880s"; and Clarence-Smith, *Cocoa and Chocolate*, 1765–1914, 150–151。

47. 关于拉丁美洲对 "浩瀚" 的看法，参见 Mires, *El discurso de la naturaleza*。关于 "新欧洲景观" 的创造，参见 Crosby, *Ecological Imperialism*。这是一个令人着迷（但令人不安）的森林砍伐案例，似乎违背了经济理性。参见 Fernando Ramírez Morales, "La guerra contra

los 'montes', y la extracción de los 'palos': una aproximación histórico-ecológica a los procesos de degradación de los bosques nativos del sur de Chile", paper presented at the I Simposio de Historia Ambiental Americana, Santiago, Chile, 14–18 Jul. 2003。

48. 参见 Roseberry, "Introduction", in *Coffee, Society, and Power in Latin America*, 30。关于最近对咖啡生产规模研究的评估，参见 Topik, "Coffee Anyone?", 242–244。最近的地区性研究强调了咖啡系统的差异，包括 Charlip, *Cultivating Coffee*; Lauria-Santiago, *An Agrarian Republic*; David McCreery, *Rural Guatemala*, 1760–1940; and Gudmundson, "Peasant, Farmer, Proletarian", 136–138。

49. 关于洪都拉斯以外小规模香蕉生产者的历史和当代参与，参见 Marquardt, "Green Havoc"; Putnam, *The Company They Kept*, 35–75; Chomsky, *West Indian Workers*, 28–32; LeGrand, "Living in Macondo"; Striffler, *In the Shadows of State and Capital*; and Grossman, *The Political Ecology of Bananas*。

50. 参见 Ayala, *American Sugar Kingdom*, 121–147。又见 Galloway, *The Sugar Cane Industry*, 162–182; and Scott, *Slave Emancipation in Cuba*。

51. 参见 Stoll, *The Fruits of Natural Advantage*, 162–173。

52. 对小规模生产者至关重要的其他商品包括可可和古柯，分别参见 Clarence-Smith, *Cocoa and Chocolate*, 146–152; and Gootenberg, "Between Coca and Cocaine"。

53. 美洲本土的重要出口作物包括可可、黑纳金树（henequen）、橡胶树和金鸡纳树。所有这些作物，除了黑纳金树，最终都将成为非洲和亚洲热带地区重要的出口商品。关于黑纳金树，参见 Allen Wells, "Henequen," in *The Second Conquest of Latin America*: *Coffee, Henequen, and Oil during the Export Boom, 1850–1930*, edited by Topik and Wells。关于金鸡纳树，参见 Brockway, *Science and Colonial Expansion*. On rubber, see Dean, *Brazil and the Struggle for Rubber*。

54. 参见 Galloway, *The Sugar Cane Industry*, 11–12。

55. 参见 McCook, *States of Nature*, 79–81; and Galloway, *The Sugar Cane Industry*, 96–99。

56. 参见 Galloway, *The Sugar Cane Industry*, 142。

57. 波多黎各的情况则不同，那里的甘蔗种植者很快就采用了抗病品种。参见 McCook, *States of Nature*, 90–104。

58. 罗布斯塔咖啡豆在法国和意大利都颇受欢迎，这提醒人们口味在多大程度上是由社会构建的。参见 Pendergrast, *Uncommon Grounds*。

59. 参见 Samper, "The Historical Construction of Quality and Competitiveness", 136–142。

60. 人们往往将历史上不曾暴发叶锈病归因于中南美洲部分地区盛行的分散的、小规模的咖啡系统，但在巴西南部历史上不曾暴发叶锈病这一事实面前，这一解释显得苍白无力，巴西南部的大规模咖啡种植园类似于出口香蕉区不断转移的种植农业。关于叶锈病，参见 Wrigley, *Coffee*, 316–317. On the intricate ecological relationship between leaf rust and shade in coffee systems, see Soto-Pinto, Perfecto, and Caballero-Nieto, "Shade over Coffee"。

61. 参见 Perfecto, Rice, Greenberg, and Van der Voort, "Shade Coffee"。

62. 参见 Coffee Research Institute website, www.coffeeresearch.org。

63. 参见 Sackman, "Nature's Workshop"。

64. 关于加利福尼亚植物适应的历史，参见 Tyrell, *True Gardens of the Gods*。

65. 参见 Stoll, *The Fruits of Natural Advantage*, 99–102。

66. 同上，102–123。

67. 植物病害的流行也影响了巴西和厄瓜多尔的橡胶和可可产业，分别参见 Dean, *Brazil and the Struggle for Rubber*; 及 McCook, "The Flight of the Witches' Broom"。非常感谢作者分享这篇未发表的手稿。

68. 撰写作物植物史面临一些艰巨的挑战。首先，关于植物流动的档案资料很少。其次，由于很难将历史上流行的名称与当代分类学家使用的名称统一起来，对现有证据的解释也远非简单之事。植物物种，与人类的种族类别不同，是具有特殊历史和不确定的未来的社会结构。关于拉丁美洲国家在支持农业研究方面发挥的作用，参见 Dean, *Brazil and the Struggle for Rubber*; McCook, *States of Nature*; and Eakin, "The

Origins of Modern Science in Costa Rica"。

69. 对当代"遮阴"咖啡农场的详细研究揭示了显著的农业生态变化。参见 Soto-Pinto, Perfecto, Castillo-Hernández, and Caballero-Nieto, "Shade Effect on Coffee Production"。

70. 新技术的出现并不能单独决定向产量最大化转变的时间。在20世纪60年代和70年代，美国支持的土地改革运动的浪潮，加上越来越有组织的劳动力和种植者合作社，促进了肥料和其他投入的增加。

71. 参见 Gudmundson, "Peasant, Farmer, Proletarian", 136–138。

72. 20世纪后期，除草剂几乎在所有商业农业部门的使用量都急剧增加。参见 Murray, *Cultivating Crisis*; and Roberts and Thanos, *Trouble in Paradise*, 65–93。

73. 关于与咖啡种植系统有关的生物多样性的丧失，参见 Perfecto and Armbrecht, "The Coffee Agroecosystem in the Neotropics"。

74. 在巴西，关于间作和工资弹性，参见 Stolcke, "The Labors of Coffee in Latin America." 另见 Brannstrom, "Coffee Labor Regimes and Deforestation"。

75. 关于巴西咖啡区殖民者的运动，参见 Topik, "Coffee", 50。

76. 关于加州果园和哥斯达黎加咖啡农场的劳动力需求，分别参见 Stoll, *The Fruits of Natural Advantage*, 126–133; and Gudmundson, "Class Formation in a Smallholder Coffee Economy", 135–76.关于古巴制糖地区的流动劳动力，见Carr, "'Omnipotent and Omnipresent'?"。对于甘蔗工人在收获季节和"枯水期"生活的经典写照，参见 Mintz, *Worker in the Cane*。

77. 在这种情况下，埃米利亚诺·萨帕塔的呐喊"土地、树林和水"有了新的含义。关于环境转型，参见 Tortolero Villaseñor, "Transforming the Central Mexican Waterscape"。关于甘蔗种植区"边缘"环境的重要性，参见 Gould, *To Lead as Equals*; and Friedrich, *Agrarian Revolt in a Mexican Village*。

78. 关于整合劳动和环境历史的价值，参见 Richard White, "Are You an Environmentalist or Do You Work for a Living?"; and Taylor, "Unnatural

Inequalities"。

79. 费尔南多·科罗尼尔（Fernando Coronil）批评了自由主义和马克思主义的社会理论，因为他们未能认识到"土地"（即自然）的重要性，而支持一种几乎完全由资本——劳动辩证法驱动的历史动态。在亨利·列斐伏尔（Henry Lefebvre）的著作基础上，科罗尼尔认为，国际劳动分工同时也是对自然的"全球划分"。他的资本–劳动–自然三者互动的模式是对社会理论的一个值得欢迎的干预，但全球自然分工的概念可能会加强有问题的"南北"二分法，因为它忽略了现代性在多大程度上伴随着世界人民和生物群的混杂。参见 Coronil, *The Magical State*, 21–66。

80. 最近有一个广泛流传的关于香蕉病原体是"自然灾害"的科学故事，参见 "Last Days of the Banana"。知名生态学家的学术论述，也陷入了类似的陷阱，参见 Gilbert and Hubbell, "Plant Diseases and the Conservation of Tropical Forests"。

第二版附言　超越香蕉文化

1. 这些语录摘自公共广播服务电视节目《前线》（*Frontline*）"你想买个总统吗"一集，于1996年1月30日播出。我感谢我已故的父亲詹姆斯·索鲁里，多年前他让我注意到了这个故事。

2. 参见 *Frontline*, "So You Want to Buy a President?"。

3. 参见 Fridell, "The Case against Cheap Bananas"。

4. 参见 "Tela destruye plantaciones de fincas clausuradas", *La Tribuna*, 3。

5. 参见 Serrano, "La Tela pide a Reina ordenar el desalojo"。

6. 参见 Portillo Villeda, "The Tacamiche Conflict: A Good Test"。

7. 参见 Cerna, "Toña, la vieja guerrillera que no quiere dejar a Tacamiche"。

8. 参见 "Resistencia mayor anuncian 'tacamiches' en marcha capitalina", *La Prensa*。

9. 参见 Hernandez, "Sólo la orden de allanamiento está suspendida: la fiscalía"。

10. 参见 Rohter, "Where Banana Is King: A Revolt over Farmlands", A4。

11. 参见 "La Proclama Tacamiche", *Tiempo*。

12. 2002年，伯克希尔哈撒韦（Berkshire Hathaway）收购了水果织机公司（Fruit of the Loom）。

13. 参见 Smith, "Banana Bread Is Having a Moment"。

14. 参见 U.S. Department of Agriculture, Economic Research Services, "U.S. Average Retail Prices"。

15. 参见 United Nations Food and Agriculture Organization, "Recent Developments in Global Banana Markets"。

16. 参见 Bamber and Frederick, "Central America in Manufacturing Global Value Chains"。

17. 参见 The World Bank, "Exports of Goods and Services"。

18. 参见 United Nations Food and Agricultural Organization, "Honduras"。

19. 参见 Stanmore and Pillionel, "Honduras Holding Its Own"; and Matthew Korn, "The Rise of Garments and Textile Manufacturing Industries in Honduras: East Asian Manufacturers Investment in Honduras"。

20. 参见 Pantoja, Manuel, and Martínez Alcántara, "Trastornos músculo-esqueléticos y psíquicos en población trabajadora, maquila de la confección, Departamento de Cortés, Honduras", 129–140。

21. 参见 Torres Ramírez, "Honduras: La industria maquiladora"。

22. 参见 Pérez and Martínez, "Condiciones de trabajo y prevalencia de trastornos musculoesqueléticos", 33–36。

23. 参见 Anner, *Solidarity Transformed*, 55–56。

24. 参见 Sandoval, "Globalization and Transnational Labor Organizing, "551–576; 及 Anner, *Solidarity Transformed*, 74–75。

25. 参见 Central General de Trabajadores, "La Red de sindicatos de la maquila hondureña elabora documento guía para mejorar las cláusulas normativas, económicas y sociales en los contratos colectivos"。

26. 参见 Workers Rights Consortium。

27. 这一数据是根据联合国粮食及农业组织汇编的统计数据得出的。

28. 参见 Edelman and León, "Cycles of Land Grabbing in Central America"。

29. 参见 Edelman and León, "Cycles of Land Grabbing in Central America", 1710。

30. 参见 CentralAmericadata.com, "Honduras: Good Figures for Palm Oil"。

31. 参见 Chavkin, "Bathed in Blood"。

32. 参见 Cohn, Passel, and Gonzalez-Barrera, "Rise in U.S. Immigrants from El Salvador, Guatemala and Honduras Outpaces Growth from Elsewhere"; 及 O'Connor, Batalova, and Bolter, "Central American Immigrants in the United States"。

33. 参见 World Bank, "Personal Remittances, Received (% of GDP)-Honduras"。

34. 2018年，全球汇款创下历史新高，全球移民跨境汇款相当于5300亿美元。参见 Salomon, Pérez D., and Weissenstein, "Virus Crisis Cuts off Billions Sent to Poor around the World"。

35. 参见 Johnston, "How Pentagon Officials May Have Encouraged a 2009 Coup in Honduras"。

36. 参见Frank, *The Long Honduran Night: Resistance, Terror, and the United States in the Aftermath of the Coup*。

37. 参见 Chayes, *When Corruption Is the Operating System*, 24–26。

38. 参见 Landau, "Honduras Term Limits Drama 2.0: How the Supreme Court Declared the Constitution Unconstitutional"。

39. 参见 U.S. Congress, Congressional Research Services, "Honduras: Background and U.S. Relations"。

40. 参见 McSweeney, Wrathall, Nelson, and Pearson, "Grounding Traffic: The Cocaine Commodity Chain and Land Grabbing in Eastern Honduras"; Kolb, "Outgunned"; and Caldera and Landaverde, "Crimen organizado y evolucion del narcotrafico en Honduras"。

41. 参见 Lehmann, "The Social Conditions of Corruption in Honduras: What They Are, What They Mean, and What Can Be Done about Them"。

42. 参见 Chayes, "When Corruption Is the Operating System", 27–31。

43. 参见 "Sabillón: 'Tuve que salir del país por seguridad'"; and Euraque, personal communication, June 2020。

44. 参见 Lakhani, *Who Killed Berta Cáceres?*

45. 参见 Brondo, "Land Loss and Garifuna Women's Activism on Honduras's North Coast"。

46. 参见 Gootenberg, "Cocaine's Long March North, 1900–2010"。

47. 参见 Pearce, "Going Bananas." 又见：BBC, "Bananas Could Split for Good"。

48. 参见 Koeppel, "Can This Fruit Be Saved?"; and International Banana Association, "Statement in Response to *Popular Science* Article, 'Can This Fruit Be Saved?'"

49. 参见 Peed, "We Have No Bananas"; Fehling, "Yes, We May Have No (Cavendish) Bananas"; Charles, "Our Favorite Fruit May Be Doomed"; Prisco, "Why Bananas as We Know Them May Go Extinct (Again)"; and Kunen, "Ripe for Debate"。

50. 参见 "Topics of the Times: Flying to Defend the Banana"。

51. 参见 Buddenhagen, "Understanding Strain Diversity in *Fusarium oxysporum* f. sp. *cubense* and History of Introduction of 'Tropical Race 4' to Better Manage Banana Production"。

52. 参见 Galvis, "Colombia Confirms That Dreaded Fungus Has Hit Its Banana Plantations"。

53. 要想了解这个主题深刻且可读性强的介绍，参见 Patel, *Stuffed and Starved*。

54. 关于FHIA-01的简短但内容丰富的视频，参见 International Development Research Centre, "The Goldfinger Banana"。

55. 参见 Ploetz, Kema, and Ma, "Impact of Diseases on Export and Smallholder Production of Banana", 276; Aguilar Morán, "Improvement of Cavendish Cultivars through Conventional Breeding"; and Grimm, "A Bunch of Trouble", 1046。

56. 参见 Dale, James, Paul, et al., "Transgenic Cavendish Bananas with Resistance to Fusarium Wilt Tropical Race 4"。

57. 参见 Maxmen, "CRISPR Might Be the Banana's Only Hope against a Deadly Fungus"。

58. 参见 Stokstad, "GM Banana Shows Promise against Deadly Fungus Strain"。

59. 2015年，私人控股的家族银行和投资公司萨夫拉（Safra）和世界上最大的橙汁加工商之一库特拉莱集团（Cutrale）收购了金吉达。

60. 参见 U.S. Securities and Exchange Commission, "Cavendish Acquisitions Corp"。

61. 举个很好的例子，参见 McCook, *Coffee Is Not Forever*。

62. 参见 "Black Leaf Streak," ProMusa; and Ploetz, Kema, and Ma, "Impact of Diseases on Export and Smallholder Production of Banana"。

63. 参见 Poeydebat, Carval, Tixier, Daribo, and Lapeyre De Bellaire, "Ecological Regulation of Black Leaf Streak Disease Driven by Plant Richness in Banana Agroecosystems"。

64. 参见 Ploetz, Kema, and Ma, "Impact of Diseases on Export and Smallholder Production of Banana", 279。

65. 参见 de Lapeyre de Bellaire et al., "Black Leaf Streak Disease Is Challenging the Banana Industry"。

66. 参见 Bohme, Toxic Injustice. See also "Sterilized Workers Seek to Collect Damages against Dow Chemical in France", New York Times.

67. 参见 Brisboid, Harris, and Spiegel, "Political Ecologies of Global Health: Pesticide Exposure in Southwestern Ecuador's Banana Industry"; Hutter, Poteser, Lemmerer, et al., "Indicators of Genotoxicity in Farmers and Laborers of Ecological and

Conventional Banana Plantations in Ecuador"; and Wesseling, Van Wendel de Joode, and Monge, "Pesticide-Related Illness and Injuries among Banana Workers in Costa Rica: A Comparison between 1993 and 1996"。

68. 参见 Wielemaker, "What's in Store for Organic Bananas?"。

69. 参见 Ruiz and Swennen, "Organic Banana Production in Ecuador: Its Implications on Black Sigatoka Development and Plant-Soil Nutritional Status"。

70. 参见 Lin, Chappell, Vandermeer et al., "Effects of Industrial Agriculture on Climate Change and the Mitigation Potential of Small-Scale Agroecological Farms"; and Frison, From Uniformity to Diversity。

71. 参见 Popkin and Hawkes, "Sweetening of the Global Diet, Particularly Beverages"。

72. 参见 Wright, Perfecto, and Vandermeer, Nature's Matrix。

73. 参见 Sugimoto, "Someone Else's Land Is Our Garden!"。

74. 参见 Carney and Rosomoff, In the Shadow of Slavery; and Soluri, "Home Cooking: Campesinos, Cuisine and Agrodiversity"。

75. 参见 Soluri, "Something Fishy"; and Leguizamón, Seeds of Power。